OSTFRIESLAND

Mit den Ostfriesischen Inseln und Wilhelmshaven

Zahlreiche Tipps für Aktivurlauber

Enno Wiese

Für Hannelore und Oswald, ohne die es diesen Reiseführer nicht geben würde.

TRESCHER VERLAG

1. Auflage 2025

Trescher Verlag
Reinhardtstr. 9
10117 Berlin
www.trescher-verlag.de

ISBN 978-3-89794-641-5

Herausgegeben von Bernd Schwenkros und
Detlev von Oppeln

Reihenentwurf und Gesamtgestaltung:
Bernd Chill
Lektorat: Hinnerk Dreppenstedt
Stadtpläne und Karten: Dorit Hahnewald,
Henriette v. Bodecker, Bernd Chill, Ulla Nickl
unter Verwendung von Daten von
© OpenStreetMap-Mitwirkende/
www.openstreetmap.org
(Kartenregister → S. 326)

Gedruckt auf chlorfrei gebleichtem Papier

Printed in Germany

Alle Angaben in diesem Reiseführer wurden sorgfältig recherchiert und überprüft. Dennoch können Entwicklungen vor Ort dazu führen, dass einzelne Informationen nicht mehr aktuell sind. Gerne nehmen wir dazu Ihre Hinweise und Anregungen entgegen. Bitte schreiben Sie an **post@trescher-verlag.de**.

Titel: Kutter bei Greetsiel
Klappe vorn: Blick auf Leer
Klappe hinten: Strand auf Juist

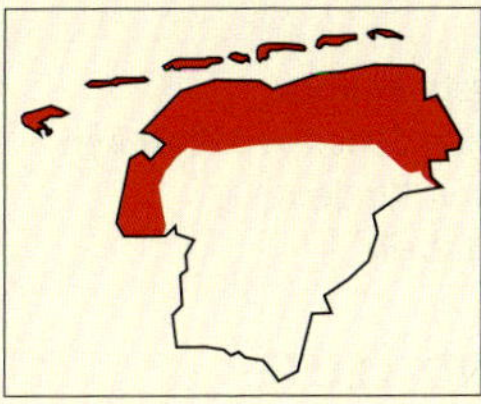

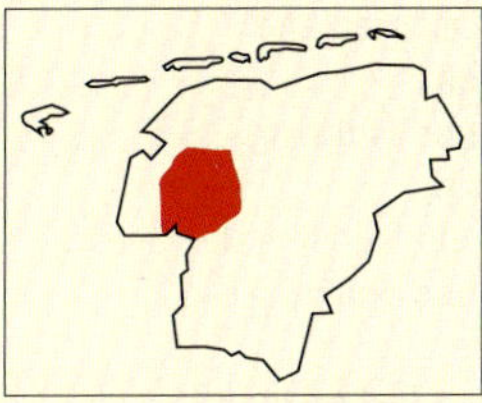

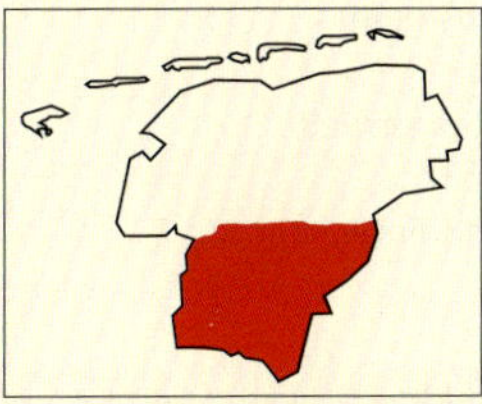

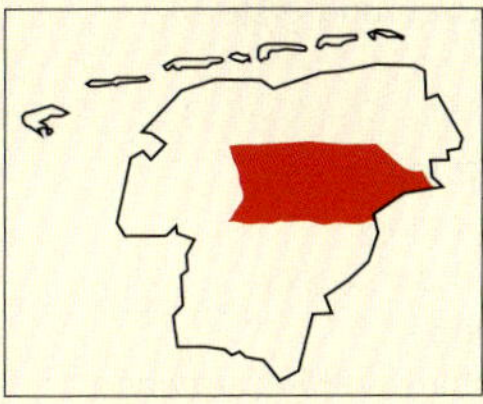

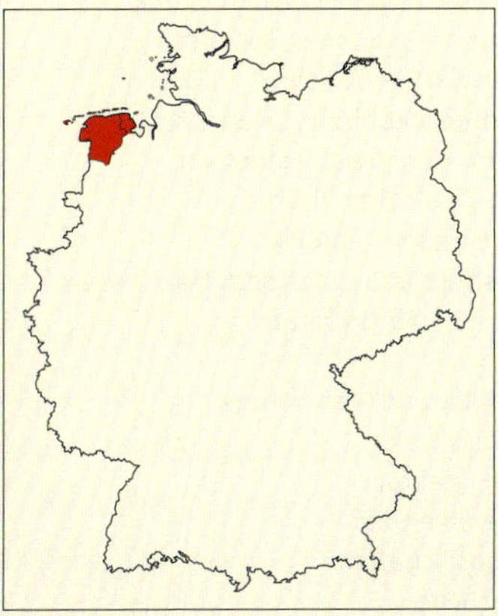

LEO
FÜRBRINGER
OBERBÜRGERMEISTER
DER STADT EMDEN

Ostgroßefehn

Vorwort

Ostfriesland, diese Region im äußersten Nordwesten der Bundesrepublik, ist erheblich kleiner, als die meisten Deutschen glauben. »Zwischen Dollart und Jadebusen, da liegt doch dieses Ostfriesland!«, ist oft zu hören. Das stimmt aber nicht! Fragen sie mal jemanden in Jever, ob er Ostfriese sei. Oder stellen sie einem Ostfriesen die Frage, ob da in Wilhelmshaven wohl auch Ostfriesen wohnen. Sie werden eine Antwort erhalten, zumeist ein »Najaaaa...«, aber manchmal auch eine nicht ganz so freundliche.

Ostfriesland ist kleiner. Auf einer Straßenkarte gibt die Linie Harlesiel–Wittmund–Remels–Rhauderfehn und dann ab Richtung Westen zur holländischen Grenze in etwa die Umrisse der historischen Landschaft Ostfriesland wieder. Hier wird noch heute vielfach ostfriesisches Platt gesprochen, ein niedersächsischer Dialekt.

Bestimmt wurden und werden die Grenzen dieser historischen Landschaft durch die Umrisse der lange vergangenen Reichsgrafschaft Ostfriesland. 1464 erhob Kaiser Friedrich III. Häuptling Ulrich aus dem einflussreichen Geschlecht der Cirksenas zum erblichen Reichsgrafen und belehnte ihn mit der Reichsgrafschaft Ostfriesland. Eine Erhöhung mit Langzeitwirkung, blieb diese Grafschaft doch unter wechselnden Namen und Herren bis in die späten 1970er Jahre bestehen. Erst dann ging der Regierungsbezirk Aurich, wie die Reichsgrafschaft mittlerweile hieß, im Regierungsbezirk Weser-Ems auf. Damit hatte sich das historische Ostfriesland aber beileibe nicht erledigt. Die Ostfriesische Landschaft, ein Kulturparlament, das sich für die Förderung von Kultur, Wissenschaft und Bildung in der Region einsetzt, trägt heute die Fahne der Eigenständigkeit Ostfrieslands weiter.

Neben der besonderen politischen Geschichte der historischen Landschaft Ostfriesland gibt es noch einen weiteren handfesten Grund für die Selbstständigkeit der Region und der tief verwurzelten Eigenart ihrer Bewohner: Ostfriesland war bis in die 1980er Jahre hinein ziemlich schwer zu erreichen, um nicht zu sagen ›etwas aus der Welt‹. Von alters her war es gegen Süden und Osten durch schwer zu passierende Moorgebiete abgeschlossen. Im Norden isolierte das tückische Wattenmeer die Küste. Problemlos war eigentlich nur der Weg nach Westen, aber da lagen die Niederlande. Erst dank Eisenbahn, Straßenbau, Internet und der europäischen Einigung rückte Ostfriesland aus seiner Randlage und wurde zum Ziel von Touristen. Und die wissen: Ostfriesland ist auch heute relativ dünn besiedelt, ländlich geprägt und bietet Erholungssuchenden nicht nur an der Küste viel Natur.

Übrigens ist die Aussage »Zwischen Dollart und Jadebusen, da liegt doch dieses Ostfriesland!« nicht ganz falsch. Nur meint dieser Satz nicht die historische Landschaft Ostfriesland, sondern die Ostfriesische Halbinsel, die durch ihre Entstehung und die Lage an der Nordsee eine Einheit bildet. Darum werden in diesem Reiseführer auch Jever, Wilhelmshaven sowie Varel-Dangast vorgestellt, die allesamt nicht zur historischen Landschaft Ostfriesland gehören, aber auf der Ostfriesischen Halbinsel liegen und mit Ostfriesland eng verbunden sind.

Das Wichtigste in Kürze

Informationen vor Reisebeginn

Ostfriesland Tourismus GmbH, Ledastr. 10, 26789 Leer, Tel. 0491/91969665, www.ostfriesland.travel. Tourismusverband für ganz Ostfriesland. Website mit vielen Tipps, Unterkunftssuchmaschine.

Ostfriesische Inseln GmbH, Goethestr. 1, 26757 Borkum, Tel. 04922/933141, www.ostfriesische-inseln.de. Gemeinsame Plattform der Ostfriesischen Inseln und Reedereien, die die Ostfriesischen Inseln ansteuern. Website mit Tipps und Buchungsmöglichkeiten.

Anreise

Ostfriesland ist über die Autobahnen A 28 aus Richtung Westen und über die A 31 aus Richtung Süden gut zu erreichen. Die Autobahn A 29 zweigt bei Oldenburg von der A 28 ab und geht bis Wilhelmshaven. Sie führt so in den östlichen Teil der Region. Über die Bahnlinien Oldenburg–Norddeich Mole und Rheine–Norddeich Mole ist Ostfriesland per Zug erschlossen und sind die Fähren zu den Ostfriesischen Inseln erreichbar. Von Oldenburg führt eine Regionalbahnstrecke bis Wilhelmshaven und über Sande bis Esens. Der nächstliegende größere Flughafen ist Bremen. Eine Reihe von regionalen Fluglinien bietet Flüge zu den Ostfriesischen Inseln.

Klima und Reisezeit

Regen fällt in Ostfriesland über das gesamte Jahr verteilt – auf dem Festland verstärkt im Juni und Juli, auf den Inseln vermehrt im Herbst. Das Meer wirkt ausgleichend auf die Temperaturschwankungen der Jahreszeiten. Auf den Ostfriesischen Inseln sind die Sommer etwas kühler als auf dem Festland. Dafür scheint hier aber häufiger die Sonne. Die vorherrschende Windrichtung ist West bis Nordwest. In den Orten an der Küste weht es deutlich häufiger und kräftiger, ist das Klima rauer als im südlichen Ostfriesland. Im Winterhalbjahr steigert sich der Wind oftmals zu Stürmen. Hauptsaison ist in Ostfriesland daher wetterbedingt von Mai bis September. Eine zweite Saison hat sich auf den Ostfriesischen Inseln und in den Küstenorten von Weihnachten über Neujahr entwickelt.

Öffnungszeiten

Größere Museen in den Städten kann man das ganze Jahr über besuchen, im Winter teilweise aber nur zu eingeschränkten Öffnungszeiten. Die meisten kleineren Museen sind nur zur Saison zwischen März und Oktober geöffnet.
Auch die Öffnungszeiten von Kirchen und Windmühlen sowie von Serviceangeboten werden außerhalb der Saison zurückgefahren. Cafés und Restaurants reduzieren von November bis März ihre Öffnungszeiten.

Preisniveau

Lange Jahre waren in Ostfriesland die Löhne und die Lebenshaltungskosten niedriger als im Rest der Bundesrepublik. Heute haben sie sich weitgehend dem Bundesniveau angeglichen. Für Besucher der Region gilt eine einfache Faustregel: Je näher an den stark touristischen Küstenorten, desto teurer. Das beschränkte Angebot an Hotelzimmern, Pensionen und Ferienwohnungen auf den Ostfriesischen Inseln lässt die Preise für Übernachtungen noch einmal steigen. Dazu kommen die höheren Preise für Waren aller Art, müssen diese doch per Schiff angeliefert werden.

Unterkünfte

Hotels finden sich nur in den etwas größeren Städten, in den Küstenorten und auf den Inseln. In der gesamten Region werden Ferienwohnungen, Campingplätze und Wohnmobil-Stellplätze angeboten.

Unterwegs im Land

Viele Ostfriesland-Touristen kommen per PKW in die Region – und sie wissen warum. Die Kleinbahnlinien entlang der Küste und nach Aurich im Herzen Ostfrieslands sind Geschichte. So bleiben für den öffentlichen Nahverkehr nur die **Eisenbahnlinien** Oldenburg–Leer–Emden–Norddeich und Oldenburg–Leer–Groningen. Dazu kommt die **Emslandstrecke** von Rheine über Papenburg–Leer–Emden–Norddeich. Viele Züge, auch einige ICs, können mit Fahrscheinen des Nahverkehrs genutzt werden. Fahrräder jedoch dürfen in den ICs nur nach Reservierung eines Fahrrad-Stellplatzes mitgenommen werden.

Ansonsten sind die Besucher auf **Busse** angewiesen. 15 Busunternehmen sind im Verkehrsverbund Ems Jade (VEJ) zusammengeschlossen und bedienen die rund 4500 Haltestellen der Region. Es gibt Tagestickets, Wochenkarten, 5er Karten oder Familientickets. Wer sich per Nordsee-Service-Card, Kur- oder Gästekarte als Urlauber ausweist, kann das Urlauberticket nutzen. Jede Fahrt nach 9 Uhr mit den gängigen Buslinien kostet je Person und Richtung unabhängig von der Entfernung 1 Euro. Fahrtunterbrechungen und Rundfahrten sind nicht gestattet. Ein Fahrplaner und eine Tarifauskunft findet sich unter vej-bus.de.

Immer beliebter werden auch in Ostfriesland **Fahrradtouren**. Die gesamte Region mit ihren rund 3500 Kilometern ausgeschilderten Radwegen ist durch das Knotenpunktsystem erschlossen. Hier werden die Radler in der Regel über gut asphaltierte oder gepflasterte Wirtschaftswege abseits des Autoverkehrs durch Felder, Wiesen und Wälder geführt. Einen Planer für das Knotenpunktsystem bietet die website www.ostfriesland.travel unter den Links Urlaubsthemen–Radurlaub–Knotenpunktsystem. Oder man lädt sich die kostenlose App Fietsknoop aufs Handy. Auf www.ostfriesland.travel findet sich auch eine Radservice-App, die Informationen z.B. zu E-Bike-Ladestationen bietet.

Highlights sind die vier ausgeschilderten Radrouten, die durch weite Teile der Region führen: die **Deutsche Fehnroute**, die **Friesenroute Rad up Pad**, die **Internationale Dollard Route** und die **Tour de Fries**. Auch hierzu finden sich Informationen und GPX-Tracks auf www.ostfriesland.travel. Dazu kommen jede Menge kürzere Rundtouren. Wanderern erschließt der 97 Kilometer lange **Ostfriesland-Wanderweg** die Region. Auf einer früheren Kleinbahnstrecke geht es von Rhauderfehn über Westoverledingen, Leer, Hesel, Aurich und Esens nach Bensersiel. Dazu kommt eine Vielzahl von lokalen Wanderwegen. Eine Besonderheit in Ostfriesland sind die Fahrradtouren am Wattenmeer und die Wattwanderungen im Nationalpark Wattenmeer.

Wohin in Ostfriesland?

Wer's platt und einsam mag, ist in der Krummhörn und im Rheiderland richtig. Badefreuden gibt es dagegen in den Küstenorten zwischen Norddeich und Varel-Dangast.

Diejenigen, denen das Küstenklima zu rau ist, sind im südlichen Ostfriesland zwischen Leer und Papenburg richtig. Auf den Wegen durch die Wiesenlandschaft und entlang der Fehnkanäle lässt sich prima Rad fahren. Besonders still ist das Land zwischen Leda und Jümme.

Wem Baum und Wald nicht fehlen dürfen, ist in Uplengen und Hesel richtig. Gehören Fehnkanäle zum Ostfrieslandgenuss einfach dazu? Dann hat man die Wahl zwischen dem südlichen Ostfriesland mit Rhauderfehn, dem Moormerland um den Ort Warsingsfehn und der Mitte Ostfrieslands mit Großefehn.

Notrufe

Polizei: 110.
Feuerwehr/Notruf-Rettungsdienst: 112.
ADAC-Pannenhilfe: 089/20204000.
Sperrung von EC- und Kreditkarten: 116116.

Ausführliche Informationen bieten die Reisetipps von A bis Z (*→ S. 318**).*

Herausragende Sehenswürdigkeiten

1 Emden ▼

Über Jahrhunderte war das Emder Rathaus Ausdruck von Wohlstand und Bedeutung der Hafenstadt. Heute ist es Symbol für den gelungenen Wiederaufbau der Stadt nach 1945 (→ S. 83).

2 Rysum ▼

Das Dorf liegt auf einem künstlichen Hügel mit einem Durchmesser von rund 400 Metern. Hier ist noch zu sehen, wie die Bewohner der Krummhörn auf einer Warft lebten und versuchten, sich vor den Sturmfluten zu schützen (→ S. 102).

3 Carolinensiel ▼

Der Sielort Carolinensiel hat seinen alten Hafen wieder ausgegraben und damit dem Ort sein unverwechselbares Gesicht zurückgegeben. Rund um das Hafenbecken mit seinen historischen Schiffen finden sich schön restaurierte Wohnhäuser und mit dem alten Lagerhaus Groothus, dem Kapitänshaus und dem Alten Pastorat ein Sielhafenmuseum, das keine Fragen offenlässt (→ S. 134).

4 Ewiges Meer ▼

Ein Bohlenweg im Hochmoor macht es möglich: Besucher laufen zum Rand des größten Hochmoorsees in Deutschland und erleben eine unwirtliche, in Deutschland selten gewordene Landschaft (→ S. 210)

5 Moordorf ▼

Von der Plaggenhütte bis zum kleinen Moorhof: hier wird das schwere Leben der Moorkolonisten greifbar (→ S. 222).

6 Leeraner Altstadt ▼

Im Jahr 1973 gründete sich die Bürgerinitiative ›Rettet die Altstadt‹, 1974 hatte die Leeraner Stadtverwaltung ein Einsehen. So spazieren wir heute durch die schönste Altstadt Ostfrieslands, bewundern die eingeschossigen Backsteinhäuser mit ihren geschwungenen Giebeln und besuchen den Hafen, der zunehmend zum Zentrum des Stadtlebens wird (→ S. 247).

7 Holter Hammrich ▶

Die Natur ist hier der Star. Per Schleuse und Schöpfwerk wird im Holter Hammrich an der Leda die früher natürliche Lebenswelt der Flussaue wieder hergestellt. Ein Besuch bei Gans, Säbelschnäbler, Kiebitz, vielen weiteren Bewohnern und vor allem in der Stille und Weite (→ S. 288).

8 Papenburg ▲

Jenseits der Grenze zum Emsland ist Papenburg die älteste und längste Fehnkolonie Deutschlands und zugleich die südlichste Seehafenstadt des Landes Niedersachsen. Passend dazu hat hier die weltbekannte Meyer Werft ihren Stammsitz (→ S. 295).

Unterwegs mit Kindern

Als ländlich geprägte Region ist Ostfriesland prädestiniert für Familienurlaube. Ob in der Ferienwohnung mit großzügigem Garten oder auf dem Zeltplatz unmittelbar am Strand - Kinder können sich in Ostfriesland nach Herzenslust bewegen, ohne dass sie ständig auf den Autoverkehr achten müssen. Ein Strand, ein paar Tage gutes Wetter - mehr braucht es oft gar nicht, um auch den Kindern unvergessliche Ferientage zu bieten. Sollte es mal regnen, halten viele Küstenbadeorte und Inseln **Indoorspielplätze** für Kinder bereit. Teilweise ist die Nutzung der mehre hunderte Quadratmeter großen Hallen, in denen allerlei Spielgerät angeboten wird, kostenfrei, teilweise wird ein kleiner Unkostenbeitrag gefordert. Nur private Betreiber erheben Eintritt ab 6,50 € aufwärts. Adressen von Spielhäusern und Informationen: www.ostfriesland.travel/urlaubsthemen/Familienurlaub/Kinderspielhäuser
Touren mit dem Fahrrad auf den wenig befahrenen Wirtschaftswegen, kurze Wattwanderungen, die auch Kinder bewältigen können, Paddeltouren auf Kanälen oder auf dem Großen Meer - in Ostfriesland können Familien eine Vielzahl von Aktivitäten gemeinsam unternehmen.

Ein besonderes Erlebnis sind die **Ferien auf dem Bauernhof**, vor allem wenn auf dem Hof noch aktiv Landwirtschaft betrieben wird. Hier ist der Kontakt zu Tieren garantiert, ob man das Reiten lernt oder Kühe melkt oder einfach Kaninchen streichelt. Kinder und Jugendlich können den Bauern bei der Arbeit über die Schultern schauen und so die Lebenswelt auf dem Lande kennenlernen. Die website www.ostfriesland.de hält unter dem Link ›Bauernhofurlaub‹ über 150 Angebote für Unterkünfte auf Bauernhöfen oder Ferienhöfen bereit.

Dazu gibt es in ganz Ostfriesland eine Vielzahl von Ausflugszielen. Der Hit ist immer wieder die Seehundstation in Norden-Norddeich. An zwei Orten - in der Seehundstation Nationalpark-Haus und im rund fünf Kilometer entfernten Waloseum - kann man die Meeressäugetiere, die als Heuler gefunden wurden und hier aufgezogen werden, aus nächster Nähe beobachten. In der **Seehundstation Nationalparkhaus** steht der Seehund ganz im Mittelpunkt (→ S. 123). Im **Waloseum**, das als Quarantänestation für die aufgefundenen Heuler dient, gibt es darüber hinaus Informationen zu Walen im Wattenmeer und zur Lebenswelt der Vögel im Watt (→ S. 123). Auf der website www.seehundstation-norddeich.de kann man die Zahl der Seehunde erfahren, die aktuell in den beiden Stationen aufgezogen werden.
Überraschend im durchgängig platten Ostfriesland und darum um so spannender ist das Angebot an Klettermöglichkeiten. Ob **Boulderhalle Kluntje** in Aurich (→ S. 203), der **Kletterbunker Monte Pinnow** in Sande in der Nähe von Wilhelmshaven, immerhin Niedersachsens größte künstliche Kletteranlage (→ S. 181), oder der **Kletterwald** in Aurich (→ S. 203): gemeinsam kann man hier als Familie in aller Ruhe die ersten Übungen zum Kletterkünstler absolvieren.
Zum Charakter Ostfrieslands als Küstenregion passen **Ausfahrten per Schiff**, egal ob als Kutterfahrt von Hooksiel und Neuharlingersiel oder aber als Fahrt mit der ›Dollard‹. Von Mai bis September verbindet das Fahrgastschiff die Orte Ditzum und Emden sowie das niederländische Delfzijl und transportiert nicht nur Radler mit ihren Fahrrädern, die auf der grenzüberschreitenden Dollardroute unterwegs sind. Informationen: www.dollard-route.de

Ein besonderes Erlebnis für Kinder und Jugendlich ist die **Große Hafenrundfahrt** in Emden, bei der man nicht nur über den Ratsdelft schippert, sondern durch die Schleuse bis zu Emder VW-Verladehafen fährt. Eine Hafenstadt mal von der Wasserseite betrachtet (→ S. 94).

Zum Mitmachen und Lernen fordert das **Energie Erlebniszentrum Aurich** (www.eez-aurich.de) heraus, in der Kinder und Jugendliche spielerisch vieles über Energie und deren Nutzung lernen (→ S. 203).

Wechselnde Themen wie ›Alles fängt mal klein an. Urknall, Dinos, Steinzeitmenschen‹ oder wie 2024 ›Leinen Los. Sagen, Segel, Seemannsgarn‹ präsentiert das **MachMit-Museum miraculum** in Aurich (→ S. 203). Gemeinsam ist allen Ausstellungen, das die Besucher hier auf Entdeckungsreise gehen und vielfältige Möglichkeiten zum Mitmachen finden (www.miraculum-aurich.de).

Gerne besucht werden auch die Tierparks in der Region, ob **Haustierpark** in Werdum (→ S. 152 mit Schaf, Schwein, Esel, Ziege und dem lieben Federvieh (www.haustierpark-werdem.de) oder **birgits tiergarten** im Ort Rechtsupweg (→ S. 226) zwischen Aurich und Norden. 400 Tiere, darunter auch Lama, Känguru und Strauß, hält der privat geführte Tiergarten vor. Der **Jaderpark** in Jaderberg ist als Mischung aus Tierpark und Freizeitpark für Kinder ein Riesenvergnügen (→ S. 181).

Viele Küstenbadeorte halten für Schlechtwettertage **Indoorspielplätze** für Kinder bereit. Informationen und Adressen unter www.ostfriesland.travel/ unter den Links Urlaubsthemen/Familienurlaub.

Eine Attraktion nicht nur für Schlechtwettertage

Die reformierte Kirche in Bunde

Entfernungstabelle Ostfriesland und Großstädte in Norddeutschland

Angegeben ist jeweils die schnellste Verbindung mit dem Pkw

	Aurich	Bremen	Emden	Esens	Großefehn	Hamburg	Hannover	Jever	Leer	Münster	Norden	Papenburg	Wiesmoor	Wilhelmshaven	Wittmund
Aurich		124	30	27	13	241	248	34	34	211	28	53	28	51	26
Bremen	124		132	132	104	121	128	106	112	175	161	128	100	101	114
Emden	30	132		54	36	248	256	61	34	211	33	63	48	78	52
Esens	27	132	54		37	246	253	25	58	240	38	77	36	41	16
Großefehn	13	104	36	37		232	239	34	29	205	40	44	14	48	30
Hamburg	241	121	248	246	232		156	223	229	281	277	244	216	219	230
Hannover	248	128	256	253	239	156		232	238	105	287	254	226	227	240
Jever	34	106	61	25	34	223	232		57	215	57	74	36	17	10
Leer	34	112	34	58	29	229	238	57		181	63	21	32	79	57
Münster	211	172	211	240	205	281	105	215	181		241	164	208	209	222
Norden	28	161	33	38	40	277	287	57	63	241		93	55	74	46
Papenburg	53	128	63	77	44	244	254	74	21	164	93		52	104	82
Wiesmoor	28	100	48	36	14	216	226	36	32	208	55	52		36	23
Wilhelmshaven	51	101	78	41	48	219	227	17	79	209	74	104	36		26
Wittmund	26	114	52	16	30	230	240	10	57	222	46	82	23	26	

Ostfriesland liegt im äußersten Nordwesten des Bundeslandes Niedersachsen. Verständlich wird das ›Ost‹ im Namen nur, weiß man, dass die niederländische Provinz Friesland auch Westfriesland genannt wird und sich östlich daran Ostfriesland anschließt – eine Erinnerung an die Zugehörigkeit dieser Regionen zum alten Siedlungsgebiet der Friesen. Wie das gesamte Niedersachsen gehört Ostfriesland zur Norddeutschen Tiefebene.

Der Alte Hafen Carolinensiel

LAND UND LEUTE

Steckbrief Ostfriesland

Lage: Die historische Landschaft Ostfriesland ist Teil der Ostfriesischen Halbinsel, die von den Meeresbuchten Dollart und Jadebusen eingefasst wird. Nach Norden sind das Wattenmeer und die Ostfriesischen Inseln der Küstenlinie vorgelagert.

Fläche: 3142 km², davon Landkreis Friesland 608 km², Wilhelmshaven 107 km². 2397 km² werden landwirtschaftlich genutzt, als Ackerland 909 km², als Dauergrünland 1484 km².

Waldflächen: Wittmunder Wald ca. 730 Hektar, Knyphauser Wald ca. 730 Hektar, Heseler Wald ca. 600 Hektar, Ihlower Wald ca. 325 Hektar.

Grenzen: Landgrenze zu den Niederlanden rund 15 km. Der Grenzverlauf im Dollart ist umstritten.

Küstenlänge: Rund 90 Kilometer vom Dollart bis zum Jadebusen.

Inseln: Borkum, Juist, Norderney, Baltrum, Langeoog, Spiekeroog und Wangerooge.

Größere Flüsse: Ems (ca. 59 km), Leda (ca. 25 km), Jümme {ca. 18 km), Harle (ca. 23 km).

Größere Seen: Großes Meer (29 km²); Ewiges Meer, größer Hochmoorsee Deutschlands (9,1 km²).

Bevölkerung: ca. 475 000, Landkreis Friesland ca. 100 000, Wilhelmshaven ca. 76 000.

Bevölkerungsdichte: In Wilhelmshaven leben 813 Einwohner pro km², in Emden 450 Einwohner pro km². Demgegenüber leben im Landkreis Wittmund nur 88 Einwohner pro km², im Landkreis Aurich 147 Einwohner pro km².

Größere Städte: Wilhelmshaven, Emden, Aurich, Leer, Norden, Wittmund, Jever.

Verwaltungsgliederung: Kreisfreie Städte sind Emden und Wilhelmshaven. Dazu kommen die Landkreise Leer, Aurich, Wittmund, Friesland.

Höchste Erhebungen: Walter-Großmann-Düne auf Norderney (24,4 m über NHN), Kugelberg im Naturschutzgebiet Hollesand (18,6 m über NHN).

Ostfriesische Flagge mit Wappen

Niedrigster Punkt: Freepsumer Meer (2,5 m unter NHN), Wynhamster Kolk bei Bunde (ebenfalls 2,5 m unter NHN).

Nationalpark: Nationalpark Niedersächsisches Wattenmeer.

UNESCO-Welterbestätten: Wattenmeer.

Wichtige Wirtschaftszweige: Tourismus, Landwirtschaft, Industrie. Leer hat einen Schwerpunkt in der IT-Branche, Aurich durch ENERCON in Sachen Energie und Maschinenbau, in Emden befindet sich ein VW-Werk und der Hafen, einer der größten Umschlagplätze für den Automobilexport.

Häfen: Wilhelmshaven, Emden.

Arbeitslosenquote: Leer/Emden 6,3 %, Landkreis Friesland 4,7 %, Wilhelmshaven 11,7 %.

Hochschulen: Emden-Leer (Seefahrt, Soziale Arbeit, Technik, Wirtschaft), Jade Hochschule Wilhelmshaven (E-Technik, Machienbau, Management, BWL).

Tourismus: Rund 95 % der Gäste in Ostfriesland (ohne Landkreis Friesland und Wilhelmshaven) kommen aus Deutschland, mehr als die Hälfte davon aus Nordrhein-Westfalen. Die meisten ausländischen Gäste kommen aus den Niederlanden.

Sturmfluten, die Grote Mandränke und der Klimawandel

Man mag es kaum glauben, aber es gibt in Deutschland tatsächlich eine Din-Norm für Sturmfluten. Und zwar bestimmt die DIN 4049-3 aus dem Jahr 2005 eine Sturmflut als »durch starken Wind verursachtes Ansteigen des Wassers an der Meeresküste und den Flussmündungen im Küstengebiet, wenn die Wasserstände einen bestimmten Wert überschreiten.« Und das Bundesamt für Seeschifffahrt und Hydrographie präzisiert: Steigt das Wasser mehr als 1,5 Meter über mittleres Hochwasser, handelt es sich um eine Sturmflut, zwischen 2,5 und 3,5 Meter über mittlerem Hochwasser ist es eine schwere Sturmflut. Steigt das Wasser höher als 3,5 Meter über mittleres Hochwasser, haben wir es mit einer sehr schweren Sturmflut zu tun.

Damit es zu einer solchen Sturmflut kommt, müssen zwei Bedingungen erfüllt sein: Es muss Vollmond oder Neumond herrschen, damit durch die Anziehungskraft des Mondes die Flutwelle hoch ausfällt. Und es müssen heftige Nordweststürme wehen, die das Wasser in die Deutsche Bucht und die Flüsse Ems, Weser und Elbe drücken. Immer wieder sind hunderte von Menschen bei Sturmfluten ertrunken, Jahr für Jahr verschlingt die Instandhaltung der Deiche Millionen. Am 17. Februar 1962 wurde bei der letzten großen Sturmflutkatastrophe rund ein Sechstel des Hamburger Stadtgebiets überflutet, 315 Menschen starben allein in der Hansestadt. Seitdem scheint durch die Milliarden Euro teuren Küstensicherungsarbeiten die Gefahr einer verheerenden Sturmflut weitgehend gebannt. Das aber kann sich ändern.

Britische Forscher um Kaitlin Naughten vom Polarforschungsprogramm des Vereinigten Königreichs, die die Erwärmung des Wassers unter dem Schelfeis (schwimmendes Gletschereis) untersucht haben, veröffentlichten 2023 eine ernüchternde Studie: Das Wasser in einer Tiefe von 200 bis 700 Metern könnte bis 2100 sich um rund einen Grad Celsius erwärmen. Und das bedeutet: Das Schelfeis könnte in unserem Jahrhundert etwa dreimal so schnell abschmelzen wie in der Vergangenheit. Schwindet das Schelfeis, rutschen die Gletscher nach und der Meeresspiegel steigt. Auch bei stärksten Anstrengungen in Sachen Klimaschutz dürfte diese Erwärmung nicht mehr zu verhindern sein. Aber es ist möglich, sich auf die Folgen des Anstiegs des Meeresspiegels vorzubereiten.

Die Helmholtz Klima Initiative, die die Ergebnisse wissenschaftlicher Forschung zum Klimawandel zusammenfasst, konstatiert, dass in den vergangenen 100 Jahren der Meeresspiegel in der Deutschen Bucht um 15 bis 20 Zentimeter gestiegen sei. Bis Ende des Jahrhunderts könnten 20 bis 80 Zentimeter hinzukommen. Höhere Wasserstände zu Beginn einer Sturmflut bedeuten unweigerlich steigende Höchststände und damit eine größere Gefahr von Deichbrüchen.

Wie war es früher? Nicht erst durch die Novelle ›Der Schimmelreiter‹ von Theodor Storm aus dem Jahr 1888, die in Nordfriesland spielt, hat das Thema Sturmflut die Phantasie der Menschen angeregt. Eingegraben haben sich in das kollektive Gedächtnis Sturmfluten wie die Grote Mandränke (Großes Ertrinken), bei denen Tausende von Menschen und eine große Zahl von Vieh zu Tode gekommen sind und die das Gesicht der Küsten stark verändert haben. Bei der Luciaflut am 13. und 14. Dezember 1287 soll der Dollart entstanden sein. Am 16. Januar 1219

EXTRA

Die Weihnachtsflut 1717, zeitgenössische Darstellung (Ausschnitt)

traf die Erste Marcellusflut die niederländische Küste und Norddeutschland bis hin zum Elbegebiet schwer. Der Jadebusen bildete sich. Angeblich sind bis zu 100 000 Menschen bei dieser Sturmflut ertrunken. Bei der Clemensflut am 23. November 1334 wurde der Jadebusen erweitert. Die Zweite Marcellusflut vom 15. bis 17. Januar 1362 traf dann vor allem Schleswig-Holstein und veränderte das Gesicht der westfriesischen Küste gravierend. Die sagenumwobene Handelsstadt Rungholt soll samt 30 bis 40 Dörfern in den Fluten versunken sein. Bei der ersten Dionysiusflut 1374 wurde die Leybucht bis zur Stadt Norden erweitert. Und noch bei der Weihnachtsflut am 24. und 25. Dezember 1717, als man schon viel mehr über die richtige Bauweise der Deiche wusste, soll es von der niederländischen bis zur dänischen Küste zu verheerenden Schäden gekommen sein. Geschätzt über 11 000 Menschen seien ertrunken, 8000 Häuser seien zerstört worden und 90 000 Stück Vieh elendig umgekommen. Das zumindest behaupten die Schadensberichte aus den Jahren nach der Katastrophe, denen man als Dokumente aus der Zeit der beginnenden Aufklärung schon eher trauen kann. Aktuell werden die Deiche entlang der ostfriesischen Küste auf eine Höhe von 8,40 Meter gebracht. Ob das reichen wird?

Landschaften

Ostfriesland mit seinen über 3000 Quadratkilometern Fläche ist einfach nur platt. Ob man durch das Rheiderland oder die Krummhörn fährt, am Fehntjer Tief oder auch durch die Fehndörfer des Overledingerlandes im Süden der Region radelt – immer das gleiche Bild: Wiesen und Ackerflächen wechseln sich ab mit alten und neuen Gulfhöfen sowie Reihen von Einfamilienhäusern entlang der Straßen zwischen den Dörfern. Nur selten ist ein kleines Waldstück auszumachen.

Auf den ersten Blick ist das nichts als tischebenes Land, weil das Auge die feinen und doch so bedeutsamen Höhenunterschiede von manchmal nur einem oder zwei Metern in der Landschaft genauso wenig wahrnimmt wie die unterschiedlichen Landschaftstypen, die sich unter den heute durchgängig kultivierten Acker- und Wiesenflächen verbergen. Dabei zeigt die relativ kleine Region Ostfriesland mit Marsch, Geest und Moor drei ganz unterschiedliche Landschaftstypen. Der vierte Landschaftstyp, das Watt, diese schlickig-braune Fläche vor der Deichlinie, ist nicht zu übersehen – zumindest bei Ebbe. Aber dieses Watt, das heute als Weltnaturerbe geschützt ist, wird sogar von vielen Einheimischen nicht als eine der letzten großen Naturlandschaften in Deutschland wahrgenommen.

Zum Landschaftsbild Ostfrieslands gehört zudem ein Element, das häufig übersehen wird: der Himmel mit den Wolken. ›10 Prozent Erde und 90 Prozent Himmel, das sind 100 Prozent Ostfriesland‹, so lautet ein viel zitierter Spruch, dem man nur zustimmen kann.

Bei aller Naturschönheit ist Ostfriesland aber durch und durch Kulturland, in Jahrhunderte währender Arbeit zu dem gemacht, was wir heute sehen. So wurde zum Beispiel die sandige Geest durch die Plaggendüngung zu Wiesen- und sogar Ackerland entwickelt. Die tückischen Moorgebiete wurden entwässert. Daher muss man heute schon etwas über die Entstehung, Kultivierung und Nutzung von Marsch, Geest und Moor wissen, um diese Landschaftstypen bei einem Besuch in Ostfriesland erkennen zu können.

Steine und Buhnen sichern den Fuß des Deiches wie hier in Bensersiel

Typisch für die Geest: Wallhecke bei Hesel

Entstehung und Nutzung der Marsch

Als das Meer noch ungehindert von Deichen die Küsten überspülte, lagerten sich die im Meerwasser gelösten Sedimente als Schlick auf den älteren Geestböden der Küstenregion ab. Eine leicht erhöhte Landschwelle aus gröberen Sanden, durchsetzt mit Kalk (zerriebene Muscheln sowie Schnecken) und Humus (zerriebene organische Bestandteile) entstand.

Sobald diese Landschwelle nicht mehr vom Seewasser überspült wurde, setzte die Landwerdung ein. Das Regenwasser schwemmte die Salze aus dem Boden (Aussüßung). Es entwickelten sich Wiesen. Schon früh wurde dieses fruchtbare Marschland unmittelbar an der Küste von Menschen besiedelt. Sie errichteten Höfe zu ebener Erde, bauten für den Eigenbedarf Feldfrüchte an und hielten Rinder, Pferde, Ziegen und Schafe. Begehrtes Handelsgut war das Friesische Tuch, das aus der Wolle der Schafe gewebt wurde und zu Bekleidung wie schützenden Mänteln verarbeitet wurde. Ein zweites wichtiges Handelsgut war das Salz, das aus Salztorf in den früher immer wieder überschwemmten Gebieten gewonnen wurde.

Warften und Deiche

Als Sturmfluten und der kaum wahrnehmbare natürliche Anstieg des Meeresspiegels Mensch und Vieh in diesen Marschgebieten bedrohte, wurden zum Schutz vor dem Wasser künstliche Hügel aus Klei und Mist (Warften) aufgeschüttet, auf die ganze Dörfer oder auch nur einzelne Höfe verlegt wurden. Immer wieder mussten diese Warften erhöht werden. Bis zu sieben Schichten wurden bei archäologischen Grabungen in Warftendörfern der Krummhörn festgestellt. Trotzdem kam es in den Marschgebieten immer wieder zu verheerenden Flutkatastrophen.

Vieh- und Ackerwirtschaft

Um das Jahr 1000 begannen die Marschbewohner mit dem Bau von Schutzwällen (Deichen) um Dörfer und Weideflächen. Bis 1200 waren diese zu einer geschlossenen Deichlinie an der Küste zusammengewachsen.

Erst zu dieser Zeit, als sich in West- und Süddeutschland schon zahlreiche Städte gebildet hatten, wurden in Ostfriesland Rinder für den Verkauf gehalten. Sie wurden auf den Marschwiesen gemästet und dann exportiert – friesische Rinder waren begehrt. Gleiches gilt für die friesischen Pferde. Da man aber Rind und Pferd im Winter in Ställen unterbringen und durchfüttern musste, war ihre Zahl begrenzt.

Ab dem 16. Jahrhundert hielt dann der großflächige Ackerbau Einzug auf der Marsch der Krummhörn, des Norderlandes, des Harlingerlandes und auch des Wangerlandes. Angebaut wurden im Mittelalter Pferdebohnen, Lein, Spelzgerste und das weizenartige Getreide Emmer sowie Hafer. Heute dient das Marschland dem Anbau von Getreide, Gemüse und Blumen. Die Viehwirtschaft ist dagegen den weiter landeinwärts liegenden Altmarschflächen vorbehalten. Durch die natürliche Verdichtung des Bodens sind sie bis unter den Meeresspiegel abgesunken und vernässt (Sietland).

Nicht nur an der Küste, sondern auch an den tideabhängigen Flüssen Ems, Leda und Jümme trug die Flut Marschböden auf. Auch hier entstand durch die natürliche Setzung des Bodens tief liegendes Land, das vernässte und teilweise moorig wurde. Dieses Wiesenland wird ebenfalls zur Viehwirtschaft genutzt.

Entstehung und Nutzung der Geest

Ostfriesland ist Teil des Norddeutschen Tieflandes. Wie ein Rückgrat durchzieht der Ostfriesisch-Oldenburgische Geestrücken von Remels im Südosten über Aurich im Zentrum bis zur Stadt Norden nahe der Nordseeküste das Land. Entstanden ist dieser Geestrücken während der Saale-Eiszeit, als Gletscher die Norddeutsche Tiefebene bis an den Rand der heutigen Mittelgebirge überfuhren. Die riesigen Eismassen transportierten Sand unterschiedlicher Körnung aus Skandinavien in die Region und setzten ihn unter den Gletschern als Grundmoräne ab. Auch große Granitblöcke (Findlinge) und Feldsteine brachten die Gletscher nach Ostfriesland. Reste der Findlinge kann man heute aber nur noch bei einem Besuch der Großsteingräber von Tannenhausen bewundern oder als mühsam bearbeitete Granitquader im Mauerwerk einzelner Kirchen entdecken.

Während der letzten Eiszeit, der Weichseleiszeit, blieb Ostfriesland eisfrei. Daher konnte der Wind auf dem vegetationslosen Boden Sand ausblasen. Die gröberen Sande wurden nur wenige Kilometer weit transportiert, verfüllten Senken oder wurden zu Binnendünen aufgeweht. So entstand eine über weite Strecken relativ ebene Geest mit sandigen, wenig fruchtbaren Böden. Nicht von ungefähr leitet sich das Wort Geest vom friesischen ›güst‹ ab, und das bedeutet ›unfruchtbar‹, ›karg‹.

Abgesehen von einzelnen aufgewehten Dünen zeigt der Geestrücken im Dreieck Remels–Wiesmoor–Aurich Höhen von um die zehn Meter über dem Meeresspiegel und fällt zu den Seiten hin ab.

Plaggendüngung

Die Geest bot im Gegensatz zur Marsch hochwassersichere Siedlungsplätze. Allerdings mussten die Böden hier gedüngt werden. Vor der Entwicklung des Kunstdüngers blieb dafür in Norddeutschland nur eine Möglichkeit, die Plaggendüngung. Hierfür wurde die obere Schicht der Heideböden abgetragen und als Streu in die Ställe verbracht. Angereicht mit tierischem Dung, wurden die Plaggen dann mit dem Boden der Felder vermischt. Die so gedüngten Landstücke sind heute noch gut erkennbar, liegen sie doch durch den Plaggeneintrag bis zu einem Meter höher als die umliegenden Wiesen.

Winterroggen und Schweinemast

Angebaut wurde auf der Geest etwa ab dem Jahr 1000 der Winterroggen, der im Mittelalter die wichtigste Brotfrucht darstellte. Dazu kamen Spelzgerste, Saat- und Sandhafer sowie Lein. Nicht Rinder, sondern hauptsächlich Schweine wurden auf der Geest gehalten. Der Wald, der sich natürlich auf der Geest entwickelt hatte, bot sich für eine Waldweide der Schweine an. Allerdings fraßen die Tiere die Keimlinge der Bäume und verhinderten so ein Nachwachsen des Waldes. Abholzungen, dann Plaggenhieb und die Waldweide sorgten dafür, dass der Wald von der Geest und damit aus Ostfriesland fast vollständig verschwand.

Wallhecken

Wallhecken wurden angelegt, um die Verwehung des sandigen Bodens zu stoppen. Bis zu drei Meter breite, niedrige Wälle wurden aufgeschüttet und mit Busch und Baum als Windschutz bepflanzt. Die frühen Wallhecken hatten oftmals geschwungene Formen. Erst ab dem 18. Jahrhundert wurde ein zusammenhängendes Netz gerade verlaufender Wallhecken entwickelt, die vielfach auch die Äcker nach den Besitzverhältnissen voneinander abgrenzten.

Entstehung und Nutzung der Moore

Auf Teilen des Ostfriesisch-Oldenburgischen Geestrückens entstanden Hochmoore aus Torfmoos (Sphagnum). Torfmoose ernähren sich einzig von den Nährstoffen im Regenwasser. Dafür fanden sie in Ostfriesland mit seinen über das ganze Jahr verteilten Regenfällen gute Bedingungen vor. Ausgehend von den nassen Senken des Geestrückens, in denen die Torfmoose zu einer meterhohen Schicht aufwuchsen, breitete sich das Hochmoor über weite Teile der Geest aus. Eine unwirtlich karge Landschaft, durchsetzt mit Tümpeln und Moorseen, entstand. Aufgrund des sauren Milieus, das die Torfmoose erzeugen, können sich hier nur wenige Pflanzen halten. Tiere finden daher kaum Futter. Die Oberflächenform des Hochmoors erinnert an ein Uhrglas, das sich von den Rändern her aufwölbt.

Am Rand des Geestrückens, da wo die Altmarsch mit ihren hoch verdichteten, tonigen Böden (Sietland) auf die Geest trifft, entwickelten sich Niedermoore. Sie speisen sich im Gegensatz zu Hochmooren aus dem nährstoffhaltigen Grundwasser. Da dieses Sietland aufgrund der hohen Bodenverdichtung niedriger liegt als die küstennahe Marsch, konnte das Grundwasser hier nicht abfließen. Senken verwandelten sich in Sümpfe, in denen Bäume, Büsche und andere Pflanzen durch den Sauerstoffmangel unter Wasser nicht vollständig vermoderten und so zu Torf wurden. Niedermoorgebiete finden sich auch in den Niederungen der Flüsse Ems, Leda und Jümme sowie an Fehntjer Tief und Benser Tief.

Ein Plattbodenschiff im Torf- und Siedlungsmuseum Wiesmoor

Mit seinen Hoch- und Niedermooren war Ostfriesland eine der moorreichsten Gegenden Deutschlands. Der Torf bot sich im holzarmen Ostfriesland als Brennmaterial an. Heute ist der überwiegende Teil der Hochmoorflächen abgetorft und das Niedermoor durch Entwässerung und Kultivierung zu Wiesenland veredelt. Diese Veränderung hat eine äußerst problematische Nebenwirkung: Das im Moor gebundene CO_2 wird durch die Trockenlegung nach und nach an die Atmosphäre abgegeben. Immerhin sieben Prozent der deutschen Treibhausgasemissionen gehen auf trockengelegte Moore zurück. Kein Wunder, dass man über die Wiedervernässung ehemaliger Moorflächen nachdenkt.

Moorkultivierung

Die größte Leistung der Ostfriesen neben dem Bau der Deiche war die Kultivierung der Moorgebiete. Mit der Flucht von den Sturmfluten aus den Marschgebieten im 12. Jahrhundert und dem Anstieg der Bevölkerungszahlen wurden die Moorgebiete als Siedlungsflächen interessant.

Nachdem schon früh erste regellose Moorsiedlungen, über die wir wenig wissen, entstanden waren, begann im 12. Jahrhundert die planvolle Moorkultivierung nach dem Upstreekrecht (hochdeutsch in etwa Aufstreckrecht). Entlang eines Weges wurde eine Reihensiedlung angelegt, indem schmale Grundstücke abgesteckt wurden. Die Siedler hatten das Recht, auf diesen Kolonaten ein Wohnhaus zu errichten. Und vor allem durften sie ihr Grundstück durch Abtorfen immer weiter ins Moor treiben (aufstrecken). Der Weißtorf, die obere Schicht des Moores, wurde abgetragen, der darunterliegende Schwarztorf gestochen und nach dem Trocknen in Brikettform als Brennmaterial verwendet oder verkauft. Der Weißtorf wurde dann vermengt mit Stallmist wieder auf die Fläche gebracht und sorgte so für einen Boden, der neben dem Acker zur Selbstversorgung zumindest Grünland für die Haltung von Vieh hergab.

Theoretisch durfte jeder Siedler sein Grundstück so weit ins Moor treiben, bis er an ein Hindernis stieß, etwa einen Wasserlauf oder den Besitz eines anderen Moorkolonisten. Tatsächlich zeigten die ›aufgestreckten‹ Kolonate in der Regel eine Länge von rund zwei Kilometern. Der Transport des Torfs zur Straße und des Stallmists auf den Acker war über längere Strecken auf dem moorigen Grund kaum zu schaffen.

Moorschuhe im Museum Westgroßefehn

Moorbrandkultur

Das mittelalterliche Upstreekrecht wurde erst 1765 mit dem preußischen Urbarmachungsedikt aufgehoben. In diesem Jahr erklärte sich der preußische Staat zum Eigentümer aller nicht kultivierten Flächen in Ostfriesland. Also konnte er Kolonisten in diese unwegsamen Moraste schicken, die sie durch Moorbrand kultivieren sollten.

Bei dieser einfachsten und ineffektivsten Art der Moorkultivierung wurde ein Stück Moor durch ein Netz von flachen Entwässerungsgräben oberflächlich entwässert und gleichzeitig grob aufgehackt. Im nächsten Jahr, wenn die Fläche halbwegs abgetrocknet war, wurde Anfang Mai das Moor angezündet. Mitte Mai wurden dann Hafer oder Roggen in die noch warme Asche gesät. Anfang Juni folgte die Aussaat des frostempfindlichen Buchweizens und der Kartoffeln. Die Ernten auf den so kultivierten Flächen waren gering, bittere Armut in den Moordörfern die Regel. Vollends katastrophal wurde die Lage, zerstörte der Bodenfrost, der im Hochmoor mit seinen extremen Temperaturschwankungen im Tagesverlauf auch im Frühsommer noch auftreten konnte, die Saat oder die jungen Pflanzen. Hunger war dann unausweichlich. Verschärft wurde die elende Situation dieser Moorkolonien durch die mangelnde Qualifikation der Kolonisten. Siedlungswillige wurden einfach ins Moor geschickt, Arme folgten ihnen in der Hoffnung auf eine Existenzgrundlage.

Die per Moorbrand kultivierte Ackerfläche war schon nach fünf bis sechs Jahren erschöpft und musste 30 bis 40 Jahre ruhen, um sich zu erholen. Daher wurden immer neue Moorgebiete abgebrannt und zwar von Holland über Norddeutschland und Dänemark bis ins Baltikum. Jedes Moorbrennen führte zu Rauchbelästigung und Brandgeruch, der über Hunderte von Kilometern wahrgenommen wurde – ganz abgesehen von den Folgen für die Umwelt und das Klima, an die seinerzeit noch niemand dachte. Schon 1877 gründete daher der Preußische Staat in Bremen eine Moorversuchsstation mit dem Ziel, andere Formen der Moorkultivierung zu erproben. 1923 wurde die Moorbrandkultur in Preußen und 1929 im Freistaat Oldenburg verboten.

Fehnsiedlungen

Es ist erstaunlich, dass in Ostfriesland erst nach dem Verbot des Torfexports in den Niederlanden im Jahr 1621 die Anlage von Fehndörfern begann. Ostfriesland war wie die Niederlande arm an Holz und damit an Bau- und Heizmaterial. Auf der Marsch und im Moor wuchsen kaum Bäume, die Geest war weitgehend abgeholzt. Da lag es nahe, den Torf als Heizmaterial zu nutzen.

In den Niederlanden ging man schon Ende des 16. Jahrhunderts dazu über, das Moor (niederländisch Veen) mithilfe eines Kanals zu entwässern und dann großflächig Torf abzugraben. Städte wie Emden und Leer importierten den Torf aus den Niederlanden. Der Süden Ostfrieslands bezog sein Brennmaterial aus dem Großherzogtum Oldenburg. Erst als der Torfimport aus den Niederlanden unmöglich wurde und gleichzeitig in Ostfriesland die Nachfrage nach Torf durch die neugegründeten Ziegeleien rapide anstieg, begann in Ostfriesland und auch im angrenzenden Papenburg die Anlage von Fehndörfern und der Torfabbau.

Die Vorgehensweise war immer die gleiche: Kapitalgeber gründeten eine Fehngesellschaft, die sich beim Staat eine große Fläche Moor (Morast) auf Pachtbasis sicherte. Auf dieser Fläche ließ die Fehngesellschaft einen breiten Hauptkanal graben, der zur Entwässerung des Moores diente. Ausgehend von diesem Hauptkanal wurden dann Inwieken (Nebenkanäle) gegraben. Entlang dieser künstlichen Wasserläufe wurden Grundstücke abgesteckt und gegen Pacht an Kolonisten vergeben, die nach Vorerfahrung und Leumund ausgesucht wurden. Oftmals waren es die zweitgeborenen Söhne von Bauern, die das schwere Leben des Kolonisten dem Dasein als Knecht auf dem Hof des älteren Bruders vorzogen. Sehr schnell erkannten die Fehngesellschaften, dass sie qualifizierte Siedler nur finden konnten, wenn sie den Kolonisten eine spätere Übernahme des Grundstücks in Erbpacht in Aussicht stellten.

Die Kolonisten gruben den Torf ab. Mit Schiffen mit geringem Tiefgang wie dem Tjalk wurde das getrocknete Brennmaterial über die Fehnkanäle in die Dörfer und Städte Ostfrieslands transportiert. Auf dem Rückweg brachten die Torfschiffe oftmals Stalldung auf den Fehn, der als Dünger eingesetzt wurden. Durch diese Fehndörfer prägten die Kolonisten ganze Landstriche in Ostfriesland.

Fehntjer nennen sich voller Stolz die Nachfahren der Kolonisten, die die Moore entwässert und abgegraben haben. Zumeist reichte es aber auf den wenig fruchtbaren Moorböden nach der Kultivierung nur zu einer Weidewirtschaft, deren Gewinne mit den Einnahmen in den Marschgebieten nicht vergleichbar waren. So verdienten viele Fehntjer später als Schiffer ihr Geld.

Industrieller Torfabbau und Deutsche Hochmoorkultur

Die letzte Stufe der Moorkolonisation bildete die industrielle Abtorfung der Hochmoorgebiete bei Wiesmoor und die sogenannte Deutsche Hochmoorkultur. In Wiesmoor begann kurz nach 1900 der Abbau des Torfes unter Einsatz schwerer Geräte wie Bagger, Torfpresse und Lokomobil. Lohnarbeiter gewannen so den Torf, der genutzt wurde, um Strom im Kraftwerk Wiesmoor zu erzeugen. Die Deutsche Hochmoorkultur dagegen baute den Schwarztorf nicht mehr

Torfabbau bei Wiesmoor

Das Watt, Übergangszone zwischen Land und Meer

ab. Vielmehr setzte diese Methode auf das tiefe Umpflügen des Moores durch Mammutpflüge und den Kunstdünger. Vermischt mit Torfstreu sorgte der dafür, dass das ehemalige Moorgebiet landwirtschaftlich genutzt werden konnte. In der Gemeinde Marcardsmoor bei Wiesmoor, vor allem aber im Emsland wurde diese Methode angewendet.

Auch heute noch gibt es in Ostfriesland Torfabbau, der aber immer weiter eingeschränkt wird. Der Torf wird nicht mehr als Brennstoff, sondern als Rohstoff im Gartenbau genutzt. Gleichzeitig werden die Reste des Hochmoors unter Naturschutz gestellt. Auf einzelnen Flächen wird versucht, durch Wiedervernässung moorähnliche Lebensräume zu entwickeln, um entsprechend angepassten Tieren und Pflanzen neue Lebensräume zu verschaffen und CO_2 zu binden.

Vier Museen erzählen die Geschichte er Moorkolonisation in Ostfriesland: Das **Moormuseum Moordorf** (→ S. 223) zeigt das Elend der Moorkolonien durch die Moorbrandkultur. Das **Fehn- und Schifffahrtsmuseum Westrhauderfehn** (→ S. 291) sowie das **Fehnmuseum Eiland** in Großefehn (→ S. 236) berichten über die Fehnkultur. Das **Torf- und Siedlungsmuseum Wiesmoor** (→ S. 316) zeigt die Gerätschaften des industriellen Torfabbaus.

Wattenmeer – Nationalpark und Lebensraum

Und diese schlickig-graubraune Masse soll nun ein Nationalpark sein? Von der UNESCO als Welterbe anerkannt? Stimmt, sollte man auf diese Fragen antworten. Man muss sich nur von dem lösen, was man auf den ersten Blick sieht. Dann bleibt es nicht bei einigen Pflanzen, die es schaffen, trotz des Salzgehalts auf der Grenze von Wasser zu Land zu überleben.

Der Nationalpark Niedersächsisches Wattenmeer wurde 1986 ausgewiesen und umfasst mittlerweile 3458 Quadratkilometer. Davon entfallen auf Festland und Inseln 191 Quadratkilometer (5 Prozent), auf das Watt 1381 Quadratkilometer (40 Prozent) und auf die Wasserflächen 1886 Quadratkilometer (55 Prozent). Der Nationalpark ist in mehrere Zonen aufgeteilt. Zone 1, die Ruhezone mit über

Auf Nahrungssuche im Watt

2300 Quadratkilometern, darf ganzjährig nur auf den gekennzeichneten Wegen betreten werden. In der Zone 2 darf man sich außerhalb der Brutzeit (1. April–31. Juli) auch abseits der Wege aufhalten. Zone 3 dient der ruhigen Erholung. Hier ist zum Beispiel der motorisierte Fahrzeugverkehr untersagt. Ansonsten dürfen sich die Menschen hier aber bewegen, wie sie möchten.

Die Wattenmeer-Besucherzentren in Wilhelmshaven und auf der Insel Norderney und eine ganze Reihe von Nationalparkhäusern geben in Ausstellungen Information zum Nationalpark und seiner Tierwelt. Hier werden auch Führungen und Wattwanderungen sowie Ausflüge per Schiff angeboten. Zusammen mit dem Nationalpark an den Küsten der Niederlande, Hamburgs, Schleswig-Holsteins und Dänemarks gehört er zum Welterbe.

Lebensraum Watt

Ebbe und Flut sorgten nicht nur für die Ablagerung der Sedimente an der Küste. Während des Wasserstillstands beim Gezeitenwechsel sinken die feinen, im Wasser gelösten Partikel auch auf den Meeresboden und bilden in Landnähe das Schlickwatt mit seiner glatten, wasserglänzenden Oberfläche. Davon unterschieden wird das Sandwatt, das aus gröberen Sanden besteht und eine typische Rippenoberfläche zeigt. Es bildet sich in der Nähe von Prielen und Seegaten und ist gut begehbar. Im Übergang von Sandwatt zu Schlickwatt findet sich das Mischwatt, das ebenfalls wanderfreundlich ist.

Durchzogen wird dieses Watt von Prielen, die als Wasserläufe dafür sorgen, dass das Wasser bei Ebbe und Flut ab- und auflaufen kann. Die Seegaten zwischen den Inseln verlängern diese Priele bis in das offene Meer.

Man sieht es nicht, aber in diesem Watt leben auf einem Quadratmeter Millionen von Kieselalgen, die die Nahrungsgrundlage für Krebse, Schnecken, Muscheln und Würmer darstellen. Wie auf der Website des Nationalparks Wattenmeer (www.nationalpark-wattenmeer.de) zu lesen ist: »Auf einer Fläche von 100 x 100 m haben die Tiere [im Watt, d. Verf.] eine Biomasse von drei bis zwölf Tonnen Nassgewicht; das ist mehr als im Urwald.«

Salzwiesen

Unmittelbar an der Küste siedeln auf diesem Watt erste Pflanzen wie der Queller und das Salz-Schlickgras. Es folgen Andelgrasrasen, Strandastern und andere Pflanzen, die Salz tolerieren. Zusammen bilden diese Gewächse die Salzwiesen, die an der Küste wichtige Lebensräume darstellen. Sie waren einst als Mahd- oder Weideflächen begehrt, heute sind im niedersächsischen Wattenmeer 70 Prozent dieser Salzwiesen aus der Nutzung herausgenommen und stellen einen weitgehend ungestörten Lebensraum für viele Tierarten dar. Nur noch 18 Prozent der Salzwiesen werden extensiv genutzt, nur noch 8 Prozent nach der Brutzeit gemäht.

In den Salzwiesen leben viele Insektenarten. Dazu sind sie wichtige Brutreviere und auch Rastplätze für Zugvögel. Und nicht zuletzt die Salzwiesen schützen die Küste, bleibt in ihnen doch vermehrt Sediment hängen. Sie fördern so die Landbildung und stellen damit einen natürlichen Schutz vor der Erosion der Deichlinie dar.

Wolken

Manchmal inszeniert der Wolkenhimmel die Landschaft Ostfrieslands regelrecht. Zum sommerlichen Wiesenland gehören die weißen, getupften Wolkenflecken im Blau des Himmels, zur Küste gehören im Herbst und Winter die sich türmenden schwarz-grauen Wolkenberge, die nichts Gutes verheißen.

Aber wie lautet die Bezeichnung für diese Wolken? Und was bedeuten sie? Die Kumuluswolken (Schäfchenwolken) sind die kleinen, unten flachen Wölkchen bei Sonnenwetter. Aus denen regnet es nur selten. Genauso besteht kaum Regengefahr bei den Zirruswolken, die sich wie dünne Fasern oder auch weiße Federn über den Himmel spannen. Das sind Eiswolken in großer Höhe, die auch nicht auf Regen hindeuten. Nur bei den Stratuswolken, die ohne jede Struktur als grauer Schleier am Himmel hängen, ist Nieselregen zu erwarten. Lastet eine tief liegende, dunkelgraue Schicht über dem Land, dann regnet es ausdauernd. Nimbostratus wird diese Wolkenformation genannt.

Solche Wolken verheißen schönes Wetter

Tier- und Pflanzenwelt

Geest, Moor und Marsch bieten den Lebensraum für unterschiedlichste Tierarten. Dazu kommen die Nutztiere der Menschen, die über die gesamte Region verteilt sind.

Nutztiere

Das für Ostfriesland charakteristische Nutztier ist die Kuh. Zumeist handelt es sich dabei um Tiere der Rinderrasse Holstein-Friesian. Die Kühe sind heute leider deutlich seltener auf den Weiden zu sehen als früher, stattdessen leben die Tiere in Laufställen. Die einst übliche Anbindehaltung ist heute so gut wie nicht mehr zu finden. Auf den Weiden sehen wir heute vor allem Bullen, Ochsen und Jungtiere. Dazu kommen die Pferde, die wie die Kühe die wärmeren Monate über auf den Weiden bleiben können. Schweine sieht man hingegen selten bis gar nicht. Ab und an entdeckt man einen mobilen Hühnerstall, aus dem mithilfe eines Brettes das Federvieh auf eine Fläche heruntertippelt, auf der es nach Herzenslust kratzen und scharren kann.

Auf den Deichen grasen Schafherden. Es sollen mittlerweile bis zu 20 000 dieser Deichpfleger auf den Schutzwällen entlang der Küste und der Flüsse unterwegs sein. In den vergangenen Jahren ist es auch in Ostfriesland zu ersten Wolfsrissen gekommen. Schäfer drohen mittlerweile mit dem Ende der Schafhaltung.

Im Umfeld der Menschen leben viele Katzen, die man aber auch immer wieder auf Wiesen bei der Jagd nach Kleingetier sieht und die dabei auswildern. Diese Katzen werden zunehmend zu einem Problem für bedrohte Tierarten wie die Wiesenbrüter.

Einzigartiger Lebensraum: Salzwiesen

Seehunde sonnen sich auf einer Sandbank

Wildtiere

Man sieht es nicht, aber im Wattenmeer leben Tausende von Tier- und Pflanzenarten. Muscheln, Schnecken, Faden- und Strudelwürmer, dazu unzählige Kieselalgen und kleine Krebse. Scholle und Seezunge nutzen das Watt als Laichplatz. Dazu kommen Kegelrobben und Schweinswale, die im Watt Futter suchen. Und natürlich nicht zu vergessen die Nordseegarnelen, die als ›Granat‹ zu den kulinarischen Highlights der Region gehören. In der Nähe der Sandbänke leben die Seehunde, die sich von Heringen, Sardinen, Dorschen, Lachsen, Stinten und Plattfischen ernähren.

Das Watt ist idealer Futterplatz für die Seeschwalbe, den Rotschenkel, den Seeregenpfeifer, den Austernfischer und die Brachvögel. Gar nicht zu übersehen ist die große Zahl von Silbermöwen, die sich aber auch auf den Wiesen des Festlandes finden. Säbelschwalbe, Lachmöwe, Löffler und auch Kiebitzefinden sich im Bereich der Salzwiesen, die den Übergang von Meer zu Land markieren. Mehr als 300 Vogelarten sollen im Bereich das Wattenmeeres leben. Alljährlich rasten auf ihren Wanderungen von und zu den Brutrevieren Millionen von Zugvögeln an der Küste.

Die Geest mit ihren Wiesen, Wallhecken und kleineren Waldstücken gibt den Lebensraum für Rot- und Schwarzwild, Damwild, Hase und Fasan. Kleinere Vögel leben bevorzugt im Schutz der Hecken, dazu kommen Rebhuhn, Wachtel und Reiher. Auch Füchse halten sich hier gerne auf. In den Wasserläufen der gesamten Region leben Aal, Hecht, Weiß- und Plattfisch.

Die Marsch als gleichförmiges Wiesen-und Ackerland, das heute durchgehend intensiv landwirtschaftlich genutzt wird, ist relativ arm an Wildtieren. Aber immerhin finden sich hier Bachstelze, Elster und Feldlerche. Um die Bauernhöfe leben Dohlen, Ringeltauben und Schwalben. Dazu kommen Spitzmaus, Feldmaus und Hase.

Der landwirtschaftliche Naturschutz im Rheiderland hat sich der Rettung des Greifvogels Wiesenweihe verschrieben, der versucht, seine Brut in den Getreidefeldern aufzuziehen. Ohne Nestschutz durch die Bauern wird diese Greifvogelart aussterben.

Im Niedermoor der Niederungsgebiete leben Schilfrohrsänger und Rohrammer sowie Elstern. Dazu kommen die Wiesenbrüter wie Kiebitze, Uferschnepfe, Bekassine und Großer Brachvogel, die samt und sonders durch die intensive landwirtschaftliche Nutzung massiv vom Aussterben bedroht sind. Rund 30 Prozent aller Wiesenbrüter in Deutschland leben in Ostfriesland.

Angesichts dieser Zahl kommt den Schutzmaßnahmen – von der Herausnahme von Wiesenflächen aus der Bewirtschaftung bis hin zum Gelegeschutz – große Bedeutung zu. Nur so kann der Bestand stabilisiert und vergrößert werden.

In den wenigen verbliebenen Hochmoorgebieten Ostfrieslands können aufgrund der unwirtlichen Verhältnisse nur wenige Tiere wie Moorfrosch, Eidechse, Kreuzotter oder auch die Libelle überleben.

Gänse

Für die Zugvögel stellen im Frühjahr und Herbst die Niederungen in Ostfriesland wichtige Rast- und Futterplätze dar, sehr zum Leidwesen der Bauern, die durch die weidenden Tiere Ernteausfälle verzeichnen und früher im Gegensatz zu den Landwirten in den Niederlanden keine Ausgleichszahlungen erhielten. Grau- und Blessgänse haben kaum Einfluss auf die Ernteerträge. Dagegen verursachen Nonnengänse, die vor allem im Rheiderland, in Teilen des Moormerlandes sowie an Leybucht und Jadebusen überwintern, deutliche Schäden. Zum Beispiel fressen sie das ausgesäte, nahrhafte Silagegras vor dem ersten Grasschnitt ab.

Mittlerweile haben Landwirte die Möglichkeit, durch einen Vertrag zum Gänseschutz mit dem niedersächsischen Umweltministerium flächengebundene Ausgleichszahlungen zu erhalten. Im Gegenzug verpflichten sich die Bauern, den Gänsen im Grünland eine möglichst störungsfreie Nahrungsaufnahme zu ermöglichen. Auf Ackerflächen soll zudem Wintergetreide, Winterraps, Acker- oder Kleegras angebaut werden, um das Futterangebot für die Gänse zu erhöhen. Dazu kommen Vorschriften zum Zeitpunkt der Bearbeitung der Flächen.

Trotzdem versuchen Nutzer der Grünlandflächen, die Nonnengänse in das Jagdrecht aufnehmen zu lassen, um den Bestand zu steuern.

Gänseschwarm im Wattenmeer bei Greetsiel

Pflanzenwelt

Ostfriesland ist zu klein, um eine eigene Pflanzenwelt auszubilden. So lassen sich nur typische Pflanzen wie der Sanddorn auf den Inseln, Seegras, Queller und Schlickgras an der Küste oder das Wiesengras in der Marsch benennen.

Die Wiesengräser sind wichtig für die Viehwirtschaft und werden daher gezielt nachgesät. Dadurch und durch vorherige Entwässerung der Weideflächen verschwinden Lebensräume wie zum Beispiel ›artenreiche Pfeifengraswiesen‹, die vom NABU Ostfriesland geschützt werden. Eine eigene Welt ist das Moor mit seinen Torfmoosen im Hochmoor und den Binsen im Niedermoor.

Vielfalt auf engem Raum: in der Blumenhalle Wiesmoor

In Sachen Kulturpflanzen zeigt Ostfriesland einen reichen Bestand an alten Gemüsesorten wie Grünkohl, Bohnen, Zuckererbsen oder auch Schalotten. Der Grund: In vielen Haushalten war es bis vor einer Generation üblich, das Saatgut selbst zu ziehen. So entwickelten sich ganz unterschiedliche Formen zum Beispiel des Grünkohls, der ja als eines der Nationalgerichte in Ostfriesland gilt. Die Ostfriesische Palme ist nicht etwa eine Verhohnepipelung aus einem Ostfriesenwitz, sondern der Name einer alten, winterharten, sehr schmackhaften Grünkohlsorte.

Landwirtschaft

Ostfriesland ist landwirtschaftlich geprägt. Über 6500 Mitglieder zählt der Landwirtschaftliche Hauptverein für Ostfriesland, der die Interessen der Landwirte und Grundeigentümer vertritt. Es gibt annähernd 3000 landwirtschaftliche Betriebe in der Region. Das Ackerland liegt zumeist in der fruchtbaren Marsch in Küstennähe. Hier wird aktuell Silomais sowie Weizen und Gerste angebaut. Das Dauergrünland liegt dagegen in der Geest und in ehemaligen Moorgebieten im Zentrum Ostfrieslands. Dieses Grünland ist der Futtermittelproduktion und der Viehhaltung vorbehalten.

Viehwirtschaft

Rund 350 000 Rinder und 150 000 Milchkühe werden in Ostfriesland gehalten. Zumeist handelt es sich um die Rasse Holstein-Frisian, die das Schwarzbunte Niederungsrind aufgrund der höheren Milchleistung und des geringeren Fettgehalts der Milch in den 1960er Jahren weitgehend verdrängt hat.

Wir sehen heute immer seltener Kühe auf den Weiden. Die Tiere, die im Freien gehalten werden, geben aufgrund der Bewegung deutlich weniger Milch als Kühe, die in Laufställen mit Futter aus den Silos leben. Zudem ist das Hand-

Heuwender in Aktion

ling der Tiere bei der Laufstallhaltung deutlich einfacher, denn gemolken wird aus hygienischen Gründen auf jeden Fall im Stahl. Bei der Weidehaltung müssen die Tiere zweimal am Tag in den Stall getrieben und wieder auf die Weide gebracht werden. Es sei denn, der Hof verfügt über große Weideflächen um den Stall. Dann kann man zur Melkzeit die Kühe in einer langen Reihe Richtung Stall und Melkanlage laufen sehen.

Mehr Kühe auf den Weiden wird man wohl erst wieder sehen, wenn mehr Verbraucher bereit sind, einen leicht höheren Preis für Weidemilch zu bezahlen. Immerhin enthält diese die Omega-3-Fettsäuren, die die Blutfettwerte senken und den Blutzuckerspiegel reduzieren. Zudem schmeckt sie besser. Wer mal probieren möchte: viele Höfe mit Weidehaltung bieten ihre Erzeugnisse in den Milchtankstellen an.

Grünlandbewirtschaftung

Wer Sense, Heugabel und Geschirr für Pferd und Wagen sehen möchte, sollte in eines der landwirtschaftlichen Museen Ostfrieslands gehen. Heute ist jeder Quadratmeter Grünland ein Betriebsmittel, das überlegt bewirtschaftet werden muss, um Überleben und Gewinn des Betriebes zu sichern. Statt Pferd und Wagen sausen die von Generation zu Generation größer werdenden Traktoren über die Straßen Ostfrieslands. Unkrautbekämpfung, Nachpflanzung, um die Grasnarbe zu verbessern, und Düngung – eine Grünfläche wird sorgfältig vorbereitet, um dann im Frühjahr, Sommer und Herbst gemäht zu werden.

Bei der Heuernte bleiben die abgeschnittenen Gräser und Kräuter zum Trocknen mehrere Tage auf der Wiese liegen. Der Feuchtigkeitsgehalt der Pflanzen muss auf rund 15 Prozent sinken, erst dann wird die Mahd zu Ballen zusammengepresst und in das Heulager gebracht. Je mehr Heu produziert wird, desto weniger Futter für die Tiere muss der Landwirt hinzukaufen.

Zunehmend wird heute statt getrocknetem Heu auch Silage verfüttert. Hier wird die Mahd schon nach ein oder zwei Tagen kleingeschnitten, in die Silos gebracht, verdichtet und luftdicht abgeschlossen. Durch den Sauerstoffentzug und die Bildung von Milchsäure werden die fäulniserregenden Keime abgetötet. Es entsteht ein hochwertiges Futtermittel vor allem für Rinder.

Landwirtschaftlicher Naturschutz

Hier der bürokratische Naturschutz und dort der Landwirt, der am Jahresende schwarze Zahlen schreiben muss – so wird das nichts, war sich Landwirt Rolf-Peter Löblein aus Landschaftspolder sicher und gründete 2003 mit anderen Landwirten den Landwirtschaftlichen Naturverein (LNV) Rheiderländer Marsch e. V. Niedersachsens damaliger Umweltminister Hans-Heinrich Sander unterstützte den Verein schon im ersten Jahr mit 50 000 Euro. Damit war der Weg für den bundesweit ersten Naturschutzverein frei, der von Landwirten initiiert und getragen wird. Heute engagiert sich die überwiegende Mehrheit der ortsansässigen Landwirte ehrenamtlich im LNV.

Die Landwirte suchen und kennzeichnen gemeinsam mit Fachleuten Nester. So ist sichergestellt, dass an Stellen mit Gelege nicht gemäht wird. Barrieren für Fuchs, Marder und Katze werden um das Gelege aufgestellt. So konnte der Be-

Die LNV-Streifen tragen sehr zum Artenschutz bei

stand an Wiesenweihen – ein Raubvogel, der nach Verlust von Moor und Feuchtwiesen nur noch in Getreidefeldern brütet – stabilisiert werden. Dazu kommt der Schutz von Wachteln und Rebhühnern.

Das aufwendigste Projekt aber ist der sogenannte LNV-Streifen, der mittlerweile die Rheiderländer Ackermarsch wie die ›Adern eines Blattes‹ (so die Website des Vereins) durchzieht. Das Prinzip: Nach einem ausgeklügelten System lassen die Landwirte einen acht bis zwölf Meter breiten Streifen auf ihrem Land frei und pflanzen hier eine spezielle Saatmischung, die eine lange Blühdauer, ein ausreichendes Nahrungsangebot und Deckung für die Tiere im Winter garantiert. So sind Artenschutzstreifen entstanden, in denen sich Feldhase, Rebhuhn, Feldlerche und andere Tiere inmitten der intensiv bewirtschafteten Ackerflächen wohlfühlen. Nach drei Jahren wird der alte LNV-Streifen in die intensive Bewirtschaftung übernommen. An anderer Stelle wird ein neuer LNV-Streifen angelegt.

Weitere Informationen finden sich auf der Website www.lnv-ev.de.

Das Tief (platt: dat Deep) dient der Entwässerung der Marsch

Deichbau und Entwässerung

Es klingt merkwürdig, stimmt aber: Der Deichbau, das Aufschütten immer höherer Schutzwälle gegen die Fluten der Nordsee, brachte und bringt Ostfriesland ein heftiges Problem mit dem Wasser. Wenn nichts passiert, dürften viele Ostfriesen zum Ende unseres Jahrhunderts mit den Füßen im Wasser stehen. Allerdings nicht im salzigen Meerwasser der Nordsee, sondern im eher trinkbaren Grundwasser. Aber das ist kein Trost.

Entwässerung

Das Mehr an Sicherheit durch die Deiche bescherte dem Land ein hausgemachtes Problem: Wie sollte das Wasser, das sich nach den Regenfällen in den Gräben, kleinen Flüssen und Tiefs sammelte, trotz der Barriere Deich in das Meer ablaufen? Die Lösung boten Durchlässe im Deich. Schon in den ersten Schutzwällen sorgten hohle Baumstämme, die an der Meerseite eine Klappe aufwiesen, für eine solche Abflussmöglichkeit. Später wurden aus Holz oder Stein Gerüste in den Deich gebaut, in die Tore eingehängt werden konnten. Ob einfache Klappe oder großes Sieltor, die Entwässerung funktionierte nach dem gleichen Prinzip: War bei Ebbe der Wasserstand im Watt niedrig, drückte das Wasser aus dem Binnenland die Sieltore auf. Das Wasser lief ab. Bei Flut wurden die Tore durch den Druck des Meerwassers wieder geschlossen. Das funktionierte so gut, dass man daran ging, mit Hilfe von Wassermühlen Niederungen, die unter dem Meeresspiegel lagen, zu entwässern. Für den Abfluss des Wassers ins Meer war ja gesorgt.

Sturmfluten

Für ein weiteres Problem, das der Deichbau mit sich brachte, war aber eine Lösung nicht so schnell zu finden. Vor dem Deichbau überflutete die Nordsee bei Sturmfluten ungehindert die Küste. Die Deiche aber engten den Raum des Meerwassers stark ein. Das Wasser staute sich in den Buchten und Flussmündungen. Immer wieder kam es in der Folge zu verheerenden Deichbrüchen, mit denen das Meer sich einen Teil der durch den Deichbau verlorenen Überflutungsflächen zurückholte. So rissen mehrere Sturmfluten im 13. und 14. Jahrhundert den Jadebusen und die Leybucht in die Küstenlinie. Die Zweite Cosmas- und Damianflut 1509 und die Antoniflut 1511 schufen den Dollart. Tausende von Menschen und Tieren ertranken, Dörfer und Klöster versanken.

In den folgenden Jahrhunderten holten sich die Menschen durch Eindeichungen an diesen Meeresbuchten große Teile ihres Landes wieder zurück. Polder werden die wiedergewonnenen Flächen im Westen Ostfrieslands genannt. Im östlichen Landesteil dagegen heißen sie wie im Oldenburger Land Groden.

›Well ne will dieken, de mutt wieken!‹ (›Wer nicht will deichen, der muss weichen!‹). Diese Formel, die aus dem mittelalterlichen Spatenrecht in das Deichrecht übernommen wurde, benennt die Verpflichtung der Landbesitzer, Deiche zu bauen und zu unterhalten. Und dieser Deichbau war Knochenarbeit, musste die schwere Erde doch von Hand bewegt werden. Zudem verlangte der Deichbau Sachkenntnis. Erst ab dem 18. Jahrhundert gab es spezialisierte Deichbaumeister, die den Schutzwall planten und die Arbeiten überwachten.

Schafe werden zur Deichpflege eingesetzt

Deichbau heute

Aktuell werden in der Krummhörn die Deiche von 7,80 Meter über Normalhöhenull (NHN) auf eine Höhe von 8.40 Meter gebracht. Bei den Deichbauarbeiten wird der Schutzwall auf 9,40 Meter aufgeschüttet. Nach der natürlichen Setzung des Bodens hält er dann die erforderliche Mindesthöhe von 8,40 Meter über NHN ein. Zudem werden die Deiche in der Krummhörn so angelegt, dass sie sich um einen weiteren Meter erhöhen lassen, ohne das am Deichprofil grundlegend etwas geändert werden müsste. Diese kostspielige Deicherhöhung ist die Folge der Erfahrung der Sturmflut 1962, bei der die Deiche in Ostfriesland beinahe gebrochen wären. Und sie ist eine Vorsorge für die Zukunft.

Klimawandel

Dass der Meeresspiegel ansteigt, ist heute unbestritten. Strittig sind nur die Antworten auf Fragen ›Wie hoch steigt der Pegel?‹ und ›Aufgrund welcher Faktoren kommt es zum Anstieg des Meeresspiegels?‹

Das Helmholtz-Zentrum Geesthacht geht von einem Anstieg des Meeresspiegels von 15 Zentimetern in den vergangenen 100 Jahren aus. Für die kommenden 100 Jahre prognostiziert das Institut aber vor allem aufgrund der menschengemachten Klimaerwärmung einen Anstieg des Meeresspiegels um etwa 110 Zentimeter, und das auch nur unter der Annahme, dass der Ausstoß von Treibhausgasen auf dem aktuellen Niveau verharrt, also nicht weiter ansteigt.

COMTESS, WAKOS, Klever-Risk, Fokusberatung Klimaschutz – die Namen der Forschungs- und Beratungsprojekte, die von Einrichtungen wie der Uni Oldenburg oder der Jade-Hochschule Wilhelmshaven sowie diversen wissenschaftlichen Instituten seit über zehn Jahren durchgeführt werden, wechseln. Die Themen und die Ziele aber bleiben gleich. Gemeinsam mit den regionalen Deich- und Sielachten versuchen die Wissenschaftler, die Folgen des Anstiegs des Meeresspiegels für Ostfriesland abzuschätzen und Gegenmaßnahmen zu entwickeln. Für Ostfriesland bedeutet ein möglicher Anstieg des Meeresspiegels um 110 Zentimeter nicht nur die Aufgabe, die Deiche auf eine entsprechende Höhe zu bringen und diese in gutem Zustand zu halten. Vielmehr müssen auch die Probleme mit der Entwässerung der Region, die in größeren Teilen unter dem Meeresspiegel liegt, gelöst werden. Schon heute werden vermehrt Starkregenereignisse registriert, die die Entwässerungssysteme von der Kanalisation über Kläranlagen bis zu den Entwässerungsgräben an ihre Grenzen bringen.

Mit dem Anstieg des Meeresspiegels wird es immer schwieriger, das Regenwasser in die Flüsse und in das Watt abzuleiten. Die großen Schöpfwerke an der Knock oder an der Leybucht müssen zum Beispiel das Wasser auf das Watt oder in die Ems pumpen und verbrauchen dabei große Mengen Energie. Schon seit Jahren stellen die Betreiber der Schöpfwerke fest, dass die Zahl der Tage sinkt, an denen sie das Wasser einfach so in die Ems und das Wattenmeer abfließen lassen können. Die Entwässerung der mittlerweile besiedelten Niederungsgebiete per Schöpfwerk wird teuer. Geprüft werden daher alternative Methoden wie zum Beispiel die Anlage von Speicherseen für das Regenwasser, die zugleich interessante Lebensräume für Tiere oder Freizeitanlagen für Touristen sein könnten.

Geschichte

Ostfrieslands Geschichte ist geprägt durch seine Lage am Rande des Deutschen Reiches, die durch Unzugänglichkeit der Region aufgrund des Moorgürtels verstärkt wurde. Zumindest bis in das frühe 16. Jahrhundert war so eine Sonderentwicklung in Ostfriesland möglich, die ihren Ausdruck im Häuptlingswesen und den Friesischen Freiheiten fand. Erst mit der Einbindung auswärtiger Mächte in die inneren Auseinandersetzungen Ostfrieslands mündete diese Regionalgeschichte in die allgemeine Geschichte des Deutschen Reiches.

Erste Besiedlung

Früheste Belege für die Anwesenheit vom Menschen in Ostfriesland finden sich auf den Inseln Spiekeroog und Langeoog mit Kieferknochen, die auf ein Alter von 7500 und 5500 Jahren geschätzt werden. Sie stammen vermutlich von Jägern, die den Rentierherden bei ihren Zügen in den Norden folgten.

Der Pflug von Walle aus der Zeit zwischen 2000 und 1500 v. Chr. und auch die etwas jüngeren Goldschalen von Terheide verweisen auf eine Besiedlung der Region während der Bronzezeit (1800–800 v. Chr.). Aus den Jahren zwischen 1500 und 1300 v. Chr. stammt die Sonnenscheibe von Moordorf, die als Grabbeigabe eines Hohen Priesters interpretiert wird.

Wir wissen nicht, ob die etwas höher gelegene Geest Ostfrieslands durchgängig besiedelt war. In der Marsch, die vom Anstieg des Meeresspiegels und sich wiederholenden Sturmfluten bedroht war, dürfte eine kontinuierliche Besiedlung eher unwahrscheinlich sein. Nachgewiesen ist eine Siedlung auf der Flussmarsch in Jemgum an der Ems, die auf die Zeit von 700 bis 500 v. Chr. datiert wird.

Römer, Chauken und erste Zeugnisse

Um das Jahr Null siedelten erst der Stamm der Chauken, dann auch die Friesen in Ostfriesland. Die Römer erreichten die abgelegene Region um das Jahr 12 v. Chr. Hinterlassenschaften römischer Legionäre aus dem ersten Jahrhundert wurden in Bentumersiel bei Jemgum gefunden. Diese Römer sorgten für die ersten Beschreibungen Ostfrieslands. Mit dem Ende des Weströmischen Reiches um 476 n. Chr. versiegen diese frühen Quellen.

Die Sonnenscheibe von Moordorf

Es gibt keine schriftlichen Zeugnisse aus der Zeit zwischen dem 4. und dem 7. Jahrhundert. Zudem fehlen archäologische Funde aus dem 5. und 6. Jahrhundert fast vollständig. Das könnte ein Indiz dafür sein, dass in dieser Zeit die Bevölkerungszahl durch den Anstieg des Meeresspiegels und die Vernässung der Geest erheblich gesunken ist. Einzig der Runensolidus von Schweindorf, die Nachbildung einer römischen Münze, die als Schmuck getragen wurde, verweist auf die Anwesenheit von Menschen in der Region. Die Schmuckmünze wird auf die Zeit um 600 n. Chr. datiert.

Die Friesen

›Deus mare, Friso litora fecit‹ – ›Gott schuf das Meer, der Friese die Küste‹ lautet die Übersetzung dieses Spruches, der auf die Bedeutung der Friesen verweist. Im 7. und 8. Jahrhundert besiedelten sie die gesamte Nordseeregion von Brügge bis nach Nordfriesland. Die Familien lebten auf der höher gelegenen Geest, hielten sich aber auch mithilfe der künstlich aufgeschütteten Warften im fruchtbaren Marschland. Um das Jahr 1000 begannen sie mit dem Bau von Deichen. Später folgte die Verbindung der schon bestehenden Schutzwälle zu einer durchgehenden Deichlinie.

Die Friesen wehrten sich, geführt durch Heerkönige wie dem legendären König Radbod, gegen die Expansion der Franken und die mit den fränkischen Eroberungen einhergehende Christianisierung. Erst 734 n. Chr. schlug Karl Martell den friesischen Heerkönig Poppo. Sein Sohn Karl der Große übernahm dann durch den Sieg gegen die Sachsen im Jahr 785 n. Chr. die Herrschaft in ganz Friesland.

Karl der Große ließ das Gewohnheitsrecht der Friesen aufzeichnen und verknüpfte es geschickt mit dem Fränkischen Recht zum Lex Frisionum. Gleichzeitig setzte er Liudger, den späteren Bischof von Münster, und Willehad, den späteren Bischof von Bremen, als Friesenapostel ein und trieb damit die Christianisierung der Küstenregion voran.

Die westfälischen und später norddeutschen Grafen, die Karl der Große mit den neugebildeten Grafschaften in Friesland belehnte, konnten sich in Ostfriesland nicht durchsetzen. Zu abgelegen war die Region, zu sehr auf Eigenständigkeit bedacht zeigten sich die Bewohner der Region. Zudem hatten die Friesen ein starkes Argument gegen die Herrschaftsansprüche dieser Grafen. Seit dem 9. Jahrhundert kam es entlang der Küste zu Wikingerüberfällen. Für das Karolingerreich schützen die Friesen ihre Küsten vor den plündernden Nordmännern. Dafür mussten sie keinen Militärdienst auf fremden Territorien leisten. Zumindest ist es so in den gemeinfriesischen 17 Küren festgelegt, einem Rechtstext aus der Zeit um 1080: Kein Friese sollte Heerfolge leisten östlich der Weser und westlich der Fli, einem Seegatt bei Terschelling. Als Abgabe mussten sie einzig die ›koninckhuere‹ leisten, die Königsabgabe. Auf dieses Recht verwiesen die Friesen immer wieder, wenn die auswärtigen Grafen versuchten, ihre Herrschaftsrechte in Ostfriesland durchzusetzen.

Selbstverwaltung

Friesen bildeten nach dem Ende der Karolingerzeit eigene Bezirke (Landgemeinden), für die sie Redjeven (Ratsmänner) auf ein Jahr wählten. Wahlberechtigt waren alle Besitzer einer Hofstelle mit Land. Diese Ratsmänner sprachen Recht, fällten vermutlich aber auch politische Entscheidungen. Die Grafengerichte der Karolingerzeit wurden durch diese örtliche Rechtsprechung abgelöst. Zwischen dem 12. und 14. Jahrhundert trafen sich diese Vertreter der friesischen Landgemeinden jährlich am dritten Pfingsttag am Upstalsboom bei Aurich, um hier Recht zu sprechen und außenpolitische Entscheidungen zu fällen. Ihr Ende fand diese Friesische Freiheit in Ostfriesland erst durch die Häuptlinge (Hovetlinge), die die alleinige Macht über Dörfer und Landschaften an sich rissen.

Zeit der Häuptlinge

Lag es an der Pest, an den verheerenden Sturmfluten oder an der Bedrohung durch die auswärtigen Grafen? Man weiß es nicht. Auf jeden Fall übernahmen im Laufe des 14. Jahrhunderts die Häuptlinge die Macht in den freien ostfriesischen Gemeinden. Die wohlhabenden Familien hatten immer wieder die Ratsmänner gestellt, die die Landgemeinden auf ein Jahr wählten. Jetzt fingen diese Ratsmänner an, diese Position als erblichen Familienbesitz zu begreifen. Die Steinhäuser wurden zu Burgen, eine kleine Söldnertruppe zum Machtfaktor in der Auseinandersetzung mit anderen Häuptlingen.

Schon zu Zeiten der Friesischen Freiheit trat die Familie tom Brok aus dem Norderland hervor, die nach und nach fast den gesamten östlichen Teil der Region unter ihre Herrschaft brachte. Gegenpol war der Häuptling Edo Wiemken der Ältere, der in Rüstringen den Ton angab. Die Abdena in Emden, die Ukena in Leer, die Cirksena in Greetsiel, die Beninga in Wirdum, die Manninga in Pewsum, um nur einige Häuptlingsgeschlechter zu nennen, kämpften um Macht und Einfluss in Ostfriesland.

Erst mit den Seeräubern (Vitalienbrüder), die der Deutsche Orden aus der Ostsee verjagt hatte, wurden aus diesen lokalen Konflikten handfeste überregionale Auseinandersetzungen. Die ostfriesischen Häuptlinge boten den Seeräubern sichere Winterquartiere und sorgten wohl auch für den Absatz der erbeuteten Waren. Die Seeräuber dienten ihnen im Gegenzug in en Wintermonaten als Söldner in den Auseinandersetzungen mit anderen Häuptlingen. Im Frühjahr und Sommer bedrohten sie die Handelsrouten auf der Nordsee. Und das rief die Hanse und hier vor allem die Hamburger auf den Plan. Nachdem sie vor Helgoland über die Seeräuber gesiegt hatten, besetzten sie 1401 die Seehafenstadt Emden und Teile Ostfrieslands. Die Burgen von Häuptlingen, die mit den Seeräubern gemeinsame Sache gemacht hatten, wurden zerstört.

Edzard I., Portrait von Jacob Corneliez van Oostsanen

Freiheitsbund der Sieben Ostfrieslande

Etwa zur gleichen Zeit bedrohten die tom Brok, die ihre Herrschaftsposition in Ostfriesland stetig ausgebaut hatten, zunehmend die Freiheit der Ostfriesen. So formierte sich ein Bündnis unter dem Leeraner Häuptling Focko Ukena, das in der Schlacht auf den Wilden Äckern am 28. Oktober 1427 Ocko II. tom Brok entscheidend schlug. Da Focko Uckena daraufhin die Macht an sich riss, vertrieb ihn der Freiheitsbund der Sieben Ostfrieslande 1431 aus der Region. Geführt wurde dieser Freiheitsbund von Edzard Cirksena, Häuptling in Greetsiel.

Die Cirksenas verstanden es in der Folge, eine Herrschaft über Ostfriesland aufzubauen, ohne dabei die lokalen Häuptlinge durch zu hohe Steuern gegen sich auszubringen. Von der mächtigen Hanse erhielten sie 1453 die Herrschaft in Emden übertragen, der wichtigsten Stadt Ostfrieslands.

Reichsgrafschaft und Reformation

Im Jahr 1464 erhob Kaiser Friedrich III. Ulrich Cirksena in den Reichsgrafenstand und belehnte ihn mit der Reichsgrafschaft Ostfriesland. Damit näherte sich Ostfriesland der feudalen Verfassung des Deutschen Reiches entscheidend an. Aber im Gegensatz zum Rest des Reiches bewahrten die ostfriesischen Stände das Recht, in Fragen der Steuern und der Gesetzgebung mitzureden. Vor allem die Stadt Emden war eine wichtige Stütze für die ostfriesischen Stände. Und ebenfalls im Gegensatz zum Deutschen Reich waren in diesen Ständen neben Ritterschaft und Städten (Bürger) die Bauern und nicht der Klerus vertreten.

Bollwerk des Protestantismus

Graf Edzard I., der in Köln römisches Recht studierte und sich auf einer Pilgerfahrt nach Jerusalem zum Ritter vom Heiligen Grabe schlagen ließ, tolerierte ab 1520 die Reformation in Ostfriesland. Er duldete sowohl die lutherischen als auch die calvinistischen Prediger, sogar die Anhänger der Erwachsenentaufe (Täufer) blieben unbehelligt. So wurde Ostfriesland zu einem Bollwerk des Protestantismus, in dem im westlichen Teil die calvinistisch orientierten Reformierten, im östlichen Teil die Anhänger Luthers die Mehrheit stellten. 1530 erhielten 300 Ostfriesen vor den Stadttoren Emdens von dem Prediger Melchior Hofmann die Erwachsenentaufe. Als Mennoniten ist diese protestantische Glaubensrichtung in den Niederlanden, in Ostfriesland und heute vor allem in den USA präsent.

Emdens goldenes Zeitalter

Starken Auftrieb erhielten die reformierten Gemeinden und erhielt vor allem die Hafen- und Handelsstadt Emden durch den Zuzug Tausender Glaubensflüchtlinge aus den Niederlanden während des Spanisch-Niederländischen Krieges (Achtzigjähriger Krieg).

Um 1500 hatte Emden 3000 Einwohner, 1600 waren es bereits 15 000. Zum Vergleich: Berlin brachte es in dieser Zeit auf gerade mal 3000 Bewohner. Durch das Kapital und die Handelsbeziehungen der holländischen Reeder und Kauf-

Ulrich I. auf einer Darstellung von ca. 1620

leute war Emden um 1600 eine der bedeutendsten Hafenstädte Europas. Erst mit dem Ende des Dreißigjährigen Krieges 1648, in dem Ostfriesland als Rückzugsraum der Truppen des Grafen von Mansfeld stark litt, endete auch der Achtzigjährige Krieg. Viele Glaubensflüchtlinge kehrten in ihre Heimat zurück, Emdens Bedeutung als Hafenstadt sank.

Mit Georg Aportanus und Johannes a Lasco, der als Superintendent im Auftrag der Witwe Enno II. das Kirchenwesen in Ostfriesland neu ordnete, seien hier nur zwei Persönlichkeiten genannt, die Emden zu dieser Zeit neben Wittenberg und Genf zu einem Zentrum der Reformation werden ließen.

Auswärtige Mächte

Das reiche und mächtige Emden der Reformation wurde zum Wortführer der Stände in Ostfriesland. In Fragen der Steuerbewilligung kam es immer wieder zu Auseinandersetzungen mit den Reichsgrafen, die 1595 in der Emder Revolution mündeten. Schon 1561 hatten die Cirksenas ihre Residenz von Emden nach Aurich verlegt. Jetzt mussten sie in Emden weitgehend auf ihre Rechte verzichten, die Hafenstadt wurde zu einer quasi autonomen Stadtrepublik.

Schutz erhielten die Ostfriesischen Stände und damit auch Emden durch niederländische Truppen, die zeitweise in Leerort und in Emden stationiert waren. Als sich die Niederlande aus den Konflikten zurückzogen, gewann die Stadt Emden das Kurfürstentum Brandenburg als Schutzmacht. Brandenburgische Truppen marschierten 1682 in Ostfriesland auf. Im Jahr 1683 wurde die Brandenburgisch-Afrikanische Compagnie, die den Handel mit den Kolonien in Afrika tragen sollte, in Emden gegründet. Gleichzeitig wurde ein Erbschaftsvertrag geschlossen, nach dem Ostfriesland an das Königreich Preußen gehen sollte, sollte das ostfriesische Grafenhaus der Cirksenas in der männlichen Linie aussterben. Kaiser Leopold I. bestätigte 1694 diese Vereinbarung.

Unter preußischer Herrschaft

Im März 1744 einigte sich Preußen mit den ostfriesischen Landständen darauf, das deren Rechte gewahrt blieben, sollte Ostfriesland an Preußen fallen. Graf Carl Edzard starb am 25. Mai 1744 kinderlos, und Friedrich der Große ließ das Land besetzen, dass ihm am 23. Juni des gleichen Jahres huldigte.

Die preußische Herrschaft brachte Ostfriesland weitgehende Selbstständigkeit, forcierte Landgewinnung durch Eindeichung und verstärkte Moorkolonisation durch das Urbarmachungsedikt von 1765. Die Stadt Emden profitierte von der Gründung der Emder Ostasiatischen Handelskompanie. Immerhin vier Schiffe fuhren in deren Auftrag nach China und kehrten mit den begehrten Handelswaren Porzellan und Tee zurück. Mit dem Beginn des Siebenjährigen Krieges 1756 kam das Ende der Handelskompanie und mit der Niederlage der Preußen gegen die Truppen Napoleons bei Jena und Auerstedt 1806 das Ende der preußischen Herrschaft in Ostfriesland. Französische Truppen besetzten die Region, die dem Königreich Holland zugeschlagen wurde.

Zum Königreich Hannover

Obwohl während der französischen Besetzung einige Ostfriesen an dem Schmuggel der begehrten englischen Waren wie zum Beispiel dem Nationalgetränk Tee gut verdienten und mit dem Code Napoleon bürgerliche Rechte auch in Ostfriesland eingeführt wurden, beteiligten sich die Ostfriesen an den Befreiungskriegen. Sie hofften, mit der Niederlage Napoleons 1813 wieder unter preußische Herrschaft zu gelangen. Daraus wurde aber nichts. Großbritannien wollte verhindern, dass Preußen sich an der Nordsee etablieren konnte. Also setzte das Vereinigte Königreich, das in Personalunion mit Hannover regiert wurde, beim Wiener Kongress 1815 durch, dass Ostfriesland an das neu geschaffene Königreich Hannover ging. Mit der weitgehenden Autonomie wie zu Preußens Zeiten war es vorbei. Erst 1823 wurde eine Landdrostei in Aurich als Verwaltungszentrum der Region eingeführt. 1846 erhielten die Ostfriesischen Stände ein Mitspracherecht bei den Gesetzesvorhaben, die nur Ostfriesland betrafen.

Für das landwirtschaftlich geprägte Ostfriesland begannen mit der Industrialisierung wirtschaftlich schwere Zeiten. Da half es auch nichts, dass die Hannoversche Westbahn ab 1854 bis nach Leer und Emden geführt wurde und Ostfriesland so Anschluss an das deutsche Eisenbahnnetz bekam. Viele Ostfriesen waren zur Auswanderung in die USA gezwungen. Diese Lage änderte sich, als 1866 Preußen nach dem Sieg im Deutschen Krieg das Königreich Hannover, das aufseiten Österreichs gekämpft hatte, als Provinz Hannover seinem Staatsgebiet einverleibte. Im Gegensatz zur antipreußischen Partei in Hannover begrüßten die Ostfriesen die preußische Herrschaft.

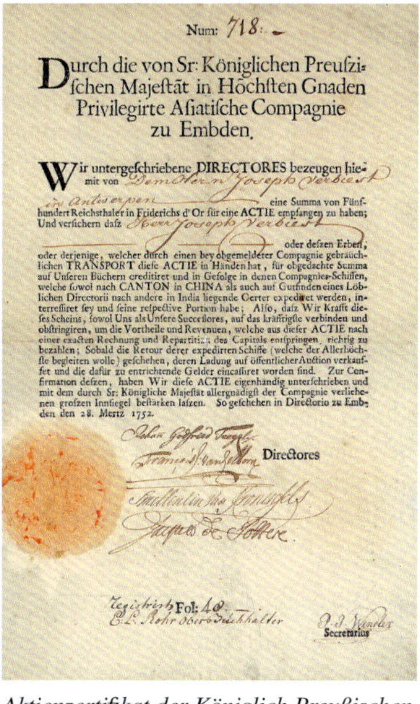

Num: 718.

Durch die von Sr: Königlichen Preuſziſchen Majeſtät in Höchſten Gnaden Privilegirte Aſiatiſche Compagnie zu Embden.

Wir untergeſchriebene DIRECTORES bezeugen hiemit von Dem Herrn Joseph Verbiest in Antwerpen eine Summa von Fünfhundert Reichsthaler in Friderichs d'Or für eine ACTIE empfangen zu haben; Und verſichern daſz Herr Joseph Verbiest oder deſzen Erben; oder derjenige, welcher durch einen bey obgemeldeter Compagnie gebräuchlichen TRANSPORT dieſe ACTIE in Händen hat, für obgedachte Summa auf Unſeren Büchern creditiret und in Gefolge in denen Compagnies-Schiffen, welche ſowol nach CANTON in CHINA als auch auf Gutfinden eines Löblichen Directorii nach andere in India liegende Oerter expediret werden, interreſſiret ſey und ſeine reſpective Portion habe; Alſo, daſz Wir Krafft dieſes Scheins, ſowol Uns als Unſere Succeſſores, auf das kräfftigſte verbinden und obſtringiren, um die Vortheile und Revenuen, welche aus dieſer ACTIE nach einer exacten Rechnung und Repartition des Capitals entſpringen, richtig zu bezahlen; Sobald die Retour derer expedirten Schiffe (welche der Allerhöchſte begleiten wolle) geſchehen, deren Ladung auf öffentlicher Auction verkauffet und die dafür zu entrichtende Gelder eincaſſiret worden ſind. Zur Confirmation deſzen, haben Wir dieſe ACTIE eigenhändig unterſchrieben und mit dem durch Sr: Königliche Majeſtät allergnädigſt der Compagnie verliehenen groſzen Innſiegel beſtärken laſzen. So geſchehen in Directorio zu Embden den 28. Mertz 1752.

Directores

Fol: 40

Secretarius

Aktienzertifikat der Königlich Preußischen Asiatischen Kompanie in Emden nach Kanton und China von 1752

Ostfriesland wurde zum Regierungsbezirk Aurich zusammengefasst, ab 1885 wurden die Landkreise Aurich, Emden, Leer, Norden, Weener und Wittmund geschaffen. Die Stadt Emden wurde kreisfrei. 1871 ging Ostfriesland mit der Reichsgründung im Deutschen Reich auf.

Im Deutschen Reich

Ackerbau und Rinderzucht waren die beiden Standbeine der Wirtschaft im ländlich geprägten Ostfriesland des 19. Jahrhunderts. Aurich und Leer waren die beiden bedeutendsten Viehhandelsplätze der Region. Von der Industrialisierung profitierte Ostfriesland sehr spät. So wurde die Stadt Leer in kleinem Maßstab zum Werftenstandort, konnte aber als Hafenstadt an der Ems der Seehafenstadt Emden nicht das Wasser reichen. Durch den Bau des Dortmund-Ems-Kanals (1899) und der Großen Seeschleuse samt neuem Hafenbecken (1913) wurde Emden zum Seehafen des Ruhrgebiets. Der Emder Bürgermeister Leo Fürbringer überzeugte rheinisch-westfälische Unternehmer, in Emden die Nordseewerke als eine der ersten Großwerften in Deutschland zu errichten.

Preußen baute ab 1853 Wilhelmshaven am Jadebusen als Marinestützpunkt aus. Der Nordgeorgsfehnkanal, der 1906 eingeweiht wurde, schuf die Voraussetzung dafür, dass das rund 100 Quadratkilometer große Hochmoorgebiet im Zentrum Ostfrieslands entwässert und dann industriell abgetorft wurde. 1909 wurde das Torfkraftwerk Wiesmoor in Betrieb genommen.

Die Elektrifizierung in Ostfriesland brachte nicht nur Licht in die Stuben der Bauernhäuser, sondern vor allem die Möglichkeit, mithilfe elektrischer Pumpen die Entwässerung der Landflächen deutlich zu verbessern. Zuvor waren Wassermühlen die einzige Möglichkeit gewesen, das Wasser aus den Gebieten herauszupumpen, die unter dem Meeresspiegel lagen. Jetzt sorgten Schöpfwerke dafür, dass das Regenwasser in die Ems oder das Watt abfloss.

Weimarer Republik

Am 29. Oktober 1918 gab die Marineleitung der Kriegsflotte, die in und vor Wilhelmshaven vor Anker lag, den Befehl zum Auslaufen. Das Deutsche Reich verhandelte bereits über eine Kapitulation, aber die Marineleitung wollte den ehrenvollen Untergang. Sie hatte die Rechnung ohne die Matrosen gemacht, die anfingen, Schiffe unbrauchbar zu machen oder gar mit Waffengewalt zu meutern. In Kiel kam es zur Bildung von Arbeiter- und Soldatenräten, die Revolution hatte begonnen. In dem ländlich geprägten Ostfriesland fanden die örtlichen Räte kaum Zuspruch. Nach den Wahlen zur Weimarer Nationalversammlung lösten sie sich nach und nach auf.

Nach Ende des Ersten Weltkrieges ging es der Landwirtschaft in Ostfriesland vergleichsweise gut. Erst der starke Verfall der Agrarpreise nach der Wirtschaftskrise 1923 brachte viele Höfe ins Straucheln, weil die Kredite nicht mehr bedient werden konnten. Massenarbeitslosigkeit machte sich in den Städten breit. Mit Hungermärschen (›Speckumzüge‹) versuchten Arbeiter aus den Städten Essbares auf dem Land zu ergattern. Auf den Dörfern bilde-

Gedenktafel am Emder Fürbringer-Brunnen

ten sich zum Schutz Einwohnerwehren. Deichbau, Moorkultivierung, der Bau von Schöpfwerken – die Bezirksregierung, die seit 1922 von Jann Berghaus als Regierungspräsident geführt wurde, versuchte ohne großen Erfolg die Wirtschaft anzukurbeln. Bürgermeister Erich vom Bruch holte zumindest die Deutsche Libby GmbH nach Leer, aber das war ein Tropfen auf den heißen Stein. Auch die Eröffnung des größten und modernsten Viehmarkts in Deutschland auf der Nesse in Leer im Jahr 1927 war ein schöner Erfolg, aber keine Lösung. In Wiesmoor wurden mit der Abwärme des Torfkraftwerks Gewächshäuser beheizt, die nach und nach zur größten Gemüse- und Blumenaufzuchtanlage Europas erweitert wurden.

Ostfriesland unter dem Hakenkreuz

Bei den Reichstagswahlen 1932 erzielte die NSDAP in Ostfriesland einen überdurchschnittlichen Stimmenanteil. Im März 1933 erreichte sie gut 57 Prozent der Stimmen, das waren knapp 11 Prozent mehr als im deutschlandweiten Durchschnitt. Ostfriesland war eine ländliche Region, hinzu kam, dass hier die Deutsche Zentrumspartei (Zentrum) fehlte, die Partei des politischen Katholizismus, die in der Weimarer Zeit in großen Teilen des Reiches als Stabilitätsanker wirkte.

Schon 1932 war der allseits geachtete liberale Regierungspräsidenten Jann Berghaus von der Regierung von Papen in den Ruhestand versetzt worden. Nach der Machtergreifung gingen die Nazis gegen lokale Politiker vor. So wurde der Emder Oberbürgermeister Wilhelm Mützelburg widerrechtlich aus dem Rathaus gejagt und von den Nazis durch die Stadt geführt. Den Leeraner Bürgermeister Wilhelm vom Bruck trieben die neuen Machthaber durch haltlose Korruptionsvorwürfe in den Tod. Die Mitglieder der Arbeiterparteien und ihre politischen Amtsträger wurden wie überall im Reich verfolgt. Trotzdem schafften es Emder Arbeiter gemeinsam mit niederländischen Kommunisten, verfolgten Mitgliedern der Arbeiterparteien die Flucht über das Wattenmeer in die Niederlande zu ermöglichen.

Die NS-Zeit bedeutete das Ende für die traditionsreichen jüdischen Gemeinden in Ostfriesland. Bereits unmittelbar nach der Machtergreifung im Januar 1933 setzte der Terror ein, der in der Reichspogromnacht am 9. November 1938 mündete. Die Synagogen in Aurich, Emden, Esens, Leer, Norden und Weener wurden angezündet, Hunderte jüdischer Mitbürger in das KZ Sachsenhausen bei Berlin verschleppt. Im Februar 1940 mussten die letzten Juden Ostfriesland verlassen.

Jüdische Gemeinden in Ostfriesland vor der NS-Zeit

Die NS-Machthaber setzten die Arbeitsbeschaffungsmaßnahmen aus der Weimarer Zeit fort. Die Landwirte köderte man mit dem Reichserbhofgesetz, das Bauernhöfe von einer Größe über 7,5 Hektar zum unveräußerlichen Besitz erklärte.

Im Zweiten Weltkrieg hatte Ostfriesland bis auf die Hafenstadt Emden, deren Zentrum fast vollständig zerstört wurde, und die Marinestadt Wilhelmshaven, die immer wieder bombardiert wurde, relativ wenig zu leiden. Da die Region in der Einflugschneise britischer und amerikanischer Bomberverbände lag, wurden ab und an einzelne Bomben abgeworfen.

Am 7./8. Mai 1945 kapitulierte Deutschland. Zu dieser Zeit standen alliierte Truppen am Ems-Jade-Kanal. Erfolgreich hatten am 3. und 4. Mai Einwohner Aurichs über eine kampflose Übergabe ihrer Stadt verhandelt.

Von 1945 bis heute

Ostfriesland hatte als ländliche Region in den ersten Nachkriegsjahren verhältnismäßig wenig unter Nahrungsmittelmangel zu leiden. Eine Herausforderung stellten dagegen die vielen Flüchtlinge aus den Ostgebieten dar, die in den dünn besiedelten Landstrich an der Nordsee geschickt wurden. Über Jahre wurde der

Wohnraum nicht nur in den Kleinstädten, sondern auch in den Dörfern zwangsbewirtschaftet. Flüchtlingsfamilien wurden in den Wohnungen der Städte und in den Wohnhäusern der Dörfer einquartiert. Mit der Währungsreform und dem beginnenden Wirtschaftswunder zogen viele Flüchtlinge in wirtschaftlich stärkere Regionen wie das Ruhrgebiet, weil hier Arbeitskräfte gesucht wurden.

Die unter der Propaganda des NS-Regimes verschüttete politische Grundorientierung der ostfriesischen Bevölkerung wurde mit Gründung der neuen Parteien wieder deutlich: Der westliche Teil Ostfrieslands war stärker SPD-orientiert, der östliche Teil neigte eher zur CDU.

Infrastrukturprojekte wie die Landgewinnung in Leybuchtpolder, dessen Deich noch mit Schaufel und Spaten errichtet wurde, sorgten für erste neue Arbeitsplätze. Ein weiteres wichtiges Projekt war der Bau des Ledasperrwerks ab November 1950. Trotzdem mussten viele Ostfriesen auf Montage außerhalb der Region ihr Geld verdienen.

Trotz des ›Wirtschaftswunders‹ in Westdeutschland blieben in Ostfriesland in den folgenden Jahrzehnten die Arbeitslosenzahlen hoch. Erst mit der besseren Verkehrsanbindung und den neuen Möglichkeiten des Internets rückte Ostfriesland aus seiner Randlage. Vor allem aber ist die Region einer der Gewinner der europäischen Einigung, die die nach dem Zweiten Weltkrieg fast abgebrochene Verbindung zur Nachbarprovinz Groningen wieder mit Leben gefüllt hat.

Politik und Verwaltung

Ostfriesland ist heute Teil des niedersächsischen Regierungsbezirks Weser-Ems. Als Ersatz für die Bezirksregierung verblieben 1978 die Zweigstellen einiger Niedersächsischer Landesbehörden in Aurich und damit in Ostfriesland.

Die Auflösung des Regierungsbezirks Aurich verlief problemlos. Demgegenüber gab es heftige Proteste gegen die in der Kreisreform 1977 durchgeführte Zusammenlegung des Landkreises Wittmund mit Jever und Wangerland. Nach Verfassungsbeschwerden wurde der alte Landkreis Wittmund 1980 wieder hergestellt. »Unter würdevoller Berücksichtigung der historischen und kulturellen Bindung zu Ostfriesland beschloss der niedersächsische Landtag 1979 die Wiederherstellung des Landkreises Wittmund.« So formuliert es vorsichtig die website des Landkreises Wittmund. Salopp gesagt, ist es den Ostfriesen ziemlich egal, von wo aus sie verwaltet werden, aber unter sich bleiben wollen sie dann doch.

Wirtschaft

Die Mechanisierung der Landwirtschaft und später der Niedergang der Heringsfischerei setzten nach dem Zweiten Weltkrieg in Ostfriesland viele Arbeitskräfte frei. Die Region koppelte sich vollends von der prosperierenden Wirtschaft der Bundesrepublik ab, als die Werftenkrise Arbeitsplätze in Emden und Leer vernichtete und die Schifffahrt kaum noch lukrative Arbeitsplätze bot. Dazu kam die Verlagerung der Produktion in Billiglohnländer durch Unternehmen wie dem Büromaschinenhersteller Olympia, der zuvor Zweigstellen in Leer, Norden und Roffhausen bei Wilhelmshaven betrieben hatte. Allein in Leer gingen dadurch

Landwirtschaft und erneuerbare Energien

2500 Arbeitsplätze verloren. Einziger Lichtblick war die Ansiedlung des VW-Werks in Emden 1964. Hier wurden nicht nur zahlreiche Arbeitsplätze geschaffen, sondern auch Löhne bezahlt, die bis dahin in Ostfriesland unbekannt gewesen waren. Vielen Ostfriesen blieb aber angesichts von Arbeitslosenquoten von 23 Prozent (Leer, 1984) und 29 Prozent (Norden, 1986) nichts anderes übrig, als in Fahrgemeinschaften auf der berüchtigten Ostfriesenrallye allwöchentlich zu den Arbeitsplätzen gen Süden zu rasen.

In jüngerer Zeit wurde der Windenergieanlagenhersteller Enercon, der 1984 von dem gebürtigen Auricher Aloys Wobben in Aurich gegründet wurde, zu einem der großen Player in Ostfriesland. Der Aufbau von Windparks, 2022 eines LNG-Terminals in Wilhemshaven und die Versorgung von Windparks in der Nordsee über ostfriesische Häfen zeigen die Region als Teil des Umbaues der Energiewirtschaft in der Bundesrepublik.

Als Basis des neuen Wohlstands in der Region aber erweist sich der Tourismus. Lange Jahre nur auf die Ostfriesischen Inseln beschränkt, wurde er mit dem Ausbau der Verkehrswege von Nordrhein-Westfalen nach Ostfriesland zum wichtigsten Wirtschaftszweig an der Küste und im Binnenland.

»Die Wahrheit ist: in Ostfriesland bauen heute weitaus mehr Leute Autos, Maschinen und Lösungen für Informationstechnologie oder arbeiten im Hochschul- und Gesundheitswesen (als in der Landwirtschaft tätig sind; EW.).« Das schrieb 2017 der Verein Region Ostfriesland e. V., ein Zusammenschluss von Städten, Gemeinden, Wirtschaftsverbänden und Unternehmen. Bleibt nur hinzuzufügen: oder arbeiten in der Tourismusbranche.

Architektur

Ostfriesland war zu klein, um eine eigenständige Gebäudearchitektur auszubilden. So findet sich das Gulfhaus auch in andern Regionen Norddeutschlands. Trotzdem aber kann es als typisch ostfriesisches Wohn-Wirtschaftsgebäude angesprochen werden. Typisch ostfriesisch sind zudem ziegelsichtige Fassaden, die enge Bezüge zu den Bauformen in den Niederlanden aufweisen.

Dörfer

In Ostfriesland als landwirtschaftlich geprägter Region kommt den Dörfern eine besondere Bedeutung zu. Typisch für die Marsch sind die Warftendörfer, die auf einem künstlich aufgeschütteten, runden Erdhügel angelegt wurden, heute aber oft von neu angelegten Wohngebieten eingeschlossen sind. Typisch sind auch die Fehndörfer der Moorgebiet. Entlang eines Hauptkanals und mehrerer Nebenkanäle bauten Kolonisten ihre kleine Gulfhäuser. Oftmals sind heute diese Kanäle zu schmalen Entwässerungsgräben zugeschüttet und von Straßen eingefasst. Die ehemaligen landwirtschaftlichen Flächen zwischen den Kolonistenhäusern sind mit Wohnbauten besetzt. Dazu kommen Dörfer, die entlang von Straßen angelegt wurden, heute aber aufgrund der Zersiedlung kaum noch über klare Konturen verfügen.

Die Städte Leer, Norden, Dornum, Esens, Wittmund und Jever wurden am Rande des Geestrückens angelegt. Emden und Wilhelmshaven sind dagegen reine Hafenstädte. Einen Sonderfall stellt Aurich im Herzen der Region dar. Die Stadt wurde von einem Marktort zum Herrschafts- und Verwaltungszentrum Ostfrieslands.

Hallenhäuser

Im frühen Mittelalter wurden in Ostfriesland große Hallenhäuser von rund 30 Metern Länge und 10 Metern Breite errichtet, in denen Wohnbereich, Feuerstelle sowie Stall und Speicher untergebracht waren. Die Außenwände bestanden aus Flechtwerk, das mit Lehm verschmiert wurde. Gedeckt wurde das Hallenhaus mit Schilfrohr. Erst im 16. und 17. Jahrhundert setzte sich in Norddeutschland und damit auch in Ostfriesland das bäuerliche Gulfhaus durch. Wohnteil, Stallungen und Scheune befanden sich weiter unter einem Dach, Wohnung und Stall waren aber deutlich voneinander getrennt. Der vordere Teil des Gebäudes, der aus Backstein hochgemauert und mit Dachziegeln gedeckt wurde, nahm die Wohnräume des Hauses auf. Hier befand sich jetzt auch die Küche mit der Feuerstelle.

Den Viehstall und die Scheune für Heu und anderes Erntegut sowie die Gerätschaften des Landwirts überspannte eine kostengünstige Ständerkonstruktion aus Holzbalken (Gulf). Hier war das Dach an den Seiten bis zu den sehr niedrigen Backsteinmauern herabgezogen, sodass der Gulfteil breiter war als der Wohnteil.

Rysum, ein klassisches Warftendorf

Die Rückseite des Gulfteils wurde vollständig aus Backstein hochgemauert. Ein breites, hohes Scheunentor gab den Weg frei für die Erntewagen, die im Gulf entladen wurden. Eine kleinere Tür führte in den Stallbereich. Der Gulfbereich wurde mit Dachpfannen, zum Dachfirst hin mit Reet gedeckt.

Nach dieser Grundform wurden sowohl die riesigen Höfe der reichen Marschgebiete, deren Wohnteile fast schlossartige Dimensionen annehmen konnten, wie auch die kleinen Höfe auf der Geest und in den kultivierten Moorgebieten errichtet.

Kirchen

Gebaut wurde in Ostfriesland vor allem mit Backstein. Kein Wunder in einer Region, in der es neben den weitverbreiteten Tonvorkommen kaum natürliche Baumaterialien gab. Die Holzvorräte auf der Geest waren schon im Mittelalter erschöpft, Marsch und Moor weitgehend baumlos.

Vor dem Aufkommen der Backsteinbauweise wurden frühe Kirchen in den Geestgebieten aus gespaltenen Granit-Feldsteinen errichtet, die mühsam behauen werden mussten. Ab Mitte des 12. Jahrhunderts wurden in den gut per Schiff zu erreichenden Orten Kirchen aus Tuffstein errichtet, der aus der Eifel importiert wurde. Erst um 1200 kam dann wie in ganz Norddeutschland der Backstein auf.

Die Kirchen zeigen sich zumeist als Backsteinbauten

Zwei Besonderheiten des Kirchenbaues lassen sich in Ostfriesland beobachten: Kirchen im Stil der Romano-Gotik und alleinstehende Glockentürme. Die Kirchen im romano-gotischen Stil zeigen gotische Schmuckformen wie Blendnischen, Strebepfeiler und Spitzbogen, sind aber nicht nach den Konstruktionsprinzipien der Gotik errichtet, die eine Auflösung der Wandflächen zugunsten großer Fenster anstrebte. Vielmehr halten die romano-gotischen Kirchen an den geschlossenen Wänden mit kleinen Fenstern der romanischen Kirchen fest. Solche Gotteshäuser aus dem 13. und 14. Jahrhundert finden sich nur in den niederländischen Provinzen Groningen und Friesland sowie in Ostfriesland.

Die typisch alleinstehenden Glockentürme in Ostfriesland sind dem schwierigen Baugrund in der Region geschuldet. Nachdem sich erste Kirchtürme geneigt hatten, wurden die kleineren und damit leichteren Glockentürme getrennt von den Langhäusern errichtet.

Die Mannigaburg

Klöster, Burgen und Schlösser

Von den rund 30 Klöstern in Ostfriesland ist durch mutwillige Zerstörung im Zug der Reformation nichts erhalten – keine Klosterkirche, keine Klostergebäude. Nachdem Ostfriesland 1744 zu Preußen gekommen war, wurden auf Anordnung Friedrich II. funktionslos gewordene Burganlagen und Schlösser auf Abriss verkauft. So sind nur das Schloss Lütetsburg, das Wasserschloss Dornum und Schloss Gödens erhalten. Von den älteren Burgen sind die Burg Hinta (Hinte), die Osterburg (Groothusen), die Manningaburg (Pewsum) und Burg Berum geblieben. Die Philippsburg in Leer ist wohl eher als Herrenhaus einzuordnen. Die Evenburg, ebenfalls im Leeraner Vorort Loga gelegen, wurde erst 1860 nach Plänen Richard Stüves als Schloss errichtet und gehört daher in die Gruppe der von hannoverschen Architekten beeinflussten Bauten.

Hohe Steinhäuser

Häuptlingsgeschlechter besaßen mt den Hohen Steinhäusern einen sicheren, gut zu verteidigenden Wohnsitz und dokumentierten damit im Ort ihren Herrschaftsanspruch. Im Kern mittelalterliche Steinhäuser sind in Bunderhee, Nesse und in Leer mit der Harderwykenburg erhalten geblieben.

Aus der Zeit nach Mitte des 16. Jahrhunderts, also nach der Zeit der Häuptlinge in Ostfriesland, finden sich auf dem Land Steinhäuser wie das Rentmeisterhaus in Uttum (Krummhörn), das Pfarrhaus in Stapelmoor und auch das Steinhaus in Greetsiel.

Bürgerhäuser

Vielfach erhalten sind die Bürgerhäuser in den Kleinstädten, die ihre schmucken Giebel zur Straße wenden. Sie stammen aus dem 16. bis 19. Jahrhundert und orientieren sich stilistisch an den in dieser Zeit deutlich weiter entwickelten Niederlanden. Die Tendenz zur Übernahme von Bauformen aus dem Nachbarland wurde durch die Glaubensflüchtlinge verstärkt, die im 16. Jahrhundert nach Emden kamen. Die prachtvollen Bauten der Renaissance in Emden wurden vorbildhaft für die Region. Um so schmerzlicher ist der Verlust dieser Renaissancehäuser durch den Untergang Emdens im Zweiten Weltkrieg. Erhalten haben sich auch eine Reihe von zweigeschossigen barocken und klassizistischen Bürgerhäusern mit Walmdach in Leer, Aurich, Norden und Esens.

Erst mit der Eingliederung Ostfrieslands in das Königreich Hannover 1815 wurden Staats- und Kirchenbauten, aber auch einzeln Stadthäuser in Leer und Weener von niedersächsischen bzw. hannoverschen Architekten ausgeführt. Obwohl klassizistische Gebäude ab den 1830er Jahren verputzt wurden, blieb die Backsteinfassade das prägende Element in den Kleinstädten Ostfrieslands.

Windmühlen

Heute sind die Windmühlen in vielen Dörfern die ortsbildprägenden Bauten, um deren Erhalt sich häufig Mühlenvereine kümmern. Unterschieden wird zwischen der Bockwindmühle, der Kokerwindmühle und der Holländermühle, auch Kappenwindmühle genannt.

Das Steinerne Haus in Nesse

Die Bockwindmühle ist die älteste Mühlenform. Ein Bock hält den Hausbaum, um den das Mühlenhaus gebaut ist. Das gesamte Mühlenhaus kann auf diesem Bock um den Hausbaum in den Wind gedreht werden.

Bei der Kokerwindmühle sind die Mühlenräume mit der gesamten Mühlentechnik in den Mühlensockel (früher der Bock) gewandert. Der Mühlenkasten samt Flügel, der auf diesem Mühlensockel aufsetzt, kann um die Königswelle bewegt werden.

Bei den Holländerwindmühlen wird nur noch die Kappe mit den Flügeln, die auf dem Mühlenhaus aufsetzt, in den Wind gedreht. Dazu diente anfangs ein Steuerbalken (Steert), mit dem der Müller die Kappe samt Flügel ausrichtete. Später wurde die Flügel durch eine Windrose automatisch in den Wind stellt.

Bei Galerieholländern ist das Erdgeschoss der Mühle so hoch gebaut, dass die Flügel oder der Steert nicht mehr vom Boden aus erreichbar sind. Daher wurde eine Arbeitsbühne (Galerie) um das Mühlenhaus errichtet, von der aus der Müller den Steert und die Bremse der Flügel bedienen konnte.

Erdholländern dagegen fehlt das steinerne Mühlenhaus. Dieser flache Mühlentyp wurde vielfach als Wasserschöpfmühlen zur Entwässerung eingesetzt.

Dei Frisia-Mühle in Norden

Ostfriesenwitze

Nirgendwo wird wohl so laut und ausgiebig über Ostfriesenwitze gelacht wie in Ostfriesland selbst, zumindest dann, wenn die Witze gut sind und nicht unter die Gürtellinie gehen. Die meisten Ostfriesenwitze funktionieren nach einem einfachen Schema: Der Ostfriese versteht etwas nicht und wird deshalb aufgelacht. Beispiele:

»Frage: Warum gehört eine Schere zur Ausrüstung der ostfriesischen Polizei? Antwort: Damit sie den Räubern den Weg abschneiden können.«

Es gibt auch Gegenwitze, auch dazu Beispiele:

»Frage: Warum lacht man über die Ostfriesen? Antwort: Weil man es satthat, über die Bayern zu weinen.« Oder: »Frage: Was macht der Ostfriese bei Ebbe? Antwort: Er verkauft Bauland an die Österreicher!«

Im Gegensatz zu den meisten Witzen über eine Bevölkerungsgruppe lässt sich bei den Ostfriesenwitzen der Ursprung der lästerlichen Scherze sehr genau feststellen. In einer Schülerzeitung des Gymnasiums in Westerstede namens ›Die Trompete‹ veröffentlichte der Schüler Borwin Bandelow 1968/69 unter der Rubrik ›Aus Forschung und Lehre‹ Texte zum ›Homo ostfrisiensis‹, in denen die Ostfriesen nicht gerade gut wegkamen. Westerstede liegt im Ammerland, ziemlich nahe an der Grenze zu Ostfriesland. Da waren Scherze auch der etwas derberen Art übereinander an der Tagesordnung. Gegenüber der Tageszeitung aus Berlin schränkte Borwin Bandelow 2016 ein, dass er letztendlich nur der Erste gewesen sei, der die Blödeleien einer Schülergruppe über die Ostfriesen in eine Zeitung geschrieben habe. Die Gruppe habe die Witze erfunden – und diese Gruppe hätte zur Hälfte aus Ostfriesen bestanden.

Wie dem auch sei, aus dem Witzeerfinder ist ein sehr bekannter Psychiater, Psychologe und Psychotherapeut geworden, der als Gründer und Ehrenvorsitzender der Gesellschaft für Angstforschung internationale Anerkennung genießt. Und Ostfriesland, in dem die karikierten Tollpatsche leben, wurde durch die Witze zu einer der bekanntesten Regionen in Deutschland. Im Grunde müsste die Ostfriesische Tourismus GmbH oder auch die Ostfriesische Landschaft Borwin Bandelow eine Ehrenbürgerschaft antragen oder ihn zumindest zum Ehrenostfriesen erklären. Die von Bandelow und anderen angeschobenen Witze haben für den Tourismus in Ostfriesland vermutlich mehr gebracht als jede Werbekampagne.

Zwei Unterhaltungskünstler haben dem Ostfriesenwitz dann schließlich zu seiner bundesweit überragenden Bekanntheit verholfen: Otto Waalkes und Karl Dall. Beide stammen aus Ostfriesland und konnten durch und mit dem Ostfriesenwitz bestens leben.

Einer noch zum Abschluss: »Frage: Wie kam es, dass die Ostfriesen an einem einzigen Tag ihre ganze U-Boot-Flotte verloren haben? Antwort: Es war Tag der offenen Tür!«

Der Ottifant, ein Geschöpf von Otto Waalkes

Bevölkerung

Ostfriesland hatte Anfang 2023 genau 475 314 Einwohner. Davon lebten in den fünf größeren Städten Aurich, Emden Leer, Norden und Wittmund 175 060 Personen oder 37 Prozent. Dazu kamen rund 100 000 Einwohner im Landkreis Friesland und rund 79 000 Einwohner in Wilhelmshaven.

In Ostfriesland leben knapp 150 Einwohner auf einem Quadratkilometer (Bundesdurchschnitt 230 Einwohner/km²), im Landkreis Friesland 165 Einwohner je Quadratkilometer. In Wilhelmshaven sind es rund 813 Einwohner.

Der Anteil von Einwohnern mit Migrationshintergrund betrug Anfang 2023 in Wilhelmshaven 26,2 Prozent, in Friesland/Wittmund 9,8 Prozent. Für Emden/Leer weist der Migrationsmonitor Niedersachsen 16,8 Prozent Menschen mit Migrationshintergrund aus, im Landkreis Aurich sind es 11.3 Prozent.

Kunstschaffen

Ostfriesland ist in den vergangenen Jahren nicht nur durch den Ostfriesenwitz bekannt geworden, sondern auch durch die Kriminalromane von Klaus-Peter Wolf, die mittlerweile unter dem Titel ›Ostfrieslandkrimis‹ vom ZDF verfilmt werden. Dazu kommt seit 2014 die Kriminalfilmreihe ›Friesland‹ um das Duo Henk Cassens und Süher Özlügül als uniformierte Polizisten in der Stadt Leer. Mit regionalem Kunstschaffen hat das aber weniger zu tun.

Fündig wird man da eher auf der website www.kunst-kulturkontakte-ostfriesland.de, die Künstler und Galerien in der Region präsentiert. Die erstaunliche Zahl von annähernd 50 Theatergruppen, die in der Arbeitsgemeinschaft Ostfriesischer Volkstheater e. V. zusammengeschlossen sind, präsentiert die website arge-ov.de. Diese Bühnen spielen auf Plattdeutsch.

Für eine rege Szene von Liedermachern, die ebenfalls plattdeutsche Texte präsentieren. steht Jan Cornelius, der seit 1977 neben seiner Arbeit als Lehrer auftritt, CDs einspielt und plattdeutsche Lieder komponiert und textet. Gern genutzter Auftrittsort ist der Gulfhof Ihnen in Engerhafe.

Bräuche

Wie überall in Deutschland ist das Brauchtum auch in Ostfriesland auf dem Rückzug. Gesteigerte Mobilität, Zuwanderung und das vielfältige Unterhaltungsangebot lösen die alten Sozialbeziehungen und damit die Bräuche in den Kleinstädten und den Dörfern zunehmend auf. Daran ändert auch die Renaissance des Plattdeutschen nichts. Aber immerhin sind einige der Bräuche heute noch lebendig oder werden bewusst eingesetzt, um das Gemeinschaftsgefühl zu stärken.

So sieht man immer wieder festliche Bögen an den Haustüren, die auf Einzug, runde Geburtstage oder Hochzeiten hinweisen. Diese Bögen werden von den Nachbarn vorbereitet und dann an die Haustür gehängt. Natürlich revanchiert sich der Gefeierte mit einer Einladung. Gepflegte Tradition ist auch die Puppvisit. Nachbarn kommen zu Besuch, um ein Neugeborenes zu bewundern und zu feiern. Die Eltern haben schon vor der Geburt den Kinnertöön angesetzt, der jetzt getrunken wird. Für einen Kinnertöön werden Rosinen, Kluntje und Branntwein in einem Steintopf eingelegt.

Einige Feste markieren den Ablauf des Jahres:

Osterfeuer

Schon Wochen vor dem Osterfest schichten fleißige Helfer große Haufen aus Reisig und Holzstücken auf, die dann am Ostersamstag angezündet werden. Vermutlich hat dieser Brauch, der in vielen Regionen Deutschlands gepflegt wird, einen heidnischen Hintergrund. Oftmals bewachen die Freiwilligen Feuerwehren die Holzstapel schon Tage vorher.

Eiertrüllen, Hicken-Bicken oder Eiersmieten

An den Ostertagen, an denen traditionell hartgekochte, gefärbte Eier neben den Süßigkeiten im Osternest liegen, gibt es kleine Wettkämpfe unter den großen und kleinen Kindern. Mal rollen Ostermontag wie in Leer die Ostereier den Plytenberg hinunter und werden von Kindern aufgefangen. Mal werden am Ostsonntag beim Hicken-Bicken die hartgekochten Eier von Kindern gegeneinander getitscht. Gewonnen hat, dessen Ei den Aufprall unbeschadet überstanden hat. Oder die Eier dienen auf einer Wiese dem Weitwurf (Eiersmieten). Gewonnen hat, dessen Ei am weitesten geflogen und unbeschädigt geblieben ist.

Maibaum

Wie in ganz Deutschland wird am 30. April ein geschmückter Maibaum aufgestellt, anschließend wird kräftig gefeiert. Bis zum Sonnenaufgang am 1. Mai muss der Maibaum bewacht werden, sonst darf ihn eine andere Maibaumgesellschaft entführen. Der Baum muss dann ausgelöst werden.

Erntedank und Volksfeste

Die Erntedankfeste spielen in einer ländlichen Region eine große Rolle. Dazu kommen Volksfeste wie der Gallimarkt in Leer, der um den 16. Oktober gefeiert wird, dem Todestag des irischen Heiligen St. Gallus – und das seit 1508. Der St.-Gallus-Tag wurde gewählt, weil bis zu diesem Tag die Ernte eingebracht und das Vieh in den Ställen sein sollte.

Verknobeln

Am 5. Dezember, am Vorabend zum Nikolaustag, wird in Ostfriesland verknobelt. Wer einen Einsatz gezahlt hat, darf mitmachen. Gewürfelt wird mit drei Würfeln. Wer die höchste Zahl hat, hat gewonnen. Gewürfelt wird in Gaststätten, Fleischereien, Bäckereien oder Vereinen und zwar um so ziemlich alles von den Torten über Schinken und Geflügel bis zu Präsentkörben.

Neeijahrskoken

Neujahrskuchen werden in Ostfriesland in der Weihnachtszeit mit einem Waffeleisen gebacken. Die gerollten, knusprigen Kuchen schmecken nach Anis oder Kardamom.

Moin ... Moin, Moin und Moiiiin

›Moin‹ grüßt der Ostfriese, vielleicht auch mal ganz keck ›Moin, Moin!‹ oder leicht spöttisch ›Moiiiiin‹. Auf jeden Fall ›Moin‹, und das zu jeder Tages- und Nachtzeit, bei jeder Gelegenheit und in jeder Umgebung.

Wenn Sie als Zugreisender das erste ›Moin‹ auf dem Bahnsteig hören oder in einer Tankstelle mit ›Moin‹ begrüßt werden – dann sind Sie untrüglich in Ostfriesland. Oder auch nicht. Hören wir doch, wie eine Schaffnerin auf dem Bahnsteig in Norden einen Fahrgast mit ›Moin‹ begrüßt. Der antwortet erstaunt: »Wie jetzt, es ist doch schon Nachmittag?« Die Schaffnerin: »Wir sind hier in Norddeutschland, und da heißt es eben ›Moin‹«. Recht hat sie, vielleicht mehr, als sie ahnt. Denn ganz so ostfriesisch, wie viele Ostfriesen denken, ist das ›Moin‹ gar nicht. ›Moin‹ ist wohl tatsächlich eher norddeutsch.

Vielfach wird in Ostfriesland darauf verwiesen, dass im Hauskalender Ostfriesland von 1924 das ›Moin‹ als Grußformel erstmals schriftlich belegt sei. Das soll der Beweis für die ostfriesische Herkunft des Grußes sein. Aber mit dieser Behauptung wird einiges ausgeblendet. So verwendete der Hamburger Dichter Gorch Fock in einem 1911 erschienenen Roman die Grußformel ›Meun‹ als ›Guten Morgen‹. Im Berliner Conversations-Blatt für Poesie, Literatur und Kritik wird schon für das Jahr 1828 ›Moin‹ und ›Moin-Moin‹ als Gruß unter Offizieren erwähnt. Und selbst in der Schweiz ist für das späte 19. Jahrhundert der Gruß ›Moin‹ unter Arbeitern, Schülern und Studenten belegt. Und damit nicht genug. ›Mojn‹ sagt man im Süden Dänemarks, ›Moien‹ in Luxemburg und ›mòjn‹ bei den Kaschuben im Norden Polens. Die Ostfriesen sind mit ihrer Grußformel internationaler aufgestellt als erahnt.

Fragen wir den Duden. »Norddeutsch, sonst umgangssprachlich«, vermerkt die Rechtschreibbibel für ›moin‹ in der Rubrik Gebrauch. Als Bedeutung behauptet der Duden »ursprünglich norddeutsch, heute überregionale Grußformel«. Unsere Schaffnerin hatte es ja gesagt: eine norddeutsche Grußformel. Erstaunlich dann aber der Eintrag unter der Rubrik Herkunft. Das ›Moin‹ stammt vom ostfriesischen Moi oder mittelniederdeutschen moi(e) ab, was so viel bedeutet wie schön, angenehm, gut.

Grüßt uns also ein Ostfriese mit ›Moin‹, könnten wir mit Fug und Recht und dudenkonform ›Guten‹ erwidern. Tun wir aber nicht, wir sagen einfach je nach Stimmung ›Moin‹ oder ›Moin, Moin‹, bleiben sozusagen im Normalsound und ernten so auch keinen halb erstaunten, halb spöttischen Blick.

Begrüßung an einem Fahrradrastplatz in Leer

Sprache

In Ostfriesland wird kein (Ost-)Friesisch, sondern ostfriesisches Platt gesprochen, und das ist ein Dialekt des Deutschen. Das Friesische ist eine eigenständige Sprache und gehört zum nordseegermanischen Zweig der westgermanischen Sprachen. Es hat sich als Westfriesisch in den Niederlanden und als Nordfriesisch in Schleswig-Holstein erhalten. Es ist in Ostfriesland ausgestorben und wird nur noch im Saterland gesprochen, das zu Cloppenburg gehört. In Ostfriesland dagegen hat sich ab 1400 das Mittelniederdeutsche durchgesetzt, das sich ausgehend vom Kaufmanns- und Städtebund der Hanse zur führenden Schriftsprache und dann auch zur Verkehrssprache im Norden Mitteleuropas entwickelte.

Wie andere Dialekte auch befindet sich das ostfriesische Platt seit vielen Jahren auf dem Rückzug. Die Ostfriesische Landschaft wie auch lokale und regionale Initiativen versuchen, das Plattdeutsche als lebendige Sprache zu erhalten.

Essen und Trinken

Gegessen wurde in Ostfriesland vor der Einführung der Kartoffel im 18. Jahrhundert Brei, Eintopf und Suppe, wobei Dünnbier als Grundnahrungsmittel diente. Als Gemüse wurde Kohl, Erbsen und Pastinaken gereicht. Mehlklöße wurden aus Weizen-Gerste oder Buchweizenmehl hergestellt. Buttermilch war neben dem Bier das Hauptgetränk. Fleisch wurde nur selten gegessen und wenn,

Grünkohl mit Pinkel, ein Klassiker der norddeutschen Küche

dann als Schinken, Speck oder Pökel- und Rauchfleisch. Brot wurde traditionell gemeinschaftlich einmal im Monat gebacken, als Schwarzbrot aus Roggenschrot und Weizenmehl. An Festtagen gab es das feinere Weißbrot, das mit Rosinen oder Korinthen veredelt war (Krintstut).

Tee mit Klüntjes, dazu Rosinenbrot

Erst Anfang des 20. Jahrhunderts, als die alte Feuerstelle durch die Kochmaschine, auch Stangenherd oder Ringofen genannt, ersetzt wurde, differenzierte sich die ostfriesische Küche in die heute bekannten regionalen Gerichte wie Grünkohl mit Pinkel und durchwachsenem Speck, den Snirtjebraten (Schweinefleisch mit Nelken, Piment, Wachholder und Lorbeerblättern) oder auch den Rintjebraten (Rinderbraten).

Der Labskaus, ein Seemannsgericht, war eher die Ausnahme. Typisch waren Eintöpfe, Bohnen- oder Erbsensuppen, die als Brei gegessen wurden. Erstaunlicherweise wurde jenseits der Küste selten Fisch gegessen, der als nicht nahrhaft galt.

Religion

In einigen ostfriesischen Städten wie Aurich oder auch Leer gibt es zwei bedeutende Kirchenbauten, einen lutherischen und einen reformierten. In den Dörfern findet man zumeist nur eine Kirche. Hier reicht dann ein Blick auf den Kirchturm, um zu wissen, welcher evangelischen Richtung die Kirchengemeinde angehört: Ein Schwan als Wetterfahne weist auf eine lutherische Gemeinde hin, denn der Schwan gilt als Symbol Martin Luthers. Reformierte Gotteshäuser zeigen dagegen ein Schiff, ein ›Schepken Christi‹, als Sinnbild der evangelisch-reformierten Kirche.

Heute leben rund 295 000 Lutheraner in Ostfriesland, Tendenz wie überall fallend. Das ist nichts Ungewöhnliches. Überraschend aber ist die Zahl von rund 60 000 Reformierten in der Region. Das sind mehr als ein Drittel der Protestanten in Deutschland, die sich nicht auf Luther und sein Verständnis des Abendmahls berufen, sondern die Glaubensauffassung von Calvin und Zwingli übernommen haben. Dagegen leben nur 37 750 Katholiken in Ostfriesland, wenig im Vergleich zu den Protestanten und gleichzeitig deutlich mehr als jemals zuvor in der Geschichte. Ostfriesland ist überwiegend protestantisch geprägt.

Oldersumer Religionsgespräch

Im Oktober 1517 verfasste Martin Luther seine berühmten 95 Thesen. Ob er sie tatsächlich an die Kirchentür in Wittenberg angeschlagen hat, ist nicht gesichert. Aber die dadurch ausgelöste heftige öffentliche Diskussion erreichte auch Ostfriesland, und schon 1519 soll Heinrich Arnoldi im protestantischen

Sinnbild für die reformierten Gemeinden: das ›Schepken Christi‹

Sinne in Oldersum gepredigt haben. Ulrich von Dornum, dem die Herrlichkeit Oldersum gehörte, lud 1526 zum Oldersumer Gespräch, in dem der Emder Prediger Georg Aportanus und der Groninger Dominikanerprior Laurens Laurensen über den neuen Glauben stritten. Die Schrift, in der Ulrich von Dornum das Gespräch dokumentierte, wurde in Wittenberg gedruckt und verhalf dem Protestantismus in Ostfriesland zum Durchbruch. Andreas Bodenstein, genannt Karlstadt, ein Mitstreiter Luthers, der zum radikalen Reformer wurde, kam nach Oldersum und blieb Monate in Ostfriesland. Graf Edzard I. sympathisierte mit dem neuen Glauben, aber erst Graf Enno II. führt die Reformation in Ostfriesland durch, indem er die Güter der ostfriesischen Klöster vereinnahmte.

Johannes a Lasco

Neben Georg Aportanus, der 1518 von Graf Edzard I. zum Erzieher seiner Söhne Edzard, Enno und Johann berufen wurde, steht Johannes a Lasco für die Reformation in Ostfriesland. 1540 wurde der Theologe von Anna von Oldenburg, der Witwe Ennos II., die von 1540 bis 1561 als Vormund für ihre Söhne Ostfriesland regierte, nach Emden berufen. Die Regentin machte ihn zum Superintendenten für Ostfriesland. In dieser Funktion ordnete er das Kirchenwesen der Region neu. Dabei wirkte a Lasco ausgleichend auf die verschiedenen Glaubensrichtungen ein, näherte sich selbst aber mehr und mehr den Gedanken Calvins und der schweizerischen Reformation an. So gründete er den noch heute bestehenden Coetus (Versammlung) der reformierten Prediger Ostfrieslands. 1549 war er als Superintendent von der lutherischen Landesherrin nicht mehr zu halten und wurde entlassen.

Reformationsstadt Europas

Mächtigen Aufschwung nahm die Reformation, als ab Mitte der 1540er Jahre Glaubensflüchtlinge aus den katholisch regierten Niederlanden nach Emden kamen. Deren Zahl wuchs mit Beginn des Achtzigjährigen Krieges (1568–1648) sprunghaft an, in dem die Niederlande um die Unabhängigkeit von der spanischen Krone kämpften. Emden wurde durch diese Glaubensflüchtlinge nicht nur bedeutender Nordseehafen und wohlhabend, sondern auch zu einem Motor der Reformation. 1571 wurde die erste Synode der niederländischen Reformierten nach Emden einberufen. Die Große Kirche wurde zur ›Moederkerk van de Nederlandsche Reformatie‹. Auch heute ist sie immer noch die ›Mutterkirche der reformierten Gemeinden in Norddeutschland und den Niederlanden‹. Emden wurde im Laufe des 16. Jahrhunderts neben Lutherstadt Wittenberg und Genf zum dritten Zentrum der Reformation. 70 Prozent aller Bücher und Bibeln der reformierten Glaubensrichtung wurden im 16. Jahrhundert in Emden gedruckt. Zur Feier ›500 Jahre Reformation‹ im Jahr 2017 wurde Emden daher von der Gemeinschaft der Evangelischen Kirchen in Europa mit dem Titel Reformationsstadt Europas ausgezeichnet.

Noch heute dokumentiert sich der Einfluss von lutherischen und reformierten Predigern deutlich in der Glaubensausrichtung der Gemeinden in Ostfriesland. In der Nähe der niederländischen Grenze, im Rheiderland und der Krummhörn mit den Städten Emden und Leer waren die Reformierten führend. Dagegen dominierten die Lutheraner in den Gemeinden der Geestdörfer im östlichen Ostfriesland und in den Städten Aurich und Norden. Dazu kommen eine ganze Reihe von Freikirchen wie die Mennoniten, Baptisten, Brüdergemeinden und auch Alt-Reformierte.

Martinisingen

Wie stark der Einfluss der Reformation in Ostfriesland war und ist, lässt sich am Brauch des Martinisingens aufzeigen. Am 10. November gehen die Kinder, sobald es dunkel wird, mit Laternen von Haus zu Haus und singen Lieder wie das traditionelle Martini-Lied ›Martinus Luther war ein Christ‹ und hoffen auf Süßigkeiten oder auch Pfeffernüsse (Pepernöten). Wohlgemerkt: am 10. November, dem Geburtstag des Reformators Martin Luther, und nicht am 11. November, dem Fest des Heiligen Bischofs Martin von Tours, das in katholischen Gegenden gefeiert wird. Das Martini-Singen in Ostfriesland ist sozusagen eine jüngere protestantische Gegenveranstaltung zum Fest des Heiligen Martin.

Neben dem religiösen Motiv sieht die Brauchtumsforschung noch einen weiteren Grund für die Tradition des Martinisingens in Ostfriesland. Der Martinitag war traditionell der Tag, an dem das Dienstpersonal und die Landarbeiter in die Winterpause entlassen wurden. Da sie für die kommenden Monate keinen Lohn zu erwarten hatten, war das Martinisingen auch Ausdruck der schwierigen Lage der Landbevölkerung, zu deren Linderung die Kinder durch ihr Bitten um Gaben einen Beitrag leisteten. Bis in die 1960er Jahre wurden noch vereinzelt ganz in der Tradition der Landbevölkerung die Lichter in Kippkappkögels, in ausgehöhlten Runkelrüben, statt in Papierlaternen umhergetragen.

Johannes a Lasco, zeitgenössische Darstellung

Rezepte

Grünkohl

Grünkohl schmeckt erst richtig gut, wenn er in größeren Mengen zubereitet wird. Und vor allem muss der Kohl den ersten Frost abbekommen haben, denn dann entfaltet er erst seinen vollen Geschmack und ist zudem reich an Vitaminen.

Zutaten: (vier Personen): 1 kg Grünkohl, 3 EL Hafergrütze, 100 g Schweineschmalz, 1 TL Zucker, 1 EL mittelscharfer Senf. Dazu 3 große Zwiebeln, 500 g durchwachsener, geräucherten Speck, vier Pinkelwürfel sowie Wasser, Pfeffer und Salz.

Zubereitung: Den Grünkohl von Stiel und Strünken befreien und waschen. Anschließend wird der Kohl fünf Minuten in brodelndem Wasser gekocht. Abkühlen lassen, so ausdrücken, dass das Wasser abläuft, und auf einem Brett fein zuschneiden.

Schmalz in einem Topf erhitzen und die kleingeschnittenen Zwiebeln darin andünsten. Den Kohl dazugeben und im Topf anschmoren. Speck, Senf, Hafergrütze sowie Zucker in den Topf geben und mit Wasser aufgießen. Alles zusammen 1,5 bis 2 Stunden dünsten, für die letzten 30 Minuten die Pinkelwurst dazugeben.

Mit Salz und Pfeffer abschmecke und servieren. Zu Grünkohl werden traditionell Salzkartoffeln gereicht.

Als Nachtisch – wenn überhaupt – bietet sich Rote Grütze an. Zumeist reicht nach dem Grünkohlessen ein Kümmelschnaps.

Grünkohl-Kartoffelauflauf mit Speck und Feta

Zutaten: (vier Personen): 800 g kleine Kartoffeln, 600 g Grünkohl, 1 Zwiebel, 1 Knoblauchzehe, 30 ml Sonnenblumenöl (geschmacksneutral), 200 g Bauchspeck, 200 ml Sahne, 200 g Feta, Salz, Pfeffer, Muskat.

Zubereitung: Kartoffeln 15 Min kochen. Den Grünkohl von den Strünken befreien, waschen, kleinschneiden.

Öl in einer Pfanne erhitzen. Den Speck in der Pfanne auslassen, Zwiebeln und Knoblauch hinzufügen. Den Grünkohl dazugeben und anbraten. Kartoffeln halbieren und in die Pfanne geben. Mit Sahne aufgießen und würzen.

Den Pfanneninhalt in eine Auflaufform geben, Feta darüber bröseln. Die Auflaufform für 20 Minuten in den Ofen schieben, der mit 180 Grad Unter- und Oberhitze vorgewärmt wurde.

Grünkohl-Smoothie

Grünkohl lässt sich auch zu einem gesunden Smoothie verarbeiten. Aber Vorsicht: die Grünkohlblätter sind sehr intensiv im Geschmack.

Zutaten: 100 g Grünkohl, 1 Banane, 2 Orangen, 5 g Ingwer, 200 ml Mineralwasser, 50 ml Orangensaft.

Zubereitung: Grünkohlblätter gut waschen und Stängel entfernen, dann kurz mit Wasserdampf oder in der Mikrowelle blanchieren.

Banane schälen und in kleine Stücke schneiden. Orange schälen, von der weißen Haut befreien und in kleine Stücke schneiden. Ingwer kleinschneiden. Alles zusammen mit dem Mineralwasser pürieren oder mixen. Dazu ein paar Eiswürfel, damit der Smoothie nicht schäumt.

Ostfriesland aktiv

Ostfriesland bietet nicht nur viel Natur, sondern auch jede Menge Möglichkeiten, einen Urlaub aktiv zu gestalten. Und damit ist nicht nur ein Strandurlaub mit Schwimmen und Faulenzen gemeint.

Mit dem Fahrrad

Urlauber finden in Ostfriesland ein ausgeschildertes Radwegenetz von insgesamt 3500 Kilometer Länge vor. Allerdings muss man wissen, dass Fahrradfahren in Ostfriesland etwas mit dem Segeln gemeinsam hat: Man ist dem Wind ausgeliefert. Man sollte vor Antritt der Fahrt immer die Windrichtung und vor allem die Windstärke bedenken, andernfalls wird die Fahrradtour unversehens zum Fitnesstest. Nicht ohne Grund fahren immer mehr Einheimische jeden Alters mit E-Bikes und haben die Fahrradverleiher Fahrräder mit Elektrounterstützung im Angebot.

Jeder Fahrradfahrer in Ostfriesland kennt das Phänomen: Man hat auf dem Hinweg Gegenwind und auf dem Rückweg aber auch. Das ist möglich, denn an Tagen, die mit Ost- oder Südwind beginnen, dreht in Küstennähe der Wind im Laufe des Tages oftmals auf West oder Nord. Der Grund für diese Richtungsänderung: Das Festland mit seiner Erde, den Gebäuden und den Straßen erwärmt sich unter Sonneneinstrahlung deutlich schneller als das Wasser, Luftmassen steigen über dem Land auf. Der Wind sorgt dann für einen Ausgleich, indem Luftmassen vom Meer auf das Land strömen. Der Wind wird auflandig.

Fahrradverleih

Einen Fahrradverleih gibt es in Ostfriesland in fast jedem Ort, der regelmäßig von Touristen besucht wird. Eine Aufstellung von Fahrradvermietern bietet die Website www.ostfriesland.travel unter den Links Urlaubsthemen/Radurlaub.

Die schier grenzenlose Weite lässt sich am besten mit dem Fahrrad erfahren

Radeln nach Zahlen

Apps wie Google Maps bringen Sie auf dem schnellsten Weg von Punkt A nach Punkt B. Dabei radeln sie dann leider oftmals auf Radwegen an lauten Bundesstraßen. Anders ist das Knotenpunktsystem in Ostfriesland aufgebaut. Hier fährt man in der Regel über kaum bis wenig befahrene, gepflasterte oder asphaltierte Straßen und kann dabei die Landschaft genießen.

Das Knotenpunktsystem ist leicht zu verstehen. Die gesamte Region ist mit einem Netz von nummerierten Knotenpunkten an wichtigen Kreuzungen überzogen. An jedem Knotenpunkt steht ein Schild mit der entsprechenden Nummer des Knotenpunktes und den Richtungsweisern zu den umliegenden Knotenpunkten. Dazu kommt noch eine kleine Karte. Man kann also einfach von Knoten zu Knoten fahren – sollte allerdings vorher festlegen, welche Knotenpunkte man anfahren möchte.

Informationen

Dafür können Sie in allen Tourismus-Informationen Radwanderkarten für die gesamte Region oder eine Teilregion erwerben, auf denen die Knotenpunkte eingezeichnet sind. Es ist ohnehin besser, eine solche Karte bei der Tour dabei zu haben. Immer mal wieder ist eine Karten am Knotenpunkt beschmiert und dadurch unlesbar.

Online können Sie eine Knotenpunkttour kostenlos unter www.ostfriesland.travel/urlaubsthemen/radurlaub/knotenpunktsystem planen. Einfach die Knotenpunkte, die Sie abfahren möchten, anklicken. Anschließend können Sie eine Karte und eine Liste der Knotenpunkte ausdrucken oder sich einfach die Nummern der Knotenpunkte notieren. Sie können auch die Route als gpx-Datei herunterladen und dann in eine Fahrradapp wie Komoot einfügen. Die Website ostfriesland.travel nutzt die App Fietsknopp, die in deutscher Sprache vorliegt. Diese können Sie sich auch kostenlos als Handyapp herunterladen. Hier können Sie die Routen festlegen, speichern und sich dann von der App navigieren lassen.

Radtouren ohne Knotenpunkte

Die Websites www.ostfriesland.de und www.ostfriesland.travel stellen unter grenzenlos-aktiv.de kostenlos einen Tourenplaner zur Verfügung. Geplant werden können Fahrradtouren, Wanderstrecken, aber auch Kanufahrten oder Joggingstrecken. Dazu werden Unterkünfte, Parkplätze und ähnliches angezeigt. Entsprechend komplex bis unübersichtlich ist dieser Routenplaner.

Vorbereitete Radwandertouren

Auf www.ostfriesland.travel finden Sie auch die Beschreibungen mehrtägiger Radwandertouren durch Ostfriesland. Aufgeführt sind hier die Deutsche Fehnroute, die Friesenroute Rad up Pad, die Internationale Dollard Route und die Tour de Fries. Neben diesen klassischen Radwanderrouten bietet die Stadt Leer Sternfahrten an. Teilnehmer brechen jeden Tag mit einem vorbereiteten Tourenvorschlag von einem Hotel, das die Tourist-Information gebuchten hat, zu einer Tagestour auf und kehren abends in das Hotel zurück. So fahren sie unbeschwert ohne Gepäck durch die schönsten Ecken Ostfrieslands. Infos unter www.touristik-leer.de.

Zu Fuß

Mit spektakulären Aussichten und verschlungenen Wegen durch tiefe Täler kann Ostfriesland nicht aufwarten. Dafür aber kann man fernab vom Straßenverkehr die Landschaft Ostfrieslands genießen – ob an der Küste, in den Fehndörfern der alten Moorgebiete oder den von Wallhecken geschützten Wegen der Geest. In Ostfriesland geht es um Entschleunigung.

Als **Fernwanderwege** sind ausgewiesen: der Ostfriesland Wanderweg, der Ems-Jade-Weg, der Ems-Hunte-Weg und die Wattenroute.

Neben diesen Fernrouten für mehrtägige Wanderungen gibt es eine Vielzahl von Wanderwegen in den einzelnen Teilregionen. Informationen unter www.ostfriesland.de.

Wattwanderung

Eine Wattwanderung, sozusagen ein Spaziergang auf dem Meeresboden, gehört einfach zu einem Urlaub an der Küste. Dieses besondere Erlebnis sollte man aber nur unter kundiger Führung angehen. Ansonsten besteht Lebensgefahr!

In den ostfriesischen Küstenorten werden zwei Arten von Wattwanderungen angeboten: Die Familienwanderung und die Wattwanderung von einem Sielhafen auf eine Insel.

Die Familienwanderung nimmt vom Strand aus einen etwa zwei Kilometer langen Rundkurs. Je nach Gruppe dauert sie 1,5 bis 2 Stunden. Während dieser Zeit lernen die Teilnehmer durch die Erläuterungen des Wattführers den Lebensraum Watt kennen. Für diese kurze Wanderung sind die Ansprüche an die Fitness und an die Ausrüstung nicht sehr hoch, sogar in Gummistiefeln kann der Rundkurs bewältigt werden.

Eine Wattwanderung von einem Sielhafen zur Insel ist da schon anspruchsvoller. Hier ist die richtige Ausrüstung zwingend erforderlich.

Einzig für kurze Strecken geeignet: Gummistiefel

Gewandert wird:

- von Neßmersiel nach Baltrum (6–8 Kilometer, 2,5–3 Stunden);
- von Neßmersiel nach Norderney (7 km + 5 km auf der Insel bis zum Strand Oase und der Busstation, Dauer ca. 5, 5 Stunden);
- von Neuharlingersiel nach Langeoog (9 km + 10 km auf der Insel, Dauer ca. 4,5 Stunden im Watt, ca. 3 Stunden auf der Insel. Gute Ausrüstung erforderlich);
- von Harlesiel nach Spiekeroog (10 km + 3 km zum Dorf, Dauer 4 Stunden);
- von Schillig nach Minsener Oog (12 km, Dauer 4 Stunden).

Die Rückfahrt von der jeweiligen Insel erfolgt dann per Fährschiff.
Weitere Informationen findet man unter www.wattführergemeinschaft.de.

Ausrüstung

Eine Wattwanderung will geplant sein. Einfach eine Jeans an und Gummistiefel an die Füße und los geht's – das ist der sichere Weg zu einer eher schmerzhaften Erfahrung.

Für eine Wattwanderung benötigt man auf jeden Fall einen Schutz für die Füße, haben einige Muscheln doch messerscharfe Kanten. Allerdings sollten das keine Gummistiefel oder Wanderschuhe sein, denn die sind zur Fortbewegung im Watt völlig ungeeignet. Gummistiefel saugen sich regelrecht fest und laufen voll, durchquert man ein Priel. Für Wanderschuhe gilt das Gleiche. Optimal sind Neoprenschuhe, wie sie beim Surfen verwendet werden. Aber die sind teuer. Zwei dicke Socken übereinander gezogen schützen auch vor den scharfen Kanten. Allerdings müssen die Socken eng anliegen, und das auch noch, wenn sie nass sind.

Empfohlen werden von Wattführern auch knöchelhohe Leinenschuhe, die so hoch geschnürt werden können, dass der Sand nicht in den Schuh eindringen kann. Sehr gut geeignet sind auch Socken mit Sohle (Beaches), da sie den Fuß vor Schnitten schützen.

Füße und Beine werden bei einer Wattwanderung ohnehin nass. Also sollte man kurze Hosen tragen, die schnell trocknen, nachdem es mal durch ein tiefes Priel gehen musste. Als Oberbekleidung sollte man auch bei schönstem Sommerwetter immer ein warmes Bekleidungsstück dabei haben. Das Wetter kann schnell umschlagen, und schon fängt man an zu frösteln.

Bei wechselhaftem Wetter gehören Windjacke, Regenjacke und warmer Pulli in den Rucksack. Dazu sollten noch etwas zum Trinken, Snacks und Kleidung zum Wechseln mitgenommen werden. Und natürlich die Sonnencreme nicht vergessen! Ansonsten holt man sich an den Beinen einen schmerzhaften Sonnenbrand, da das Wasser die Sonnenstrahlen reflektiert.

Schola Dei

Im Mai 2007 wurde der erste ostfriesische Pilgerweg eröffnet. Diese Schola Dei genannte Route orientiert sich an einem alten Wallfahrtsweg und wurde vom Arbeitskreis Pilgerweg entwickelt, in dem sich Vertreter der Vereine, Gemeinden und Kirchen der Region zusammengeschlossen haben. Das Pilgerbüro, das Auskünfte zum Pilgerweg gibt und geführte, dreitägige Pilgertouren von Ihlow noch Norden anbietet, ist bei der Tourist-Information Südbrookmerland angesiedelt.

Aber auch das Kirchenbüro der Ludgeri-Kirche in Norden gibt gerne Auskunft.

Benannt wurde der Weg nach dem Zisterzienserkloster Ihlow, das von 1228 bis 1529 bestand und als Schola Dei (Schule Gottes) bezeichnet wurde. Der Zisterzienserkonvent war das wichtigste Kloster in Ostfriesland, die Klosterkirche nach der Marienkirche in Marienhafe das zweitgrößte Gotteshaus zwischen Groningen und Bremen. Der Pilgerweg führt von Kloster Ihlow durch das Südbrookmerland und das Norderland bis zur Ludgeri-Kirche in Norden, der heute größten mittelalterlichen Kirche Ostfrieslands.

Pilgern, die allein gehen, sei das Pilgerheft Schola Dei mit einer Wegbeschreibung sowie spirituellen Texten und Liedern empfohlen. Erhältlich ist es im Pilgerbüro und auch im Kirchenbüro in Norden.

Schola Dei mit dem Fahrrad

Hier ist die Pilgertour einmal anders dargestellt, nämlich als eintägige Fahrradtour. Allerdings ist es aufgrund der Bahnverbindungen dann sinnvoller, in Norden zu starten und nach Ihlow zu radeln. Denn von Ihlow aus kann man nach der Tour, die rund 40 Kilometer lang ist, den rund 30 Kilometer entfernten Hauptbahnhof Emden ansteuern und von dort per Zug zurück nach Norden fahren.

Das schafft nicht jeder. Es gibt aber die Möglichkeit, in Marienhafe die Tour nach rund 15 Kilometern zu unterbrechen und von dort per Bahn nach Norden zurückzufahren. So bleiben für den zweiten Teil der Tour Marienhafe nach Ihlow und weiter nach Emden dann noch 55 Kilometer Wegstrecke.

Die hier beschriebene Fahrradtour entspricht dem Pilgerweg Schola Dei. Nur in Osteel, wo der Pilgerweg über einen schmalen, holprigen, schwer zu fahrenden Fußweg entlang der Gärten des Dorfes geht, ist alternativ die Strecke über die Straße Alter Postweg empfohlen.

Zu den 13 Stationen der Fahrradtour ist hier kurz Wissenswertes notiert. Die Stationen stimmen mit den Haltepunkten des offiziellen Pilgerwegs überein. Das Pilgerheft lässt sich also auch bei der Pilgertour per Fahrrad nutzen.

Zur Navigation kann man die gpx-Daten auf der Website www.reiseland-niedersachsen.de/erleben/wandern/pilgerwege/schola-dei oder bei www.outdooractive.com kostenlos herunterladen. Anschließend muss man nur in einer App wie komoot die Tour bearbeiten. Mit dem Menüpunkt ›Richtung ändern‹ wählt man Norden als Startpunkt und Ihlow als Endpunkt der Tour aus, und schon kann man starten.

Station 1: Alter Friedhof, Ludgeri-Kirche Norden (0 km)

Am Markt 37, 26506 Norden

Startpunkt unserer Fahrradtour auf dem Pilgerweg ist der Alte Friedhof in Norden, der vom Marktplatz aus gesehen hinter der Ludgeri-Kirche (→ S. 114) liegt. liegt. Nicht ganz leicht zu finden dieser Startpunkt, der nur verständlich wird, weiß man, dass neben der Ludgeri-Kirche noch ein zweites Gotteshaus stand, die Andreaskirche. Aber immerhin ein stimmiger Beginn, wurde der Alte Friedhof doch am Ende des 13. Jahrhunderts angelegt und bestand damit zu der Zeit, als Kloster Ihlow zum geistigen Zentrum Ostfrieslands avancierte.

Der Altar in der Ludgeri-Kirche

Der Alte Friedhof lag seinerzeit zwischen der Ludgeri-Kirche und der 1288 geweihten Andreaskirche. Diese wurde schon 1539 zerstört und bis 1756 vollständig abgetragen. Wer noch ein Stück der alten Andreaskirche sehen möchte: Über dem Nordportal der Ludgeri-Kirche findet sich ein Tympanon (Feld über dem Türsturz), das die Anbetung des Jesuskindes durch die Heiligen Drei Könige zeigt.

Station 2: Ehemaliges Dominikanerkloster Norden (0,3 km)

Fräuleinshof, 26506 Norden

Im Jahr 1567 wurde das Ulrichsgymnasium Norden als Lateinschule gegründet. Es steht aber am Ort einer weit älteren Institution, dem Dominikanerkloster Norden, das 1264 nach einer Schenkung örtlicher Häuptlingsfamilien eingerichtet wurde. Vor 1530 wurde das Kloster im Zug der Reformation aufgelöst. Die Klostergebäude wurden bald danach bei einer der Auseinandersetzungen unter den ostfriesischen Häuptlingen zerstört. 2005 stieß man bei Grabungen auf einen Keller des Nordflügels des Klosters, der heute in einem Schauraum des Ulrichsgynasiums gezeigt wird.

Wir aber können vom Fräuleinshof nur die beiden einstöckigen Gebäude betrachten, die heute als Kunsträume des Gymnasiums genutzt werden. Der linke Flügel gehört zum Fräuleinshof von 1560, einem adligen Damenstift, in dem die beiden unverheirateten Töchter des Grafen Edzard II. Armgard und Theda lebten.

Station 3: Ehemaliges Kloster Marienthal, Norden (1 km)

Schulstraße 71, 26506 Norden

Wir stehen heute kurz nach der Einfahrt in die Schulstraße vor einer Seniorenresidenz der AWO. Eine Marienstatue auf dem Gelände erinnert daran, dass sich hier bis ins 16. Jahrhundert das Kloster Marienthal befand. Die Statue ist auf Google Maps und damit leicht zu finden.

Das Kloster Marienthal gründete der Benediktinerorden vermutlich deutlich vor 1264. Zumindest wurde es nach der Gründung des Dominikanerklosters als ›olde cloester‹ (altes Kloster) bezeichnet und muss dementsprechend schon vorher existiert haben. Das Kloster diente ab dem 15. Jahrhundert bis zur Auflösung im Zuge der Reformation 1529 dem Häuptlingsgeschlecht der Cirksenas als Grablege.

Geblieben ist von dem Konvent nur das Chorgestühl der Klosterkirche von 1481, das in die Ludgeri-Kirche Norden verbracht wurde.

Station 4: Reformierte Kirche Bargebur (3,3 km)

Kirchpfad 1, 26506 Norden

Auf dem Weg zur Reformierten Kirche Bargebur passieren wird das Norder Tief (2,7 km), das in Ost-West-Richtung von Großheide über Hage (Hager Tief) und Lütetsburg durch Norden und dann weiter zum Leybuchtsiel fließt. Es stellte früher den Zugang der Stadt Norden zum Meer sicher. Wir überqueren die Heerstraße, die alte Wegeverbindung Richtung Westen, und kommen zur Reformierten Kirche Bargebur (→ S. 142), die trotz der Proteste der lutherischen Mehrheit 1684 in der Stadt Norden errichtet wurde, auf dem Grund und Boden der Grafen von Innhausen und Knyphausen.

Station 5: Tidofelder Holz (4,7 km)

Bevor wir zum Tidofelder Holz gelangen, passieren wir das ehemalige Müllerhaus von 1804 mit einem geschwungenen Giebel (Bargebur, Moortief 9). Das Gebäude wurde vom Verein zur Erhaltung des Moortiefs, an dem es steht, restauriert und wird als Begegnungsstätte genutzt.

Die Bargeburer Mühle, zu der das Müllerhaus gehörte, ist schon 1884 abgebrannt. Sie stand ein Stück weiter am Moortief hinunter, dort wo sich heute die Schule am Moortief befindet.

Wir überqueren auf einer Brücke das Moortief und fahren auf dem Verschönerungsweg unmittelbar an dem Gewässer Richtung Süden. Das Moortief ist Teil des historischen Berumerfehnkanals (→ S. 205), der früher bis in das Norder Tief führte und den Torfschiffe aus Berumerfehn als Wasserweg zum Norder Hafen diente.

Über den Berumerfehnkanal und die Bundesstraße 72 fahren wir dann in das Tidofelder Holz, das schon zur Gemeinde Lütetsburg gehört. Am Ende des Waldstückes geht es rechts ein kurzes Stück auf dem Treidelpfad am Berumerfehnkanal entlang, der uns zurück zur Bundesstraße 72 bringt. Jetzt müssen wir rund zwei Kilometer auf einem Radweg am ›Ostfriesen-Highway‹ (B 72) entlang radeln, bis wir Osteel erreichen. Bisweilen ist es hier ganz schön laut, um so mehr genießen wir hinter Osteel die Ruhe.

Wir biegen rechts ab in den Alten Postweg, der uns zum Kirchenhügel in Osteel bringt. Wer es sich zutraut, kann schon nach rund 350 Metern vom Alten Postweg links in die Osterstraße und dann gleich wieder rechts auf den ausgeschilderten Wanderweg abbiegen. Allerdings ist der Fußweg zwischen den Grundstücken des Ortes mit dem Fahrrad nicht leicht zu befahren.

Station 6: Warnfriedkirche (11,6 km)

🚲 *Fabriciusstraße 18, 26529 Osteel*
Wir erreichen den Kirchenhügel Osteel mit der Warnfriedkirche (→ S. 218). Sie wurde im 13. Jahrhundert errichtet, als hier am Geestrand die Bevölkerungszahl sprunghaft angestiegen war: Viele Marschbewohner hatten nach Sturmfluten ihre Dörfer verlassen und Land in höheren Lagen suchen müssen.

Station 7: Marienkirche (14 km)

🚲 *Am Markt 20, 26529 Marienhafe*
Es sind von Osteel nicht einmal zwei Kilometer weiter auf dem Alten Postweg, bis wir zur Marienkirche (→ S. 215) in Marienhafe kommen. Das Gotteshaus beeindruckt auch heute noch, obwohl es im 19. Jahrhundert reduziert wurde. Im Mittelalter war es größer als die Klosterkirche Ihlow. Bekannt aber wurde die Marienkirche durch den Seeräuber Klaus Störtebeker, der hier Unterschlupf gefunden haben soll.

Station 8: Gedenkstein Schlacht bei den Wilden Äckern (16,4 km)

🚲 *Wilde-Äcker-Weg, 26529 Upgant-Schott*
Wir fahren über die Rosenstraße wieder an die B 72, überqueren die Bundesstraße und nehmen den wenig befahrenen Wilde-Äcker-Weg Richtung Oldeborg. Hier stand im Mittelalter die Burg Broke, der Stammsitz der mächtigen Häuptlingsfamilie tom Brok, die im 14. Jahrhundert die Macht über große Teile Ostfrieslands erlangte.

Die Wibadi-Kirche in Wiegboldsbur

Ein Gedenkstein am Wilde-Äcker-Weg erinnert an die Schlacht auf den Wilden Äckern, in der Ocko II. tom Brok am 28. Oktober 1427 von einer Koalition ostfriesischer Häuptlinge unter Focko Ukena geschlagen und gefangen genommen wurde. Die Familie tom Brok verlor ihren Einfluss. Ocko tom Brok, der kurz nach der Freilassung 1435 verstarb, hinterließ keinen Erben. Von der Burg Broke gibt es keine stehenden Mauern mehr, sodass wir uns den Abstecher nach Oldeborg sparen und über die Straßen Fehnhusen und Oldeborger Straße zur Kirche Engerhafe radeln.

Station 9: Gedenkstätte KZ Engerhafe (20,8 km)

Kirchwyk 5, 26624 Südbrookmerland-Engerhafe

Ganz in der Nähe der Kirche Engerhafe wurde im Oktober 1944 das KZ Engerhafe als Außenlager des KZ Neuengamme eingerichtet (→ S. 221). Eine Gedenkstätte erinnert an die Menschen, die hier zu Tode kamen.

Station 10: Abelitz-Moordorf-Kanal

Über die Kirchwyk und die Brückenstraße erreichen wir von der Gedenkstätte nach nur einem Kilometer den Abelitz-Moordorf-Kanal, der in Teilen dem Fluss Ehe folgt und wichtig für die Entwässerung des Südbrookmerlandes ist. Über Uthwerdum und einen kurzen Weg an der Emder Straße (B 210) geht es dann durch den Ersten Meedeweg und den Zweite Meedeweg zur Wibadi-Kirche in Wiegboldsbur. Auf dieser Strecke überqueren wir die Wiegboldsburer Riede, die ins nahe Große Meer fließt.

Station 11: Kirche Wiegboldsbur (26 km)

Forlitzer Str. 158 26624 Südbrookmerland-Wiegboldsbur

Die Wibadi-Kirche in Wiegboldsbur wurde um 1250 auf einer Kirchenwarft errichtet (→ S. 223). Vermutlich war Wiegboldsbur der Gerichtsort des Brokmerlandes. Im Brokmerbrief, dem Gesetzbuch der historischen Landschaft aus dem 12. Jahrhundert, war festgelegt, dass es kein ›gedungenes Gefolge‹ innerhalb des Kirchspiels geben dürfe. Sprich, es durfte hier niemand mit Söldnern und damit mit einer bewaffneten Streitmacht erscheinen. Das ist ein Hinweis darauf, dass in Wiegboldsbur der Gerichtsort des Brokmerlandes lag, für den es besondere Friedensreglungen gab.

An der Nordwand der Kirche findet sich noch heute ein Halseisen, das vermutlich dazu diente, hier Menschen an den Pranger zu stellen.

Wir erreichen über den Moorfennenweg und den Neuen Weg den Ort Westerende-Holzloog und fahren weiter Richtung Westerende-Kirchloog.

Station 12: Kanal Westerende-Kirchloog (32 km)

Holzlooger Straße, 26632 Ihlow

Wir kommen an den Ringkanal, der 1885 zur Entwässerung des Moorgebietes um Moordorf ausgehoben wurde und in den Ems-Jade-Kanal entwässert. Ein wichtiges Detail, denn in der Gegend um Moordorf wurde per Moorbrand und nicht per Fehnkanal kultiviert. Wir folgen dem Ringkanal bis nach Westerende-Kirchloog.

Station 13: St.-Martins-Kirche Ihlow (35 km)

🚲 *Kirchweg 1, 26632 Ihlow*

Wir fahren zur St.-Martins-Kirche in Ihlow (Gemeinde Westerende-Kirchloog). Sie wurde in der zweiten Hälfte des 13. Jahrhundert errichtet, ältestes Ausstattungsstück ist der romanische Taufstein aus dem 12. oder 13. Jahrhundert. Der Altar stammt von Jacob Cröpelin, Esens, aus der Zeit um 1652. Dieses Datum nennt auf jeden Fall die Stifterinschrift.

Station 14: Kloster Ihlow (40 km)

🚲 *Zum Forsthaus 1, 26632 Ihlow*

Die Loogstraße und der Moorackerweg bringen uns von der St.-Martins-Kirche zum Münkeweg (Mönchsweg), der uns direkt in das Waldgebiet um Kloster Ihlow und damit zur Imagination der Klosterkirche bringt (→ S. 237).

Für eine Rast bietet sich das Klostercafé auf dem Klostergelände an. Über Ihlowerfehn, Simonswolde, Riepe und vorbei am Uphuser Meer geht es dann zum Hauptbahnhof Emden.

Informationen zur Pilgertour: www.kloster-ihlow.de, www.kirchenkreis-norden.de, www.grossesmeer.de/aktivitaeten/wandern
Pilgerbüro: Südbrookmerland Touristik GmbH, Am Gästehafen 1, 26624 Südbrookmerland Bedekaspel, Tel. 04942/20472000.
Literatur: Schola Dei, Pilgerheft mit Karte, 6,50 Euro, erhältlich im Pilgerbüro, im Klostercafé Ihlow, im Störtebekerturm der St. Marienkirche, Marienhafe und in der Ludgeri-Kirche Norden (Küsterei).
Übernachtung/Einkehr: Gästhaus Am Ihler Meer, 1. Kompanieweg 3a, 26632 Ihlow, Tel. 04929/89101. Nur für Gruppen.
Hotel Zur Waage, Rosenstr.6, 26529 Marienhafe, Tel. 04934/316, DZ 90 Euro.
Klostercafé im ehemaligen Forsthaus, Zum Forsthaus 1, 26632 Ihlow, Tel. 04929/89100; im Sommer Di–Sa 14–17, So 11–18 Uhr, im Winter Sa 14–17, So 11–17 Uhr. www.kloster-ihlow.de.

Auf dem Wasser

In Ostfriesland gibt es eine Vielzahl von Flüssen, Seen, Tiefs und Kanälen, die sich für aktiven Wassersport anbieten. Surfen, Kiten, Wasserski oder SUP, Paddeltouren mit Kanu oder Kajak, Segeln oder ausgedehnte Fahrten mit dem Motorboot – Ostfriesland bietet für jede Art des Wassersports die richtigen Gewässer.
Die Meeresbuchten Dollart und Jadebusen sowie die Küstengewässer sind nur ein Teil der Wassersportflächen. Dazu kommen die Flüsse Ems, Leda und Jümme, sowie diverse Kanäle und See, die in Ostfriesland allerdings Meere heißen.

Bootssport

Ostfriesland ist Teil des Wassersportreviers Ems-Dollart. Ob Leda-Jümme-Revier, die Ems, das Binnenrevier um Emden – es gibt vielfältige Routen an der Küste, auf den Flüssen oder durch Kanäle. Wem das nicht reicht: das Ems-Dol-

lart-Revier ist über den Dollart mit den niederländischen Anschlussgewässern verbunden, der Ems-Jade-Kanal stellt die Verbindung mit Wilhelmshaven und dem Jadebusen her. Da man auf dem Ems-Jade-Kanal und dem Nordgeorgsfehnkanal geschleust werden muss, wird ein 40 Euro teurer Bootspass angeboten, mit dem man das ganze Jahr die Schleusen nutzen kann. Einzelschleusungen kosten 6 Euro.
Weitere Informationen: www.ostfriesland.travel.

Kiten, Windsurfen, Surfen, Stand Up Paddling (SUP)

Die Küstenbadeorte sind Paradiese für Kitesurfer und Windsurfer. Norddeich gilt als bestes Schulungsrevier in diesen Sportarten in Nordwesten Deutschland. Gerade Anfänger schätzen das stehtiefe Flachwasser.

Norderney gilt als ein Zentrum des Wellenreitens (Surfen) an der Nordsee. Oft machen Anfänger auf der Nordseeinsel ihre ersten Erfahrungen.

Für Stand Up Paddling (SUP) bietet sich vor allem das Große Meer (www.grossesmeer.de) an. Aber auch in Emden werden Bretter verliehen (einstein-emden.de) und SUP-Touren angeboten (www.SUPscout.de). In Neuharlingersiel bietet www.windloop.de SUP-Touren durch die Siele der Region an.

Kanufahren

Ostfriesland kann man über die Flüsse, Tiefs und Kanäle mit dem Kanu entdecken. Hierzu bietet die Website ostfriesland.travel unter den Links Aktiv zu Wasser/Wasserwandern nützliche Infos.

Paddel und Pedal

Eine Kombination aus Fahrradfahren und Paddeln bieten die Paddel- und Pedalstationen. Ein Netz von 18 solcher Stützpunkte stellt auf Voranmeldung Kanus und Fahrräder bereit. Von einer Station geht die Paddeltour los, an einer vereinbarten Station steht dann für die Rückfahrt ein Fahrrad bereit. Den Kanutransport übernimmt die Paddel- und Pedalstation.

Allerdings sind die Stationen Augustfehn, Barßel, Leer, Rhauderfehn, Stickhausen und Strücklingen abhängig von Ebbe und Flut. Bei der Planung muss man darauf achten, dass die Tour zum gewünschten Termin möglich ist. Teilweise sind die Stationen auch nur nach vorheriger Absprache besetzt.

Paddel-Rundkurse sind ab den Paddel- und Pedalstationen Rorichum, Timmel, Großes Meer und Emden möglich. Hier kann man sich ein Kanu leihen, sich in die Grundtechnik des Paddelns einweisen lassen – und los geht's.

Infos, Preise und Vorbestellung auf www.paddel-und-pedal.de.

Zu Pferd

Ob vertiefender Reitkurse, Ausritt als erfahrener Reiter, Anfänger oder Kinderreiten: in Ostfriesland gibt es eine ganze Reihe von Reiterhöfen, die entsprechende Angebote vorhalten. Therapeutisches Reiten oder Urlaub mit dem eigenen Pferd? Keine Problem! Auch Kutschfahrten werden geboten. Infos und Reiterhofadressen unter www.ostfriesland.travel.

Neben den Inseln ist die Küste das Highlight für die Touristen in Ostfriesland. Dabei bietet sie so unterschiedliche Ort wie die alte Handelsstadt Emden, das romantische Fischerdorf Greetsiel und die Badeorte von Nessmersiel bis Hooksiel. Das Ganze ist eingebettet in die Naturlandschaft des Watts und landeinwärts das weite, herbplatte Marschland.

Dornumersiel, Hafen

AN DER KÜSTE

EXTRA

Emden – Untergang und Wiederaufbau

6. September 1944, 18.09 Uhr: Luftalarm. 181 britische Bomber fliegen über der holländischen Nordseeinsel Terschelling Richtung Emden. Genau 17 Minuten bleiben den Einwohnern der Stadt, Schutz in einem der 35 Groß- und 141 Kleinbunker zu suchen. Dann prasseln 11 000 Brandbomben, 300 Phosphorbomben, 1500 Sprengbomben sowie 500 Flüssigkeitsbomben auf die Stadt herab. Genug, um das ›Venedig des Nordens‹, wie Emden aufgrund der vielen Kanäle in der Stadt auch genannt wurde, in Schutt und Asche zu legen. Unwiederbringlich sind die Renaissancebauten aus dem Goldenen Zeitalter der Stadt um das Jahr 1600 zerstört. Zum Glück werden bei diesem schwersten Luftangriff nur 46 Personen getötet, da genügend Bunker für die Stadtbevölkerung zur Verfügung standen, aber von den rund 10 200 Wohnungen sind etwa 8000 total zerstört.

Über 80 Bombenangriffe erlebte Emden im Zweiten Weltkrieg, rund 74 Prozent des Wohnraums gingen verloren. Damit nimmt Emden noch vor Köln den traurigen Platz zehn unter den am stärksten im Bombenkrieg zerstörten deutschen Städte ein.

Nach 1945 begann der Wiederaufbau der Stadt, in dem der Baurat Peter Diederichs und der Leiter des Stadtplanungsamtes Alfred Langeheine, die beide 1941 ihre Tätigkeit in Emden aufgenommen hatten, federführend waren. Die Stadt hatte schon während des Krieges die Flächen der durch Bombenangriffe zerstörten Gebäudezeilen aufgekauft. Jetzt sollte Neues entstehen. Baurat Peter Diederichs: »Unsere wehmütige Erinnerung [an das alte Emden, d. Vf.] führt in das Mittelalter, unsere Tat aber, der Neuaufbau der Stadt, entsteht im 20. Jahrhundert und führt hinein in das 21.«

Im Jahr 1947 legten Diederichs und Langeheine den Plan für eine völlige Neugestaltung der Innenstadt vor, der eine Aufteilung des Stadtraumes nach Funktionen wie Wohnen/Schlafen, Arbeiten und Vergnügung vorsah. Im Zentrum war auf der Achse Brückstraße und Große Straße ein Verwaltungsforum mit kubischen, vier- bis sechsgeschossigen Bauten vorgesehen. Wären diese Pläne umgesetzt worden, hätte Emden ausgesehen wie Wolfsburg.

Stadtparlament und Verwaltung lehnten diesen Plan aufgrund der massiven Kritik der Einwohner zum Glück ab. Stattdessen wurden weitgehend die alten Straßenverläufe rekonstruiert. Neubauten orientierten sich an den hergebrachten Gebäudehöhen und -volumen. In der Baupflegesatzung von 1953 wurden hell verfugter Ziegelstein und heller Werkstein für die Fassaden vorgeschrieben. Die Fenster sollten als stehende Rechtecke ausgeführt werden. Die Wallanlagen und der Binnenhafen (Delft) wurden in den Wiederaufbau einbezogen, der sogar auf die Unterschiede in den Geländehöhen Rücksicht nahm. Nur in Ausnahmefällen wurden Straßen verbreitert, um sie für den zu erwartenden Pkw-Verkehr tauglich zu machen.

Zwar verschwand der mittelalterlich-frühneuzeitliche Charakter der Innenstadt, weil die Häuser nicht mehr mit dem Giebel zur Straße errichtet wurden. Stattdessen baute man sie – wie seit dem 19. Jahrhundert üblich – mit der breiteren Traufseite Richtung Straße. Aber immerhin hat sich Emden so sein städtisches Flair erhalten und wirkt wie eine gewachsene und nicht wie eine am Reißbrett entworfene Stadt.

Emden

Emden kann keinen Rundgang durch eine romantische Altstadt bieten, gibt aber stattdessen eine Antwort auf die Frage: »Wie soll man eine Stadt nach ihrer fast vollständigen Zerstörung wieder aufbauen?« Es ist erstaunlich: Man läuft durch die Emder Innenstadt und hat das Gefühl, sich in einer gewachsenen Stadt zu bewegen, in einer Stadt mit Geschichte.

Die Küste zwischen Emden und Norden

Geschichte

Emden nahm immer eine Ausnahmestellung in Ostfriesland ein – als bedeutendster Seehafen der Region im Mittelalter; als Stadt der Reformation und zeitweilig wichtigste Hafenstadt Europas in der frühen Neuzeit und nicht zu vergessen in jüngerer Zeit als Industriestadt im ländlich geprägten Ostfriesland

Im 8. und 9. Jahrhundert trat Emden als friesischer Handelsplatz namens Amuthon in die Geschichte. Schon früh wurde die Stadt Münzplatz (um 1040) und Zollstätte (1244). Sie erhielt Mitte des 15. Jahrhunderts das einträgliche Stapelrecht, das auswärtige Kaufleute zwang, ihren Waren für drei Tage in Emden zum Kauf anzubieten. 1464 wurde Emden Residenzstadt der Reichsgraf von Ostfriesland aus dem Haus der Cirksenas. Emder Handelsschiffe steuerten Lübeck, Hamburg, Haren an der Ems und weitere Häfen in Westfalen oder auch in den Niederlanden an. Amsterdam und Hamburg dominierten den Fernhandel über die Nordsee. Emdener Kaufleute fuhren entlang der Küsten und organisierten vor allem den Umschlag zwischen See- und Binnenschifffahrt. Für einen kräftigen Wachstumsschub sorgten niederländische Glaubensflüchtlinge, die ab 1550 aus den katholisch regierten Spanischen Niederlanden in die Stadt strömen. Durch den Reformator Georg Aportanus und die reformierten Theologen Johannes de Lasco sowie Albert Hardenberg wurde Emden neben Lutherstadt Wittenberg und Genf zu einem Zentrum der Reformation.

Zur europaweit bedeutenden Seestadt entwickelte sich Emden aber erst durch die niederländischen Reeder und Kaufleute, die sich hier niederließen, als während des Achtzigjährigen Krieges (1568–1648) spanische Schiffe die niederländischen Häfen blockierten. Emden erlebte sein Goldenes Zeitalter. Ausdruck dieser Blüte der Stadt ist das Rathaus, das ab 1576 nach Antwerpener Vorbild errichtet wurde.

Mit dem Ende des Achtzigjährigen Krieges (1648) schwand die Bedeutung der Stadt, Emden wurde wieder zu einem regionalen Hafen. Die Versuche, die Stadt durch die Gründung der Brandenburgisch-Afrikanischen Campagnie (1682)

Seenotrettungskreuzer und Feuerschiff vor dem Alten Rathaus

▸ Karte: hintere Umschlagklappe

und der Emder Ostasiatischen Handelskompanie (1751) zum Nordseehafen des Königreichs Preußens aufzubauen, blieben Episode.

Erst mit dem Bau des Dortmund-Ems-Kanals ab 1899 gewann Emden wieder überregionale Bedeutung und wurde zum Seehafen des Ruhrgebiets. Eisenerz aus Skandinavien wurde über Emden importiert, Kohle aus dem Ruhrgebiet exportiert. Zugleich entwickelte sich Emden in der Ära des Oberbürgermeisters Leo Fürbringer zur Industriestadt. Die Nordseewerke wurden schon 1903 als Großwerft gegründet und bleiben bis in die 1970er Jahre der größte Industriebetrieb der Stadt. 1964 lief der erste PKW vom Band des in Hafennähe neu errichteten VW-Werks – zum Glück, denn mit der Werften- und Stahlkrise in den 1970er Jahren begann der Niedergang Emdens als Seehafen des Ruhrgebiets und als Werftenstandort. Heute hat das VW-Werk in Emden rund 8000 Beschäftigte, deren Arbeitsplätze als sicher gelten, da das Werk derzeit für etwa eine Milliarde Euro auf die Produktion von E-Autos umgestellt wird. Emden ist das industrielle Zentrum Ostfrieslands.

Sehenswürdigkeiten

Am besten beginnt man einen Rundgang durch die Emder Innenstadt an der Treppe des alten Hafenbeckens, das **Ratsdelft** genannt wird. Hier starten heute die Hafenrundfahrten. Und hier haben drei **Museumsschiffe** eine neue Heimat gefunden: das Feuerschiff ›Deutsche Bucht‹ und der Seenotrettungskreuzer ›Georg Breusing‹, die beide besichtigt werden können, sowie der Heringslogger ›Stadt Emden‹. Die drei Schiffe sind nur noch eine schwache Erinnerung an die alte Bedeutung der Hafenstadt Emden, in der einst im Ratsdelft Segelschiff an Segelschiff lag.

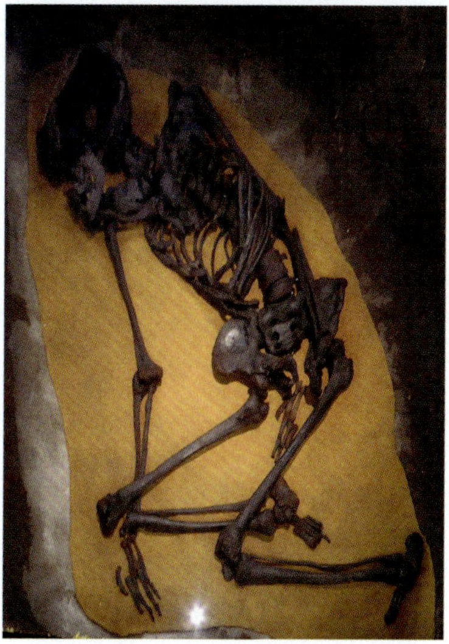

Im Landesmuseum kann man sich auch eine Moorleiche genauer anschauen

Altes Emder Rathaus

Der Blick auf das Alte Emder Rathaus führt nicht nur in die Geschichte der Hafenstadt, sondern zeigt auch eine Meisterleistung des Wiederaufbaus der Stadt nach 1945.

Das wehrhaft wirkende Erdgeschoss in hellgrauem Bentheimer Sandstein mit der großen Durchfahrt zur Brückstraße sowie dem merkwürdig kleinen Eingang gleich rechts daneben konnte von dem Renaissancebau von 1576 übernommen werden. Löwenköpfe als Symbole der Stärke flankieren über der Tür den Wahlspruch der Stadt Emden ›Concordia res parvae crescunt‹ (Durch Eintracht wachsen kleine Dinge). Über dem Rundbogen des Eingangs links und rechts die Figur der Justitia, der Göttin der Gerechtigkeit. Die beiden Obergeschosse und das Dach mussten nach 1945 neu ausgeführt werden. Die Reihen hochrechteckiger Fenster und vor allem der bekrönende Uhrenturm über der Hauptachse lehnen sich einerseits deutlich an den Prachtbau aus der Renaissancezeit an, andererseits schuf Architekt Bernhard Wessel hier um 1960 eine schlichte, modern wirkende Architektur. Im Jahr 2000 spendierte ein Bürger der Stadt ein Glockenspiel für den Turm.

Im Rathaus ist heute das **Ostfriesische Landesmuseum** untergebracht, das weit mehr zeigt als nur die bekannte Emder Rüstkammer, die im Goldenen Zeitalter Emdens um 1600 eingerichtet wurde. Hier kann man die frühen Karten der ostfriesischen Küste bestaunen, sich über die Reformation in Emden informieren, die Stadtentwicklung nachvollziehen und sich die gut erhaltene Moorleiche des Manns von Bernuthsfeld anschauen. Keinesfalls versäumen sollte man den Aufstieg auf den Turm, von dem man einen wunderbaren Blick über Hafen und Innenstadt genießen kann.

Ratsdelft (Ostufer)

An das Rathaus schließt sich, beginnend mit dem Hotel Goldener Adler, eine Reihe dreigeschossiger Gebäude an, die durch Wechsel in der Traufhöhe, unterschiedliche Fenstergestaltung und vor allem durch den Giebel in der Dachzone des Hotels Goldener Adler an einen gewachsenen Straßenzug erinnern. Diese Reihe am Ostufer des Ratsdelfts endet am **Schreyers Hoek**, an der Jammerecke, die einst die Hafenausfahrt markierte. Hier verabschiedeten Frauen und Kinder unter Tränen ihre Männer und Väter auf den auslaufenden Schiffen. Heute steht dort inmitten der dreigeschossigen Wohnbebauung ein achtgeschossiges Wohnhochhaus von 1958. Es war Ende der 1950er Jahre ein Statement für die neue Zeit und markiert heute immer noch einen städtebaulich gelungenen Übergang von der Innenstadt zur Welt des Hafens.

Das Hafentor aus dem 17. Jahrhundert

▸ Karte: hintere Umschlagklappe

Ratsdelft (Westufer)

All das kann man sich in Ruhe anschauen, spaziert man auf der Georg-Breusing-Promenade auf der gegenüberliegenden Westseite des Ratsdelfts Richtung Süden. Zuvor aber werden Fans des Komikers Otto Waalkes die **Otto-Ampel** überqueren und die Gelegenheit nutzen, dem **Otto Huus** einen Besuch abzustatten. Gar nicht zu übersehen ist der Ottifant, der durch die Hauswand zu brechen scheint. Innen gibt es eine ›Zeitreise durch die letzten rund 100 Jahre Otto‹, was bei einem 1948 geborenen Ostfriesen ein engagiertes Unternehmen darstellt.

Interessiert man sich dann noch für das Gebäude, das 1950 von den Architekten Janssen & Latta errichtet wurde, entdeckt man Richtung Ratsdelft ganz untypisch für den Wiederaufbau der Stadt einen historisierend geschwungenen Giebel. Die **Stadtsparkasse** (Am Delft 2–3) von 1955 zeigt dagegen eine Rasterfassade mit einem seitlich angeordneten Erker und verzichtet dabei auf jedes historisierende Detail.

Spaziert man weiter unmittelbar am Ratsdelft Richtung Süden, sollte man

Die lässigen Delftspucker

aufpassen, dass man nicht nass wird. Die bronzenen **Delftspucker** Hinni, Jan und Joke des Malers und Objektkünstlers Hans-Christian Petersen stehen nicht nur wie in alter Zeit am Hafenbecken und palavern über Gott und die Welt. Sie spucken auch ihren Kautabak in hohem Bogen in das Hafenbecken. Aber keine Angst: statt des braunen Gemischs aus Priem und Spucke fliegt heute nur sauberes Wasser über die Promenade und landet auch mal auf den staunenden Touristen.

Eines der wenigen Zeugnisse der großen Vergangenheit Emdens ist das **Hafentor** ein Stück weiter die Promenade am Ratsdelft hinunter. Dieses einzig erhaltene Stadttor entstand nach Plänen des Emder Stadtbaumeisters Martin Faber 1635. Das Tor ist aus rotem Ziegelstein hochgemauert, der durch Sandsteinlagen unterbrochen wird. Darüber ein durchbrochener Giebel und typisch für die Renaissancezeit ein bekrönender Obelisk, flankiert von zwei Kugeln auf niedrigen Sockeln – diese einfache Gestaltung ist durch die Verwendung des für die Region fremden Sandsteins ein Hinweis auf den Reichtum der Stadt Emden. Auf der Seeseite des Tores ist das Emder Stadtwappen von 1495 mit der Darstellung von Fluss, Stadtmauer und ›Enkelke up de muer‹ (Engel auf der Mauer) zu sehen. Das ›Engelke‹ ist nichts anderes als der Jungfrauenadler, der im Wappen des ostfriesischen Herrschergeschlechts der Cirksenas zu finden ist, die seit 1450 Herren der Stadt waren.

Das Hafentor markierte bis ins 17. Jahrhundert die Grenze des mittelalterlichen Hafens. Die Lange Brücke ragte von hier aus in das Hafenbecken und setze sich dann als Schlagbaum fort, der bei Bedarf die Hafeneinfahrt sperrte.

Es bietet sich an, sich vor weiteren Erkundungen auf dem Hafentorplatz, am **Emder Heringslogger**, ein leckeres Fischbrötchen zu gönnen – ein besseres wird man in Emden nicht finden.

Alter Binnenhafen

Wer möchte, kann auf der **Promenade** am Alten Binnenhafen in die seit 2004 entwickelte Wasserstadt spazieren. Vorbei geht es am **Hotel am Delft**, das mit seiner vornehmen Backsteinarchitektur auf gelblichem Sandsteinsockel und heller Sandsteinbänderung das Emder Stadtbild bereichert. Es folgt das **Hafenhaus**, das auf eine coole Rasterfassade setzt. Die **Kapitänshäuser** dagegen zeichnen große Fensterflächen aus – die Bewohner sollen schließlich die reizvolle Wasserlage des Gebäudes genießen. Ein Steg führt hinüber zur Eisenbahnbrücke, die das Ende des Alten Binnenhafens markiert. Denjenigen, die noch mehr vom Hafen sehen möchten, sei die kleine Hafenrundfahrt empfohlen, die bis zur Nessellander Schleuse und zur 1913 fertiggestellten

Die Pelzerhäuser

Großen Seeschleuse führt (Start Ratsdelft). Die große Hafenrundfahrt (Start Hafentorplatz) passiert diese beiden Schleusen und führt weiter Richtung Ems und zum VW-Verladehafen.

Hochbunker und Renaissancehäuser

Am Hafentorplatz beginnt die Emsmauerstraße. An ihrer linken Straßenseite ist – gar nicht zu übersehen – einer der 35 **Hochbunker** (Emsmauerstr. 3) erhalten, die ab 1940 der Emder Bevölkerung als Schutzraum dienten. Im ganzen Stadtgebiet begegnen wir immer wieder diesen Zeugnissen des NS-Wahnsinns, die dafür sorgten, dass bei der fast vollständigen Zerstörung der Emder Innenstadt vergleichsweise wenige Bombentote zu beklagen waren. Wer sich über die Luftangriffe und damit der Zerstörung Emdens sowie über die Bunker informieren möchte, ist im **Bunkermuseum** (Holzsägerstr. 6) richtig. Das Museum ist in einem der erhaltenen Bunker eingerichtet, rund 200 Meter von den Pelzerhäusern entfernt. Der Name ›Emsmauerstraße‹ ist übrigens kein Zufall. Hier verlief tatsächlich einmal die Stadtmauer unmittelbar an der Ems, bevor der Fluss sich 1509 – sehr zum Leidwesen der Stadt – weiter südlich ein neues Bett suchte. Der Emder Hafen begann daraufhin zu verschlicken. Um zur Pelzerstraße zu gelangen, muss man die ›Emstreppe‹ hinaufsteigen. Dabei ist ganz nebenbei der Aufstieg vom alten Flussniveau auf die bis zu sechs Meter hohe Langwarft zu erleben, auf der Emden im 8. Jahrhundert gegründet wurde.

Die **Pelzerhäuser** (Pelzerstr. 11, 12) stammen aus dem 16. Jahrhundert und geben zumindest noch einen entfernten Eindruck vom alten Emden. Enge Straßen und Durchgänge, im Gegensatz zur Altstadt anderer ostfriesischer Kleinstädte oftmals mit dreigeschossigen Wohn- und Geschäftshäuser aus der Renaissancezeit bebaut und dazwischen Gebäude im klassizistischen Stil – all das ist 1944 zerstört worden.

Typisch für diese Bürgerhäuser der niederländisch-flämischen Renaissance sind der rötliche Backstein und die hellen Sandsteinbänder (Specklagen), die die Fassade gliedern. Dazu kommen die mit Diamantquadern aus Sandstein besetzten Entlastungsbögen über den Fenstern und natürlich die Giebel, die in Stufen in den Himmel wachsen und in den Abtreppungen Rollwerk zeigen. Die Pilgermuschel in der Giebelspitze schließt die Inszenierung von Erfolg, Wohlstand und Kunstsinn ab.

Vom Haus Nr. 12 ist nur noch die Fassade erhalten. Der Gebäudekörper wurde bei der Sanierung komplett abgerissen und durch einen Neubau ersetzt. Dagegen wurden die Veränderungen im Innern des Hauses Nr. 11, die bei dem

▶ Karte: hintere Umschlagklappe

Umbau zum Wohnhaus 1909 vorgenommen wurden, rückgängig gemacht. So betritt der Besucher heute das Gebäude wieder durch die hohe Kaufmannsdiele, über der zwei niedrigere Geschosse Lagerraum bieten. In den Pelzerhäusern zeigt das **Ostfriesische Landesmuseum** wechselnde Ausstellungen, ein Kulturcafé lädt zu einer Rast.

■ Große Kirche

Die Pelzerstraße mündet Richtung Westen in die Mittelwall- und Kirchstraße, an der die **Johannes a Lasco Bibliothek** auf Besucher wartet. Man sollte sich von dem Wort Bibliothek nicht abschrecken lassen. Der ›Bücherspeicher‹ wurde in die Ruine der Großen Kirche, der Mutterkirche der nordwestdeutschen und niederländischen reformierten Gemeinden, eingebaut und ist als Alt-Neu-Architektur und durch seine Museumsteile unbedingt einen Besuch wert. Über 150 000 Titel, darunter viele Werke aus dem 16. bis 18. Jahrhundert, umfasst die Bibliothek, die zu den bedeutendsten Sammlungen zum Thema reformierter Protestantismus zählt. Sie geht auf die ab 1559 angelegte Bibliothek der Großen Kirche zurück. Benannt wurde die Bibliothek nach Johannes a Lasco, dem polnischen Reformator, der ab 1542 auf Initiative der Witwe von Graf Enno II. als Superintendent in Emden wirkte.

Von der Kirchstraße aus sieht man Backsteinmauerwerk und den vortretenden ehemaligen Chor des entwidmeten Gotteshauses. Darüber erhebt sich der schlanke, spitze Helm des Kirchturms, der als einziges Gebäudeteil schon in den 1960er Jahren wieder aufgebaut wurde. Im Sandsteinportal mit dem durchbrochenen Segmentbogen sehen wir das Schepken Christi, das Schiffchen Christi. Nachkommen der Glaubensflüchtlinge aus den Niederlanden stifteten 1860 das **Portal** mit dem Relief samt Inschrift ›Godts kerck, vervolgt, verdreven, heft Godt hyr trost gegeven‹ (Der Kirche Gottes, verfolgt, vertrieben, hat Gott hier Trost gegeben).

Die Bomben des Krieges ließen neben diesem Portal nur Außenmauern und Teile der inneren Arkadenwände aus dem Mittelalter übrig. Auch das imposante **Grabmal des Grafen Enno II. von Ostfriesland** war zerbrochen und aller Schmuckelemente beraubt. Die vollplastische Liegefigur auf einem Scheinsarkophag aus der Zeit um 1548 wurde restauriert. Erst 2022 wurden sieben der Löwenköpfe, die das Grabmal schmückten, der Bibliothek zurückgegeben. Jetzt hofft man auf die Rückgabe weiterer Schmuckelemente wie zum Beispiel der vier vollplastischen Löwen, die an den Ecken der unteren Grabplatte standen. Weiter sind im Museumsbereich der Bibliothek diverse Kunstwerke wie Kronleuchter aus dem 18. Jahrhundert, eine Porträtgalerie und Totenschilde zu sehen. Aber schon der schiere Raum beeindruckt

Die Johannes a Lasco Bibliothek, dahinter der wieder aufgebaute Kirchturm

durch den Kontrast von mittelalterlichen Resten, teilruinöser Architektur und moderner Bibliothek.

Hinter der Bibliothek steht auf einem Teil der Grundmauern der Großen Kirche die 1949 errichtete **Schweizer Kirche**. Sie wurde nach einem Entwurf des Architekten Otto Bartning für Notkirchen errichtet. Das Gotteshaus ist daher alles andere als ein Provisorium.

Große Straße

Gegenüber der Johannes a Lasco Bibliothek zeigt der ehemaliger Bunker Kirchstraße das **Wandgemälde Wasser in Emden und in der Welt**, das von dem kolumbianischen Künstler Alberto Carmona und Mitschaffenden aus Ostfriesland umgesetzt wurde.

Die Kirchstraße führt zur Großen Straße, der alten Hauptachse der Emder Innenstadt. Sie wurde Ende der 1980er Jahre zur Fußgängerzone umgewidmet und mit zwei Reihen Bäumen bepflanzt, da sie beim Wiederaufbau verbreitert worden war und nach der Umwidmung als zu breit empfunden wurde.

Wer nach links in die Lilienstraße abbiegt, kann sich mit dem **Haus Nr. 17** die Fassade eines weiteren verbliebenen Renaissancegebäudes anschauen. Es wurde nach 1641 errichtet und zeigt den zeittypisch geschwungenen Giebel mit Rollwerk. Etwas merkwürdig nehmen sich die Sandsteinelemente in den Entlastungsbögen über den Fenstern und der Eingangstür aus, die durch Aussparung in der Putzfassade sichtbar gehalten wurden. Als Schlusssteine der Bögen finden sich Löwen- und Menschenköpfe. Auf den ersten Blick erkennt man, dass das Erdgeschoss als Kaufmannsdiele anderthalb Etagen in die Höhe geht.

Zum Neuen Markt

Am Ende der Lilienstraße kann man durch einen Durchgang in der Häuserzeile zum **Neuen Markt** gelangen. Hier findet dienstags, freitags und samstags zwischen 8 und 13 Uhr ein Wochenmarkt statt. In den vergangenen Jahren wurde der Platz, der lange Jahre außerhalb der Marktzeiten als Parkplatz diente, aufwendig saniert, um seine Aufenthalts-

Besuchermagnet: die Kunsthalle Emden

▲ Karte: hintere Umschlagklappe

qualität zu verbessern. Der dreigeschossige Backsteinbau, der seinen Giebel zur Ostseite des Marktplatzes wendet, erinnert in den Umrissen an die **Alte Waage** von 1801, die hier bis 1944 stand.
Der Fußgängerbereich Neuer Markt setzt sich in den beiden Straßen Zwischen Beiden Sielen und Zwischen Beiden Märkten fort. Das Angebot ist hier wie in der gesamten Emder Innenstadt nicht gerade berauschend – der Stadt fehlt durch die Lage an Ems und Nordsee einfach eine kaufkräftige Kundschaft aus dem Umland.

Kunsthalle Emden

Durch die Pottgießerstraße und über die Jungfernbrückstraße geht es auf die Hahn'sche Insel, auf der 2013 der **Henri-Nannen-Platz** samt Skulpturengarten angelegt wurde. Damit ehrte Emden in Henri Nannen nicht nur den Sohn der Stadt, der als Journalist und Verleger die Zeitschrift *Stern* zum führenden Reportagemagazin der Bundesrepublik aufbaute. Sie setzte auch dem Stifter der Kunsthalle Emden ein Denkmal.
Ein Steg führt über den Alten Graben zur Kunsthalle, die sich mit der Backsteinfassade und einer Bauhöhe von drei Geschossen bestens in das Stadtbild Emdens einfügt. Inmitten der Offenheit signalisierenden, gerasterten Glasfläche lädt die Tür mit dem Schriftzug ›Kunsthalle Emden‹ Besucher zum Eintritt ein. Henri Nannen stiftete nicht nur das Gebäude der Kunsthalle, sondern gab auch seine Kunstsammlung mit den Schwerpunkten Neue Sachlichkeit und deutscher Expressionismus in das Stiftungsvermögen. Dazu kamen neben Zukäufen Teile der Sammlung des Münchner Galeristen Otto van de Loo, der Werke nach 1945 (Informel, Junge Wilde) sammelte. Auf rund 1700 Quadratmetern werden jährlich vier bis fünf Ausstellungen gezeigt. Neben dem Verein Freunde der Kunsthalle Emden unterstützt das Land Niedersachsen die Institution. Rund 70000 Besuchen strömen jährlich in die Ausstellungen.
An die Kunsthalle schließt sich die **Emder Malschule** an, die Henri Nannens Ehefrau Eske gründete. Kunsthalle und Malschule, die als Kunstzentrum für die Menschen der Region wichtige Arbeit leisten, sind unter dem Dach der Stiftung Henri und Eske Nannen vereint.

Wallanlagen und Chinesen-Tempel

Auf dem Weg von der Hahn'schen Insel zur Kunsthalle überquert man den Alten Graben, der Teil der historischen Wallanlagen ist, die heute als Grüngürtel um die Innenstadt genutzt werden. Wer in Richtung Westen der neuangelegten Promenade am Alten Graben folgt, passiert hinter der Boltenbrücke den Chinesen-Tempel, ein expressionistisches Bauwerk aus dem Ende der 1920er Jahre, das der Stadtarchitekt Walter Luckau entwarf. Gewundene Säulen aus Backstein sieht man nicht alle Tage, einen Kiosk samt öffentlicher Toilette mit kupfergrünem Zauberhut schon gar nicht.
Ein Stück weiter markiert der **Wasserturm** von 1910 den Standort des Bahnhofs der Stadt Emden.

Zum Alten Markt

Über die Pottgießerstraße, den Neuen Markt und die Straße Zwischen Beiden Märkten ist wieder der Alte Markt und der Ratsdelft erreicht. Als Alter Markt wird aber nur der Straßenraum bezeichnet, der sich bis zu den Pavillons des Eiscafé Rialto und der Touristeninformation hinzieht. Jenseits dieser eingeschossigen Bauten heißt das Areal **Stadtgarten**. Das Gelände wurde 1887 durch Zuschütten eines Teils des Ratsdelfts gewonnen. Heute schmückt die Platzanlage der

Die Neue Kirche: Kaiserkrone als Abschluss des Dachreiters

Fürbringer-Brunnen, mit dem die Stadt den Bürgermeister Leo Fürbringer zum 25-jährigen Dienstjubiläum ehrte. Er gilt als Schöpfer des modernen Industriehafens und brachte den Wandel Emdens zur Industriestadt auf den Weg.

Neue Kirche und Klein-Faldern

Der Durchgang im Rathausgebäude führt in die Brückstraße, die bis zum Stephansplatz als Fußgängerbereich entwickelt wurde. Im Durchgang erinnern einige alte Sandsteinelemente an zerstörte Bauwerke Emdens. Gleich dahinter findet sich der Zugang zum Ostfriesischen Landesmuseum.

Kurz vor dem Ende der Brückstraße erinnert die **Neue Kirche** an die Reformation und die Bedeutung der reformierten Niederländer, die nach Emden flohen. Bis 1648 wurde die Kirche nach Plänen des Emder Stadtbaumeisters Martin Faber als erstes nachreformatorisches Gotteshaus in Norddeutschland errichtet. Faber platzierte die Kanzel an der südlichen Längswand und gruppierte die Sitzbänke und Emporen in Hufeisenform um dieses Zentrum der Kirche, von dem aus das Wort Gottes verkündet wurde.

Ungewöhnlich ist die farbige Bekrönung des Dachreiters, die eine Nachbildung der Habsburger Kaiserkrone Rudolf II. zeigt. Das war ein dezenter Hinweis auf die angestrebte Reichsunmittelbarkeit der Stadt Emden, obwohl diese Wunschtraum blieb und nie wirklich durchgesetzt werden konnte.

Das **Gödenser Haus** gegenüber der Kirche, ein Backsteinbau von 1551, diente Adelsfamilien als Stadthaus und ist heute ein Studentenwohnheim.

Geht man die Friedrich-Ebert-Straße hinunter, kommt man in den Stadtteil **Klein-Faldern**, in dem im Gegensatz zur Innenstadt in Mühlen-, Kran- und Lienbahnstraße vergleichsweise wenige Bauten im Zweiten Weltkrieg zerstört wurden.

▸ Karte: hintere Umschlagklappe

Emden

Tourist-Information, Bahnhofsplatz 11, 26721 Emden, Tel. 04921/97400; Mo-Fr 9–17, Sa 10–13 Uhr. Zweigstelle: Alter Markt 2a. www.emden-touristik.de

Hotel am Delft, Am Delft 27, 26721 Emden, Tel. 04921/39190; DZ ab 199, Hafenblick-DZ ab 215 Euro. Vier-Sterne-Hotel unmittelbar am Ratsdelft. www.hotel-am-delft.de

Heerens Hotel, Friedrich-Ebert-Str. 67–71, 26725 Emden, Tel. 04921/23740; DZ ab 119 Euro. Der Klassiker in einer Villa mit einer Gästeliste von Kaiser Wilhelm II. bis Otto Waalkes, seit 2022 mit neuem Eigentümer. www.heerenshotel.de

Hotel Goldener Adler, Neutorstr. 5, 26721 Emden, Tel. 04921/92730; DZ 96 Euro, Frühstück 12,50 Euro pro Person. Gutbürgerliches Hotel im Zentrum Emdens gleich neben dem Rathaus. www.goldener-adler-emden.de

Hotel Delfthalle garni, Große Str. 2, 26721 Emden, Tel. 04921/97220; DZ 83 Euro, Frühstück 13 Euro pro Person. Die günstige Alternative unmittelbar am Ratsdelft im Zentrum der Stadt. www.hotel-delfthalle.de

Wohnmobilstellplatz Alter Binnenhafen, Am Eisenbahndock 1, 26721 Emden, Tel. 0160/90741870. 35 Plätze, 15 Euro pro Nacht. In zentraler Lage mit Aussicht auf den Hafen, Stadtzentrum in Laufweite.

Goldener Adler, Neutorstr. 5, 26721 Emden; Di–So 12–14, 17.30–21 Uhr. Auch regionale Küche. www.goldener-adler-emden.de

Leckerpott, Am Delft 6/7, 26723 Emden, Tel. 04921/8204646; Di/Mi 9–15, Do–Sa 9–21 Uhr. Traditionelle ostfriesische Gerichte, modern interpretiert. Vom Frühstück über Mittagstisch bis Abendbrot. www.leckerpott-emden.de

Restaurant Welvaart, Große Str. 24, 26721 Emden, Tel. 04921/4500460; Di–So 12–14, 18–20.30 Uhr. Leckeres aus der Nordsee. www.restaurant-welvaart-emden,de

KUDO, Alter Markt 9, 26721 Emden, Tel. 04921/9931150. Asiatisch, europäisch, modern. www.kudo-restaurant-emden.de

Emder Heringslogger, Bittner's Fischspezialitäten, Am Hafentor, 26721 Emden, Tel. 0171/4869013; tgl. 10–18 Uhr. Schlangestehen garantiert, dafür aber die besten Matjes in Emden. www.emder-heringslogger.de

Café Henri's, Hinter dem Rahmen 5a, 26721 Emden, Tel. 04921/450041; Di–So 9–18 Uhr. Museumscafé und mehr. www.henri-s.com

Grand Café am Stadtgarten, Am Stadtgarten 7–11, 26721 Emden, Tel. 04921/28811; tgl. 9–24 Uhr. Café mit Logenplatz auf Emdens Mitte am Delft, Frühstücksbuffet. www.grandcafe-emden.de

Café-Restaurant Pelzerhaus, Pelzerstr. 12, 26721 Emden, Tel. 04921/583387; Di–Fr 15–19, So 10–17 Uhr.

Ostfriesisches Landesmuseum Emden, Brückstr. 1, 26725 Emden, Tel. 04921/872050; Di–So 10–17 Uhr. Ausstellung zu Themen wie Küste und Karthographie, Taufe und Tod, Moorleichen. Dazu die Geschichte Emdens und die berühmte Rüstkammer der Stadt. www.landesmuseum-emden.de

Kunsthalle Emden, Hinter dem Rahmen 13, 26721 Emden, Tel. 04921/975050; Di–Fr 10–17, Sa/So/Fei 11–17 Uhr, 10/7 Euro. Wechselnde Ausstellungen mit Schwerpunkten Neue Sachlichkeit, Expressionismus, abstrakter Kunst der Nachkriege (Informel). www.kunsthalle-emden.de

Johannes a Lasco Bibliothek, Kirchstr. 22, 26721 Emden, Tel. 04921/91500; Museum Mo–So 14–17 Uhr. Neben der

Spezialbibliothek Museum mit dem Grab des Grafen Enno II. www.jalb.de
Bunkermuseum Emden, Holzsägerstr. 6, Emden, Tel. 04921/32225; Infos zu den Öffnungszeiten auf der Website. Spannende Ausstellung zu den Schrecken des Bombenkrieges. www.bunkermuseum.de
Dat Otto Hus, Große Str. 1, 26721 Emden, Tel. 04921/22121; April–Dez. Mo–Fr 9.30–18, Sa 9.30–14, So 10–16 Uhr. Aus der Selbstbeschreibung: »Hier findet ihr alles, was ihr noch nicht über Otto wusstest – und auch nie wissen wolltet!«. www.datottohuus.de
Pelzerhäuser, Pelzerstr. 11–12, Tel. 0491/872058; Di–So 11–17 Uhr. Wechselnde Ausstellungen des Ostfriesischen Landesmuseums.
www.landesmuseum-emden.de

Hafenrundfahrt, Tel.04921/97400; tgl. jede Stunde 11–16 Uhr, Haltestelle Ratsdelft, Dauer ca. 55 Minuten, 14/7 Euro.
Große Hafenrundfahrt, Tel. 01805/180182; Start: Emder Hafentor, Dauer ca. 2,5 Stunden, 22 Euro.
www.ag-ems.de

Greetsiel

Mit 25 Kuttern rühmt sich Greetsiel, Heimathafen der größten Krabbenfischerflotte in Ostfriesland zu sein. Das Bild um Siel und Hafen aber prägen heute die Touristen, die von Geschäft zu Café und von Café zur Eisdiele bummeln. Ganz nebenbei schauen sie sich dann auch noch Sehenswürdigkeiten wie das alte Siel, den idyllischen Kutterhafen oder auch die alten Wohnhäuser in den engen Gassen an, die von der Geschichte des Fischerdorfs erzählen.
Greetsiel ist seit dem Ende des 14. Jahrhunderts Sielort, war mit der heute abgängigen Burg Stammsitz des Häuptlingsgeschlechtes der Cirksena und ist aktuell mit rund 1500 Einwohnern zweitgrößter Ort in der Gemeinde Krummhörn. Im Sommer kommen noch etwa dreimal so viele Touristen dazu.

Sehenswürdigkeiten

Vom **alten Sieltor**, das 1798 erbaut wurde und das Sieltief überspannt, hat man den besten Blick auf den Hafen und die umliegenden Häuserzeilen.
Rechter Hand nimmt die Straße Am Neuen Deich mit dem zweigeschossigen ehemaligen **Amtmannshaus** (Am Neuen Deich 16) aus dem Ende des 18. Jahrhunderts ihren Anfang. Es fällt schon wegen der gelblichen Putzfassade an der Straßenfront auf. Feine Putzritzung deutet Sandsteinquader an. Die vornehme Sandsteinumrandung der Eingangstür verweist auf die besondere Stellung des Gebäudes: Hier residierte einst der Amtmann als Vertreter der ostfriesischen Fürsten aus dem Geschlecht der Cirksenas.
Sehenswert ist auch die Straße **Am Markt**, vor allem die Häuser Nr. 2 bis 10, die ihre Giebel zur Marktfläche am Sieltief richten. Sie stehen unter Denkmalschutz und werden heute gastronomisch genutzt.
Glanzstück des Hafenortes aber ist linker Hand die **Sielstraße** mit den schönen Wohn- und Geschäftshäusern aus dem 18. Jahrhundert. Das eingeschossige rote Backsteingebäude **Sielstraße 11** wurde 1741 erbaut, die Nr. 15 – ebenfalls backsteinern, aber etwas dunkler gehalten – stammt aus dem Jahr 1792. Beide imponieren mit hoch aufragenden, weit geschwungenen Glockengiebeln, die seitlich mit hellen Voluten (Gerolltes) geschmückt sind. Ein Halbrund aus Sandstein bekrönt den Giebel, der stolz das Familienwappen präsentiert. Schmuck leuchten die grünweißen Türen dieser typisch friesischen Gebäude des 18. Jahrhunderts in der Sonne. Weitere Beispiele für die in der

▸ Karte S. 83

Die Zwillingsmühlen am Alten Greetsieler Sieltief

Region typische Backsteinbauweise sind die Häuser Nr. 17, 19, 21.
Wieder eine Putzfassade, dieses Mal in Grün gehalten, zeigt das neunachsige **Hohe Haus** (Sielstr. 27). Wieder sehen wir eine Quaderimitation, wieder ist die lange Traufseite zur Sielstraße gewendet, und wie beim Amtmannshaus handelt es sich um einen herrschaftlichen Bau, nämlich um den ehemaligen Sitz des Rentmeisters (Steuereinnehmers). Eine Putzfassade war seinerzeit vornehm, die heute von uns als wertig empfundenen Ziegelsteinfassaden etwas für einfachere Häuser, sie standen für Mittelalter. Die Giebelseite des Gebäudes zur Hohen Straße ist ziegelsteinsichtig und zeigt mit den schmiedeeisernen Maueranker die Jahreszahl 1696. Das Hohe Haus wird seit 1995 als Hotel genutzt. Zur Hotelanlage gehört auch die **Alte Pastorei** (Hohe Str. 1), in der 1547 der bedeutende Historiker Ubbo Emmius geboren wurde.

Evangelisch-reformierte Kirche

An der Ecke Hohe Straße empfängt uns ein dreistöckiger **Glockenturm** aus dem 17. Jahrhundert, an dem sich die **Alte**

Der Glockenturm, rechts die evangelisch-reformierte Kirche

▲ Karte S. 83

In der Sielstraße

Vikarie (Am Leeger 18) anschließt; heute ist hier das Geschäft GeschmacksSachen beheimatet.
Wenige Meter weiter dann erhebt sich die Kirche (Hohe Str. 2) aus der Zeit um 1400. Über dem Eingang des Gotteshauses Richtung Hohe Straße überrascht das **Wappen des schwedischen Königshauses Wasa**, zu dem sich das Wappen der ostfriesischen Grafen aus dem Hause Cirksena gesellt. Im Oktober 1539 vermählte sich der ostfriesische Graf Edzard II. mit der schwedischen Prinzessin Katharina Wasa. Die Tafel stammt von der Burg der Cirksenas in Greetsiel, die Friedrich der Große 1772 abreißen ließ und aus deren Ziegel unter anderem das Alte Siel errichtet wurde.
Durch die Eingangstür betreten wir eine typisch protestantisch-reformierte Kircheninszenierung. Unter der nur leicht gewölbten, grünen Holzdecke ist der Raum auf die Kanzel und damit auf die Predigt als Verkündigung des Wortes Gottes ausgerichtet. Die Innenausstattung ist sehr schlicht gehalten. Statt eines Altars findet sich nur ein einfacher Abendmahlstisch. Einzig die **Orgel** zeigt

Schnitzwerk aus dem Übergang von Renaissance zu Barock (Manierismus). Neben der Kanzel entdecken wir eine **Gedenktafel (Epitaph)** aus Blaustein, die an den Prediger Johann Michael Knottner (1617–1684) erinnert.

Die Kirche wurde am östlichen Ende der Langwarft errichtet, auf der die Hohe Straße angelegt wurde. Um diese künstliche Erhebung entwickelte sich der Ort. Am westlichen Ende der Langwarft ließ das Häuptlings- und spätere Grafengeschlecht der Cirksenas um 1390 ein Steinhaus errichten, von dem heute noch ein gewölbter Keller existiert. Darauf wurde um 1600 das eingeschossige **Steinhaus** (Kleinbahnstr. 1) erbaut. Sehr schön zu erkennen sind die verzierten Maueranker, die Entlastungsbögen mit Diamantquadern über den Fenstern und die hellen, sandsteinernen Löwenköpfe in Höhe der Trauflinie. Wie in den frühen Steinhäusern in Ostfriesland üblich, wurden die Kamine bündig an den Außenmauern des Gebäudes hochgemauert.

Wahrzeichen des Ortes sind die **Zwillingsmühlen**, die am Alten Greetsieler Sieltief zu finden sind.

Verlässt man den Ortskern über die Mühlenstraße Richtung Südosten, passiert man zuerst die **Grüne Mühle** (Mühlenstr. 5), die 1856 als Galerieholländer errichtet wurde. Ein Stück weiter dann steht die **Rote Mühle**, die Schoof'sche Mühle (Mühlenstr. 2), die noch heute von der Müllerfamilie Schoof betrieben wird. In der Grünen Mühle ist ein Café, in der Roten Mühle ein Naturkostladen eingerichtet.

Eine gute Vorbereitung auf die Touren durch die Krummhörn ist der Besuch im **Nationalpark-Haus Greetsiel**. Hier werden Informationen rund um die Leybucht, zur Tierwelt der Region und zum Küsten- und Naturschutz geboten.

i Greetsiel

Tourist-Information Greetsiel/Krummhörn, Zur Hauener Hooge 15, 26736 Krummhörn-Greetsiel, Tel. 04926/91880; Mo–Fr 9–18, Sa/So 10–16.30 Uhr. www.greetsiel.de

Nationalpark-Haus Greetsiel, Zur Hauener Hooge 11, 26736 Krummhörn-Greetsiel, Tel. 04926/2041; Mo–Fr 10–18, Sa/So 10–17 Uhr.

Hotel Hohes Haus, Hohe Str. 1, 26736 Krummhörn-Greetsiel, Tel. 04926/1810; DZ ab 135 Euro. Spitzenhotel im ehemaligen Rentmeisterhaus von 1696. www.hoheshaus.de

Hotel Schatthaus, Schatthauser Weg 2, 26736 Krummhörn-Greetsiel, Tel.0170/2202812; DZ ab 115 Euro. Nur wenige Meter vom Hafen entfernt.

Gästehaus Funk, Inselstr. 11, 26736 Krummhörn-Greetsiel, Tel. 04926/2190; DZ 93 Euro. www.greetsielgaestehaus.de

Wohnmobilstellplatz Greetsiel, Mühlenstr. 22, 26736 Krummhörn-Greetsiel, Tel. 04926/91880; ganzjährig, 12 Euro pro Tag.

De Beer, An der Darren 1, 26736 Krummhörn-Greetsiel, Tel. 04926/920117; tgl. 9–18 Uhr. SB-Restaurant unmittelbar am Hauptsitz der Firma. www.debeer.de

Captains Dinner, Am Markt 4–6, 26736 Krummhörn-Greetsiel; Mo/Di und Do–So 11–22 Uhr. www.captains-dinner.com

Eiscafé am Hafen, Sielstr. 17, 26736 Krummhörn-Greetsiel, Tel. 04926/1681; tgl. 10–18 Uhr. **Die** Adresse für das schmackhafte Eis, das man genüsslich bei einem Rundgang am Hafen schleckt.

Krummhörn

Die Krummhörn – das ist Marsch mit Küste und vorgelagertem Wattenmeer, plattes Land, feucht bis nass, über das zumeist ein kräftiger Wind geht. Sie entspricht so zu 100 Prozent dem landläufigen Bild vom hohen Norden und zeigt darin ihren – zugegeben – bisweilen etwas rauen Reiz.

Gibt man das Wort ›Krummhörn‹ im Internet ein, gelangt man zur Website der Gemeinde Krummhörn, die 1972 aus 19 selbstständigen Dörfern gebildet wurde. Gleichzeitig meint Krummhörn aber auch eine historische Landschaft, die südwestlich der Linie Greetsiel–Emden wie eine Nase in die Ems und den Dollart ragt. In diesem Sinne ist hier von ›der Krummhörn‹ die Rede. Andernfalls heißt es ›Gemeinde Krummhörn‹.

Die Krummhörn ist nicht einfach eingedeichtes Marschland. Rund 10 000 Hektar dieser Region wurden in den vergangenen Jahrhunderten der Nordsee abgerungen, genau gesagt der Leybucht entrissen. Während der Sturmfluten 1374 und 1377 hatte sich die Leybucht so tief ins Land gefressen, dass der Seeräuber Klaus Störtebeker Ende des 14. Jahrhunderts bis nach Marienhafe segeln konnte. Heute liegt dieser Ort dank Eindeichungen über neun Kilometer Luftlinie von der Küste entfernt. Erst im Mai 1950 endete diese Rückeroberung von Land mit dem Abschluss des Störtebekerdeichs bei Greetsiel.

Aber der Deichbau war und ist damit nicht erledigt. Nach der Flutkatastrophe 1962 wurden Pläne entwickelt, die Leybucht vollends einzudeichen und damit die Deichlinie um acht Kilometer zu verkürzen. Die Verwirklichung dieses Plans hätte einen erheblichen Gewinn

Die Rysumer Plaats

▲ Karte S. 83

Im Naturschutzgebiet Leyhörn

an Sicherheit bedeutet, dem aber der Verlust an Wattenmeer und damit an Lebensraum für unzählige Tiere gegenübergestanden hätte. Den Kompromiss zwischen dem Schutz der Menschen und dem Schutz des Wattenmeeres können wir heute als Halbinsel Leyhörn südlich von Greetsiel besichtigen.

Es gibt zwei Möglichkeiten, die Krummhörn zu entdecken. Entweder man fährt immer schön am Deich entlang, vorbei an den Leuchttürmen von Pilsum und Campen, und genießt dabei Küstenland. Am besten geht das natürlich mit dem Fahrrad. Radler sollten vorher aber die vorherrschende Windrichtung prüfen. Oder aber man wählt den Weg von Greetsiel nach Emden quer durchs Land und besucht dabei die alten Warftendörfer in der Marschlandschaft.

Am Deich entlang nach Emden

Wir fahren am Deich und nicht auf dem Deich, und das bedeutet, dass wir nur nach links in die weite Marschlandschaft schauen können. Die einzeln stehenden Bauernhöfe zeichnen sich durch Baumgruppen im Grün der Wiesen ab, denn nur als Windschutz oder an Straßen finden sich in der Krummhörn Bäume. Rechts prallt unser Blick auf den Deich. Ab und an führen Asphaltpisten auf den Deich – eine Einladung, vom Deich die Aussicht auf das Wattenmeer zu genießen.

Wundern Sie sich nicht, wenn Sie auf der Tour zu einer Deichbaustelle kommen. Seit Jahren werden die Deiche in der Krummhörn nach und nach auf eine Höhe von 9,40 Meter über Normalhöhennull (NHN) gebracht. Damit dürften sie, nachdem sich Sand und Klei gesetzt haben, die neuerdings erforderliche Mindesthöhe von 8,50 Metern sicher behalten. Infotafeln an der Strecke erläutern die neue Form des Deiches, dessen Fuß deutlich breiter ist als früher. Ein Kilometer Deicherhöhung kostet übrigens etwa 6,3 Millionen Euro.

Hauener Pütten

Wir verlassen Greetsiel über die Straße Zur Hauener Hooge. Vorbei geht es am **Hofcafé und Ferienhof Akkens**, der auf einer Warft liegt. Der Gulfhof von 1683 in Alleinlage am Deich, dessen riesige Dachfläche aus Ziegel hellrot in der Sonne leuchtet, lädt zu einer Rast bei einer Tasse Tee und Kuchen ein. Fahrradfahrer sind hier nicht nur als Dauergäste, sondern auch für nur eine Übernachtung willkommen.

Nur wenige Meter weiter beginnt das **Naturschutzgebiet Hauener Pütten**. Als Pütten bezeichnet man Wasserflächen im Deichvor- oder Deichhinterland. Die Hauener Pütten entstanden, als für den Ausbau der Halbinsel Leyhörn große Mengen Sand benötigt wurden. Mittlerweile sind an diesen Pütten fast 30 Brutvogelarten heimisch, von denen rund die Hälfte auf der Roten Liste der bedrohten Brutvögel in Deutschland steht. Zwei Hütten in unmittelbarer Nähe der Wasserflächen laden zur Vogelbeobachtung ein.

Halbinsel Leyhörn

Ein kurzes Stück weiter geht es rechts auf die künstlich angelegte **Halbinsel Leyhörn**. Wir fahren auf bester Asphaltpiste, die von den periodisch überfluteten Salzwiesen am Rand des Wattenmeeres eingefasst wird. Die Halbinsel Leyhörn wurde 1985 als Kompromiss zwischen Küsten- und Naturschutz auf 100 Meter breiten Fundamenten in der Leybuch angelegt. In ihrer Mitte schließt die Landzunge einen 200 Hektar großen Binnensee ein.

So schützt Leyhörn die östlich hinter ihr liegende Küstenlinie vor den Nordseefluten. Zugleich dient der Binnensee als Speicherbecken für Oberflächenwasser aus der Krummhörn, ist die Entwässerung ins Watt aufgrund mehrtägiger Sturmfluten unterbrochen. Die Schleuse an der Spitze Leyhörns sorgt für die tideunabhängige Ein- und Ausfahrt der Kutter und Sportboote von und nach Greetsiel. Entscheidend aber ist, dass 1994 die gesamte Halbinsel mit ihren Wasser- und Wattflächen, dem Röhricht und den Hochstaudenfluren sowie weiteren Grünflächen unter Naturschutz gestellt wurde. So bietet sie heute geschützte Brut- und Rastplätze für Gänse, Austernfischer, Löffler und Säbelschnäbler. Die Fahrradfahrt auf der Piste im Meer unter dem manchmal auch blauen Himmel endet an der Schleuse an der Spitze Leyhörns. Von hier geht es zurück Richtung Hauener Pütten.

Weithin sichtbare Landmarke: der Pilsumer Leuchtturm

▸ Karte S. 83

Pilsumer Leuchtturm

Schon von den Hauener Pütten aus ist der gelb-rot gestreifte Pilsumer Leuchtturm zu sehen, der ab 1891 mit anderen Leuchtfeuern den Schiffen den Weg zwischen Emden und der Nordsee wies. Er bringt es mal gerade auf eine Höhe von elf Metern und ist damit der zweitkleinste Leuchtturm Niedersachsens. Dafür ist er aber bekannter als alle seine großen Brüder – aus der Werbung einer Biermarke und vor allem als Wohnung von Otto, dem Außerfriesischen, in dem gleichnamigen Otto-Waalkes-Film. Bisweilen kommen neben den Touristen auch Hochzeitsgesellschaften vorbei, da die Gemeinde Krummhörn in dem Leuchtturm ein Hochzeitszimmer eingerichtet hat.

Goldener Reif

Hinter dem Pilsumer Leuchtturm wird es sofort deutlich ruhiger. Nur noch einige Wanderer und Fahrradtouristen begegnen uns. Nach rund zwei Kilometern sehen wir links ein Denkmal, das an ein Sieltor erinnert. 1973 wurde es als **Deicharbeiter-Denkmal** eingeweiht. Gewidmet ist es »Den Deicharbeitern vieler Generationen«. Auf der polierten Rückseite des aufliegenden Steins lesen wir altfriesisches Recht: »Das ist auch Landrecht, das wir Friesen eine Seeburg stiften und stärken müssen, einen goldenen Reif, der um ganz Friesland liegt.« Gemeint ist mit dem ›goldenen Reif‹ der Deich. Der Deichbau war Aufgabe

der Landbesitzer: ›De nich will dieken, mutt wieken!‹ (Wer nicht will deichen, muss weichen!).
Durch einen Abstecher über den Dyksterkrug Weg und rechts auf den Teyweg erreichen wir nach gut einem Kilometer den **Nienhof** mit dem **Café Kluntjestuv**. Auf der Website www.nienhof.com finden sich interessante Fakten zu dem Hof, der vermutlich auf ›Nieu Landt‹ (Neuland), das durch Anlandungen entstanden war, errichtet wurde.

Upleward

Dass Ostfriesen ihren eigenen Humor haben, weiß man spätestens seit Karl Dall und Otto Waalkes. Aber was zum Teufel ist ein ›Trockenstrand‹? Eine Antwort auf diese Frage erhält man in der Gemeinde Upleward gleich hinter dem Campingplatz unmittelbar am Deich. Ein Spielplatz und dann eben ein **Trockenstrand**, der es im Jahr 2000 als erster Trockenstrand der Welt immerhin bis in das Nachrichtenmagazin Der Spiegel schaffte. Während der Pause hier am Kiosk Watt'n Blick (Mollweg 1) kann man einer Antwort auf die Frage nach dem Trockenstrand näher kommen.

Leuchtturm Campen

Weiter geht es zum Leuchtturm Campen (Leuchtturmstr. 5). Er ist mit über 65 Metern immerhin der höchste Leuchtturm Deutschlands und belegt weltweit Platz 14. Er wurde wie der Pilsumer Leuchtturm 1890 errichtet, erinnert aber mit seinem Stahlfachwerk und dem runden Aufbau eher an eine rote Tonne auf Stelzen. Wer Lust hat, klettert durch das graue Treppenrohr die 308 Stufen zur Galerie in schwindelnder Höhe hinauf und genießt dort den großen Rundumblick über Krummhörn und die Nordsee (Aufstieg möglich: 26. April–6. Nov. Do–Di 11–17 Uhr).

Technikschätze im Ostfriesischen Landwirtschaftsmuseum

Campen und Loquard

Campingweg, Diekeweg und die Heiselhuser Straße bringen uns vom Leuchtturm nach rund 2,5 Kilometern in den Ort Campen und damit zum **Ostfriesischen Landwirtschaftsmuseum**. Das ist in zwei Gulfhöfen, einer Scheune und einem typischen, neu aufgebauten Landarbeiterhaus eingerichtet. Hier gibt es nicht nur 500 große und kleine Gerätschaften der Landwirtschaft aus der Zeit von 1850 bis 1950 zu sehen, sondern auch eine Ausstellung von Oldtimer-Traktoren. Und vor allem kann man sich den Wirtschaftsteil eines original erhaltenen ostfriesischen Gulfhauses mit Pferdestall, Viehställen, Dreschdiele und Karnhaus, in dem Milch zu Butter verarbeitet wurde, von innen anschauen.
Die **Reformierte Kirche Campen** (Am Glockenturm 1, April–Okt. tgl. 10–18 Uhr) aus der Zeit um 1300 macht von außen als typische Einraumkirche aus Backstein nicht viel her. Im Innern aber überrascht sie durch die weitgehend erhaltene mittelalterliche Ausmalung und Ausschmückung mit Maßwerk in

den drei Deckengewölben. 1938 wurde die Ausmalung wiederentdeckt und restauriert. Mit dieser Innenausstattung steht sie in größtmöglichem Kontrast zu den ansonsten weiß übertünchten, weitgehend schmucklosen reformierten Kirchen der Krummhörn. Der frei stehende Glockenturm birgt eine der ältesten Kirchenglocken in Ostfriesland, sie stammt aus dem Jahr 1295.

In dem gut 1,5 Kilometer entfernten **Loquard** ist dagegen im Gotteshaus nur ein schöner Schnitzaltar von 1520 erhalten. Der Mittelschrein zeigt mehrere Szenen aus der Passion Christi. Um Kirche und ehemaligem Burgareal, das von einem Graben umschlossen ist, finden sich in dem Ort einige Gulfhäuser, sodass in Teilen das alte Ortsbild bewahrt ist.

Die Struktur Rysums als Warftenrunddorf ist noch erkennbar

Rysum

Wie kein anderes Dorf der Krummhörn hat der nächste Ort auf unserer Tour, Rysum, seinen Charakter als Warftenrunddorf bewahrt. Im Westen haben sich zwar zwei neuere Wohngebiete angelagert, Richtung Osten aber reichen wie früher die landwirtschaftlich genutzten Flächen bis an die Äußere Ringstraße. Von hier geht es hinauf zur **Kirche**. Sie steht auf dem höchsten Punkt des bis zu sechs Meter über den Meeresspiegel aufgeschütteten Erdhügels (Warft), der einen Durchmesser von 400 Metern aufweist.

Drei Straßenringe umschließen auf der Warft die Kirche. Sie sind durch schmale Gassen (Lohnen) miteinander verbunden. Die großen Gulfhöfe liegen am äußeren Ring, wobei der Wirtschaftsteil zu den Wiesen, der Wohnteil zur Mitte der Warft ausgerichtet ist. Höher auf der Warft dann finden sich kleinere Gulfhöfe und Landarbeiterhäuser. An der Mönkehörner Lohne findet sich mit dem kleinen Teich, dem **Fething**, ein Beispiel für die Wasserversorgung der alten Warft in den Monaten, wenn im Winter das Land unter Wasser stand. Im Fething wurde das Regenwasser gesammelt, dass dann dem Vieh als Tränke diente. Den Menschen war das Regenwasser aus dem Sood vorbehalten, einem Behälter unmittelbar an den Häusern. Erhalten ist in Rysum an der Äußeren Ringstraße ein Zingel,, ein Stück eingedeichter Wiese am Rand der Warft, auf die vor Sturmfluten das Vieh getrieben wurde.

Die **Mühle Rysum** (Mühlenlohne 1), ein dreistöckiger Galerieholländer, wurde von einer örtlichen Interessengemeinschaft restauriert und kann besichtigt werden. Von der Galerie hat man einen schönen Blick über den Ort und die umliegende Krummhörn. Während der Sommersaison ist in der Regel das Mühlencafé am Samstag von 14 bis 18 Uhr geöffnet.

▶ Karte S. 83

Für Musikliebhaber ist der Besuch der **evangelisch-reformierten Kirche** (Kirchstr. 3, April–Okt. 10–17 Uhr) aus der Zeit um 1400 ein Muss. Die Orgel des Gotteshauses gilt als die älteste in ihrem Pfeifenbestand erhaltene Orgel Nordeuropas und wird auf das Jahr 1440 datiert. Wer eine Pause benötigt, kann den **Rysumer Plaats** (Bauernhof) besuchen, einen Gulfhof, der zum Restaurant und Café umgebaut wurde. Im Innern sitzt man in einer Glaskonstruktion, die den Blick auf das um 1730 errichtete Innengerüst freigibt.

Zur Knock

Über die Kiebitzstraße erreichen wir von Rysum aus wieder den Deichverteidigungsweg, um dann kurz danach auf dem Burgweg die Küstenlinie erneut zu verlassen.

Der **Rysumer Nacken**, ein Poldergebiet, das ab 1930 angelegt wurde, schiebt sich zwischen Küstenlinie und Burgweg. Bis 1995 wurde hier der Aushub der Emsfahrrinne abgeladen. Schon ab 1975 entstand auf einer Teilfläche eine Erdgas-Anlandestation, die heute vom norwegischen Energieunternehmen Gassco genutzt wird. Hier wird das Gas aus dem Norwegischen Feld Ekofisk kurz aufbereitet und dann in das deutsche Erdgasnetz eingeleitet.

Am Ende des Rysumer Nackens erreichen wir das **Knockster Tief** mit dem **Siel und Schöpfwerk Knock** (Jannes-Ohling-Str. 30). Erbaut bis 1969 als seinerzeit größte Anlage dieser Art in Europa, entwässert es mit dem Knockster Tief gut 35 000 Hektar der Krummhörn. Ein Drittel dieser Fläche liegt unter Normalhöhenull (NHN). Damit der Boden nicht vernässt, muss der Wasserspiegel im Winter auf 1,40 Meter unter NHN gehalten werden. Jede Menge (Niederschlags-)Wasser wird daher bei Ebbe über zwei Sieldurchlässe in die Ems befördert. Und zudem müssen um die 66 Millionen Kubikmeter Wasser jährlich mit vier starken Motoren in die Nordsee gepumpt werden. Kostenpunkt: rund eine halbe Millionen Euro. Die **Standbilder** des preußischen Kurfürsten Friedrich Wilhelm und des Königs Friedrich des Großen, die hier etwas merkwürdig deplatziert wirken, sind ein Geschenk der Stadt Emden an den Entwässerungsverband. Am Emder Rathaus, wo sie 1901 aufgestellt worden waren, wollte man sie nach 1945 nicht mehr sehen.

Übrigens: Was da ein bisschen aussieht wie der Tower eines Ufo-Landeplatzes, ist der **Leuchtturm Knock**, der dritte Leuchtturm, den wir auf unserer Tour passieren. Er wurde 1969 erbaut und trägt in 55 Metern Höhe eine Radarkuppel. Im weit ausladenden Stockwerk im unteren Drittel befindet sich die Überwachungszentrale für die gesamte Emsschifffahrt, auf dem Dach dieser Zentrale ist das Leuchtfeuer eingerichtet.

Fährt man von der Straße Am Mahlbusen nicht links auf das Siel und Schöpfwerk, sondern rechts auf die Jannes-Ohling-Straße, gelangt man nach 2,5 Kilometern zur **Strandpromenade** mit dem Restaurant und Café Strandlust, das in der Saison ab 11 Uhr auf Gäste wartet. Ein Stück weiter findet sich ein **Sandstrand**. Wer hier ein Bad nehmen möchte, sollte aber auf jeden Fall auf die Hinweisschilder achten, die an bestimmten Stellen das Baden aufgrund der starken Unterströmung verbieten.

Über **Wybelsum**, das früher für seinen Gemüseanbau bekannt war und 1972 zu Emden eingemeindet wurde, geht es weiter nach Emden. Das VW-Werk, das gleich hinter dem Industriepark Frisia mit einigen Zulieferfirmen liegt, hat den Ort stark verändert. Über die Larrelter Straße erreichen wir den Bahnhof Emden.

Quer durch die Krummhörn

Wer nach einem Deichspaziergang schon von Wasser, Watt und Salzwiese genug hat und lieber mit dem Auto die historische Landschaft Krummhörn erkunden möchte, der nehme von Greetsiel die Kreisstraße 233.

Über Pilsum und Manslagt erreichen wir Groothusen. Von hier geht es auf der Landesstraße 2 weiter nach Pewsum, dem Zentrum der Gemeinde Krummhörn. Über Freepsum und Groß-Midlum steuern wir dann Hinte und Suurhusen als letzte Stationen vor Emden an.

Aus der sehr fruchtbaren Marsch, durch die wir fahren, stechen einzig die vom Westwind gebeugten Bäume (Windloppers) an den Straßen hervor. Charakteristisch aber sind für diese Landschaft die Entwässerungsgräben und Kanäle, die die Wiesenflächen gliedern. Sie führen zu den Tiefs, die das Oberflächenwasser zur Küste transportieren. Sogar allein stehende Bauernhöfe sind an dieses System aus Gräben und Kanälen angeschlossen, das früher auch dem Transport von Waren aller Art diente.

Die Krummhörn liegt in Küstennähe, kaum über dem Meeresspiegel und fällt landeinwärts deutlich ab. Die effektive Entwässerung des Bodens ist für die Landwirtschaft überlebenswichtig.

Pilsum

Pilsum liegt auf einer Rundwarft, nur rund zwei Kilometer von der Nordseeküste entfernt. Vor allem an der Westseite des Dorfes sind noch einige große Gulfhöfe erhalten. Hier ist die Gestalt des Warftendorfes noch gut zu erkennen.

Auf dem höchsten Punkt des künstlichen Hügels erhebt sich die **Kreuzkirche** (Zur Kreuzkirche 5, April–Okt. tgl. 11–17 Uhr, Führungen Di, Do 11 Uhr). Sie wurde im 13. Jahrhundert erbaut und zwar – einmalig in Ostfriesland – mit einem Vierungsturm. Fast übersieht man den neben der Kirche stehenden, niedrigen Glockenturm. Noch im Mittelalter entdeckte man, dass die Warft nicht in der Lage war, das Gewicht des Vierungsturms zu tragen. Um zu verhindern, dass der Turm sich weiter neigte, baute man den frei stehenden Glockenturm und verbrachte die schweren Glocken dorthin. Der Vierungsturm mit den auffälligen Blendarkaden diente weiterhin als Seezeichen.

Reste spätmittelalterlicher Malereien in der Kreuzkirche

Karte S. 83

Die Fenster des Chores zeigen den gotischen Spitzbogen. Im Innern findet sich ein gotisches Rippengewölbe. Die Kirche wurde aber nicht nach gotischen Prinzipien (Öffnung der Wände) konstruiert, die Fenster an Turm und Langhaus zeigen romanische Rundbögen. Das Gotteshaus gehört daher zur Gruppe der romanogotischen Kirchen, die sich nur in Ostfriesland und jenseits der niederländischen Grenze in der Provinz Groningen finden. Im Inneren der Kirche sind Reste mittelalterlicher Malerei freigelegt worden.

Ganz in der Nähe des Gotteshauses bietet die **Alte Brauerei** in einem liebevoll restaurierten Steinhaus von 1673 und in einer Gulfscheune eine Schankwirtschaft und Restaurant. Am Nachmittag gibt es Tee und Kurchen.

Der nächste Ort, **Manslagt**, lag einst auf einer Insel in der Bucht von Sielmönken, die nach und nach eingedeicht wurde. Das Warftendorf zeigt eine Reihe von Gulfhöfen aus dem 19. Jahrhundert. Sie liegen mit ihren Scheunen zur Manslagter Ringstraße. Die Wohnteile weisen Richtung Kirche. Der **Gulfhof** An der alten Burg 2 wurde 1715 errichtet und gilt als einer der ältesten erhaltenen Gulfhöfe der Krummhörn. Die spätgotische **Kirche** stammt aus der Zeit um 1400. Vor der Kirche findet sich ein Modell des Dorfes Manslagt in Bronze. Übrigens weiß niemand, woher der Name Manslagt stammt oder was er bedeutet.

Groothusen

Groothusen ist eines der wenigen Dörfer an Ems und Nordseeküste, das auf einer Langwarft errichtet wurde – ein Hinweis darauf, dass Groothusen schon im 8. Jahrhundert als Handelsstützpunkt friesischer Kaufleute und Handwerker entstand. Seinerzeit lag Groothusen an einem geschützten Priel, nur rund 500 Meter entfernt von der Nordseeküste.

In Groothusen

Heute sind es 3,5 Kilometer zur Küste. Wie in anderen Langwarftendörfern wurde beim Kirchenbau Tuffstein verwendet, der per Schiff aus der Eifel hierher gebracht wurde.

Von den drei Burgen, die es einst in dem Ort gab und die vom Reichtum der Krummhörn Zeugnis ablegten, ist nur die **Osterburg** (An der Osterburg 1) erhalten. Vorbei am Wirtschaftshof, dem **Schatthaus** (Wiard-Meckena-Str. 3), in dem heute ein Burgcafé und Restaurant eingerichtet sind, geht es über den Weg An der Osterburg zur Brücke über den Wassergraben (Graft). Von hier aus können wir den Innenhof der Dreiflügelanlage betrachten. Der Mittelteil birgt ein Steinhaus aus dem 15. Jahrhundert, der kleine Ostflügel links ist von 1547. Die Burg ist in Privatbesitz, die historischen Innenräume können jedoch im Rahmen einer Gruppenführung (mindestens 10 Personen) nach Voranmeldung besichtigt werden.

Einige Meter weiter am Wassergraben entlang stoßen wir auf eine 240 Meter lange Lindenallee, an deren nördlichem

Die Manningaburg mit dem Torhaus im Vordergrund

Ende eine **Pan-Statue** überrascht. Irgendwie wirkt dieser Gott des Waldes etwas verloren mit seinem Flötenspiel inmitten der rauen Landschaft der Krummhörn.
Auf der gegenüberliegenden Seite der Kreisstraße bringt uns die Tiede-Ubben-Straße zur Kirche des Dorfes. Vorbei geht es an dem **Landarbeiterhaus** (Tiede-Ubben-Str. 7/9), das 1840 als Doppelhaus errichtet wurden. Hier sind heute Ferienwohnungen eingerichtet.
Die evangelisch-reformierte **Kirche** (Husumer Hörn 5, 1. April–15. Okt. tgl. 10–18 Uhr) mit dem wuchtigen Glockenturm auf der Ostseite wurde um 1400 aus Backstein errichtet. Es zeigt aber auf der Nordseite größere Partien aus Tuffstein, der vermutlich von der ersten steinernen Kirche des Ortes aus der Zeit um 1200 übernommen wurde. Auch der Turm der Kirche besteht innen aus Tuffstein, wurde aber beim Neubau des Kirchenschiffs um 1400 mit Backstein ummantelt.
An dem **Turm** fällt die mit einem Sandsteinrelief umschlossene Uhr aus dem Jahr 1599 auf. Wie schon über dem Eingang der Kirche Greetsiel finden sich oberhalb des Zifferblatts die Wappen der Häuser Cirksena und Wasa. Gestiftet wurde die Uhr von dem lutherischen Geistlichen Gerhard Sprangius, den Katharina Wasa der reformierten Gemeinde in Groothusen aufdrängte. Auf diese Zeit geht auch der Schwan auf dem Kirchturm als Symbol Luthers zurück, obwohl die Gemeinde wieder zum reformierten Bekenntnis zurückfand.
Im Chorraum beeindruckt der aus Blaustein gefertigte Grabstein der Adda von Mecklenborch; sie starb 1590. Das Taufbecken aus Bronze ist eine Arbeit von Ghert Klinghe aus dem Jahr 1454. Es ist das älteste erhaltene Bronzetaufbecken in Ostfriesland.
Auf dem Weg zurück durch die Dorfstraße lohnt sich ein Abstecher nach links in die Schmiedestraße. Unter der Hausnummer 4 wartet hier die **Dorfschmiede** aus der ersten Hälfte des 19. Jahrhunderts. Weiter die Straße zeigt sich unter der Hausnummer 10 ein Wohnhaus von 1847. Ecke Swartweg stößt man dann auf die Dorfstraße 8, ein Doppelhaus für

▸ Karte S. 83

Arbeiterfamilien aus dem 19. Jahrhundert. Vergleicht man dieses Arbeiterhaus mit dem weiß verputzen Wohnteil des **Gulfhauses** (Dorfstr. 7) gegenüber aus dem Jahr 1845, ahnt man die sozialen Gegensätze, die auch hier in der Krummhörn bis in die ersten Jahrzehnte des 20. Jahrhunderts existierten.

Pewsum

Von Groothusen sind es nur rund zwei Kilometer bis nach Pewsum, dem Verwaltungsmittelpunkt der Gemeinde Krummhörn. Der Ort mit seinen 3200 Einwohnern hat als wirtschaftliches Zentrum der Gemeinde Krummhörn und Verkehrsknotenpunkt mit drei Landesstraßen und zwei Kreisstraßen viel von seinem dörflichen Charme verloren.

Ein bisschen Dorffeeling kommt nur beim Gang durch die Straße **Drostenplatz** auf dem Weg zum Ensemble von Kirche und Manningaburg auf: links eine Reihe alter Linden am Burggraben, rechts die eingeschossigen Wohnhäuser, über die sich der Giebel der Kirche und der Spitzhelm des Glockenturms erheben.

Es ist unklar, wann im 14. oder 15. Jahrhundert die **Nicolaikirche Pewsum**, eine von nur drei lutherischen Kirchen in der Krummhörn, errichtet wurde. 1565 kaufte Katharina von Wasa die Burg samt Herrlichkeit Pewsum von Hoyko Manninga und leitete den Glaubenswechsel der Gemeinde ein.

Sehenswert ist im Innern die reich geschmückte Gedächtnistafel (Epitaph) aus Sandstein für Tetta von Oldersum, der Gattin des Häuptlings Hoyko Manninga mit Totenkopf und Putten. Sie verstarb 1562.

Die in weiten Teilen gelblich angestrichene **Manningaburg** wurde im Kern 1458 vom Pewsumer Häuptling Poppo Manninga errichtet. Erhalten sind um den Burghof zwei Flügel, deren Grundmauern auf die Häuptlingsburg zurückgehen. Der Häuptlingssitz war sehr viel größer und eindrucksvoller ausgebaut, verfiel aber im 18. Jahrhundert, sodass die Oberburg abgerissen werden musste. Betreten wird die heutige Burganlage durch das Rundbogenportal des Torhaus im Nordflügel, der im 16. Jahrhundert hinzugefügt wurde. Hier verweisen roter Backstein im Wechsel mit hellen Sandsteinstreifen (Specklagen) auf niederländische Einflüsse.

Im ehemaligen Wohntrakt ist heute ein **Museum des Heimatvereins Krummhörn** untergebracht. Modelle diverser ostfriesischer Burgen entführen hier in die (Häuptlings-) Vergangenheit der Region. Dazu kommen die Themen Geschichte des Kirchenbaues und Hermine Heusler-Edenhuizen. Sie war die erste niedergelassene Frauenärztin Deutschlands und ist im Haus Drostenplatz 3 aufgewachsen, ganz in der Nähe der Burg. Gefördert von ihrem Vater, legte sie 1898 als eine der ersten Frau in Berlin die Reifeprüfung ab und studierte dann in Zürich, Halle und Bonn Medizin. Und das, obwohl sie vor jeder Vorlesung, die sie besuchen wollte, die Erlaubnis des Vortragenden einholen musste. 1903 promovierte sie als erste Frau an der medizinischen Fakultät in Bonn.

Der Heimatverein Krummhörn betreut auch die dreistöckige **Holländerwindmühle** (Manningastr. 13–14) aus dem Jahr 1843. Hier und im Gulfhaus nebenan ist eine Ausstellung zu Handwerk und Landleben in Ostfriesland untergebracht.

Woltzeten

Wer wissen möchte, wie klein und einsam gelegen früher viele der Dörfer in der Krummhörn waren, sollte Richtung Süden fahren, in das Luftlinie rund drei Kilometer entfernte Woltzeten: 170 Einwohner auf einer kleinen Warft mit ein paar Wohnhäusern und Gulfhöfen. Nicht einmal die Warft ist vollständig mit Wohnplätzen besetzt.

Freepsum

Wir fahren weiter auf der Landesstraße 3 Richtung Freepsum und nähern uns damit dem **tiefsten Punkt Ostfrieslands**. Um den zu besuchen, müssen wir auf dem Parkplatz Wiesenweg das Auto stehen lassen und über den Meerweg und den Mittelweg rund 800 Meter Richtung Freepsumer Tief laufen.

Seit 1983 galt die Niederung, auf der sich früher das Freepsumer Meer erstreckte, mit 2,5 Metern unter Normalhöhenull als tiefster Punkt Deutschlands. Diesen Titel beansprucht seit 1988 aber die Gemeinde Neuendorf-Sachsenbande in der Wilstermasch (Schleswig-Holstein) mit 3,54 Metern unter NHN. Die Niederung Freepsumer Meer ist heute Teil des EU-Vogelschutzgebietes Krummhörn, mit dem Wiesenbrüter wie Kiebitz, Uferschnepfe und Rotbein vor dem Aussterben bewahrt werden sollen.

Bei Freepsum befindet sich der tiefste Punkt Ostfrieslands

▸ Karte S. 83

Über die Straßen Spielplatz und An der Dorflinde geht es hoch auf die Warft. Hier wird die ganze Enge einer solchen Dorfanlage deutlich.

Die romanische **Kirche Freepsum** aus der zweiten Hälfte des 13. Jahrhundert gibt ein anschauliches Beispiel von der Größte der Gotteshäuser in den kleinen Gemeinden der Krummhörn. Sie bringt aus auf gerade mal auf 25 mal 8 Meter Grundfläche.

Polder für das Regenwasser?

Geht es nach den Wissenschaftlern des Forschungsprojekts COMTESS, könnte die Niederung Freepsumer Meer in Zukunft als Regenwasserspeicher dienen. Von 2011 bis 2015 untersuchten sie Strategien zum Küstenschutz und zur Entwässerung in Ostfriesland im Kontext des Klimawandels auf ihre ökonomischen, sozialen und ökologischen Folgen. Kann das Regenwasser infolge des Anstiegs des Meeresspiegels nur noch unter hohen Kosten in das Watt gepumpt werden, wären Polder und Wasserspeicher wie das Freepsumer Meer sinnvoll. Hier könnte das Regenwasser zwischengespeichert werden, und gleichzeitig würden Wasserflächen mit hohem Freizeitwert sowie ökologisch wertvolle Lebensräume entstehen.

Hinte

Weiter geht es über Groß-Midlum und Westerhusen nach Hinte, das sich vom Dorf zum Wohngebiet im Umland von Emden entwickelt hat. Der Ortskern wird vom Knookster Tief und vom künstlich angelegten Neuen Greetsieler Sieltief durchflossen. Diese beiden Kanäle erhöhen nicht nur den Wohnwert des Ortes, sondern sorgen auch für die Entwässerung eines großen Teils der Krummhörn. Darüber hinaus werden sie als wichtige Verbindungen quer durch die Krummhörn von Kanupaddlern und Freizeitschiffern genutzt.

An der Brückstraße, die in den alten Ortskern führt, findet sich die **Mühle Hinte** (Brückstr. 11a), ein dreistöckiger Galerieholländer von 1869. Die Mühle beherbergt heute die Touristeninformation des Ortes. Weitere Räume wie Teestube, Friesenzimmer und Gemäldegalerie werden auf Voranmeldung für Gruppen geöffnet.

Fährt man weiter über das Knockster Tief, liegt rechts die reformierte **Kirche Hinte** und gleich dahinter die Burg Hinta – ein in Ostfriesland einzigartiges Ensemble zweier ortsbildprägender Bauten. Vom Parkplatz an der Osterhuser Straße führt der Weg zwischen Kirche und Glockenturm auf den Friedhof. Der Glockenturm stammt aus dem 13. Jahrhundert, die Kirche wurde in der zweiten Hälfte des 15. Jahrhunderts errichtet. Ihre ungewöhnliche Größe von 46 mal 10 Metern kennzeichnet sie als Propsteikirche. Im Innern ist im Chorgewölbe die mittelalterliche Malerei ›Christus als Weltenrichter mit flammendem Schwert und blühender Lilie‹ erhalten. Die beiden Grabsteine mit Totentanzdarstellungen schuf der niederländische Bildhauer Vincent Lukas.

Nur vom Gottesacker der Kirche können wir einen Blick auf die **Burg Hinta** werfen, die sich seit 1567 im Besitz der Familie von Freese befindet. Wir sehen eine Vierflügelanlage mit einem breiten Burggraben, der die Wehrhaftigkeit der Anlage betont und von einer schmale Brücke überspannt wird.

Suurhusen

Von Hinte sind es nur wenig mehr als zwei Kilometer bis in den Ort Suurhusen, dessen **Kirche** (Am Suurhuser Tief 7) es in das Guinnessbuch der Rekorde geschafft hat. Schiefster Kirchturm der

Rekordverdächtig: der schiefe Kirchturm von Suurhusen

Welt: diesen Titel konnte der Turm in Suurhusen mit einer Neigung von 5,19 Grad für sich beanspruchen – zumindest bis 2022. In diesem Jahr stellt die Gemeinde Gau-Weinheim (Rheinland-Pfalz) für ihren Turm eine Neigung von 5,4277 Grad fest. Der Kirchturm von Suurhusen ist aber allemal sehenswert, neigt er sich doch bei einer Höhe von 27 Metern beeindruckende 2,43 Meter nach vorn. Der Grund: Eichenpfähle im Fundament des Turms fielen trocken und vermoderten, nachdem zuvor die Krummhörn entwässert worden war. Vorher hatten die Pfähle im Wasser gelegen und der Turm aus der Zeit um 1450 mehr als 400 Jahre aufrecht gestanden. 1975 musste die Kirche geschlossen werden. Private Mittel ermöglichten eine Sanierung des Turmfundaments, sodass das Gotteshaus heute wieder geöffnet ist. Der Kirchturm wurde zum Touristenmagnet. Zum Vergleich: Der berühmte Schiefe Turm von Pisa bringt es nur auf eine Neigung von 3,97 Grad. Gleich gegenüber der Kirche lädt das **Brötchenhuus** (Am Schiefen Turm 39) zu einer Pause ein.

Sehenswert ist in Suurhusen auch das **Landarbeitermuseum**, das in einem Landarbeiterhaus von 1679 eingerichtet wurde. Ein Raum mit offener Feuerstelle von 20 Quadratmetern als Wohnbereich, dazu zwei Schlafbutzen sowie eine kleine Speisekammer – das war alles, was man früher als Landarbeiterfamilie zu erwarten hatte. Im Stall befanden sich Schaf- und Schweine-Huk, Waschstelle mit Regenbacke und ein Plumpsklo. Die Einrichtung stammt aus der Zeit um 1900.

Uttum, Jennelt, Eilsum, Grimersum

Über Hinte und das 200-Seelen-Dorf Circwehrum erreichen wir auf der Kreisstraße 229 den Ort **Uttum** und damit eine Geschichte, die in den Fimstudios in Hollywood endet. 1869 wanderte Eert Ubbe Iwwerks aus Uttum in die USA aus. 1901 wurde dort sein Sohn Ubbe Eert Iwwerks geboren, der sich 1920 zusammen mit einem gewissen Walt Disney mit einem Zeichnenstudio selbstständig machte und bis 1928 unter dem Namen Ub Iwerks nach Disneys Idee den ersten Micky-Maus-Film ›Plane Crazy‹ zeichnete.

Das Taufbecken in der Kirche Eilsum

▲ Karte S. 83

Sehenswert in Uttum ist vor allem das Rentmeisterhaus genannte **Steinhaus** von 1597, das mit einem Staffelgiebel und Löwenköpfen in Höhe der Traufline ausgeschmückt ist. Dazu kommen die Maueranker und die Entlastungsbögen über den Kellerfenstern. An das Steinhaus wurde später ein Gulfteil angebaut.

Von Uttum geht es weiter nach **Jennelt**. Hier finden sich in einer Gruft unter der Kirche aus dem Ende des 13. Jahrhunderts die Prunksärge der Grafen zu Inn- und Knyphausen, darunter der Sarg von Graf Dodo, der als Feldmarschall im Dreißigjährigen Krieg aus Seiten des schwedischen Königs Gustav Adolf kämpfte.

Weiter geht es nach **Eilsum**, das erstmals 1370 in einer Urkunde erwähnt wurde. Archäologische Funde aber verweisen auf eine Besiedlung schon im 7. und 8. Jahrhundert. Offensichtlich wurde das Warftendorf als früher Handelsort mit Hafen angelegt. Davon ist nichts mehr zu sehen. Aber die **Kirche Eilsum** aus der Zeit um 1250 ist mit 40 Metern Länge eine der größten Saalkirchen der Krummhörn und erinnert an die alte Bedeutung des Ortes als Handelsstätte. Sie ist die einzige Chorturmkirche Ostfrieslands. Gleichzeitig ist sie durch die zweigeschossige Gliederung der Außenfassade mit Blendarkaden ein gutes Beispiel für den Stil der friesischen Romano-Gotik. Im Innern erwartet die Besucher ein qualitätsvolles Taufbecken aus Bronze, das von vier Evangelisten getragen wird. Barthold Klinghe, Sohn von Gerth Klinghe, goss es 1472. Unbedingt sehenswert sind die spätromanischen Wandmalereien im Chorraum. Sie zeigten Christus in der Mandorla, links Maria und einen Heiligen, rechts Johannes den Täufer und eine Bischofsfigur. Die letzte Station der Rundreise durch die Krummhörn ist **Grimersum**, das auf einer Langwarft angelegt wurde und noch heute östlich der Kirche in der Eggerik-Beninga-Straße und der Krummen Lohne seinen dörflichen Charakter bewahrt hat. Das eingeschossige Landarbeiterhaus in der Krummen Lohne 1 stammt aus dem Jahr 1752.

Der nächste Ort, Wirdum (→ S. 220), gehört schon zum Brookmerland.

Krummhörn

Tourist-Information Pewsum, Gemeindeverwaltung, Rathausstr. 2, 26736 Krummhörn-Pewsum, Tel. 04923/916-0; telefonisch Mo–Fr 8.30–12, Info-Counter Mo–Do 14–16 Uhr.

Villa 1909, Manningastr. 19, 26736 Krummhörn-Pewsum, Tel. 04923/8058801. Bed & Breakfast. www.villa-1909.de

▸ Ferienwohnungen:

Ferienhof Akkens, Akkenser Weg 1, 26736 Krummhörn-Greetsiel, Tel. 0151/23027556. Auch für Fahrradfahrer für eine Nacht. www.akkens.de

Alte Mühle Uttum, An der Mühle 6, 26736 Krummhörn-Uttum. Ferienwohnung für 1–4 Pers. www.uttumer-muehle.de

Alte Brauerei, An der Alten Brauerei 2, 26736 Krummhörn Pilsum, Tel. 04926/912915; Mi–So ab 11, Mittagstisch 12–14, Abendessen 18–21 Uhr. Regional und frisch. www.alte-brauerei-pilsum.de

Osterburg Restaurant und Café, Osterburg 1–3, 26736 Krummhörn-Groothusen, Tel. 04923/9275323; Mo, Di, Do 12–18, Fr/Sa 12–22, So 12–20 Uhr; Küchenzeit Mo, Di, Do 12–15, Fr–So 12–14.30, 17.30–19.30 Uhr. Abendessen Fr/Sa/So nur mit Reservierung. www.osterburg-groothusen.de

Rysumer Plaats Restaurant und Café, Am Judendobbe 4, 26736 Krummhörn-Rysum, Tel. 04927/8379996; Mi–So 13–21 Uhr. Beim Essen einen Gulfhof besichtigen. www.rysumerplaats.de

Strandlust Restaurant und Café, Jannes-Ohling-Str. 39, 26723 Emden, Tel. 04927/187836; Sommer tgl. ab 11, Winter Mi–So 11.30–21.30 Uhr. Bauernfrühstück 12,50 Euro. www.die-strandlust.de

Nienhof mit dem Café Kluntjestuv, Teyweg 4, 26736 Krummhörn-Pilsum, Tel. 04923/9275422; tgl. 11–18 Uhr, Küche ab 11 Uhr. Tee, Kaffee und Kuchen sowie warme Mahlzeiten. www.nienhof.com

Brötchenhuus, Am Schiefen Turm 39, 26759 Hinte-Suurhusen, Tel. 04925/4359943; Mai–Okt. Mo–Fr 7–17, Sa/So 7–17 Uhr, Okt.–April Sa/So 7–11 Uhr. Bäckerei und Café, vom Frühstück bis zum Matjesbrötchen. www.schiefster-turm.de

Ostfriesisches Landwirtschaftsmuseum, Krummhörner Str., 26736 Krummhörn-Campen, Tel. 04927/ 939523; Di–So 11–17 Uhr. Landwirtschaftliche Geräte ab 1810, Oldtimer-Traktoren. www.olmc.de

Rysumer Mühle, Mühlenlohne 10, 26736 Krummhörn-Rysum; Mai–Sept tgl. geöffnet, Eintritt frei.

Manningaburg, Burgmuseum Pewsum, Drostenplatz 5, 26736 Krummhörn-Pewsum; Mai–13. Okt. Di, Mi, Do, Sa, So 11–15 Uhr. www.heimatvereinkrummhörn.de

Mühlenmuseum Pewsum, Manningastr. 13, 26736 Krummhörn-Pewsum, Tel. 04923/1483; wegen Wasserschaden bis auf Weiteres geschlossen. www.heimatverein-krummhörn.de

Landarbeitermuseum, Smal Joed 5, 26759 Hinte-Suurhusen, Tel. 04925/275636; geöffnet nach Vereinbarung. www.landarbeitermuseum.de

Kirchen aus Tuffstein und Granit – für die Ewigkeit gebaut?

Die ersten steinernen Bauten in Ostfriesland wurden nicht aus Ziegelstein errichtet. Der wurde hier, wie in ganz Deutschland, erst um 1180 aus Tonerde geformt, gebrannt und dann für die vornehmste Bauaufgabe verwendet, den Bau der Kirchen. Stattdessen wurden die ersten steinernen Kirchenbauten in Ostfriesland aus Tuffstein oder aus Granit errichtet.

Der weiche Tuffstein, der sich sogar sägen lässt, wurde in der Eifel abgebaut, zurechtgeschnitten und dann per Schiff über den Rhein zu Stapelplätzen in den Niederlanden und dann nach Ostfriesland transportiert. Verbaut werden konnte er nur in Orten, die leicht per Schiff zu erreichen waren, etwa Larrelt, Groothusen und Rysum in der Krummhörn. Der Ort Nesse, östlich von Norden, lag im Mittelalter an der Hilgenriederbucht. Arle war über ein schiffbares Tief erreichbar, und Stedesdorf lag seinerzeit an der Harlebucht. So finden sich Tuffsteinkirchen in drei Orten, die heute kilometerweit im Landesinneren liegen.

Tuffsteinkirchen wurden später oftmals komplett neu als Backsteinkirchen wieder errichtet oder aber durch breite Backsteinpassagen gesichert. Der Grund: Der poröse Tuffstein ist alles andere als gut geeignet für das raue, feuchte Seeklima in Ostfriesland. Darüber hinaus sind die Steine auf der Südseite der Kirchen im Winter starken Temperaturschwankungen ausgesetzt. Scheint am Tag die Sonne auf das Mauerwerk und friert es nachts, dann bilden sich durch die Spannung aufgrund der Erwärmung und Abkühlung Risse im Stein.

Das zweite Baumaterial vor der Zeit des Backsteins, der Granit, wurde während der Eiszeit aus Skandinavien nach Ostfriesland transportiert. Die je nach Größe Findling oder Feldstein genannten Granitsteine wurden gespalten, indem man sie anbohrte und Holzkeile in die Bohrungen schlug. Diese wurden dann gewässert, bis der Stein zersprang. Mühsam mussten die Steinstücke dann auf der Sichtseite sorgfältig behauen werden. Bearbeitet wurden auch die Flächen an den Seiten bis in eine Tiefe von rund 20 Zentimetern, damit sie als Auflagen im Mauerverband dienen konnten. Diese Quader wurden dann in einen Mörtel aus Steinabfällen und Muschelkalk gedrückt. Die Mauern aus Granitstein wirken unverwüstlich und wie für die Ewigkeit gebaut. Tatsächlich aber stürzen sie leicht ein, weil sich der glatte Granitstein nur sehr unzulänglich mit der Mörtelmasse verbindet.

Granitquaderkirchen aus dem 12. und 13. Jahrhundert finden sich im Osten der ostfriesischen Halbinsel und hier vor allem im Jeverland. Die schönste Kirche aus gequadertem Granit findet sich in der Ortschaft Marx im Landkreis Wittmund mit der St. Marcus-Kirche. Weitere Granitquaderkirchen haben sich in Asel, Middels und Buttforde erhalten.

Arle: Kirchenwand aus Tuffstein

Norden

Norden hat sich in den vergangenen Jahren reichlich bemüht. Die Innenstadt um Marktplatz, Osterstraße und Neuer Weg wurde saniert, die Anbindung an das Norder Tief mit Jachthafen gesucht. Norden als Standort regional bedeutender Firmen ist weitgehend Geschichte, der Status als Kreisstadt seit 1977 passé. Jetzt heißt es ›Hier beginnt das Meer‹, und da hat man mit dem Stadtteil Norddeich nicht nur in Sachen Tourismus, sondern auch in der Gesundheitsbranche gute Argumente.

Mit der Sanierung und Umgestaltung des ehemaligen Geländes der Spirituosenfirma Doornkaat im Bereich der Altstadt läuft das nächste Großprojekt der 25 000-Einwohner-Stadt. Norden soll attraktiver werden für die Touristen, die in den Badeorten an der nur rund fünf Kilometer entfernten Nordseeküste Urlaub machen. Und die unternehmen ja zu gerne auch mal einen Bummel durch eine ostfriesische Kleinstadt, zumal es bekanntlich in Ostfriesland ab und an regnet und der Aufenthalt am Strand dann nicht erste Wahl ist.

Geschichte

Norden entwickelte sich als Marktort für regionale Produkte am nördlichen Ende des Ostfriesisch-Oldenburgischen Geestrückens. Dieser Handelsplatz lag zwischen den Dörfern Ekel, Lintel und Westgaste, die heute allesamt in der Stadt Norden aufgegangen sind. Der Marktort war über die Nordsee per Schiff zu erreichen und zugleich Endpunkt der Heer- und Handelswege von Oldenburg (Friesischer Heerweg) und Münster (Friesische

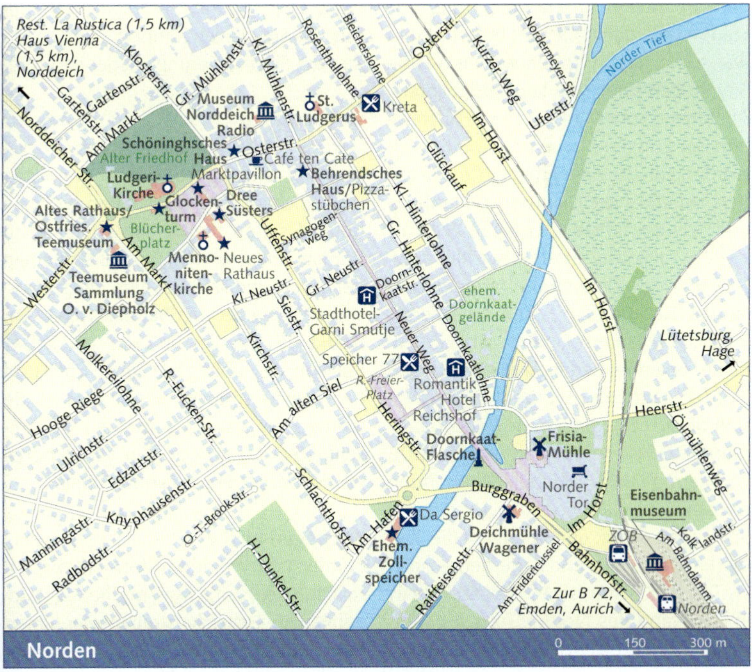

Norden

Straße). Günstige Voraussetzungen also für die Entwicklung einer Marktsiedlung, zu der auch ab 1150 eine Marktkirche gehörte. Sie wurde dem Apostel Andreas geweiht. Die nur wenige Schritte entfernte Ludgeri-Kirche dagegen wurde als Gotteshaus für die Bewohner der umliegenden Dörfer im Norderland errichtet. Hier wurden nicht nur Gottesdienste abgehalten, sondern wurde auch Recht gesprochen (Sendkirche).

Zusätzlich zu diesen beiden Kirchen sind für das mittelalterliche Norden zwei Klöster und im näheren Umland mehrere Burgen nachgewiesen – Bauten, die auf den Reichtum der Region und die Bedeutung Nordens als Marktort schließen lassen. Im Jahr 1255 wurde Norden erstmals in einer Urkunde erwähnt, 1535 erhielt der Ort von den ostfriesischen Grafen eine Stadtordnung. Anders als Emden und Aurich war Norden zu keiner Zeit Residenzort oder politisches Zentrum. Die Stadt wurde daher niemals befestigt und war somit Katastrophen wie dem Dreißigjährigen Krieg schutzlos ausgeliefert.

Ausgehend vom Marktplatz, der Andreas- und der Ludgeri-Kirche entwickelte sich Norden entlang der Osterstraße, die auf den Handelsweg Richtung Oldenburg und Bremen führte. Der Neue Weg als zweite Achse der Stadtentwicklung leitete von der Osterstraße hinüber zum Norder Tief mit dem Hafen. Hier siedelten sich die Unternehmen an, die im Zuge der beginnenden Industrialisierung in Norden gegründet wurden. Zu nennen sind die 1769 entstandene Rauchtabakfabrik Steinbömer & Lubinus, die 1806 von dem niederländischen Mennoniten Jan ten Doornkaat Koolman gegründete Spirituosenfabrik und vor allem die Teemarke Onno Behrends, die heute noch als Teil der Ostfriesischen Teegesellschaft in der Nähe des Norder Tiefs arbeitet. Rund die Hälfte der denkmalgeschützten

Am Markt

Gebäude der Stadt liegen heute um den Marktplatz, an Osterstraße und Neuem Weg. Dazu kommen die ortstypischen Lohnen, schmale Wege, die in die Tiefe der Grundstücke und damit zu den Rückgebäuden mit ihren Speichern führen. Einige dieser Lohnen wurden im Zug der Stadtsanierung wieder geöffnet.

■ Marktplatz

Der Teil des Marktplatzes, auf dem montags und samstags jeweils am Vormittag der Wochenmarkt abgehalten wird, ist durch Streifen dunkler Basaltsteine im Kopfsteinpflaster und durch Baumreihen gegliedert und liegt vor dem eingeschossigen, flachgedeckten **Marktpavillon** (Am Markt 15) aus der Zeit um 1960. Der Pavillon war über viele Jahre Café und beliebter Treffpunkt, aktuell aber ist die weitere Verwendung des denkmalgeschützten Baues, der den Wirtschaftsbetrieben der Stadt gehört, unklar.

■ Ludgeri-Kirche

Nördlich des Marktpavillons erhebt sich mächtig der breitgelagerte Chor der Ludgeri-Kirche. Gelbliche Strebepfeiler führen vom roten Backsteinsockel hinauf zum

▸ Karte S. 113

schwarzen Dach des Umgangschores. Darüber erhebt sich ebenfalls in gelblichem Klinker und mit schwarzem Dach der Hochchor. Rahmung und Maßwerk der spitzbogigen Fenster nehmen das Rot des Sockels auf. Die Ludgeri-Kirche ist mit rund 80 Metern Länge die größte in Ostfriesland erhaltene mittelalterliche Kirche.

Zum Eingang des Gotteshauses geht es entlang des Querhauses mit der **Plastik des Friesenmissionars Liudger** über dem Portal. An das Querhaus setzt ein Gebäudekörper mit am Ende weit nach unten gezogenem Dach an, der aussieht, als gehöre er zu einem Bauernhaus. Tatsächlich aber handelt es sich um das Langhaus der Kirche mit vier spitzbogigen Fenstern, an das eine Küsterei mit Schleppdach angebaut wurde. Eine Tür, auf der – aus guten Grund – auf einem Messingschild der Hinweis ›Eingang zur Ludgeri-Kirche‹ steht, fordert zum Eintritt auf.

Wir stehen unvermittelt im Langhaus der Kirche, das schon im 13. Jahrhundert errichtet wurde. Der Raum hat aber durch das weiße Tonnengewölbe aus Holz und die nachträglich vergrößerten Fensteröffnungen den Charakter eines romanischen Saalbaues vollends verloren.

Am ersten Vierungspfeiler ist eine barocke **Kanzel** mit Schnitzwerk und wuchtigem Schalldeckel auszumachen und dahinter das Prachtstück der Kirche, die 1687 vom weltberühmten Hamburger Meister Arp Schnitger gefertigte **Orgel**. Sie ist die zweitgrößte in Deutschland erhaltene Schnitger-Orgel und nach ihrer Restaurierung Reiseziel von Orgelfachleuten und -liebhabern aus aller Welt.

Auf dem Weg zur Orgel hat sich der Charakter des Kirchenraums grundlegend verändert. Statt im eher niedrigen Langhaus befindet man sich jetzt in der deutlich höheren Vierung von 1445. Rote, schwarze und weiße Formsteine bilden den Schaft mächtiger Säulen, aus denen die roten Dienste hinauf in das weißgetünchte Gewölbe laufen.

Richtung Altarraum begrenzt die 1596 eingebaute Empore, der **Fürstenstuhl** für die Grafen von Ostfriesland, die Vierung. Was auf den ersten Blick wie ein Lettner wirkt, der im Mittelalter das Kirchenschiff der Laien vom Hochchor der Kleriker trennte, entpuppt sich also als Sitzplatz der Herrschaft. Von hier hatte sie einen guten Blick sowohl auf den Hauptaltar im Chor als auch auf die Kanzel im Querhaus, die mit der Reformation zum Ort der wichtigsten Gottesdiensthandlung wurde, der Predigt. Der Magistrat der Stadt Norden saß links vom Fürstenstuhl auf dem **Herrenboden** an der Nordwand des Querschiffes. Die vornehmen Bürgerfamilien nahmen im Kastengestühl zu ebener Erde Platz, das heute noch durch Wappen und Mono-

Der heilige Ludger in der nach ihm benannten Kirche

gramme sowie Hauszeichen die früheren Inhaber dieser Sitzplätze kenntlich macht. Am Pfeiler gegenüber der Orgel sollte man das **Grabmal** des 1588 verstorbenen Unico Manninga nicht übersehen. Über der lebensgroßen Liegefigur aus Marmor findet sich ein Relief mit Christi Auferstehung, umrahmt von Darstellungen der Kardinaltugenden. Manninga wurde auf Schloss Lütetsburg geboren, studierte in Wittenberg und Padua und war Amtmann (Drost) in Emden. Als bekennender Calvinist nahm er viele niederländische Glaubensflüchtlinge in Lütetsburg auf.

Nicht zu übersehen ist direkt über dem Triumphbogen die mittelalterliche Darstellung von Christus als Weltenrichter. 1985 wurde die gesamte mittelalterliche Bemalung im Querschiff, im Chor sowie im Chorumgang unter der weißen Übermalung freigelegt.

Weiter geht es durch eine Tür unter dem Fürstenstuhl in den **Hochchor**, den 1455 Ulrich Cirksena errichten ließ. Die Mitglieder des Häuptlingsgeschlechts der Cirksenas hielten sich zu dieser Zeit noch vornehmlich in Greetsiel und in Norden auf, wo sie im Kloster Marienthal über eine Grablege verfügten. Später dann stiegen sie zu Reichsgrafen auf, residierten in Emden und anschließend in Aurich. Der Chor zeigt sich als ein ganz der Gotik verpflichteter, lichter, himmelwärts strebender Kirchenraum. Nach dem schlicht gehaltenen Langhaus, dem durch Kanzel, Orgel und Fürstenstuhl sowie Herrenboden verwirrend gefüllten Querhaus zeigt sich jetzt eine offene, dreistufige Inszenierung aus rotem Backstein, weiß getünchten Flächen und vor allem Licht. Beherrscht wird dieser Hochchor vom **Altar** aus dem späten 15. Jahrhundert. Der geschnitzte, spätgotische Baldachin, der den Altar überwölbt, stammt auch aus dieser Zeit. Die Schrifttafeln im Mittelteil und an den Flügeln aber wurden erst 1577 anstelle der Figuren und Bildnisse des spätgotischen Altars eingesetzt. Aus dem mittelalterlichen Gottestisch sollte nach der Reformation ein Altar des neuen Glaubens werden. Der Altar sollte – ganz protestantisch – das Wort Gottes in den Mittelpunkt stellen.

Spätgotisch sind dann wieder die Schnitzarbeiten an den zweisitzigen Grafenstühlen (nach 1455) und am Chorgestühl von 1481. Das **Sakramentshaus** aus Baumberger Kalkstein, eines der wenigen in Ostfriesland erhaltenen Exemplare, stammt aus der Zeit um 1500. Keinesfalls versäumen sollte man einen Gang durch den Umgangschor, in dem Sandsteinplastiken präsentiert werden, die einst die Fassade des Gotteshauses schmückten. Dazu kommen wechselnde Ausstellungen.

▸ Karte S. 113

■ Glockenturm

Auf der Platzfläche vor der Ludgeri-Kirche ragt der frei stehende, zweigeschossige Glockenturm in die Höhe. Er zeigt im unteren Bereich durch Rundbögen abgeschlossene Blenden, im Giebeldreieck dann aber schon den Spitzbogen – ein Backsteinbau des Übergangs von Romanik zur Gotik aus dem frühen 14. Jahrhundert.

Auf der Marktseite des Glockenturms wurde 1927 das **Denkmal für die Gefallenen des Ersten Weltkrieges** angefügt. Blockhaft-wuchtig hebt sich die Gestalt des Soldaten mit Stahlhelm und Karabiner von der Backsteinwand ab. Die martialische Inschrift ›lever dod as slav‹ ist noch ganz im Geist der 1920er Jahre verfasst, als der Erste Weltkrieg nicht nur von Konservativen als Verteidigungskrieg des Deutschen Reiches angesehen wurde. Unterstrichen wird die Aussage durch die Eichen, die den Soldaten rahmen und als Symbol deutscher Freiheit,

Das Alte Rathaus, Sitz von Touristeninformation und Teemuseum

Beständigkeit und Kraft gesehen wurden. In der Rückseite des Glockenturmes gibt eine Tür den Blick frei in die Ehrenhalle für Gefallene beider Weltkriege.

■ Westseite

Beherrscht wird die Westseite des Marktes vom **Alten Rathaus**, das nach der Zerstörung des Vorgängerbaues an gleicher Stelle ab 1539 mit vorgestelltem Treppenturm errichtet wurde. An den Baustil der Renaissance erinnern die geschweiften Giebel an Turm und Hauptgebäude. Der Eindruck dieses imposanten Bauwerks wird etwas durch das Einfamilienhaus geschmälert, das sich unmittelbar an das Hauptgebäude anschließt und es seitlich bis in das Obergeschoss verdeckt. Im Alten Rathaus ist heute neben der Dauerausstellung zur Stadtgeschichte Nordens das **Ostfriesische Teemuseum** untergebracht. Hier werden nicht nur die Handelsrouten des Tees und typisches Teezubehör präsentiert, sondern es wird die gesamte ostfriesische Teekultur dargestellt. Dafür wurde das angrenzende Gebäude Westerstraße 1 für Ausstellungszwecke umgebaut.

Eine Besonderheit des Alten Rathauses ist die ›Theelkammer‹, in der die ›Theelacht to nörden‹ ihre Zusammenkünfte abhält. Und die ist immerhin die ›Älteste bäuerliche Gemeinschaft Europas auf genossenschaftlicher Grundlage‹. Zumindest heißt es so auf der Internetseite der Vereinigung. Angeblich schlugen die Friesen im Herbst 884 in der Schlacht bei Norden (Norditi) die Normannen in die Flucht. Bauern der Region erhielten als Lohn dafür große Flächen an der Hilgenrieder Buch zur gemeinsamen Nutzung, die sie verpachteten. Zu diesem Zweck gründeten sie eine Genossenschaft, deren Anteile nach altem friesischen Recht auf den jeweils jüngsten Sohn vererbt wurden. Obwohl die Theelacht nicht mehr als Besitzerin der Flächen im Grundbuch steht, ist auch heute noch auf immerhin rund 450 Hektar an der Hilgenrieder Buch eine symbolische Erbpacht an die Theelacht abzuführen. Und so kommen zweimal im Jahr die ›Arvburen‹ (Erbbauern) im Alten Rathaus der Stadt Norden zusammen, stellen ihren Handstock in einer gesonderten Nische in der Theelkammer ab, trinken aus Zinnkrügen das leicht angewärmte ›Theelbier‹ und rauchen schweren Tabak aus langen Tonpfeifen. Und dabei streichen sie die (symbolischen) Einkünfte ihres gemeinsamen Landbesitzes ein.

Das **TeeMuseum**, die zweite Sammlung zu diesem Thema hier am Marktplatz, ist schon vom Alten Rathaus aus durch das große Hinweisschild gar nicht zu übersehen. Es ist in einem 1553 erbauten Wohnhaus mit einem Gewölbekeller aus der Bauzeit untergebracht. In dem Gebäude lebte von 1578 bis 1587 der Universalgelehrte Ubbo Emmius, der unter anderem in Norden als Rektor der Lateinschule wirkte. Im TeeMuseum

Die Kanzel in der Mennonitenkirche

wird die Geschichte des Teegenusses in den verschiedenen Kulturen präsentiert. Die sich anschließenden zweistöckigen, verputzten **Wohnhäuser** Am Markt 30, 29 und 27 erhielten ihr Aussehen im 19. Jahrhundert. Auffällig sind die reichgeschmückten Fensterverdachungen und das stark profilierte Traufgesims des Hauses Nr. 27.

Gehen wir vom Alten Rathaus nicht Richtung TeeMuseum, sondern überqueren die Westerstraße, stoßen wir nach wenigen Metern auf das **Gebäude Am Markt 46** aus der Mitte des 16. Jahrhunderts. Mehrere Jahre wurde es von einem örtlichen Immobilienunternehmer saniert und abschließend in sechs Wohnungen aufgeteilt. Sehenswert ist die dreiachsige Fassade mit grüner Eingangstür, hellen Sandsteinbahnen um Tür und Fenster und Muschelzier über den Fenstern im Nischengiebel. Die Jahreszahl 1680 über dem mittleren Fenster des Obergeschosses bezieht sich auf die Giebelgestaltung. Der Seitentrakt mit drei Fensterachsen wurde später ergänzt.

Etwas weiter die Straße hinunter erwartet uns das **Haus Vienna** (Norddeicher Str. 55), ein ostfriesisches Steinhaus aus der Zeit um 1600, das die Specklagen (Sandsteinbahnen) zeigt, die für die Bauten der niederländischen Renaissance typisch sind. Es dient heute als Veranstaltungsraum der Bürgerstiftung Norden.

Südseite

Die Schmuckseite des Marktplatzes ist die Südseite, die von zwei bedeutenden Gebäudegruppen dominiert wird. Die **Mennonitenkirche** (Am Markt 17) wurde in einem Patrizierhaus eingerichtet, das 1662 im Stil des niederländischen Barock entstand. Ein doppelter Treppenlauf betont die Mittelachse des zweigeschossigen Gebäudes aus Backstein, dessen Fassade durch feine Halbpfeiler (Pilaster) mit ionischen Kapitellen gegliedert ist. Leuchtend weiße Fruchtgehänge zwischen Erdgeschoss und Obergeschoss geben dem ansonsten klassisch-klar gegliederten Bau ein festliches Gepräge. 1795 übernahm die Mennonitengemeinde, eine evangelische Freikirche, das Patrizierhaus und baute es zum Gotteshaus aus. Nur auf die Distanz entdeckt man den niedrigen Turmaufsatz, der das Gebäude als Kirche kennzeichnet. Die Seitenflügel links und rechts wurden nachträglich angebaut.

Neben dem klassizistischen **Neuen Rathaus** (Am Markt 15) aus der Zeit um 1855, an dem 1884, als die Stadtregierung einzog, ein Balkon angesetzt wurde, steht das zweite wichtige Ensemble dieser Marktseite. Es wird **Dree Süsters** (Drei Schwestern) genannt. Durch ihre typisch für Renaissancegebäude geschwungenen Giebel sind die drei Wohnhäuser aus Ziegelstein gar nicht zu übersehen. Das linke (Nr. 12) wurde 1570 und das mittlere (Nr. 13) 1630 errichtet. Die Nummer 14 wur-

▸ Karte S. 113

de 1963 – man höre und staune – für einen Parkplatz abgerissen. 1991 – mittlerweile hatte man den Wert des Ensembles erkannt und war zur behutsamen Stadtsanierung übergegangen – wurde die Fassade nach Fotografien rekonstruiert. Typisch für Renaissancehäuser dieser Zeit sind neben den geschweiften Giebeln die Entlastungsbögen über den Fenstern und Türen, die mit Diamantquadern ausgeschmückt sind. Über jedem Fenster sehen wir zwei dieser Bögen, die auf Steinstützen aufsetzen, die die Fensterfläche teilten. Im Giebel sind runde Zierteller zu sehen.

Osterstraße

Ein noch erheblich eindrucksvolleres Beispiel für ein Renaissancebürgerhaus als die Dree Süsters steht an der nahen Osterstraße. Das **Schöninghsche Haus** (Nr. 5) von 1576 ist nicht nur das schönste Gebäude in Norden, sondern zeigt auch, wie die nahe Hafenstadt Emden in größeren Teilen vor der fast völligen Zerstörung im Zweiten Weltkrieg ausgesehen hat. In diesem Kaufmannshaus sind die hellen Sandsteinelemente nicht mehr Zierrat, sondern stehen vom Volumen her fast gleichberechtigt neben den Flächen in rotem Ziegelstein. Schon an der Höhe der Fenster kann man die Aufteilung des Gebäudes ablesen: Auf ein hohes Erdgeschoss mit Kaufmannsdiele folgte ein Wohngeschoss, darüber liegen drei niedrigere Speichergeschosse. Betont wird diese Gliederung durch vorspringende Gesimse, die von Konsolen getragen werden und durch Sandsteinbahnen (Specklagen) unterlegt sind. Die Entlastungsbögen über Tür und Fenstern sind mit Muschelrelief gefüllt. Das Ganze wird von einem dreistöckigen Treppengiebel bekrönt, der mit figürlichen Darstellungen ausgeschmückt ist. Kaum zu glauben, dass 1961/62 diese Perle niederländischer Renaissance in Ostfriesland abgerissen werden sollte.

In der Osterstraße

Im folgenden Stück der Osterstraße verbergen im Erdgeschoss die Umbauten zur Ladenfront weitgehend die historische Bausubstanz der Gebäude. Anders das **Café ten Cate**. Das Norder Traditionsunternehmen ist seit 1878 in der Osterstraße vertreten und bietet heute eine Konditorei und eine Schokoladenmanufaktur. Das Gebäude wurde um 1900 errichtet und setzt dunkelrote Backsteinstreifen als teils geschwungenes Zierelement auf der gelblichen Putzfassade ein.

Auf der gegenüberliegenden Straßenseite führt eine der ortstypischen Lohnen zum ehemaligen Packhaus (Osterstr. 11A), in dem heute das **Museum Norddeich Radio** untergekommen ist. 1907 nahm die Küstenfunkstelle Norddeich Radio ihren Betrieb auf. Mit einer Sendeanlage der Firma Telefunken konnten Schiffe bis zu einer Entfernung von 1500 Kilometern erreicht werden. Mit der rasanten Entwicklung der Technik stieg nicht nur die Reichweite, sondern auch die Bandbreite der Übertragungsmöglichkeiten bis hin zu Radiosendungen. Über Jahrzehnte war Norddeich Radio die einzige Möglichkeit, mit den deutschen Seeleuten, von denen viele aus Ostfriesland stammten, in aller Welt in Kontakt zu treten. Mit dem Aufkommen des Satellitenfunks wurde Norddeich Radio überflüssig. Ein Trägerverein aus ehemaligen Angestellten des Radiosenders baute das Museum auf.

■ Neuer Weg

Nur wenig Meter hinter dem Durchgang zum Museum trifft rechts der Neue Weg auf die Osterstraße, der zum Norder Tief und damit zum heutigen Freizeithafen führt. Schon nach wenigen Metern ist rechts das **Behrendsche Haus** (Neuer Weg 120) zu sehen, in dem ein Pizzastübchen zugleich als Café und Bistro Plätze bietet. Mit zwei weiteren Packhäusern gehörte es zum Komplex der **Behrendschen Villa**, die im Rückraum des Gebäudes liegt. Zu erreichen ist diese Behrendsche Villa aber nur durch einen Gang rechts neben der Stadtbibliothek.

Unverkennbar ein früheres Lagerhaus: das Gebäude Neuer Weg 71

▲ Karte S. 113

Die Behrendsche Villa ist nicht nur mit dem Name der Firma Onno Behrends Tee verbunden, die es 1917 übernahm. Hier hatte ab 1771 die Tabakmanufaktur Steinbömer & Lubinus ihren Firmensitz. Geht man in die Lohne zwischen Neuer Weg Nr. 117 und Nr. 116, kann man vom Parkplatz aus einen Blick auf die Rückfront der ehemaligen **Tabakfabrik Steinbömer** werfen.

Ein Stück weiter den Neuen Weg hinunter führt ebenfalls rechts der Synagogenweg zum früheren Standort der 1938 zerstörten **Norder Synagoge**. Der Platz ist als Gedenkstätte gestaltet. Gegenüber ist der Ökumenische Arbeitskreis Synagogenweg Norden e.V. in die ehemalige jüdische Schule eingezogen. Nur wenige Meter weiter steht dann das **Geburtshaus von Recha Freier** (Synagogenweg 3, zuvor Judenlohne 3), die die ›Kinder- und Jugend-Alija‹ gründete. Diese Organisation ermöglichte tausenden von jüdischen Kindern und Jugendlichen die Emigration aus NS-Deutschland nach Palästina und rettete so deren Leben. Das Gebäude diente als Lehrerhaus. Hier lebte Manasse Schweitzer, der Vater von Recha Freier, mit seiner Familie.

Zwischen der Häusern Neuer Weg Nr. 78 (Schülerhilfe Die Piraten) und der Nr. 77, einem Geschäftshaus aus der Zeit um 1870, gibt eine weitere Lohne den Weg zu einem Speicher frei, in dem heute das **Restaurant Speicher 77** untergekommen ist. Dieses Gebäude wurde 1893 von der Firma Steinbömer & Lubinus errichtet. 1917 übernahm Onno Behrends auch dieses Packhaus. In dem langgestreckten Bau sind die roten Backsteinflächen nur von wenigen kleinen Fenstern durchbrochen. Unter den Gauben mit Kranvorrichtungen sind grüne Ladeluken erkennbar.

Im hinteren Teil der Lohne wurde von der Stadt Norden im Rahmen der Initi-

Erinnerung an eine große Vergangenheit

ative FrauenORTE-Niedersachsen 2013 eine Fläche als **Recha-Freier-Platz** ausgewiesen.

Auf unserem Gang durch den Neuen Weg haben wir einige Gebäude wie die Sparkasse (Neuer Weg 45–48) passiert, die ohne Rücksicht auf die gewachsene Bebauung der Innenstadt errichtet wurden.

Jüngere Beispiele aber zeigen, dass jetzt auch in Norden versucht wird, einen Ausgleich zwischen den Interessen der Geschäftsinhaber und dem Erhalt des historisch gewachsenen Stadtbildes zu finden. Beispielhaft stehen hierfür die Gebäude **Neuer Weg Nr. 73, Nr. 72, Nr. 70**. Gemeinsam ist ihnen die Öffnung der Fassade im Erdgeschoss durch große Schaufenster, ansonsten aber zeigen sie das historische Fassadenbild und nicht etwa moderne Vorbauten oder Werbetafeln. Zwischen den Geschäftshäusern Nr. 73 und 72 führt eine weitere Lohne in den hinteren Bereich des Grundstücks. Das **Gebäude Nr. 73** aus dem 18. Jahrhundert beeindruckt zum Neuen Weg mit einer Putzfassade. Die Seitenwände zur Lohne aber sind teilweise ziegelsichtig. Hier entdeckt man sogar noch eine Gaube mit Flaschenzug und grüne Ladeluken, die diesen Gebäudeteil als ehemaligen Speicher kennzeichnen. Der Durchgang führt zum Fischimbiss Fisherman (Neuer Weg 72A).

Wir nähern uns dem Hafen. Kein Wunder also, dass unter der Adresse **Neuer Weg 71** wieder ein ehemaliges Lagerhaus zu finden ist. Im Erdgeschoss zeigt es das Fenster eines Ladengeschäfts, in den oberen Geschossen aber die typischen Merkmale eines Packhauses wie kleine Fenster, Ladeluken und Hängevorrichtung für eine Winde.

Doornkaatgelände

Die Doornkaatstraße, die ungefähr in der Mitte des Neuen Weges gegenüber von Eiscafé Venezia abgeht, führt zum Straßenzug Große Hinterlohne/Doornkaatlohne. Hier ist nach wenigen Metern das **Gelände der ehemalige Kornbrennerei Doornkaat** mit Wasserturm, Kohlen- und Getreidespeicher erreicht. Das Gebäudeensemble steht unter Denkmalschutz. Nach einer Blütezeit in den 1960er Jahren ging durch die Änderung der Trinkgewohnheiten der Umsatz der Marke Doornkaat stark zurück. 1991 übernahm der Getränkekonzern Berentzen-Gruppe die Geschäfte, 1997 wurde die Herstellung des Korns Doornkaat eingestellt. Damit ging die Erfolgsgeschichte einer Firma zu Ende, die der Stadtbevölkerung jahrzehntelang Arbeit und den Landwirten im Umland Einnahmen durch den Verkauf von Getreide gesichert hatte. 2015 wurde das Doornkaatgelände samt Umfeld zum Sanierungsgebiet erklärt. Die Stadt Norden plant, große Teile des Doornkaatgeländes durch Umnutzung wieder mit Leben zu füllen. Sie ist seit 2020 Eigentümerin des Geländes und bereitet eine Aufwertung der in weiten Teilen leerstehenden Anlagen vor. Allein über 800 000 Wittmunder Torfbrandklinker, die auf dem Gelände verlegt sind, müssen dafür entnommen werden. Rund 85 Prozent davon können wiederverwendet werden.

Mit dem Wissen um die Firmengeschichte nimmt sich die riesige **Doornkaat-Flasche**, ein ehemaliger Werbeträger, wie eine wehmütige Erinnerung aus. Ab den 1950er Jahren hatte diese viereckige, grüne Flasche der Marke Doornkaat zu bundesweiter Bekanntheit verholfen. Niemand weiß mehr, wann die Flasche hier in der Verlängerung des Neuen Weges jenseits des Norder Tiefs aufgestellt wurde. Kenner der Firmengeschichte vermuten das Jahr 1956, als Doornkaat sein 150-jähriges Firmenjubiläum feierte.

Die Frisia-Mühle

Frisia-Mühle, Deichmühle und Zollspeicher

Nur wenige Schritte trennen die Doornkaat-Flasche von der Straßen Bahnhofstraße und Burggraben. Hier befindet sich das 1982 eröffnete Einkaufszentrum **Norder Tor**. Es passt sich mit seiner zweigeschossigen Bauweise zwar in die vorhandenen Bauhöhen ein, hat aber den stadträumlichen Zusammenhang vollständig zerrissen. Kaum noch wahrnehmbar ist, dass die Stadt Norden hier, in der Nähe des alten Hafens, Zwillingsmühlen besitzt: die **Frisia-Mühle** (In der Gnurre 40), ein Galerieholländer von 1887, und die **Deichmühle**, ein viergeschossiger Galerieholländer, der 1901 am Norder Hafendeich errichtet wurde. Diese Mühle kann be sichtigt werden.

Ein Stück weiter die Straße Burggraben Richtung Innenstadt hinunter geht es über das Norder Tief und damit zum ehemaligen Hafen der Stadt mit dem **Zollspeicher** (Am Hafen 1). 1857 wurde er in reich geschmückter Ziegelarchitektur errichtet. Heute gibt der Zollspeicher den Hintergrund für den Jachthafen Norden und birgt das Restaurant Da Sergio mit schönen Plätzen am Wasser.

Norddeich

Die Norddeicher Straße bringt uns an ansehnlichen Wohnbauten vorbei nach Norddeich. Beachtenswert sind zum Beispiel das **Wohnhaus** Norddeicher Straße 129 von 1901 und die **Villa** Norddeicher Straße 139 aus der Zeit um 1905, die Jugendstilelemente zeigen.

Norddeich, das rund vier Kilometer nördlich von Norden liegt, ist schon lange mehr als der 1892 angelegte Hafen mit der Bahnstation Norddeich Mole. In den 1920er Jahren entwickelte sich Norddeich zum Bade- und Kurort an der Küste. 1928 kam der Ort auf nur 25 000 Übernachtungen, 1950 aber waren es schon über 50 000, 1989 wurden dann schon mehr als eine Million Übernachtungen gezählt. Norddeich ist wie die anderen Küstenorte Ostfrieslands

▸ Karte S. 113

die Badewanne Nordrhein-Westfalens. Fast die Hälfte der Gäste kommen aus diesem Bundesland.

Seehundstation

Im Jahr 1971 wurde nach einer Idee von zwei Norder Jägern die Seehundstation in Norden eröffnet. Ihre Aufgabe: Verwaiste Seehundjunge, die sogenannten Heuler, einsammeln, aufziehen und so den seinerzeit noch rückläufigen Bestand an Seehunden in der Nordsee vor weiteren Verlusten bewahren. Mittlerweile sind daraus die Seehundstation Nationalpark-Haus Norddeich und das Waloseum mit einer Ausstellung zum Thema Wale, Forschungsbereich und Quarantänestation für Meeressäugetiere geworden. 33 feste Mitarbeiter und über 100 ehrenamtliche Helfer ziehen zwischen 80 und 120 verwaiste Seehunde pro Jahr auf, die dann auf Sandbänken im Wattenmeer in die Freiheit entlassen werden. Auch junge Kegelrobben werden hier bisweilen aufgepäppelt, bis sie in der freien Natur überleben können. Immer wieder weisen die Seehundretter darauf hin, dass man einen Heuler, einen jungen Seehund, der jämmerlich nach seiner Mutter ruft, auf keinen Fall berühren sollte. Stattdessen bitte: weiträumig Abstand halten und die Seehundstation anrufen.

Aus der Nähe betrachten kann man die Seehunde in Pflege sowohl in der Seehundstation als auch im **Waloseum** in Norddeich. Oder aber man bucht eine der Fahrten zu den Seehundbänken, die in den Küstenorten angeboten werden. Die Fahrten dauern zwischen 1,5 und 2,5 Stunden, Infos unter www.die-nordsee.de.

Mit dem **Sandstrand**, dem **Erlebnisbad Ocean Wave** mit Meerwasserbecken sowie gastronomischen Einrichtungen bietet Norddeich genügend Highlight auch an Regentagen.

Norddeichs Kutterflotte

Norden und Norddeich

Tourist-Information Norden-Norddeich, Dörper Weg 22, 26506 Norden-Norddeich, Tel. 04931/986200; Mo–Fr 9–17, Sa 10–15 Uhr.
www.norddeich.de

Seehundstation im Nationalpark-Haus, Dörper Weg 24, 26506 Norden Norddeich, Tel. 04931/973330; tgl. 9–18 Uhr; 10/9 Euro, Kinder bis 17 Jahre 6 Euro, Familie (2 Erw. + Kinder) 29 Euro, Kombikarte mit Waloseum 17 Euro.
www.seehundstation-norddeich.de

Waloseum, Osterlooger Weg 3, 26506 Norden, Tel. 04931/973330; tgl. 10–17 Uhr; 10/9 Euro.
www.seehundstation-norddeich.de

Museumseisenbahn Küstenbahn, Am Bahndamm 4, 26506 Norden; Pfingsten–Ende Okt. So. Auf der Strecke der alten Küstenbahn Norden–Dornum, Fahrräder können mitgenommen werden. Dazu kann man noch die Ausstellung im historischen Lokschuppen besichtigen (So 12–16.30 Uhr). Aktuelle Infos auf der Website beachten: www.mkoev.de

Stadthotel-Garni Smutje, Neuer Weg 89, 26506 Norden, Tel. 04931/94250; DZ 130 Euro. In der Innenstadt Nordens.
www.stadthotelsmutje.de

Romantik Hotel Reichshof, Neuer Weg 53, 26506 Norden, Tel. 04931/1750; DZ ab 150 Euro.
www.reichshof-norden.de

Nordsee-Camp Norddeich, Deichstr. 21, 26506 Norden-Norddeich, Tel. 04931/8073. Stellplätze und Campingplatz. www.nordsee-camp.de

Womo-Stellplatz Dörper Weg, Dörper Weg, 26506 Norden-Norddeich, Tel. 04931/923351; 17 Euro.

Pizzastübchen, Neuer Weg 120, 26506 Norden, Tel. 04931/5334; Mo–Sa 11–21.30 Uhr. Bistro, frisch und lecker. https://www.facebook.com/pizzastuebchennorden

Restaurant Kreta, Osterstraße 136, 26506 Norden, Tel. 04931/9563188; tgl. 17–23, So 12–14.30, 17–22.30 Uhr. Immer voll, immer gut. www.kreta-norden.de

Speicher 77, Neuer Weg 77, 26506 Norden, Tel. 04931/8206621; Di–Sa 12–14, 18–21 Uhr. Fleisch- und Fischgerichte aus regionalen Zutaten. www.speicher77.de

Ristorante da Sergio Altes Zollhaus, Am Hafen 1, 26506 Norden, Tel. 04931/9598404; Mi–Mo 12–14.30 und ab 17.30 Uhr. Schöne Plätze auf der Terrasse. www.dasergio-norden.de

La Rustica, Warfenweg 66, 26506 Norden, Tel. 04931/9344066; Mo/Di, Do–Sa 12–14 und 17.30–23, So 12–14 und 17–22 Uhr. Italienisches Flair im Norden.
www.la-rustica-norden.de

Fischrestaurant de Beer, Hafenstr. 6, 26506 Norden Norddeich, Tel. 04931/932830. Immer frisch. www.debeer.de

Haus des Gastes, Strandstr. 1, 26506 Norden Norddeich, Tel. 04931/984021; während der Saison ab 10 Uhr direkt am Strand. www.haus-desgastes-norddeich.de

Café ten Cate, Osterstr. 153, 26506 Norden, Tel. 04931/2420; Mo–Fr 8–18, Sa 8–17, So 9–17 Uhr. Köstliches im Café mit angeschlossener Schokoladenmanufaktur. www.cafe-ten-cate.de

Ostfriesisches Teemuseum Norden, Am Markt 36, 26506 Norden, Tel. 04931/12100; April–Okt. Mo–So 10–17 Uhr, Nov.–Feb. Sa/So 11–16 Uhr, März Di–So 10–17 Uhr; 8/6 Euro. Teekultur, auch Stadtgeschichte und Geschichte der Firma ten Doornkaat. www.teemuseum.de

TeeMuseum Sammlung Oswald von Diepholz, Am Markt 33, 26506 Norden, Tel.

▶ Karte S. 113

04931/13800; Di–Sa 12–17 Uhr; 6 Euro. Kostenlose Kurzführung Di, Mi, Fr, Sa/So 13 und 15 Uhr. Sammlung zum Thema Tee. www.teemuseum-norden.de

Museum Norddeich Radio, Osterstr. 11a, 26506 Norden, Tel. 04931/9733081; Di, Fr 16–18, Sa 11–17 Uhr; Eintritt frei. Geschichte der Rundfunkstation.

Deichmühle Norden, Raiffeisenstr. 1, 26506 Norden, Tel. 04931/12339; Di–Fr 15–17 Uhr. Mühlenbesichtigung mit Ausstellung zur Müllereitechnik. www.deichmuehle.de

Ocean Wave, Dörper Weg 23, 26506 Norden Norddeich, Tel. 04931/986300; Mo–Fr 10–21, Sa/So 10–20 Uhr; Vier-Stunden-Ticket 9,50/7,50 Euro. www.ocean-wave.de

Von Sielort zu Sielort

Fährt man von Norddeich entlang der Küste nach Harlesiel, reihen sich die Sielorte wie Perlen an einer Schnur: Hilgenriedersiel, Neßmersiel, Dornumersiel, Westaccumersiel, Bensersiel, Neuharlingersiel und dann Harlesiel mit seiner älteren Schwester Carolinensiel.

Gemeinsam ist diesen Sielorten mit Ausnahme von Hilgenriedersiel, dass sie den Fährverkehr zu den Ostfriesischen Inseln abwickeln und zugleich – jeder auf seine Art – zum Badeurlaub am Meer einladen.

Die Landesstraßen 5 und 6 – streckenweise auch als Störtebekerstraße bezeichnet – folgen in rund zwei Kilometern Abstand dem Verlauf des Deiches und verbinden so die Sielorte miteinander. Diese Strecke kann man zumindest teilweise mit dem Urlauberbus abfahren, der unabhängig von Strecke und Ziel nur einen Euro kostet (www.urlauberbus.info).

Eindrucksvoller ist es natürlich, mit dem Fahrrad unmittelbar hinter, bisweilen auf und manchmal auch vor dem Deich die Strecke abzuradeln. Aber Vorsicht: Der Rückweg muss vor Antritt der Fahrt mit eingeplant werden, denn die Fahrt kann gegen den Wind ziemlich anstrengend sein und dauern. Einen Busshuttle für Fahrräder gibt es entlang der Küstenstrecke genauso wenig wie eine Regionalbahn.

Von Norddeich nach Hilgenriedersiel

Norddeich, unser Startpunkt, hat sich nicht als Sielort, sondern erst im ausgehenden 19. Jahrhundert als Fährhafen zur Insel Norderney und später als Urlaubsort entwickelt (→ S. 186). Also verlassen wir den Hafen auf dem Deichschutzweg unmittelbar am Wasser und steuern als erstes Ziel Hilgenriedersiel an.

Wir sehen links Salzwiesen (Heller), die als Übergangszone von Wattenmeer zu Land sehr unregelmäßig von Salzwasser überflutet werden. Trotzdem wachsen auch hier vor der Deichlinie Pionierpflanzen wie der grüne Queller, der ein bisschen wie ein Minikaktus aussieht und sich im Herbst rötlich färbt, und das Salz-Schlickgrass mit seinen kahlen Halmen. Beide haben sich an das Salzwasser und den Wechsel von Ebbe und Flut angepasst. Diese Verlandungszone dient Wasservögeln als Futterplatz.

Wir radeln auf der breiten Asphaltbahn, die den Fuß des Deiches sichert. Unmittelbar an der Wasserlinie dienen spitz aufragende Steine als Wellenbrecher. Auf dem Deich weiden Schafe, die aus mehreren Gründen wahre Landschaftspfleger sind: Sie halten die Grasnarbe kurz und sorgen so dafür, dass Greifvögel Mäuse und andere Nager sehen und erjagen können. Zugleich trippeln sie die Oberfläche des Deiches fest, ohne den Boden zu sehr zu verdichten. Und sie

Die Küste zwischen Norden und Jadebusen

transportieren durch ihre Wolle und den Kot Samen und befördern so die Biodiversität. Auf diese Bedeutung der Schafe verweisen Schäfer, wenn sie die Begrenzung der Wolfspopulation und die gezielte Entnahme von Wölfen fordern, die die Herden durch Wolfsriss dezimieren. Immer wieder müssen wir Gatter öffnen und auch wieder verschließen (!). Diese Barrieren grenzen die einzelnen Weidezonen der Deichstrecke voneinander ab und sorgen dafür, dass die Herden zusammenbleiben. Zunehmend ermöglichen in ganz Ostfriesland Roste neben diesen Gattern den Fahrrädern eine unterbrechungsfreie Weiterfahrt. Die Schafe können diese Roste nicht überqueren. Die Schafsköttel auf unserem Weg gehören zum Naturerlebnis.

Der **Nordseeküsten-Radweg** (EuroVelo 12) nutzt die Straße auf der Landseite des Deiches. Hier zeigt sich ein anderes Bild: rechts endlose Wiesenflächen, auf denen Baumgruppen die einzelnen Marschhöfe anzeigen; in der Nähe der Dörfer ab und an kleine Landarbeiterhäuser, die heute oftmals zu Ferienwohnungen ausgebaut sind.

Immer wieder entdecken wir entlang unsere Weges **Schautafeln**, die über Aspekte zum Thema Wattenmeer und seine Tierwelt sowie den Deichbau und die Deichpflege informieren. Bisweilen verlockt uns die Asphaltpiste, auf den Deich hinauf zu radeln und mit Blick auf das Wattenmeer eine entsprechende Infotafel zu lesen. Über all dem spannt sich der mal blaue, mal graue Himmel Ostfrieslands. Bisweilen inszenieren aber auch fantastische Wolkenbilder, die sich so nur an der Küste finden, die Landschaft.

Hilgenriedersiel

Eine eng beieinander stehende Reihe von Häusern duckt sich hinter dem Schlafdeich von Hilgenriedersiel. 1576 wurde der Deich angelegt. Erst 1984 wurde er funktionslos und zum Schlafdeich, als der weiter nördlich liegende Sommerdeich ausgebaut und zur Küstenlinie wurde. Nur noch ein **Gedenkstein** auf der Deichkrone erinnert an die Lage des alten Siels, dem der Ort seinen Namen verdankt. Kurz nachdem 1866 das Siel in Stein neu errichtet worden war, veränderten sich die Strömungsverhältnisse im Wattenmeer, das Hilgenrieder Außensiel verlandete. 1925 wurde das Siel abgebaut. Entwässert wird der Landstrich seitdem über das Norder Tief.

Eine Besonderheit Hilgenriedersiels war die Watt-Postkutschenlinie, die seit 1844 mit festem Fahrplan zwischen Festland und Norderney unterwegs war. Personen und Post wurden in den Sommermonaten auf Fuhrwerken mit extra breiten Reifen hin und her gefahren. 1,5 Stunden dauerte die Fahrt zur nur vier Kilometer entfernten Insel. Prominentester Fahrgast: Fürst Otto von Bismarck. 1873 wurde aufgrund diverser Unfälle der Personenverkehr eingestellt, 1892 kam dann nach dem Ausbau des Hafens in Norddeich auch das Aus für den Post- und Warenverkehr per Fuhrwerk. Nur bei Frost, wenn der Schiffsverkehr nach Norderney eingestellt werden musste, fuhren wieder Kutschen über den alten Wattweg. 1949 war aber auch damit Schluss. Wer jetzt glaubt, er könne – wie einst die Post – mal schnell nach Norderney rüber, weil doch gerade Ebbe ist, der riskiert sein Leben. Nur mit geführten Wanderungen darf und sollte man das Watt betreten!

Hilgenriedersiel blieb nach Ende des Fuhrbetriebs nach Norderney nur eine Attraktion, die einzige **Naturbadestelle** an der ostfriesischen Nordseeküste. Ansonsten sind die Sandstrände außer in Schillig und Dangast in den Küstenorten samt und sonders von den Kurverwaltungen angelegt worden.

Die Naturbadestelle in Hilgenriedersiel

Nach einem Spaziergang von rund einem Kilometer vom Parkplatz vor dem Deich erreichen wir den schmalen Sandstrand inmitten bizarrer Salzwiesen am Rand des Wattenmeers. Hierbei laufen wir durch die obere und untere Salzwiese, die sich nach der Zahl der Überflutungen und den Pflanzen unterscheiden. In dem nur selten überfluteten Bereich findet sich eine Vielzahl von Vögeln. Rund 50 Arten sind hier zu sehen, rund 30 Arten brüten in dieser Welt zwischen Meer und Land. Die Badestelle ist auf den Internetseiten openStreetMap und Google Maps verzeichnet.

Neßmersiel: Hafen und Strand

Der Hafen von Neßmersiel, unserer nächsten Station, diente einst dem Export von Getreide und Raps, verlandete dann aber zusehends. 1970 wurde daher vor dem Deich ein neuer Fährhafen ausgebaut, von dem heute die Schiffe nach Baltrum gehen. Die Fahrrinne nach Baltum muss regelmäßig gespült werden, damit sie nicht verlandet. Dazu dient das Wasser des Speicherbeckens unmittelbar vor dem Anleger, den im Frühjahr und Herbst Zugvögel wie Grau- und Nonnengänse als Rastplatz nutzen. Daher hat der Nationalpark Wattenmeer an dem Becken den **Vogelbeobachtungsturm Vogelkiek Neßmersiel** eingerichtet. Hier beginnt auch der rund 700 Meter lange **Lehrpfad in die Salzwiesen**, an dem Infotafeln die Welt des Watts, das Leben zwischen Meer und Land erläutern. Auf dem Weg kann man Wattvogelarten wie Austernfischer oder Rotschenkel sehen.

Neben dem Fähranleger bietet Neßmersiel 60 Liegeplätze für Sportboote. Für Badegäste hat die Gemeinde unmittelbar neben dem Hafen einen 350 Meter langen **Sandstrand** anlegen lassen, der in einen Hundestrand übergeht. Sanitäre Anlagen sind vorhanden. Neßmersiel ist ein ruhiger Badeort für Individualisten ohne Campingplatz und ohne aufwendige Kureinrichtungen.

▸ Karte S. 126

Salzwiesen

Nach der Lage zur Höhe des Meeresspiegels und der davon abhängigen Zahl von Überflutungen pro Jahr werden drei Arten von Salzwiesen unterschieden: Die Salzwiesen der Verlandungszone werden rund 700 Mal pro Jahr überflutet. Hier wachsen nur Queller und Schlickgras. Die untere Salzwiese, die nur 200 bis 150 Mal im Jahr überflutet wird, zeigt hauptsächlich Andelgras. Auf der oberen Salzwiese, die maximal 70 Mal im Jahr vom Salzwasser überspült wird, wachsen dann Strandastern. Von Zone zu Zone sinkt der Salzgehalt von 2,6 Prozent auf 1,5 Prozent.

Dorf Neßmersiel

Richtung Dorf Neßmersiel geht es vorbei am Reedereigebäude der Baltum-Linie und der Drachenwiese, hinter der sich das alte Hafenbecken mit dem alten Sieltor abzeichnet. Erhalten ist hier der **historische Sielbogen** aus dem Jahr 1779. Eine Inschrift würdigt König Friedrich den Großen, der 1744 verfügte, dass die Siele in Ostfriesland in Zukunft in Stein und nicht mehr in Holzbauweise errichtet werden sollten. Gewölbesiele aus Stein statt Ständersiele aus Holz – ein Mehr an Sicherheit, da die Schiffsbohrmuschel, die sich in das Holz der Sieltore bohrt, so keine Chance mehr hatte.

Das Hotel und Restaurant Fährhaus hat erst ab 17 Uhr geöffnet. Das Aggi Huus, bekannt als Lieblingscafè der Hauptkommissarin Ann Kathrin Klaasen in den Ostfrieslandkrimis von Klaus-Peter Wolf, oder das Bistro Zum Alten Hafen auf der gegenüberliegenden Straßenseite machen aber schon deutlich früher auf. Unbedingt anschauen sollte man sich den **Hof Heykena** (Dorfstr. 29), er liegt ein Stück weiter die Dorfstraße hinunter. Der typisch ostfriesische Gulfhof wurde laut Hausschild über der grünen, doppelflügeligen Eingangstür im Jahr 1774 erbaut. Die Initialen EH und FMF stehen für die Eheleute Euke Hillrichs und Folmtje Margarete Frerichs. Gemeinsame Nachnamen gab es im ausgehenden 18. Jahrhundert noch nicht in der Region. Im Giebelstein entdecken wir als zweite Datumsangabe die Zahl 1842. In diesem Jahr wurde der Hof nach einer Brandstiftung neu aufgebaut. Man sollte sich den Gulfhof etwas schräg von vorne anschauen. Nur so sieht man, welch riesige Fläche hier mit Wohn- und Wirtschaftsteil unter die roten Dachziegel gebracht wurde. Auf dem Hof sind Ferienwohnungen eingerichtet (www.gulfhof-nessmersiel.de).

Ecke Störtebeckerstraße erinnert die Gaststätte Zum alten Siel (Dorfstr. 1) daran, dass hier das erste Siel des Ortes Neßmersiel stand. Durch die Verlandung des Sieltiefs und die Eindeichungsprojekte wanderte die Sielanlage weiter Richtung Norden.

Dornumersiel

Weiter geht es nach Dornumersiel. Entlang des Radwegs am Deich informieren **Schautafeln** über das Wirken der Gezeiten, die Bedeutung des Wattenmeeres für die Vögel und die Nutzung des Deich-

Die Giebelbekrönung des Heykena-Hofs

vorlandes. In dem Sielort wartet dann im **Nationalpark-Haus Dornumersiel** eine geballte Ladung Information zum Thema Wattenmeer auf die Besucher. Hier kann man auch einen geführten, 90-minütigen Spaziergang in den Salzwiesen in Strandnähe buchen.

Wer das Nationalpark-Haus auf dem Ortsplan sucht, stellt erstaunt fest, dass es nicht in Dornumersiel, sondern in Westeraccumersiel liegt. Und um die Gäste des Orts vollends zu verwirren, heißt das örtliche Siel Siel- und Schöpfwerk Accumersiel.

Dornumersiel, Westeraccumersiel, Accumersiel – diesem Verwirrspiel kann man nur mit einem Blick in das Geschichtsbuch beikommen. Dornumersiel und Westeraccumersiel haben sich als Dorfgemeinschaft östlich und westlich des Dornumersieltiefs entwickelt, wobei Dornumersiel zu Ostfriesland gehörte und Westeraccumersiel in der historischen Landschaft Harlingerland lag. Bis 1600 war dieses Harlingerland eigenständig und führte vor allem unter Balthasar von Esens diverse Male Krieg mit den Ostfriesen. Kein Wunder, dass angesichts dieser Geschichte Mitte des 15. Jahrhunderts das Sieltief nicht durch ein, sondern durch zwei Sieltore entwässert wurde, von denen eines in Ostfriesland und eines im Harlingerland lag. 1600 erbten die ostfriesischen Grafen das Harlingerland, wodurch der Weg zu einem gemeinsamen Siel frei wurde. Bei der Vorverlegung der Hauptdeichlinie 1968 wurde das heutige **Siel und Schöpfwerk Accumersiel** (Schöpfwerkstraße) errichtet. Im Namen erinnert es – sozusagen ortsteilneutral – an die früher gebräuchliche Bezeichnung Accumer Tief für das Dornumer Sieltief. Während der Saison finden fast wöchentlich Führungen in dem Schöpfwerk statt (Anmeldung unter Tel. 04933/91110).

Vor der Deichlinie mit dem Siel und Schöpfwerk wurde der **Fährhafen** für die Langeoog-Linie sowie für einige Kutter ausgebaut. Dazu kommt der Hafen des Jachtclubs Accumersiel. Westlich des Fähranlegers finden sich der **Strand** und das **Meerwasserfreibad Doroness**. Dazu kommen Campingplatz und Wohnmobil-Stellplätze. Zum Wahrzeichen Dornumersiels hat sich das **Hafenrestaurant Hafensänger** entwickelt, das an die Kommandobrücke eines Schiffes er-

Aufgeschütteter Sandstrand sorgt für echtes Badevergnügen

▶ Karte S. 126

Die Plastik ›He ist buten bleven‹

innert. Das **Reethaus am Meer** (Hafenstr. 3) bietet nicht nur eine Touristeninformation, sondern auch ein großes Kinderspielhaus und diverse Aktions- und Veranstaltungsräume.

Westeraccumersiel

Vom Ortsteil Dornumersiel gelangen wir über die alte Sielbrücke nach Westeraccumersiel. Hier erinnert die **Plastik He is buten bleven** von Christian Eisbein an die Leiden der Seefahrerfamilien, die allzu oft ihre Männer und Väter an das Meer verloren und damit zum Elend verurteilt waren. Vor der Sielbrücke markiert eine Bake, ein unbefeuertes Seezeichen, den Übergang zwischen den Ortsteilen. Westeraccumersiel hat sich wie zum Ausgleich für das langsame Verschwinden des Ortsnamens ein eigenes Ortszentrum geschaffen. Wo früher der alte Hafen lag, findet sich heute die **Platzanlage Am Alten Hafen**, die Richtung Küste von einer Nachbildung des Westeraccumersieles abgeschlossen wird. Das Seenotrettungsboot ›Eppe de Bloom‹ und der Nachbau der Leuchttonne ›Accumer Ee‹ erinnern an die maritime Vergangenheit. Dazu kommen Eiscafé und Restaurant. Unbedingt besuchen sollte man das **Zwei-Siele-Museum** an der Nordwestseite des Platzes, das in einem liebevoll restaurierten Kapitänshaus von 1696 Informationen zur Ortsgeschichte und zur Geschichte der Region sowie zum örtlichen Segelschiffbau bietet.

Bensersiel

Weiter geht es nach Bensersiel. Der Sielort machte ab 2011 bundesweit Schlagzeilen, als die Gemeinde eine 2,1 Kilometer lange Umgehungsstraße ohne gültigen Bebauungsplan durch ein europäisches Vogelschutzgebiet und dann auch noch über Grund, der ihr nicht gehörte, bauen ließ – der längste Schwarzbau der Republik sozusagen. Ein jahrelanger Rechtsstreit, dann ab 2017 die Sperrung der 8,4 Millionen Euro teuren Straße folgten. 2021 kam es dann endlich zu einer Einigung und zur Neueröffnung der Piste.
Straßenbau im Vogelschutzgebiet – das hindert die Gemeinde aber nicht daran, mit dem **Nationalpark-Haus Wattenhus** (Seestr. 1) unter Reetdach über die Vogelwelt und die Artenvielfalt im Watt zu informieren.
Der Jachthafen und der Anleger der Fährschiffe nach Langeoog sorgen für maritimes Flair in dem weitgehend in moderner Bäderarchitektur gehaltenen Ort. Symbol dafür sind die beiden spiegelbildlich gestalteten, futuristisch anmutenden **Brücken über die Deichscharte** des Ortes – zwei tonnenschwere, verschwenkbare Stahlkonstruktionen.
Bevor wir den Sandstrand erreichen, betreten wir das **Strandportal**, das innen ein bisschen an ein Einkaufszentrum erinnert, aber viele nützliche Einrichtungen wie Strandkasse, Touristeninformation oder auch Ausstellungsräume bietet.

Wattwanderer bei Bensersiel

Grün- und Sandstrand, dazu das **Meerwasserfreibad** und vor allem die wetterunabhängige **Nordseetherme** mit Bad, Sauna und Fitness-Center sind die Hauptanziehungspunkte im Ort. Über all dem dreht sich in der Saison ein Riesenrad. Man muss sie schon mögen, diese geschichtsfreie und funktionale Bäderarchitektur.

Neuharlingersiel

Wohl kein Sielhafen in Ostfriesland erfüllt das romantische Bild eines Kutterhafens so sehr wie Neuharlingersiel. Wie ein Marktplatz liegt inmitten des Sielorts der Hafen, in dem am Kai Kutter an Kutter festgemacht ist. Ein farbenfrohes Bild, das vergessen lässt, dass die Küstenfischerei hier im Ort ihren Zenit mit 27 aktiven Kuttern bereits 1958 überschritten hat. Aber immerhin fahren noch sieben Kutter Tag für Tag zum Fischfang hinaus. Dazu kommen nicht aktive Kutter wie die Gorch Fock oder die Seestern, die nur noch zu Ausflugsfahrten den Hafen verlassen.

▸ Karte S. 126

Die **Lulu Meinders**, gebaut 1963, gehört den Hafenfreunden Neuharlingersiel, die sich die Pflege des Fischer- und Kutterhafens auf die Fahnen geschrieben haben.

Im Jahr 1693 wurde das erste Siel des Ortes errichtet, über dessen Hafen dann ab Mitte des 18. Jahrhunderts Getreide nach Skandinavien exportiert wurde. Bei der Rückreise brachten die Schiffe das in Ostfriesland dringend benötigte Holz mit. Rund um den Hafen entstanden Lager sowie Handelshäuser und sogar ein Sägewerk. Erst um 1900, als sich die Schifffahrt auf die Seehäfen wie Bremen und Hamburg konzentrierte, wurde Neuharlingersiel zum Fischer- und Kutterhafen.

Spaziert man auf den Straßen Am Hafen West und Am Hafen Ost um das Hafenbecken, flaniert man vorbei an den unter Denkmalschutz stehenden Häusern, die ihre Giebel dem Hafen zuwenden. Dazu zählt das alte Haus mit der urig-junge **Hafenkneipe Dattein**. ›Datteien‹ heißt übersetzt 13, womit wir auch die Hausnummer der Kneipe Am Hafen West kennen. Die ostfriesische Landschaft schreibt 13 übrigens darteihn.

Die **Alte Räucherei** (Am Hafen West 15) gleich daneben wurde laut Wappenplatte im Jahr 1763 erbaut, heute sind hier

Ferienwohnungen eingerichtet. Das Gebäude leitet zum Außenhafen mit dem Fähranleger Spiekeroog über. Westlich des Anlegers erstreckt sich dann der Sandstrand. Natürlich darf ein Hafenrestaurant, das hier **Café Inselblick** heißt, nicht fehlen.

Bemerkenswert im Ort ist das **Café Störmhuus**, das die Fassade seines Vorgängerbaus von 1911 zeigt und ein bisschen an den Kolonialstil erinnert. Das Café bietet Sitzplätze auf dem Dach.

Zu einem Besuch lädt in der Straße Am Hafen West das **Buddelschiffmuseum** ein. Viele vom bekannten Flaschenschiffbauer Jonny Reinert original nachgebaute Schiffsmodelle sind hier zu bewundern. Ein Highlight der Ausstellung von über 100 Modellen: der Untergang der Titanic in einer 50-Liter-Flasche. Natürlich erfährt man im Museum auch, wie die Schiffe in die Flasche kommen.

Vorbei an der **Skulptur Alt- und Jungfischer** der Brüder Petersen, die sich bei der Bronze an einer Skizze der Berliner Künstlerin Jeanne Mammen orientierten, geht es durch das alte Hafentor zu einem in den ostfriesischen Sielorten einmaligen Gebäude: dem **Sielhof**. Errichtet wurde dieser Bauernhof 1755 auf einer Warft. 1825 kaufte Udo Hillrich Euken, der als Drost (Landrat) in Esens residierte, den Hof. Der wurde durch den Anbau von Mittelturm und Eckpavillon 1899 zum repräsentativen Sitz für die mittlerweile geadelte Familie von Euken-Addenhausen ausgebaut. Heute gehört der Sielhof dem Kurverein Neuharlingersiel, der hier ein Restaurant und Café betreibt. Ein Besuch ist eine gute Gelegenheit, die Upkammer (Hochkammer) mit dem Kamin aus Delfter Fliesen aus dem 18. Jahrhundert in Augenschein zu nehmen. Eine Fliesenwand mit Bibelmotiven und ein Festsaal im Stil des Rokoko runden das Besuchserlebnis ab. Im Obergeschoss finden Veranstaltungen des Kurvereins statt.

■ Harlesiel und Carolinensiel

Wer sich nur unsere nächste Station Harlesiel mit Binnen- und Außenhafen samt Schöpfwerk sowie Sandstrand mit Wohnmobil-Stellplätzen anschaut, verpasst das Beste. Etwas über zwei Kilometer müssen

Neuharlingersiel: seit 300 Jahren Kutterhafen

wir entlang der Harle landeinwärts fahren, um den Ort Carolinensiel mit dem romantischen Museumshafen zu erreichen. Auf diesem Weg passieren wir die **Pfahlhäuser auf der Harle**, in denen man auf dem Wasser wohnen kann. Es folgt die **Friedrichsschleuse**, durch die Carolinensiel das Schicksal so vieler Orte erspart blieb, die mit den Eindeichungen an der Harlebucht ihre Funktion als Sielhafen und damit auch ihre Bedeutung verloren.

Schaut man sich die Karte der Region genau an, kann man entlang der ›Harle‹ anhand der Ortsnamen mit der Endung -siel das Fortschreiten der Deichlinie verfolgen. Alles begann nördlich von Wittmund mit dem Ort Funnix, der im 11. Jahrhundert auf einer Warft gegründet wurde. Altfunnixsiel wurde nur knapp drei Kilometer weiter nördlich 1599 als Sielort in einer neuen Deichlinie angelegt. Knapp zwei Kilometer weiter nördlich entstand 1658 Neufunnixsiel. Und 1730 dann, wieder nur 2,5 Kilometer weiter nördlich, wurde an einem neuen Deich Carolinensiel gegründet. Und damit war noch nicht Schluss: Schon 1756 begann die Planung für den Friedrich-Augustengroden und eine neue Deichlinie, die 1768 fertiggestellt war. Carolinensiel blieb aber weiterhin dank der Friedrichsschleuse für Seeschiffe erreichbar und entging so dem Schicksal von Alt- und Neufunnixsiel, die in der Bedeutungslosigkeit versanken.

Carolinensiel entwickelte sich ganz im Gegenteil Mitte des 19. Jahrhunderts zum wichtigsten Hafen im nördlichen Ostfriesland. Täglich liefen bis zu sieben Schiffe ein und aus, im Ort waren 59 Schiffe gemeldet. Es gab zwei Werften und vier Brauereien. Die Fischerei wurde erst mit dem Ende des Segelschiffzeitalters zur Haupteinnahmequelle des Ortes und blieb es bis in die 1960er Jahre. Danach hatte der Hafen seine Funktion verloren und wurde, man mag es kaum glauben, bis auf einen schmalen Durchlauf der Harle einfach zugeschüttet. Erst mit dem Tourismus und der Idee, einen Museumshafen zu präsentieren, wurde 1987 der Hafen wieder ausgegraben und befestigt.

Der Sielhof in Neuharlingersiel

▲ Karte S. 126

All das und viel mehr erzählt das **Deutsche Sielhafenmuseum** in vier Ausstellungshäusern rund um den Museumshafen. Heute ankern wieder die Plattbodenschiffe, die Carolinensiel im 19. Jahrhundert zu Wohlstand verholfen hatten, im Hafenbecken. Darunter ist auch der letzte als Segelschiff gebaute Fischkutter, die **Gebrüder AZ:5**, auf dem die Schiffergilde Carolinensiel und das Naturpark-Haus ganztägige Fahrten ins Wattenmeer anbieten.

Im ehemaligen Getreidespeicher **Groot Hus** von 1840 (Am Hafen Ost 8) wird die Geschichte des Sielhafens Carolinensiel erzählt. Das **Kapitänshaus** von 1803 (Am Hafen Ost 3) ist der Wohnkultur der Kapitänsfamilien gewidmet. Die **Alte Pastorei** aus der Zeit um 1800 (Pumphusen 3) teilt sich in ein zweigeschossiges Wohnhaus und einen dahinter liegenden großen Getreidespeicher. Heute sind hier das **Nationalpark-Haus** und ein Teil des Sielhafenmuseums beheimatet.

Auch die **ehemalige Rettungsstation der Deutschen Gesellschaft zur Rettung Schiffbrüchiger** (DGzRS) von 1910 an der Friedrichsschleuse gehört heute zum Sielhafenmuseum. Hier wird eine Ausstellung zum Rettungswesen an der Nordseeküste gezeigt.

Das Museum hat einen Weg durch Carolinensiel entwickelt, an dem anhand von 18 Ortstafeln und 19 Thementafeln die Geschichte des Ortes bis hin zum aktuellen Thema Windenergie vorgestellt wird. Sehenswert ist in Carolinensiel zudem die **Deichkirche** von 1776 (Mühlenweg 2), die als einzige Kirche an der Küste auf einem Deich errichtet wurde. Überraschend niedrig ist der freistehende Glockenturm für einen seinerzeit wohlhabenden Ort. Die häufigen Sturmwinde hier in Küstennähe ließen kein höheres Bauwerk zu. Und ein Deich ist wahrscheinlich auch keine gute Grundlage für den Bau eines hohen Turmes.

Schlichte Schönheit: die Deichkirche in Carolinensiel

Rund um das Hafenbecken finden sich Restaurants und Cafés sowie alte Wohnhäuser, die zu einem Spaziergang um das neue alte Hafenbecken einladen.

Von Carolinensiel nach Schillig-Horumersiel

Fahren wir weiter Richtung Osten an der Küste entlang, kommen wir unweigerlich nach Schillig-Horumersiel und damit an die äußerste Nordostspitze der ostfriesischen Halbinsel. Wir sind hier schon im Landkreis Friesland.

Mit dem Fahrrad muss man einfach von Harlesiel weiter entlang des Deichs radeln, um nach Horumersiel-Schillig zu gelangen, die zusammen einen Ortsteil in der Gemeinde Wangerland bilden. Mit dem PKW geht es über die Kreisstraße durch den Friedrich-Augustengroden nach Friederikensiel und weiter über die Kreisstraße 87 nach Minsen.

Friederikensiel wurde 1721 bei der Eindeichung eines Teils der Harlebucht angelegt, konnte sich aber als Sielort nie

Die historische Küche im Kapitänshaus

durchsetzen. Allzu schnell verschlickte der Hafen und das Siel wurde zugesetzt. In **Minsen** erwartet uns die **St.-Severinus-und-Jacobus-Kirche**. Der Saalbau aus der Zeit um 1250 beeindruckt mit seiner Höhe von zehn Metern und vor allem durch die noch fast geschlossen erhaltenen Außenwände aus sauber zugearbeiteten Granitquadern. Einzig die Westseite mit dem Rundbogenportal und einzelne Partien der Längswände wurden in Ziegelstein erneuert. Das Gotteshaus steht nur rund einen Kilometer von der Küste entfernt und ist den ständigen Westwinden ausgesetzt. Im Innern zeigt die Kuppel der Apsis die mittelalterliche Malerei ›Jesus als Weltenrichter‹. Etwas fremd dem gegenüber wirkt durch die barock-verschlungene Schnitzarbeit der Altaraufsatz von 1650. Im Jahr 1998 wurde er von der Dorfkirche Partwitz im Kreis Hoyerswerda übernommen, da dieses Dorf dem Braunkohleabbau zum Opfer fiel.

Die St.-Severinus-und-Jacobus-Kirche liegt auf einer Kirchwarft, die auf der sechs Meter hohen Dorfwarft aufsetzt – ein Runddorf auf einem künstlich aufgeschütteten Hügel inmitten des tief liegenden platten Marschlandes. Heute verdecken zwei größere Wohngebiete teilweise dieses eindrucksvolle Bild. Einen Besuch lohnt das **Naturpark-Haus Wangerland** (Kirchstraße, Ecke Schoolpad), das nicht nur zum Thema Weltnaturerbe Wattenmeer, sondern auch zu den erneuerbaren Energien informiert.

Minsen war einst ein abgelegenes Bauerndorf, dessen Vergangenheit bis in das Jahr 500 n. Chr. zurückreicht und das im Herbst und Winter so gut wie nicht zu erreichen war, da sich die Straßen Jahr für Jahr in unwegsame Moraste verwandelten.

Schillig und Horumersiel

Anders als Minsen war **Schillig**, das an der äußersten Nordostspitze der Ostfriesischen Halbinsel liegt, bis in das späte 19. Jahrhundert nur eine Ansammlung von Wohnhäusern rund um den 1876 errichteten **Leuchtturm**. Der wies den Schiffen den Weg in den Jadebusen. Das Leuchtfeuer wurde 1961 durch einen wenig

▸ Karte S. 126

ansprechenden, heute auffällig gelb angestrichenen Signalturm ersetzt.
Schilligs Qualitäten liegen woanders, denn der Ort hat das, was andere Bäder an der ostfriesischen Küste gerne hätten: einen **natürlichen Sandstrand mit Dünen** – ein bisschen Inselflair auf dem Festland samt Muscheln am Strand. Das Wort Schillig kommt von Schill, was so viel bedeutet wie Muscheln. Früher wurden die Schalen der Meerestiere großflächig abgebaut, um daraus Kalk zu gewinnen.
Hier, an der Einfahrt in den Jadebusen, gab es seit Ende des 19. Jahrhunderts drei **Küstenbatterien**, Stellungen mit mehreren Geschützen, zur Sicherung des Marinestandortes Wilhelmshaven: die Wattbatterie, heute gleich neben dem Strandparkplatz, die Deichbatterie zwischen Inselstraße und Deich und die heute zum Naturschutzgebiet erklärte Wiesenbatterie. Die Batterien wurden nach 1945 gesprengt.
Ansonsten ist Schillig ein Badeort, in dem es einzig um Strand, Watt und Nordsee geht. Zwischendurch lohnt ein Besuch in der 2012 geweihten, katholischen **Kirche St. Marien**. Aus einem rechteckigen Sockel entwickelt sich ein geschwungener Gebäudekörper, der sich zum Glockenturm hin wie eine Welle aufzurichten scheint.
Ein bisschen Geschichte wurde aber auch in Schilling geschrieben: An der Reede Schillig lagen zum Ende des Ersten Weltkrieges einige Schiffe der kaiserlichen Flotte. Hier begann mit der Weigerung auszulaufen und einen sinnlosen Opfertod zu sterben, der Ausstand der Matrosen. Von Schillig aus sprang der Funke der Revolution über, erst nach Wilhelmshaven, dann weiter nach Kiel und am Ende nach Berlin.
Im Gegensatz zu Schillig wurde **Horumersiel** bereits im Jahr 1542 als Sielort mit Hafen angelegt. Eine Fischereiflotte konnte sich aber nicht entwickeln, weil Carolinensiel und Hooksiel vor dem Ort Fischereirechte besaßen. Der kleine Hafen verlor schon im 18. Jahrhundert seine Bedeutung. Für Horumersiel war wie auch für Schillig die Flutkatastrophe, die 1856 die Nordseeinsel Wangerooge traf, ein Glücksfall. Flutopfer wurden von Wangerooge nach Horumersiel umgesiedelt und brachten die Badegäste der Inseln gleich mit.

Schillig punktet mit seinem Sandstrand hinter der Düne

Während in Schilling Strandleben angesagt ist, gibt es in Horumersiel Restaurant und Café und den neuen Jachthafen Wangersiel.
Große Campingplätze und Wohnmobilstellplätze unmittelbar an der Küste sind heute die Markenzeichen des Ortsteiles Schillig-Horumersiel.

Hooksiel

Auf dem Weg Richtung Hooksiel passieren wir die **Burg Fischhausen** (Fischhausen 1), einen alten Häuptlingssitz mit einem Schlossbau von 1578. Das Anwesen diente später als Bauernhof. Die Burg ist in Privatbesitz und kann nicht besichtigt werden.
Hooksiel hat im Gegensatz zu Horumersiel sein Zentrum um Siel und den **alten Hafen** erhalten. Auf die Bedeutung des Ortes als Hafen der Stadt Jever und des Jeverlandes weisen die **Packhäuser** aus dem Jahr 1821 hin (Am Hafen 1, 2 und 3). Mit dem Bau einer Umgehungsstraße konnte ab 1984 das historische Ortszentrum um die Lange Straße saniert und zur Fußgängerzone ausgebaut werden. So kann man sich hier in Ruhe die alten Bauwerke im Ortszentrum anschauen – das **Packhaus** (Lange Str. 10) aus der Zeit um 1800, dessen Giebel zur Hafeneinfahrt ausgerichtet ist; das Restaurant **Zum Schwarzen Bären**, das seit 1765 als Gaststube dient und in dem 1964 Herbert Klostermann die Tradition als Miesmuschel-Spezialist und friesisch-bürgerliches Restaurant begründete. Gar nicht zu übersehen ist das **Alte Rathaus** (Lange Str. 18), das in der zweiten Hälfte des 18. Jahrhunderts errichtet und durch einen Dachreiter mit Zwiebelhaube abgeschlossen wurde. Damit erinnert das Gebäude an den Turm des Schlosses Jever. Bei einer Restaurierung des Turms im Jahr 2008 wurde eine Gravur mit der Jahreszahl 1760 entdeckt. Dadurch war eine Geschichte widerlegt, die gern in Hooksiel erzählt wird: Der Turm sei das Geschenk eines englischen Kapitäns, der 1804 aus Seenot gerettet wurde.
Erstaunlicherweise entdecken wir auf dem Alten Rathaus einen Schwan als Symbol des Reformators Martin Luther auf dem Zwiebelturm. Der Grund: Das Gebäude diente, bevor es Rathaus wurde, als Schule, und die gehörte zur lutherischen Gemeinde. Heute ist in dem eingeschossigen Gebäude das Hooksieler Muschelmuseum untergebracht.
Durch die Eindeichung des Watts vor dem Ort gewann das Land Niedersachsen Flächen für Industrieansiedlungen. Hooksiel erhielt im Gegenzug nicht nur ein verlängertes Sieltief mit Jachthafen, sondern auch ein großes **Freizeitgelände** mit Trabrennbahn und Tennisplätzen. Vor allem aber verband der künstliche See **Hooksmeer** das Ortszentrum um den Alten Hafen mit dem neuen Außenhafen. Nördlich des neuen Deiches wurde der vier Kilometer lange Strand Hooksiel angelegt.

i Von Sieleort zu Sielort

Tourist-Information Neßmersiel, Störtebekerstr. 18, 26553 Dornum-Neßmersiel, Tel. 04933/879980; Mo–So 9–19 Uhr. www.bensersiel.de

Tourist-Information Dornumersiel, Reethaus am Meer, Hafenstr. 3, 26553 Dornum-Dornumersiel, Tel. 04933/91110; Mo–Fr 9–17, Sa/So 10–14 Uhr. www.dornum.de

Tourist-Information Bensersiel, Strandportal, Am Strand 8, 26427 Esens-Bensersiel, Tel. 04971/9170.

Tourist-Information Neuharlingersiel, Am Hafen W 1, 26427 Neuharlingersiel, Tel. 04974/18812; Mo–Fr 9–18, Sa 10–15, So 10–13 Uhr. www.neuharlingersiel.de

Tourist-Information Carolinensiel, Nordseestr. 1, 26409 Wittmund-Carolinensiel, Tel. 04464/94930; Mo–Fr 8–19, Sa/So

▸ Karte S. 126

10–16 Uhr. www.carolinensiel.de
Tourist-Information Horumersiel, Zum Hafen 3, 26434 Wangerland-Horumersiel; Mo–Fr 9–17, Sa/So 10–14 Uhr. www.wangerland.de
Tourist-Information Hooksiel, Hohe Weg 1, 26434 Wangerland Hooksiel, Tel. 04426/9870; Mo–Do 9–17, Sa/So 10–14 Uhr. www.wangerland.de

Nationalpark-Haus, Oll Deep 7, 26553 Dornum-Dornumersiel, Tel. 04933/1565; April–Okt. Di–Fr 9–17, Sa/So/Fei 13–17 Uhr, im Winter Do 9–17 Uhr. Hier kann man Wattwanderungen buchen: ab 12 Euro pro Person. www.nationaparkhaus-wattenmeer.de/nationalparhaus-dornumersiel
Nationalpark-Haus Wattenhuus Bensersiel, Seestr. 1, 26427 Esens-Bensersiel, Tel. 04971/5848; März–Okt. Mo–Do 9.30–17.30, So 13–17 Uhr. Mitmachstationen für Jung und Alt zum Thema Wattenmeer.
Nationalpark-Haus Wangerland, Kirchstr. 9, 26434 Wangerland-Minsen,Tel. 04426/904700; Di–Sa 11–17, So 11–15 Uhr, Nov.–März Di–So 11–15 Uhr; Eintritt frei. www.nationalparkhaus-wattenmeer.de

Hotel Fährhaus, Dorfstr. 42, 26553 Dornum-Neßmersiel, Tel. 04933/303; DZ ab 69 Euro. Familiengeführt. www.faerhaus-nessmersiel.de
Buten Diek Hotel, Hafenstr. 4, 26553 Dornum-Dornumersiel, Tel. 04933/99120; DZ ab 120 Euro. Unmittelbar am Hafen. www.buten-diek.de
Heeren's Hotel, Am Hafen 6, 26427 Esens-Bensersiel, Tel. 04971/2213; DZ ab 124 Euro. Hotel in der fünften Generation im Besitz der Familie. www.heerens-hotel.de
Hotel Altes Zollhaus, Am Hafen 1, 26434 Wangerland-Horumersiel, Tel. 04426/99090; DZ ab 97 Euro. www.zollhaus.de
Hotel Restaurant Packhaus, Am Hafen 1, 26434 Wangerland-Hooksiel, Tel. 04425/969666; DZ ab 153 Euro. Unmittelbar am Hafen. www.hotel-packhaus.de

Campingplatz und Stellplatz am Nordseestrand, Am Nordseestrand 1, 26553 Dornum-Dornumersiel, Tel. 04933/351.
Camping- und Stellplatz Bensersiel an der Nordsee, Am Strand 8, 26427 Esens-Bensersiel, Tel. 04971/917121.
Nordsee-Camping mit Stellplätzen, Alt Addenhausen 4, 26427 Neuharlingersiel, Tel. 04974/188900; Anmeldung tgl. 8–20 Uhr.
Campingplatz Harlesiel mit Wohnmobilstellplätzen, Schwerinsgroden 1, 26409 Wittmund Harlesiel, Tel. 04464/949398. www.campingplatz-harlesiel.de
Nordsee-Campingplatz Schillig, P22H +3P, 26434 Wangerland-Schillig, Tel. 04426/987170. www.wangerland.de

Zum Alten Hafen, Dorfstr. 47, 26553 Dornum-Neßmersiel, Tel. 04933/8799203; in der Saison tgl. 12–22 Uhr. Italienisch, griechisch und auch Fisch.
Restaurant Fährhaus (→ Hotel); Do–Di 17–22 Uhr. Kleine Karte, leckere Speisen zwischen Seezunge und Deichlamm.
Hafensänger, Hafenstr. 9, 26553 Dornum-Dornumersiel, Tel. 04933/9918482; im Sommer Sa/So ab 9, Mo–Fr ab 10 Uhr, im Winter Fr 15–21, Sa/So ab 12 Uhr. Warme Küche bis 20.30 Uhr.
Ristorante Pizzeria Santa Maria, Up Börs 1, 26553 Dornum-Dornumersiel, Tel. 04933/8327; Di–So 11.30–22 Uhr.
Ocean 7, Restaurant im Hotel MeerZeiten, Am Wattenmeer 7, 26427 Esens-Bensersiel, Tel. 04971/2008177; tgl. 7.30–21.30 Uhr. Gehoben, regional. www.hotel-meerzeiten.de
Deichklause, Alter Sielweg 19, 26427 Esens-Bensersiel, Tel. 04971/7552; tgl. 12–21 Uhr. Deftig, deutsch und griechisch.

Haven Restaurant und Sundownerbar, Am Hafen 20a, 26427 Esens-Bensersiel, Tel. 04971/9279237. Fisch und Burger am Hafen. www.haven-bensersiel.de

Sielhof, Bürgermeister-Dirksen-Platz 8, 26427 Neuharlingersiel, Tel. 04974/9148090; Di–So ab 12 Uhr. Tee- und Kaffeespezialitäten, gutbürgerliche Küche. www.sielhof.com

La mer, Cliener Straat 10, 26427 Neuharlingersiel, Tel. 04974/1351; Mi–Mo 17–20 Uhr. Fischgerichte, frisch zubereitet. www.restaurant-la-mer.de

Heimathafen, Am Hafen Ost 9, 26409 Wittmund-Carolinensiel, Tel. 04464/1385. Kaffee, Kuchen, herzhafte Snacks.

Ezda, Am Hafen West 3, 26409 Wittmund-Carolinensiel, Tel. 04464/8558. Eiscafé und Restaurant, Plätze unmittelbar am Hafen.

Altes Sielwärterhaus, Goldstr. 26, 26434 Wangerland-Horumersiel, Tel. 04426/904911; Mi–Mo 17–21, Sa/So 12–21 Uhr, auch Weihnachten und Neujahr geöffnet. Fisch und mehr. www.altessielwaerterhaus.de

Klostermanns Restaurant Zum Schwarzen Bären, Lange Str. 15, 26434 Wangerland-Hooksiel, Tel. 04425/95810; Do–Di 17.30–21.30, Sa/So auch 11.30–14.30 Uhr. www.zum-schwarzen-baeren.de

Wattkieker, Am Harlesiel 20, 26409 Wittmund-Harlesiel, Tel. 04464/9459200. SB-Restaurant am Fährhafen. www.wattkieker.de

Aggi Huus, Dorfstr. 49, 26553 Dornum-Neßmersiel, Tel. 04933/914073; Di–So 12–18 Uhr. Leckerer Kuchen.

Café Störmhuus, Am Hafen Ost 18, 26427 Neuharlingersiel, Tel. 04974/707; Fr–Mi 11–18.30 Uhr. Sitzplätze auf dem Dach. www.cafe-stoermhuus.de

Inselblick, Am Hafen West 21, 26427 Neuharlingersiel, Tel. 04974/433; Mo/Di und Do/Fr 10–18, Sa/So 9.30–18 Uhr. Am Fähranleger. www.cafe-inselblick-neuharlingersiel.de

Dattein, Am Hafen West 13, 26427 Neuharlingersiel, Tel. 04974/912444; Mi–Mo 10–1 Uhr. Café und urige Kneipe. www.dattein.de

Speicher Café, Am Hafen West 7, 26409 Wittmund-Carolinensiel, Tel. 04464/942553. Abends Kneipe. www.cafe-speicher.de

Zwei-Siele-Museum, Am Alten Hafen 1, 26553 Dornum Dornumersiel, Tel. 04933/8785206; April–Okt. Di–So 14–17 Uhr. www.zwei-siele-museum.de

Buddelschiffmuseum, Johann-Remmers-Mammen-Weg 3, Neuharlingersiel, Tel. 04974/18812; Di, Mi, Do 14–16, Fr 10–12 Uhr. www.buddelschiffmuseum.de

Deutsches Sielhafenmuseum Carolinensiel, Pumphusen 3, 26409 Wittmund-Carolinensiel, Tel. 04464/86930; Di–So 11–17 Uhr; 12/10 Euro. www.deutsches-sielhafenmuseum.de

Hooksieler Muschelmuseum, Lange Str. 18, 26434 Wangerland-Hooksiel, Tel. 04425/1278; April–Okt. 11–17 Uhr. www.hooksieler-musschelmuseum.de

Künstlerhaus Hooksiel, Lange Str. 16, 26434 Wangerland-Hooksiel, Tel. 04425/81408; Di–So 14–18 Uhr, im Winter Sa/So 14–17 Uhr. Kommunales Künstlerhaus, Gegenwartskunst, auch Stipendiatenprogramm. www.kuenstlerhaus-hooksiel.de

Doroness, Am Nordseestrand 2, 26553 Dornum-Dornumersiel, Tel. 04933/535; in der Saison tgl. 10–18.30 Uhr. 1500 Quadratmeter Meerwasserfreibad. www.dornum.de

Nordseethermen, Schulstr. 4, 26427 Esens-Bensersiel, Tel. 04971/917220; in der Saison Bad und Sauna: Mo, Di, Mi, Fr 14–20.30, Sa 13–18, So 10–17 Uhr; Erlebnisbad ab 16 Jahren 2 Std. 8 Euro, 2 Std. 10 Euro, Kinder 4/5 Euro, Sauna 2 Std. 13,50 Euro, Tag 19,50 Euro, Kinder 9,50/12,50 Euro. www.bensersiel.de

Karte S. 126

Von Norden nach Jever

Straßen auf der küstennahen Marsch sind erst seit der sicheren Eindeichung Ostfrieslands möglich. Die alten Handels- und Heerwege verliefen zuvor auf dem etwas höher gelegenen Rand der Geest, die mit ihren trockenen Böden passierbare Straßen und hochwassersichere Siedlungsplätze versprach. Die Landesstraße 6 von Norden über Hage, Arle, Westerholt und Holtgast zeichnet heute diese Route nach. Bei Esens knickt der Weg am Rand der Geest dann mit der Landesstraße 10 Richtung Südosten ab, um über Stedesdorf und Burhafe nach Wittmund zu gelangen.

Das nördlich dieser Linie liegende Dornum wurde ursprünglich auf einer Warft angelegt, die auf einer Geestinsel inmitten des hochwassergefährdeten Marschenlandes aufsetzt. Auch der kleine Ort Nesse, heute ein Ortsteil von Dornum, wurde auf einer Warft errichtet. Nesse mit uraltem Steinhaus und Kirche sowie Dornum mit einem weitgehend erhaltenen Ortsbild samt Wasserschloss lohnen einen Abstecher. Das gleiche gilt für Werdum, das westlich von Esens in mitten des alten Marschgebiets liegt. Jever gehört nicht zu Ostfriesland, das Schloss und die ansehnliche Altstadt sollte man sich trotzdem anschauen, zumal Jever und sein Fräulein Maria eine ganz eigene Geschichte vorzuweisen haben.

Siele

Siele waren nicht nur Entwässerungsstellen für das Binnenland, sondern auch Nahtstellen zwischen Binnen- und Seeschifffahrt. Die Wasserläufe des Binnenlandes, Tiefs genannt, setzen sich im Wattenmeer als Priele fort. Diese Priele werden während der Entwässerung durch das Sieltor ganz nebenbei regelmäßig gespült, sodass sie nicht durch den Schlick des Wattenmeers verschlammen. So konnten Seeschiffe mit flachen Böden über die Priele bei Flut bis an die Siele und damit an die Ansiedlungen gelangen, die um das Siel entstanden waren. Die Ufer der Priele wurden außerhalb der Deichlinie (butensiels) befestigt, damit die Schiffe anlegen, ent- oder beladen werden konnten. Binnensiels entstanden Hafenanlagen für die Binnenschiffe, die die Tiefs befuhren. So entwickelten sich Sielorte zum Umschlagplatz zwischen Binnenschifffahrt und Seeschifffahrt.

Das Benser Tief bei Holtgast

Schlussstein an der Bargeburer Kirche

Von Norden bis Arle

Wir starten in der Stadt Norden (→ S. 113) und passieren auf unserem Weg nach Lütetsburg die Norder Ortsteile Bargebur und Tidofeld, die beide früher zur Gemeinde Lütetsburg gehörten. Zwei Kirchen erzählen hier aus der Geschichte der Region.

Die **Bargeburer Kirche** (Heerstr. 52) erinnert an die scharfen Glaubensauseinandersetzungen zwischen reformierten und lutherischen Protestanten in Ostfriesland. 1680 war der Bau dieses Gotteshauses nur möglich, weil Graf Dodo II. zu Innhausen und Knyphausen, der auf Schloss Lütetsburg saß, der reformierten Gemeinde Nordens gestattete, auf seinem Grund und Boden außerhalb der Stadtgrenze ein Gotteshauses zu errichten.

Die Norder Lutheraner hatten den Reformierten den Bau dieser Kirche innerhalb der Stadtgrenzen verwehrt. Und damit nicht genug: Religiöse Eiferer aus Norden rissen die gerade fertiggestellten Außenwände der reformierten Kirche auf gräflichem Grund nieder. Erst unter dem Schutz brandenburgischer Soldaten, die seinerzeit in Greetsiel stationiert waren, konnte das Gotteshaus vollendet werden. Entstanden ist so eine einfache Saalkirche, die später auf der Südseite einen Anbau mit barock geschwungenem Giebel bekam. Im Innern zeigt die Kirche noch heute die abgesonderten Sitzplätze (Prieche) für die Familie zu Innhausen und Knyphausen.

■ Tidofeld

Anders die Geschichte der **Gnadenkirche** in Tidofeld. Sie erinnert daran, dass auch Ostfriesland nach dem Zweiten Weltkrieg viele Heimatvertriebene aus den deutschen Ostgebieten aufnahm. Ab 1946 wurden in einem ehemaligen Lager der Kriegsmarine in Tidofeld Flüchtlinge untergebracht. Rund 1200 Menschen lebten hier über Jahre unter einfachsten Bedingungen. 1948 wurde die neu errichtete Gnadenkirche geweiht, in der abwechselnd die evangelisch-lutherische und die katholische Gemeinde sowie die Baptisten ihren Gottesdienst abhielten. Im Jahr 1950 stammte fast jeder fünfte Einwohner Ostfrieslands aus den ehemaligen Ostgebieten. 1959 war der Anteil der Heimatvertriebenen durch Abwanderung in wirtschaftlich prosperierende Regionen wie das Ruhrgebiet stark zurückgegangen, aber immerhin noch jeder zehnte Einwohner Ostfrieslands hatte Flucht und Vertreiben ertragen müssen. 1960 wurde das Lager Tidofeld durch eine Wohnsiedlung aus Einfamilienhäusern ersetzt. In dem Lager waren mittlerweile so starke nachbarschaftliche Beziehungen gewachsen, dass die Bewohner darauf bestanden, weiter in einem Wohngebiet zusammen zu leben. Heute ist die Gnadenkirche eine Dokumentationsstätte, die von der Vertreibung und den Mühen der Integration erzählt. Die farbenfrohen Glasfenster der Kirche, die

▲ Karte S. 126

Der Schlosspark Lütetsburg lohnt unbedingt einen Blick

der Oldenburger Künstler Max Herrmann schuf, setzten in der Siedlung der Vertriebenen einen optimistischen Akzent und stehen heute unter Denkmalschutz.

Lütetsburg

Es sind rund 3,5 Kilometer von Tidofeld entlang der Heer- und der Landstraße zum Schloss Lütetsburg. Auf diesem Weg passieren wir zwei Wohnhäuser (Landstr. Nr. 26 und Nr. 33) vom Typ **Bummert**, der so nur in Ostfriesland zu finden ist. Dieser Gebäudetyp besteht aus zwei Haushälften mit gemeinsamer Mittelmauer. Die an den äußeren Enden heruntergezogenen Dachflächen verweisen auf die kleinen Ställe, in denen die Landarbeiterfamilien ihr Nutzvieh hielten. Früher gab es nur einen gemeinsam genutzten Schornstein im Bereich der Mittelwand.

Ein prachtvoller Torturm von 1731 gewährt Einlass in die von Gräben umschlossene Vorburg des **Wasserschlosses Lütetsburg**. Unter Glockengeschoss und Uhr empfängt uns ein barock geschwungener Giebel aus Sandstein mit wappenhaltenden Löwen. Unico Manninga, dessen Grabmal sich in der Ludgerikirche in Norden befindet (→ S. 114), ließ die Vorburg 1560 aus Backstein im Stil der niederländischen Renaissance errichten. Typisch sind die kleinen Türmchen, die an gotische Fialen erinnern, und die Viertelkreise in den Abtreppungen der Giebel der Seitentrakte.

Das Schloss Lütetsburg wird von der Familie zu Innhausen und Knyphausen bewohnt und kann daher nicht besichtigt werden. So gewährt nur der Gang durch den öffentlich zugänglichen, großzügigen **Schlosspark** einen Blick auf das ebenfalls von Gräben (Graften) umgebene Wasserschloss. Fast übersieht man, dass das Gebäude nach einem Brand 1956 neu errichtet werden musste. Die zurückhaltende 1950er-Jahre-Architektur passt sich gut ein, die beiden Türme der Schlossanlage erinnern an den Vorgängerbau.

Ein verschlungenes, rund fünf Kilometer langes Wegenetz führt durch den Landschaftspark, den der Oldenburger Hofgärtner Carl Ferdinand Bosse von 1790 bis 1813 anlegte. Er zeigt sich als frühromantischer Garten mit sich schlängelnden Wasserläufen, kleinen Seen mit Inseln sowie reetgedeckten Gartenarchitekturen. Die Insel der Seligen dient als Grabstätte der Familie zu Innhausen und Knyphausen. Im Frühherbst wird der Park zur Kulisse des Lichtkunstfestivals Illumina, aber auch während der Rhododendronblüte im Mai ist der Besuch des Parks ein besonderes Erlebnis. Zur Parkanlage gehört ein Schlosspark-café mit großer Terrasse.

Hage

Die **St.-Ansgari-Kirche** (Baantjebur) in Hage wurde um das Jahr 1200 auf einer rund sechs Meter hohen Warft aus Backstein errichtet. Sehr schön sieht man an der Nordwand des Langhauses die Gestaltung dieses ersten romanischen Gebäudeteils. Halbpfeiler gliedern die Fläche, die in jedem Segment ein kleines rundbogiges Fenster zeigt. Darüber verläuft ein Fries, in dem ineinander greifende Rundungen Spitzbögen ausbilden und damit auf die kommende Gotik hinweisen. Es folgt ein doppeltes deutsches Band aus übereck gestellten Ziegelsteinen – eine recht frühe Verwendung dieser für die Backsteinarchitektur typischen Ausschmückung. Der Westturm wurde um 1250, der Chor um 1480 angebaut. Im Innern beeindruckt der Flügelaltar, der wie der Gottestisch in Arle aus einer niederländischen oder nordwestdeutschen Werkstatt stammt und im Zentrum eine Kreuzigungsszene zeigt. Er wird auf das Jahr 1480 datiert. Wie in Norden ist hier in Hage der Baldachin erhalten, der den Altar wie ein Sternenhimmel überspannt und in geschnitztes Maßwerk übergeht. Leider ist die fünfstöckige **Hager Mühle** (Mühlenweg 12) in bedauernswertem Zustand, Flügel und Galerie sind abgebaut. Sie ist mit einer Höhe von über 30 Metern der höchste Galerieholländer in Ostfriesland.

Wirkt wehrhaft: Burg Berum

▲ Karte S. 126

Berum

Von der Berumer Allee aus sieht man zunächst nur den trutzigen, dreigeschossigen Eckturm der **Burg Berum**, vor dem sich ein Wassergraben erstreckt. Der Eckturm geht in die beiden erhaltenen Trakte der Vorburg über. Der Flügel zur Berumer Allee wirkt wie ein Wohnhaus, der Flügel Richtung Burgstraße durch seine kleinen Fenster wie eine Festung. Einen ausschmückenden Akzent setzt hier einzig das Tor zum Burghof am Ende des Burgstraßenflügels. Gemauerte Halbsäulen aus Ziegel mit Fuß und Kapitel sowie einzelnen Schichten aus hellem Sandstein tragen einen Dreiecksgiebel mit dem Wappen der Fürstin Christine Charlotte von Ostfriesland.

Von 1690 bis 1699 lebte die Tochter des Herzogs von Württemberg hier auf ihrem Witwensitz. Zuvor hatte sie 25 Jahre lang Ostfriesland als Vormund ihres Sohnes Georg Christian regiert. Burg Berum wird seit 2019 von Annika und Tido von Oppeln als Gästehaus mit Zimmern und Ferienwohnungen geführt. Zudem kann Burg Berum als Ort

Das Sakramentshaus in der Arler Bonifatius-Kirche

für Hochzeiten, Firmenveranstaltungen oder auch Workshops gemietet werden. Der **Burgpark** ist öffentlich zugänglich, Fahrräder bitte vor Betreten der Burganlage abstellen.

Arle

Zwischen Berum und Blandorf-Wichte erstreckt sich das **Juliusgehölz**. Es erinnert daran, dass Hage mit einem Waldanteil von fast 13 Prozent zu den waldreichsten Gemeinden Ostfrieslands gehört. Geschuldet ist dieser Umstand den fürstlichen Wäldern um Lütetsburg und Hage.

Über Westerende, das auf einer Geestzunge bis zu 4,5 Meter über dem Meeresspiegel liegt, erreichen wir Arle. Mächtig erhebt sich hier, in der Sichtachse der Landesstraße 6, der rote Backsteinturm der 1887 errichteten **Bonifatius-Kirche**. Er bringt es auf eine Höhe von 42 Metern, zu denen man noch die rund 8,5 Meter der Kirchenwarft hinzurechnen muss. Es ist in beeindruckender Bau, und trotzdem gehen Historiker davon aus, dass der mittelalterliche Glockenturm, der auf mächtigen Fundamenten stand und als uneinnehmbarer Wehrbau galt, noch imposanter gewesen sein muss. Er wurde während der Konflikte der ostfriesischen Häuptlinge 1430 zerstört.

Heute macht nicht der Turm den besonderen Wert der Kirche aus, sondern das Baumaterial des Langhauses und die Innenausstattung. Vor allem an der Nordseite hat sich mit dem gräulich-porösen Tuffstein und den kleinen, hoch liegenden Rundbogenfenstern ein Eindruck des ersten steinernen Gotteshauses in Arle bewahrt. Eine breite Schicht aus roten Ziegelsteinen stört zwar das Bild, trotzdem ist die Wandgliederung durch vertikale Halbpfeiler aus zurechtgeschnittenem Tuffstein gut erkennbar.

Im Innern der Kirche zieht das schlanke Sakramentshaus aus hellem Baumberger Sandstein aus dem Ende des 15. Jahrhunderts die Blicke auf sich. Nur die Löwen, die den schlanken Körper mit seinen gotischen Formen tragen, stammen aus der Entstehungszeit. Die weiteren Figuren wurden später überarbeitet. Aber immerhin: Neben Arle findet sich in Ostfriesland nur noch in der Ludgeri-Kirche in Norden ein solches Sakramentshaus, das der Aufbewahrung des Allerheiligsten – Brot und Wein als Leib und Blut Christi – diente. Alle weiteren Sakramentshäuser in Ostfriesland wurden während der Reformation entfernt.

Beeindruckend ist der Schnitzaltar von 1480 aus einer niederländischen oder nordwestdeutschen Werkstatt. Gezeigt wird im Zentrum eine Kreuzigungsszene, umgeben von Motiven aus der Leidensgeschichte Christi. Anders als in Hage ist hier der Baldachin nicht erhalten. Ältestes Ausstattungsstück der Kirche ist die Taufe aus Bentheimer Sandstein aus der Zeit nach 1200.

Abstecher nach Dornum und Nesse

Dornum und Nesse liegen Luftlinie nur rund fünf Kilometer von Arle entfernt. Fährt man mit dem Auto über Westerholt, sind es rund zwölf Kilometer bis zum sympathisch verschlafenen Ort Dornum mit seinen rund 1000 Einwohnern. Dornum wirkt ein wenig stehen geblieben, ein bisschen aus der Zeit gefallen und gerade darum noch in vielen Details wie ein Stück echtes Ostfriesland vor Modernisierungswut und Touristenboom.

Die **Kirche St.-Bartholomäus** wurde auf einer acht Meter hohen Warft bis 1290 erbaut. Der frei stehende Glockenturm stammt ebenfalls aus dem 13. Jahrhundert. Man sieht der Kirche nicht an, welche Schätze sie im Innern birgt. Die Patronatsherren der Familie von Closter, die 200 Jahre die Geschicke der Herrlichkeit Dornum bestimmten, stifteten nicht nur den prachtvollen Altar, den 1683 Hinrich Cröpelin aus Esens schuf, sondern auch die barocke Kanzel, ebenfalls aus der Werkstatt Cröpelin. 1711 gaben sie auch die Orgel bei Gerhard von Holy in Auftrag, die heute als drittgrößte historische Orgel Ostfrieslands gilt. Zusammen mit dem bemalten Tonnengewölbe und den grauen Emporen wirkt das Gotteshaus fast schon übervoll. Gegen die barocke Kanzel und die Orgel heben sich der mittelalterliche Taufstein von 1280 aus Baumberger Sandstein und die teils noch mittelalterlichen Grabplatten der Familie von Closter ab. Eine Besonderheit der Kirche ist die Gruft aus dem 17. Jahrhundert, in der acht Särge der von Closter 2012 restauriert werden konnten. Eine Glastür erlaubt einen Blick in den Grabraum. Etwas versetzt steht vor der Westfassade der Kirche eine mächtige, uralte **Buche**, die mit einigen alten Grabsteinen als Teil eines verwunschenen Orte wirkt. Das wenige Meter entfernte **Pfarrhaus**

Die Dornumer Schlossstraße lädt zu einer Teepause ein

wurde vermutlich um 1500 erbaut. Es zeigt aber nach dem Umbau um 1800 ein Walmdach und breite Blockrahmen-Schiebefenster statt der mittelalterlichen Fensteröffnungen.

Über die Kirchstraße, den Marktplatz und weiter die Schlossstraße hinunter gelangt man zum barocken **Wasserschloss** der von Closter aus der Zeit um 1700. In der Kirchstraße sehen wir Ostfriesland pur: roter Ziegelstein, das einzige günstig verfügbare Baumaterial der Region allerorten – an den Häusern, auf den Gehwegen und auf der Straße. Nur am Marktplatz finden sich einige verputzte Gebäude, darunter die **Alte Backstube**, ein 2022 eröffnetes Café. Beste Backsteinarchitektur zeigt dann wieder das ehemalige **Hotel Zum Kronprinzen** (Kirchstr. 11). Es wurde um 1800 in klassizistischen Formen errichtet.

■ Gedenkstätte Synagoge Dornum

Auf dem Markt erinnert eine Tafel daran, dass hier am 10. November 1938 vier Thorarollen, die Gemeindebücher

▸ Karte S. 126

und die Inneneinrichtung der **Synagoge** verbrannt wurden. Das Gotteshaus aber, nur wenige Meter weiter die Kirchstraße hinunter, ist erhalten. Wenige Tag vor der Reichspogromnacht wurde das Gebäude von der jüdischen Gemeinde an einen Tischler verkauft. Ein Feuer hätte in der dicht bebauten Kirchstraße schnell auf andere Häuser übergreifen können. Das hielt den Nazi-Pöbel im Zaum.

Seit 1992 ist in dem kleinen Backsteinbau von 1841 die **Gedenkstätte Synagoge Dornum** mit rund 500 Objekten zur Geschichte der jüdischen Gemeinde des Ortes und zum Judentum eingerichtet. Die Ausstellung basiert auf den Forschungen des langjährigen ehrenamtlichen Leiters der Gedenkstätte, Georg Murra-Regner. Erhalten sind auch Reste des **Jüdischen Friedhofs** Dornum (Marktstr. 3), den man ganz am Ende der Marktstraße erreicht. Angelegt wurde der Friedhof nach 1717. Rund 200 Bestattungen fanden hier statt, erhalten sind 36 Grabsteine.

Prominentestes Mitglieder der jüdischen Gemeinde Dornum ist Minnie Marx, die Mutter der Marx-Brothers, die als Miene Schönberg 1865 in Dornum geboren wurde. Ihr Bruder Abraham Schönberg wurde unter dem Namen Al Shean zum bekanntesten Komiker der USA um 1900. 1880 wanderte die Familie Schönberg in die USA aus.

Enno-Hektor-Straße

Weiter die Kirchstraße Richtung Schloss hinunter passiert man die Enno-Hektor-Straße, in der der Bürgerverein Dornum an etlichen Gebäuden die Geschichte der Häuser und ihrer Bewohner auf Tafeln dokumentiert hat. In der Beningalohne, die von der Enno-Hektor-Straße abgeht, befindet sich das **Heimatmuseum Oma-Freese-Huus**, das in einem kleinen Wohnhaus aus der ersten Hälfte des 19. Jahrhunderts eingerichtet wurde. Oma Freese war die letzte Eigentümerin des Gebäudes und lebte hier bis 1962. Zu sehen sind ein typischer Wohnraum, eine Küche und eine Schuhmacherwerkstatt. Nur wenige Meter weiter die Beningalohne hinunter findet sich rechts die **Beningaburg** von 1567. Erhalten sind zwei Flügel der Burg auf dem Geviert, das vom Burggraben (Graften) umschlossen wird. Die Häuptlingsfamilie Beninga besaß die Burg bis 1717.

Wasserschloss Dornum

Geht man an der Kreuzung Enno-Hektor-Straße weiter geradeaus, kommt man über die Schlossstraße zum Schloss Dornum. Zuvor kommt man am ehemaligen **Amtshaus** (Schlossstr. 1) vorbei. Eine Tafel erinnert daran, dass der Schriftsteller Enno Hektor hier einige Zeit als Schreiber gearbeitet hat, bevor er Dornum, wohl aus finanziellen Gründen, verlassen musste. Er gilt als Dichter des Textes des Heimatliedes der Ostfriesen: ›In Ostfreesland is't am besten‹, dessen leicht ironische Note heute zumeist ausgeblendet wird.

Durch das Torhaus mit 30 Meter hohem Turm von 1707 betritt man die Vorburg des **Wasserschlosses Dornum**. Von hieraus ist die schmale Brücke gut zu sehen, die von zwei Löwen mit Wappenschildern bewacht wird. Sie führt zum rundbogigen Eingang in das Schlossgebäude hinüber. Ein mächtiger Dreiecksgiebel mit der Darstellung der Pallas Athene zwischen Putten und Akanthusranken betont diesen Durchgang. 1707 ließ Haro Joachim von Closter die Vierflügelanlage im niederländischen Stil errichten. 1951 wurde darin eine Realschule untergebracht. Nur zu besonderen Gelegenheiten wie dem Weihnachtsmarkt auf dem Schlossgelände kann man den prächtigen Festsaal über zwei Geschos-

Löwen bewachen den Eingang zum Wasserschloss Dornum

se im Ostflügel besichtigen. Eine weitere Attraktion des Ortes Dornum ist die **Bockwindmühle** von 1626, die 2010 komplett restauriert wurde und seitdem über ein funktionsfähiges Mahlwerk verfügt. Dazu wurden ein Müllerhaus nach dem Vorbild eines Hauses um 1700, eine Remise und ein Mühlenhaus errichtet.

Nesse

Es lohnt sich, von Dornum die rund drei Kilometer nach Nesse zu fahren, denn hier wartet eines der am besten erhaltenen Kirchenensemble Ostfrieslands auf Besucher. Neben der St.-Marien-Kirche (Nordbuscher Weg 34) und dem frei stehenden Glockenturm finden sich weiter westlich das backsteinerne Organistenhaus (Kirchpfad 4) aus der Zeit nach 1800. Von hier sieht man schon das hohe Steinerne Haus.

Nesse wurde als friesische Händlersiedlung schon im 9. Jahrhundert auf einer Langwarft angelegt. Ab dem 11. Jahrhundert ging durch die zunehmende Verlandung der Hilgenrieder Bucht und vor allem durch das Verschwinden des friesischen Handels die Bedeutung des Ortes als Handelsplatz zurück. Nesse wurde zum Handwerker- und Bauerndorf sowie zum Häuptlingssitz.

Das **Steinerne Haus** (Kirchpad 1) aus der ersten Hälfte des 16. Jahrhunderts ist der am besten erhaltene mittelalterliche Häuptlingssitz in Ostfriesland neben dem Steinhaus in Bunderhee (→ S. 270) und der Harderwykenburg in Leer (→ S. 254). Noch heute beeindruckt die Höhe dieses zweigeschossigen Wohnturms, in dem – typisch – die beiden Schornsteine in den Wänden des Nord- und Südgiebels aufgemauert sind. Wie muss dieses Gebäude wohl auf die Menschen im 16. Jahrhundert mit ihren niedrigen, eingeschossigen Wohnhäusern gewirkt haben, zumal zu jener Zeit der heutige Keller noch als Erdgeschoss frei stand und das Steinerne Haus so noch deutlich höher wirkte? Das Gebäude wird nach einer kompletten Sanierung heute als Wohnhaus genutzt.

Neben dem Steinernen Haus ist die **St.-Marien-Kirche**, die vor dem Jahr 1200 errichtet wurde, die wichtigste Sehenswürdigkeit in Nesse. Noch heute besteht die Westwand fast ganz aus dem gräu-

▲ Karte S. 126

lich porösen Tuffstein der Erbauungszeit. In der Südseite zeigt die Portalumrahmung zurechtgesägte Tuffsteinelemente. Bei der Erhöhung der Kirche Ende des 15. Jahrhunderts und beim Bau des Chores im Jahr 1493 wurde dann Backstein verwendet.

Im Innern hat sich der steinerne Lettner erhalten, der vor der Reformation das Kirchenschiff der Gemeinde von dem Chor der Kleriker abteilte: Er wurde zur Orgelempore umfunktioniert. Während das Langhaus flach gedeckt ist, sieht man in den zwei Jochen des Chors noch die Kreuzgratgewölbe. Ältestes Ausstattungsstück ist der Taufstein aus Baumberger Sandstein aus der Mitte des 13. Jahrhunderts. Das Stück in der Kirche Nesse ist eine Kopie.

Von Arle nach Esens

Über Nenndorf, Westerholt und Schweindorf, Utarp und Ochtersum geht es weiter Richtung Esens. Die Dörfer gehören zur ländlich geprägten Samtgemeinde Holtriem. Zeugnis davon sind die **Mühle Nenndorf** von 1872 (Gastweg 3, www.mühle-nenndorf.de) und die **Mühle Schweindorf** (Mühlenweg, www.muehle-schweindorf.de). Dieser zweistöckige Galerieholländer mit Steert wird auch nach dem letzten Müller Mühle Klaashen genannt. Der Schweindorfer Mühlenverein rettete und restaurierte sie bis 2001.

Windpark

Windenergie wird heute nicht mehr zum Mahlen genutzt. 1998 gingen der **Windpark Dornum-Holtriem** im Hammrich der Gemeinden Nenndorf, Westerholt und Schweindorf ans Netz. Mit 31 Windkraftanlagen war es seinerzeit der größte Windpark in Europa. Heute bringen die mittlerweile 35 Windräder eine Leistung von immerhin 52,4 Megawatt Strom, der zur Versorgung von 37 000 Vier-Personen-Haushalten ausreicht. Eine der Windkraftanlagen kann besichtigt werden. Jeweils samstags und sonntags steigen Gruppen von maximal zwölf Personen die 297 Stufen zur verglasten Aussichtsplattform in 60 Meter Höhe hinauf. Der Lohn: ein fantastischer Rundblick über die Landschaft. Information zur Besichtigung: Tel. 0173/6312732 oder Tel. 04933/91110.

Rund 1060 solcher Windräder gab es laut Ostfriesen Zeitung Anfang 2022

Einer von mittlerweile vielen Windparks in Ostfriesland

in Ostfriesland (Landkreis Aurich: 631, Landkreis Wittmund: 370, Emden: 89, Landkreis Leer: 112). Zusammen bringen sie es theoretisch auf 1846 Megawatt Leistung. Die tatsächliche Leistung, die aufgrund von fehlendem oder auch zu starkem Wind erreicht wird, liegt laut Frauenhoferinstitut bei rund 20 Prozent des Nennwerts. Das würde in Ostfriesland für rund 700 000 Familien (drei Personen im Einfamilienhaus, Verbrauch rund 5000 kWh pro Jahr.) reichen. 3,5 Prozent aller deutschen Windkraftanlagen stehen in Ostfriesland, zum Vergleich: im gesamten Bundesland Bayern stehen nur 4,4 Prozent.

■ Ziegeleien

Immerhin zwei Ziegeleien im Familienbesitz bieten in der Gemeinde Holtriem gewerbliche Arbeitsplätze. Das letzte **Torfbrand-Klinkerwerk** Ostfrieslands in Nenndorf (Ziegeleistr. 8) hat sich auf Architekturklinker spezialisiert. Sie werden in einem Ringofen von Hand gestapelt und dann 14 Tage gebrannt. 2015 wurde das Werk ein Raub der Flammen. Da aber der Ringofen nur leichte Beschädigungen erlitt, ging nach kurzer Reparatur

Ungewöhnlicher Fassadenschmuck in der Jücherstraße

▲ Karte S. 126

die Produktion weiter. Das umgebende Gebäude und der Trockenschuppen, die unter Denkmalschutz stehen, wurden wieder aufgebaut.

Unter dem Namen Wittmunder Klinker stellt eine zweite **Ziegelei in Neuschoo** Ziegelsteine her, die wegen ihrer rotbraunen bis dunkelblauen Färbung von Bauherrn geschätzt werden.

Holtgast weist mit seinen Nachbarorten Utgast und Hartsgast durch die Endung -gast auf seine Lage auf einem Geestrücken (Gaste = Geest) hin. Dazu kommt die Bezeichnung ›Holt‹ für ›Gehölz‹, das auf der Geest, nicht aber im Marschenland zu finden war.

Esens

Esens ist heute Versorgungszentrum und Einkaufsstadt mit etwas über 7000 Einwohnern. Einzig der prächtige Sarkophag des Häuptlings Sibet Attena in der St.-Magnus-Kirche erinnert daran, dass Esens einst Häuptlingssitz und zentraler Ort im Harlingerland war. 1600 ging die Burg durch Erbschaft in den Besitz der Grafen von Ostfriesland aus dem Haus der Cirksenas über, die Esens zur Nebenresidenz ausbauten. Die Burg mittlerweile eine Nebenresidenz der Cirksenas, wurde im 18. Jahrhundert auf Abbruch verkauft, Esens verlor seine Stellung als Zentralort an Wittmund.

Die Altstadt um den Marktplatz und die Steinstraße laden zu einem Bummel ein, Infotafeln beschreiben vor einzelnen Gebäuden die Geschichte der Häuser und ihrer Einwohner.

■ Palais von Heespen

Eine Erinnerung an die frühere politische Bedeutung als zentraler Verwaltungssitz des Harlingerlandes ist das Palais von Heespen (Am Markt 2–4), das heute als **Rathaus** die Ostseite des Marktplatzes beherrscht. Das imposante, neunachsige und zweigeschossige Palais ist mit einem Giebeldreieck über der Gebäudemitte ausgezeichnet – zusammen mit den Kolossalpfeilern ein eher seltenes Bild in Ostfriesland, in dem es kaum Palaisbauten gibt. Im Giebeldreieck befindet sich das Wappen der Familie von Heespen. Wilhelm von Heespen war Kanzleidirektor und damit Vertreter des Grafen von Ostfrieslands im Harlingerland und ließ das Palais um 1700 im Stil der Zeit ausbauen.

Nur im Rahmen einer Stadtführung kann man den ehemaligen Festsaal mit Kamin, alten Möbeln und Gemälden bewundern. Über eine barocke Treppe geht es hinauf in den Vorraum, in dem ein über drei Meter hoher Stammbaum der Familie Cirksena aus der Zeit kurz nach 1700 überrascht. Er wurde aus der abgerissenen Burg Esens übernommen.

St.-Magnus-Kirche

Vom Palais von Heespen sind es nur wenige Meter bis zur St.-Magnus-Kirche, die um 1850 anstelle einer alten Tuffsteinkirche errichtet wurde. Recht ungewöhnlich ist der **Altar**, der aus der Vorgängerkirche stammt und eine Darstellung des Abendmahls von Jacob Cröpelin zeigt. Darüber befindet sich das Kruzifix eines unbekannten Künstlers, das auf einem Totenkopf als Symbol des Todes aufsetzt und von einem Weinstock als Symbol des Lebens umrankt wird. Punktstück der Kirche ist der **Steinsarkophag** des Häuptlings Sibet Attena, gestorben 1473, im nördlichen Seitenschiff. Die Ganzkörperfigur präsentiert Attena in der Rüstung eines Ritters, zu dem er 1464 in Emden geschlagen wurde. Zwei Löwen zu seinen Füßen zeigen die Wappen der Attena und der Grafen Cirksena.

Im südlichen Seitenschiff findet sich das **Grabmal** der Gräfin Walpurgis von Ostfriesland aus dem Hause Rietberg, die

Der Giebel des Hauses Steinstraße 20

1581 Graf Enno III. von Ostfriesland heiratete. Sie war Erbin des Harlingerlandes, das mit ihrem frühen Tod 1586 an die Grafen von Ostfriesland fiel. Original an dem Grab sind allerdings nur die sechs Tragefiguren (Karyatiden), die Tugenden symbolisieren.

Marktplatz

Den Reiz der Stadt Esens macht nicht zuletzt der Marktplatz mit der noch fast geschlossenen historischen Umbauung aus dem 19. Jahrhundert aus.

Das **Stadthaus** (Am Markt 1) von 1839 nimmt als Backsteinbau den regionalen Baustil auf, antwortet durch das Giebeldreieck aber auch auf das Palais von Heespen.

Hervorzuheben sind weiter das Haus **Am Markt 6** aus dem 18. Jahrhundert und das eingeschossige, heute gelb gestrichene Geschäftshaus **Am Markt 9** mit einem geschwungenen Giebel und Giebelstein. Das Haus **Am Markt 3** nutzt seit 1864 der Mettcker-Verlag als Geschäftsstelle. Ab 1862 erschien in dem Verlag die Tageszeitung ›Anzeiger für das Harlingerland‹. Sollten Ihnen am **Haus Jücherstraße 11** die Plastiken in der Fassade bekannt vorkommen, ist es kein Zufall: es sind Kopien der Skulpturen, die das Grabmal der Gräfin Walpurgis in der St.-Magnus-Kirche schmücken.

Steinstraße

Für einen Stadtspaziergang bietet sich die Steinstraße als Teil der Fußgängerzone an. Das **Haus Steinstraße 20** stellt ein schönes Beispiel für ein barockes Kaufmannshaus dar: Ein beeindruckender Glockengiebel schwingt sich von den seitlichen Voluten zur Bekrönung aus Sandstein hinauf, die neben den Initialen des Bauherrn die Jahreszahl 1788 zeigt. Die **Butterstraße** lohnt mit einigen historische Bauten und Geschäften, die die Erzeugnisse kreativen Handwerks vertreiben, einen Abstecher. Die Geschichte der Stadt Esens und des Harlingerlandes erzählt in der **Peldemühle** aus dem Jahr 1850 das **Museum Leben am Meer**. Hier werden Funde zur Besiedlung des Harlingerlandes in der Marsch und auf der Geest präsentiert, dazu ein Fliesenzimmer und eine Uhrmacherwerkstatt. Ein weiterer Schwerpunkt ist die Geschichte der Stadt Esens. Über das Leben der jüdischen Gemeinden in Ostfriesland berichtet die Ausstellung im **August-Gottschalk-Haus**, die im ehemaligen Gemeindehaus der hiesigen jüdischen Gemeinde eingerichtet wurde.

Werdum

Von Esens aus sind es Luftlinie rund sieben Kilometer Richtung Osten bis in den Ort Werdum, der sich in den vergangenen Jahrzehnten zum staatlich anerkannten Luftkurort mit einem Schwerpunkt auf Kneippangebote entwickelt hat. Kneipphalle zum Wassertreten, Fitness-Parcours, Barfußpfad – alles vorhanden. War Werdum früher als Kirchenort Mittelpunkt des nordwestlichen Harlingerlandes, ist es jetzt Zentrum der Region in Sachen Tourismus. Vor allem aber punktet Werdum durch seine Nähe zu den Badeorten an der Küste.

Die **St.-Nicolai-Kirche** liegt auf einer Warft und wird auf die Zeit zwischen 1230 und 1250 datiert. Sie erinnert daran, dass Werdum nach den Sturmfluten des 11. und 12. Jahrhunderts fast vollständig von Wasser umschlossen war und einen Hafen besaß. Der Bischof Nicolaus von Myrna, dem das Gotteshaus geweiht ist, galt als Schutzheiliger der Schiffer und Kaufleute.

Zu Werdum gehört der Ortsteil Edenserloog, in dem sich die **Burg** der Herren von Werdum (Edenserlooger Str. 32) befand. Erhalten ist von dem mittelalterlichen Bau einzig der Westflügel, der aber nur von der Straße aus betrachtet werden kann: Die Burg ist in Privatbesitz und wird bewohnt.

Ein kleines historisches Zentrum hat sich um die **Erdholländermühle** (Edenserlooger Str. 13) entwickelt. Sie stammt aus dem Jahr 1748 und kann besichtigt werden. Die Mühle birgt ein kleines **Heimatmuseum** mit Haus-, Scheunen- und Ackergeräten. Neben dem Backhuus findet sich auf der Museumswiese auch noch eine historische **Schmiede**, die 1993 hierher versetzt wurde. Man kann hier mehrmals in der Woche einem Schmiedemeister bei der Arbeit zusehen, Termine sind im Veranstaltungskalender des Ortes ausgewiesen.

Stedesdorf und Burhafe

Auf dem Weg von Esens nach Wittmund kommt man durch Stedesdorf und Burhafe. Von der alten Bedeutung **Stedesdorfs**, das einst Sitz einer Propstei und Hauptort des Harlingerlandes war, ist nur die **St.-Ägidien-Kirche** aus der Zeit um 1150 geblieben. Sie wurde in Tuffstein errichtet, 1350 der eingerückte Chor hinzugefügt. Von der Burg, die einst unmittelbar an der Kirche stand,

▸ Karte S. 126

Warntafel in Werdum

sind keine stehenden Mauern erhalten. 1447 kam Stedesdorf über ein Erbe an den Dornumer Häuptling Sibo Attena. **Burhafe** gehörte im Mittelalter zur Propstei Stedesdorf und ist heute ein Stadtteil von Wittmund.

Wittmund

Wittmund ist heute Kreisstadt mit über 20 000 Einwohnern. Nimmt man allerdings nur die Kernstadt Wittmund mit rund 8000 Bewohnern, dann ist Esens mit rund 7000 Einwohnern fast gleich groß. Wittmund hatte einfach Glück, denn der Oberpräsident in Hannover entschied 1884 am Schreibtisch, dass der Landrat des Kreises Wittmund in der gleichnamigen Stadt zu residieren habe. Dabei war Esens zu dieser Zeit größer als Wittmund, und vor allem war es jahrhundertelang der Zentralort des Harlingerlandes gewesen. Aber davon hatte man in Hannover vermutlich keine Ahnung. Wittmund bietet das seltene Vergnügen, in einem Straßenviereck, das als Fußgängerzone ausgewiesen ist, um die Stadtkirche zu wandeln. Dabei wenden die Geschäfts- und Wohnhäuser der St.-Nicolai-Kirche ihre Rückseite zu. Diese merkwürdige Situation erinnert daran, das die Kirche im Mittelalter als Wehrbau diente. Das Straßengeviert zeichnet den Verlauf des Wassergrabens um die Wehrkirche nach.

St.-Nicolai-Kirche

Die St.-Nicolai-Kirche, die auf dem höchsten Punkt des Ortes steht und das vierte Gotteshaus an dieser Stelle ist, wurde im Jahr 1775 aus Backstein mit vorgestelltem Westturm errichtet. Im Innern des Saalbaues fallen sofort die in barockem rosa getünchten Wände auf, von denen sich das Weiß-Grau der Kirchenbänke, der Emporen und des Altaraufbaues abhebt. Über eine Rückwand ist der Altar mit der Kanzel von 1667 verbunden. Links vom Altar steht das hölzerne Taufbecken in der Form einer Glocke. Die helle Farbigkeit, die fünf wertvollen Kronleuchter, die geschwungene, vergoldete Rahmung der Altarrückwand, der Kniebänke am Altar sowie der reiche Orgelprospekt geben der Wittmunder Kirche ein positiv-festliches Gepräge, das sie deutlich von den anderen protestantischen Kirchen Ostfrieslands abhebt.

Die Wittmunder Mühlenstraße, Zeugnis des Reichtums der Familie Brants

Hands of Fame

Wer von der Nicolaikirche durch die Stadt bummelt, trifft unversehens auf die Handabdrücke diverser Promis von Otto Waalkes über Gerhard Schröder bis Jörg Pilawa. Hollywood hat seinen Walk of Fame, Wittmund seine Hands of Fame in dem Straßengeviert um die Kirche, das Drostenstraße, Burgstraße, Norderstraße und Kirchstraße bilden. Und damit nicht genug: Wittmund hat sich auch einen **Bundespräsidentenplatz** (Drostenstraße, Ecke Kirchstraße) zugelegt, auf dem die Handabdrücke von Bundespräsidenten wie Johannes Rau oder Walter Scheel verewigt sind. Abgenommen wurden und werden die Handabdrücke mit Hilfe von Tonformen, die dann im Wittmunder Klinkerwerk gebrannt und anschließend verlegt werden.

Marktplatz

Da die St.-Nicolai-Kirche von einer Wehranlage umschlossen wurde, rückte der Marktplatz der Stadt an den südöstlichen Rand des Stadtzentrums. Mit dem **Amtsgericht** von 1827 (Am Markt 11) und dem **Kreishaus** aus der Zeit um 1900 (Am Markt 9) säumen den Marktplatz Verwaltungsbauten der Kreisebene, nicht der Stadt.

Gleich dahinter erstreckt sich der **Schlosspark**, in dem der sieben Meter hohe Innenwall der Schlossanlage erhalten ist. Das Schloss Wittmund, das im Innern der Wallanlage stand, wurde 1764 abgerissen.

Mühlenstraße

Die Mühlenstraße, die von der Norderstraße abgeht, erzählt die Gesichte der Familie Christoffel van Brants. 1733 ließ die Familie das Haus Mühlenstraße 14 errichten, auch **Groot Hus** genannt. Den zweigeschossigen Backsteinbau mit geschwungenem Giebel schmücken Sand-

▶ Karte S. 126

Die Handabdrücke der Schauspielerin Henny Reents in der ›Hands of Fame‹

steinelemente und das Adelswappen der Familie. Christoffel van Brants, Sohn des Böttchers und späteren Kaufmanns Enno Brants und der Hilletje Fredericks, die 1650 nach Amsterdam auswanderten, wurde in der niederländischen Handelsmetropole geboren. Sein Glück machte er in Russland, als er 1693 in Archangelsk Zar Peter den Großen traf und sich mit ihm anfreundete. Brants arbeitete im Getreidehandel, schaffte die Ware von Moskau nach Amsterdam, wo das Handelshaus Thesingh den Verkauf organisierte. 1717 erhob ihn Zar Peter in den Adelsstand. Da er kinderlos starb, erbte die Wittmunder Verwandtschaft sein großes Vermögen.

Die **Häuser Mühlenstr. 9, 15 und 17** wurden zwischen 1735 und 1748 ebenfalls von der Familie errichtet und sind die einzigen barocken Bürgerhäuser in Wittmund.

Wittmundhaven

Die Luftschifffahrt und dann die Luftwaffe sind in Wittmund seit 1911 präsent. 1938 wurde in Wittmundhaven ein Flugplatz angelegt. Heute sind hier Eurofighter stationiert und werden Piloten ausgebildet. Das **Robert von Zeppelin- und Fliegermuseum Wittmund** erzählt die Geschichte des Flugplatzes.

Jever

Die Stadt Jever in einem Reiseführer zu Ostfriesland aufzuführen, ist schon fast ein Frevel. ›Die von Emden‹ – so nannte voller Verachtung Fräulein Maria, die letzte unabhängige Herrscherin des Jeverlandes, im 16. Jahrhundert die Grafen von Ostfriesland aus dem Hause Cirksena. Den Namen wollte sie nicht aussprechen, und das hatte Gründe: Edzard I. Cirksena hatte 1495 per gefälschter Lehnsurkunde dem deutschen König Maximilian I. weisgemacht, dass Jever zum angestammten Machtbereich der Grafen von Ostfriesland gehöre. Und ein 1517 Maria gegebenes Heiratsversprechen wurde von den Cirksenas schändlich gebrochen. Als ob das nicht genug war, haben die Cirksena dann auch noch versucht, Jever durch militärische Gewalt zu übernehmen.

All das misslang. Und so steht noch heute im ehemaligen Chor der Stadtkirche das prächtige Renaissance-Grabmal des letzten freien Häuptlings von Jever, Edo Wiemken, das Maria 1564 ihrem Vater errichten ließ – ein Dokument persönlicher Trauer und dynastischer Selbstdarstellung, vor allem aber ein Symbol der Eigenständigkeit Jevers. Jever gehörte, nachdem Fräulein Maria 1575 verstorben war, zu Oldenburg, zu Anhalt-Zerbst, kurzfristig zu Russland, zu Holland und Frankreich und dann wieder zum Großherzogtum Oldenburg – aber niemals zu Ostfriesland!

Jever besitzt ein hübsches Ortsbild

Die Innenstadt Jevers, das auf einem kaum wahrnehmbaren Geestrücken angelegt wurde, gliedert sich in drei Bereiche: die alte Bürgerstadt um die Stadtkirche, den Alte Markt östlich der Wallanlagen und drittens das Schloss, das durch den Schlossgraben deutlich von der Stadt abgesondert ist.

■ Große Wasserpfortstraße

Gehen wir durch die Große Wasserpfortstraße, sehen wir über den Häuserzeilen den Glockenturm auf dem Kirchenhügel im Zentrum der alten Bürgerstadt. Vorbei geht es auf diesem Weg am **Gröschler-Haus**, einem außerschulischen Lernort, der über die Geschichte der Juden in Jever informiert. Eingerichtet wurde die Erinnerungsstätte in einem Wohnhaus am früheren Standort der jeverschen Synagoge, die während der Reichspogromnacht am 9. November 1938 niedergebrannt wurde. Beim Ausbau des Gebäudes wurde die Mikwe, der Ritualbad der jüdischen Gemeinde, wieder freigelegt. Benannt ist das GröschlerHaus nach den letzten beiden Vorstehern der jeverschen Synagogengemeinde, Hermann und Julius Gröschler, die während der NS-Zeit in Konzentrationslagern ermordet wurden. Weiter Richtung Glockenturm läuft man auf eine eindrucksvoll aufgelöste Ecksituation zu. Ein zweigeschossiger Gebäudekörper präsentiert sich mit hoher Front, an beiden Seiten aber leitet das Gebäude durch gerundete Anbauten zur

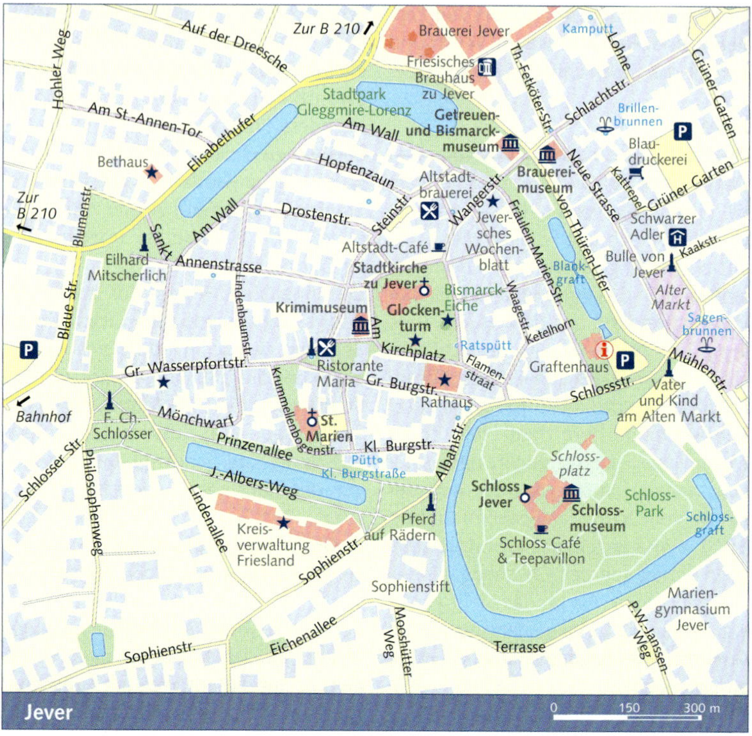

Steinstraße und zur Großen Burgstraße über. Hier bietet das **Bistrorante Maria**, eine Mischung aus Bistro und Restaurant, eine gute Einkehrmöglichkeit. Vor dem Gebäude erinnert die **Plastik der Wasserträgerin Theda** daran, dass bis 1928 innerhalb der Stadtmauern 16 Pütten, öffentliche Brunnen, die Bewohner Jevers mit Trinkwasser versorgten. Erst dann wurden die Haushalte an eine Wasserleitung angeschlossen.

Kirchplatz

Der 1876 errichtete, 56 Meter hohe **Glockenturm** auf dem Kirchplatz gilt als Wahrzeichen der Stadt Jever. Unmittelbar an der Ecke Kirchplatz präsentiert das **Krimimuseum** über 9000 Exemplare der Krimi-Literatur zwischen 1742 und 1945. Es ist damit einzigartig im deutschsprachigen Raum. Gezeigt werden Buchumschläge von der Adelsbibliothek bis zur Avantgarde der 1920er Jahre. Untergekommen ist das Museum in einem eingeschossigen, verputzten Gebäude mit einem Sandsteinportal aus der zweiten Hälfte des 18. Jahrhunderts.

Typisch für eine friesische Kleinstadt aber sind die ziegelsichtigen Bauten wie das Gebäude Am Kirchplatz 14, heute **Gaststätte Schwarzer Bär**, das aus dem 16. Jahrhundert stammt. Sandsteinbänder in der Fassade und die Entlastungsbögen über den Fenstern verweisen auf die Bauzeit in der Renaissance. Die Giebelspitze ziert eine Schmuckvase.

Das **Rathaus** nur wenige Schritte weiter (Am Kirchplatz 11) ist ein weiteres

Beispiel für ein Renaissancegebäude. Der Bau im Stil der Weserrenaissance mit Welschem Giebel und Sandsteinelementen wurde 1616 errichtet. Auffällig das reich verzierte Portal mit Löwen am Treppenaufgang und Engelsköpfen in der Portalrundung. Darüber prangt das Wappen der Stadt Jever.

Auf der Platzfläche vor dem Rathaus steht die **Ratspütt** von 1621. Der Brunnen erhielt 1822 die Form eines Säulenstumpfs und wurde mit einer Vase bekrönt. Ein klassizistischer Wasserspender – das sieht man auch nicht alle Tage.

Das Gebäude **Am Kirchplatz 9**, heute Sitz der Redaktion der Nordwestzeitung, zeigt einen barock geschweiften Giebel mit Sandsteinverzierung. Es wurde 1715 erbaut.

Stadtkirche

Dominiert wird der Kirchplatz von der Stadtkirche Jever, die in diesem alten Stadtzentrum ein bisschen wie ein Fremdkörper wirkt. 1959 brannte das barocke Gotteshaus von 1728 weitgehend ab, nur der Chor mit dem Renaissance-Grabmal Edo Wiemkens blieb erhalten. 1964 entwarf der Architekt Dieter Oesterlen ein neues Kirchenschiff, das er aus fünf Gebäudescheiben komponierte, die sich mit ihren kupfergedeckten Giebeln wie ein Krone über die Altstadt erheben. Ein flacher Gebäudekörper verbindet das moderne Gotteshaus und den alten Chor mit dem Grabmal. Zwei **Sandsteinportale** aus dem 18. Jahrhundert, die von der abgebrannten Kirche übernommen werden konnten, führen in diesen Verbindungsraum.

Oesterlen schuf einen modernen Kirchenraum: sichtbar gelassener Beton an der Orgelempore, Fensterflächen aus Betonglas, die als riesenhafte Mosaike die Wände der Gebäudescheiben bilden, dazu rotbrauner Ziegelstein, ein Altartisch aus hellem Granit und ein schlichtes, schwarzes Stahlkreuz. Wer sich einige Minuten hinsetzt und den Raum auf sich wirken lässt, wird die Schönheit dieser Komposition entdecken, die Jever zur Station auf der Straße der Moderne des Deutschen Liturgischen Institutes hat werden lassen.

Ganz anders zeigt sich das **Grabmal Edo Wiemken des Jüngeren** von 1564. Figuren, die Gerechtigkeit, Weisheit, Hoffnung, Liebe, Frieden und Krieg symbolisieren, tragen den Sarkophag, auf dem überlebensgroß in einer Rüstung der letzte männliche Vertreter der Häuptlingsdynastie der Wiemken liegt. All das ist aus weißem Marmor gearbeitet, einem in Norddeutschland sehr selten anzutreffenden Werkstoff, der Reichtum und Bedeutung des hier Geehrten unterstreicht. Überwölbt wird das Grabmal von einem doppelstöckigen Baldachin mit kostbaren Schnitzarbeiten, die Heinrich Hagart ausführte, ein Schüler von Cornelis Floris II. aus Antwerpen.

Entlang der Straße Am Kirchplatz vor dem Gotteshaus wird dienstags und freitags der Wochenmarkt abgehalten.

Am Kirchplatz

Der Eingang zum Alten Rathaus

Wangerstraße

Der Weg durch die Wangerstraße Richtung Elisabethufer führt an dem **Gebäude Wangerstraße 8** vorbei, in dem heute eine Goldschmiedewerkstatt untergebracht ist. Das ehemalige Wohn- und Lagerhaus ist eine Erinnerung an die Funktion Jevers als Lager- und Handelsort für die Erzeugnisse des Umlandes. Erbaut wurde das dreigeschossige Gebäude um 1650, wie die Jahreszahl aus vier schwarzen Maueranker zwischen den Ladeluken in der Gebäudemitte verrät. Sehr schön erkennt man im Ziegelmauerwerk die Entlastungsbögen über den schmalen Fenstern der Lagerstockwerke und im Giebel den Balken zur Befestigung des Flaschenzuges. Die Geschäftsräume im Erdgeschoss wurden mit ihren großen Fenstern erst Ende des 19. Jahrhunderts ausgebaut.

Schon in Höhe der **Wallanlage**, die 1536 als Stadtbefestigung angelegt wurde, fällt die **Alte Stadtwaage** (Wangerstr. 14) ins Auge, die heute dem Jeverschen Wochenblatt als Servicecenter und Redaktionsgebäude dient. Erbaut wurde die Alte Stadtwaage 1823 auf einem Teil der alten Befestigungsanlagen. Das Sandsteinportal mit den zwei Löwen, die das Wappen der Stadt Jever halten, wird auf das Jahr 1832 datiert.

Getreuen- und Bismarckmuseum

Jenseits der Straßen Elisabethufer/Von-Thünen-Ufer nähern wir uns dem **Haus der Getreuen** (Schlachtstr. 1). In dem Gebäude von 1731 ist seit 1836 ein Gasthaus eingerichtet, in dem sich im 19. Jahrhundert eine Runde jeverscher Honoratioren traf, die seit 1871 alljährlich dem Reichskanzler Otto von Bismarck 101 Kiebitzeier als Geburtstagspräsent schickten. Das beiliegende Schreiben unterzeichneten sie mit ›Die Getreuen von Jever‹. Daraus hat sich heute das Getreuen- und Bismarckmuseum entwickelt, das über 400 Exponate aus der Zeit von 1871 bis 1914 zeigt. In dem Haus befindet sich auch die **Braupfanne**, der offizielle Brauereiausschank des Friesischen Brauhauses zu Jever. Ein Tresen mit Kupferkesseldach – wo gibt es das sonst noch?

Friesisches Brauhaus

Im Jahr 1848 wurde das Friesische Brauhaus zu Jever gegründet. 1867 übernahm Theodor Fetköter die Brauerei und machte die grüne Flasche zum Markenzeichen des Bieres aus Jever. Das Friesische Brauhaus zu Jever ist heute Teil der Radeberger Gruppe. Mittlerweile fast schon ein Wahrzeichen der Stadt sind die drei verspiegelten **Gärtürme** der Brauerei, die bis 1984 errichtet wurden und die man bestens von den Wallanlagen aus betrachten kann. In die Geschichte des Brauhauses führt das **Historische Brauereimuseum** ein.

Am Ende der Schlachtstraße lag einst der Hafen der Stadt Jever. Er wurde 1868 zugeschüttet und ist heute nur noch unter der Bezeichnung **Schlachte** auf dem Stadtplan zu finden. Über das Hooksielertief war Jever mit dem 15 Kilometer entfernten Hooksiel und der Nordsee verbunden. Die Schlachtstraße und die Neue Straße samt Alter Markt sind als Fußgängerzonen ausgewiesen und haben sich zu einer Straßengemeinschaft zusammengefunden, die versucht, Publikum in dieses Stadtquartier zu locken – mit guten Grund, denn wer kommt schon auf die Idee, dass sich hier, östlich der Stadtbefestigung, ein zweites Zentrum der Stadt befindet? Bebaut wurde das Areal vor dem Stadtwall erst im späten 18. und 19. Jahrhundert. Daher ein Name wie ›Neue Straße‹.

Parallel zur Neuen Straße verläuft die Straße Kattrepel. Hier fertigt eine der acht letzten **Blaudruck-Manufakturen** in Deutschland ihre Waren und bietet sie zum Verkauf an.

Alter Markt

Am Alten Markt reklamiert das Restaurant-Café **Hof von Oldenburg** (Alter Markt 14) für sich, im Jahr 1798 als erstes Haus außerhalb der Stadtbefestigung errichtet worden zu sein. An der Westseite des Gebäudes erklingt um 11, 12, 15, 16 und 17 Uhr ein **Glockenspiel**, das der jeversche Bürger Jacobus Eden 1983 stiftete. Fünf wichtige Figuren aus der Geschichte der Stadt vom letzten Häuptling Edo Wiemken bis zu Katharina der Großen, Kaiserin von Russland, erscheinen zum Glockenklang. Ein Infotafel vor dem Gebäude erläutert die Bedeutung der darstellten Persönlichkeiten für Jever.

Der **Alte Markt** wurde für verschiedene Jahrmärkte genutzt, so für den Martinimarkt, auf dem bis zu 1000 Stück Hornvieh, mehrere hundert Pferde und dazu Schafe, Ziegen und Schweine verkauft wurden - ein wichtiger Markt für die Bauern des Umlandes und zugleich

Die Kanzel in der Stadtkirche

▲ Karte S. 156

Im Schlossmuseum

Treffpunkt und Vergnügungsort. Heute finden hier der Kiewittmarkt und der Brüllmarkt statt.

Festlich wirkt das 1888 errichtete **Concerthaus** (Alter Markt 16) mit seiner weißen Putzfassade, dem Giebeldreieck und den Verdachungen der äußeren Fenstern des ersten Obergeschosses. Hinter dieser Schaufassade versteckte sich in den Anfängen ein Ballhaus mit Bühne, später ein Kino. Das **ehemalige Hotel Erbgroßherzog** gleich nebenan (Alter Markt 17) stammt aus dem Anfang des 19. Jahrhunderts, wurde aber beim Umbau zum Hotel ebenfalls mit spätklassizistischen Schmuckelementen verziert.

Schloss Jever

Der Hof von Oldenburg und auch das Concerthaus bereiten auf das Schloss Jever vor, dessen 24 Meter hoher **Schlossturm** gar nicht zu übersehen ist. Der Turm birgt die Reste eines zweigeschossigen Steinhauses aus dem 14. Jahrhundert in sich und wurde 1428 zum Rundturm umgebaut. Der Turmaufsatz, der ihm das barocke Gepräge gibt, stammt von 1736.

Ganz verbergen kann das Schlossgebäude, eine Vierflügelanlage um den Rundturm, seine Herkunft aus einem Wehrbau nicht. Das verputzte Erdgeschoss täuscht mit Fugenstrich Sandsteinquader vor und wirkt massiv. Der vorgestellte Eckturm mit Spitzhelm rechts und die kleinen Fenster im zweiten Obergeschoss sowie der zinnenartige Abschluss des Vorbaus über dem rundbogigen Eingang erinnern an eine Burg. Die beiden Torhäuser vor dem Schloss wurden 1830 ergänzt.

Im Innern zieht vor allem der **Audienzsaal** mit der geschnitzten Kassettendecke die Blicke auf sich. Sie wurde wie der Baldachin über dem Grab Edo Wiemkens von Antwerpener Schnitzern gefertigt. Dazu kommt in dem repräsentativen Raum die vergoldete Ledertapete aus dem 18. Jahrhundert. Im **Gobelinsaal** finden sich kostbare Wandteppiche, die höfische Gesellschaften in Parklandschaften zeigen. Vermutlich wurden sie kurz vor 1700 in einer Brüsseler Werkstatt gefertigt.

Im **Schlossmuseum** wird die Geschichte der Friesischen Häuptlinge und des Glaubens in früher Zeit erzählt. Im ersten Stockwerk sind dann die Residenzstadt Jever und das höfische Leben Thema. Hier finden sich Gobelin- und Audienzsaal. Der Schlossturm kann bestiegen werden.

Verlässt man den Schlossbereich über die Schlossstraße, begegnet man vor der Tourist-Information auf dem Postament der Dame, der Jever so vieles zu verdanken hat: **Maria von Jever**. Sie war die letzte Herrscherin, die Jevers Selbständigkeit zu wahren wusste (→ S. 164).

Vorbei am **Amtsgericht Jever**, in dem sich das Richthaus von 1704 (Schlossstraße 1) und der Marstall von 1620 (Schlossstraße 2) verbergen, kommt man zurück in die Altstadt.

Von Norden nach Jever

Tourist-Information Esens, Steinstraße 25, 26427 Essens, Tel. 04971/9170; Mo–Fr 9–17, Sa 9–13 Uhr. www.bensersiel.de

Tourist-Information Wittmund, Kurt-Schwitters-Platz 1 (Rathaus), 26409 Wittmund, Tel. 04462/983150; Mo–Mi 8–12.30, 14–16, Do 14–17, Fr 8–12.30 Uhr. www.wittmund.de

Tourist-Information Jever, Alter Markt 18, 26441 Jever, Tel. 04461/939260; 6. Mai–7. Sept. Mo–Fr 9.30–16.30, Sa 10–14 Uhr, außerhalb der Hauptsaison Mo–Fr 9.30–16.30 Uhr. www.stadt-jever.de

Gästehaus Burg Berum, Burgstr. 1, 26524 Hage-Berum Tel. 04931/7755. Schlafen in der Burg. www.burgberum.de

Wietings Hotel, Am Markt 7, 264427 Esens, Tel. 04971/4568; DZ 96 Euro. Am Markt.

Hotel Residenz, Am Markt 13–15, 26409 Wittmund, Tel. 04962/8860; DZ 144 Euro. Das Haus am Platz. www.residenz-wittmund.de

Hotel Schwarzer Adler, Alter Markt, 3, 26441 Jever, Tel. 04461/91660; DZ 91 Euro, Frühstück 13 Euro. Zentrale Lage. www.schwarzeradler-jever.de

Wohnmobilstellplatz Jever, Jahnstr. 6, 26441 Jever, Tel. 04461/939261; 8 Euro. Unmittelbar am Fitnesspark Jever.

Ratsgaststätte, Am Markt 1, 26427 Esens, Tel. 04971/946756; Mo–Sa 11.30–14.30, 17–21 Uhr. Regionale Küche, fischlastig. www.ratsgaststaette-esens.de

Bistorante Maria, Große Burgstr. 20, 26441 Jever, Tel. 04461/963472; Di–So 10–14.30, 17–20.30 Uhr. www.bistorante-maria.de

Altstadtbrauerei Marienbräu, Apothekerstr. 1, 26441 Jever, Tel. 04461/744990.

Haus der Getreuen, Schlachtstr. 1, 26441 Jever, Tel. 04461/7485949; Di–So 12–21

Uhr. Feine deutsche Küche, regional, saisonal. www.hausdergetreuen.de

Schlossparkcafé, Landstr. 39, 26524 Hage Lütetsburg Tel. 04931/1750; April-Okt. tgl. 12-18 Uhr. www.schlosspark-luetetsburg.com

Alte Backstube, Am Markt 7, 26553 Dornum, Tel. 01515/1372285. Bester Kuchen.

Café Dornumer Teestube, Enno-Hektor-Str. 18, 26553 Dornum, Tel. 04933/421; Mo-Sa 12-18, So 11-18 Uhr. Tee, Kaffee und täglich frische Kuchen. www.dornumer-teestube.de

Café Bojert, Drostenstr. 23, 26409 Wittmund, Tel. 04462/5478. Backerei, Konditorei, Café.

Altstadt-Café, Am Kirchplatz 26, 26441 Jever, Tel. 04461/2520. Im Zentrum.

Dokumentationsstätte Gnadenkirche Tidofeld, Donaustr. 12, 26506 Norden, Tel. 04931/9755335; Do-So 14-17 Uhr. www.gnadenkirche-tidofeld.org

Schlosspark Lütetsburg, Landstr. 39, 26524 Hage Lütetsburg, Tel. 04931/9755415; April-Sept. 8-21 Uhr, Okt.-März 10-17 Uhr. www.schlosspark-luetetsburg.com

St. Bartholomäus-Kirche Dornum, Kirchstr. 19, 26553 Dornum; Mo und Mi-Fr 14-17 Uhr sowie So nach dem Gottesdienst.

Gedenkstätte Synagoge Dornum, 26553 Dornum, Kirchstr. 3; Fr-So 15-17 Uhr. www.synagoge-dornum.de

Oma-Freese-Huus, Beningalohne 2-3, 26553 Dornum, Tel. 04933/990090; Juli-Sept. Di, Do, So 15-17 Uhr; Eintritt frei.

Bockwindmühle Dornum, Bahnhofstr. 19, 26553 Dornum, Tel. 04933/1343; So 11-16 Uhr, 22. Mai-13. Sept. auch Mi-Fr 13-16 Uhr (Keine Führung). www.bockwindmühle-dornum.de

▸ Esens:

Museum Leben am Meer, Bensersieler Str. 1, 26427 Esens, Tel. 04971/5232; 15. März-31. Okt. Di-So 10-17 Uhr, Nov-14. März Di-Do 10-14 Uhr. www.leben-am-meer.de

August-Gottschalk-Haus, Burgstr. 8. 26427 Esens, Tel. 04971/5232; Osterferien-Okt Di, Do, So 14-17 Uhr. www.august-gottschalk-haus.de

▸ Wittmund:

Robert von Zeppelin- und Fliegermuseum, Drostenstr. 13, 26409 Wittmund, Tel. 0162/6086389; April-Okt. Di-Sa 11-16 Uhr. Auf 300 Quadratmetern Geschichte des Flugplatzes Wittmundhafen, Exponate zur Geschichte des Zeppelins sowie weitere technische Raritäten. www.zeppelin-und-fliegermuseum.de

▸ Jever:

Schlossmuseum Jever, Schlossplatz 1, 26441 Jever, Tel. 04461/969350; 15. Mai-15. Okt. Mo-So 10-18 Uhr, 16. Okt-14 März Di und So 10-17 Uhr, Schlossturm 11-17, Schlosscafé Di-So 13-18 Uhr. www.schlossmuseum.de

Krimimuseum, Am Kirchplatz 17, 26441 Jever, Tel. 0172/1022980; Mo-So 14-19 Uhr. www.krimimuseum.de

Getreuenmuseum Jever, Wangerstr. 15, 26441 Jever, Tel. 04461/969350. Aktuell nur Gruppenbesuche auf Anmeldung.

Brauereimuseum, Schlachtstr. 2, 26441 Jever, Tel. 04461/13711. Eine Brauerei um 1900.

Stadtkirche Jever, Am Kirchpl. 28, 26441 Jever; im Sommer tgl. 8-18 Uhr, im Winter tgl. 8-17 Uhr. Edo-Wiemken-Denkmal 1 u. 3. Do im Monat 15 Uhr, in den Ferien wöchentlich. Informationen: Kirchenbüro Jever, Tel. 04461/93380.

Blaudruckerei, Kattrepel 3, 26441 Jever, Tel. 04461/71388; Mo-Fr 11-17, Sa 10-14 Uhr. www.blaudruckerei.de

GröschlerHaus – Zentrum für Jüdische Geschichte und Zeitgeschichte der Region, Große Wasserpfortstr. 19, 26441 Jever, Tel. 04421/44381; Do 15-18, Fr/Sa 11-14 Uhr. www.stadt-jever.de und www.groeschlerhaus.eu

▸ Karte S. 156

Maria von Jever vor dem Schloss

Maria von Jever – eine Frau geht ihren Weg

Da steht sie nun auf dem Sockel über der Inschrift ›unser gnädig Fräulein Maria‹. Sie ist 2,20 Meter groß, hält die Stadtrechtsurkunde Jevers von 1556 in der rechten Hand, während die linke auf dem Kopf eines Windhundes ruht. Bis 1899 schuf der Bildhauer Harro Magnussen das Standbild, das zum 400. Geburtstag der Regentin 1900 gegenüber vom Schloss Jever aufgestellt wurde. In der Tracht ihrer Zeit präsentiert sie sich modisch gekleidet und selbstbewusst. Genauso hatte Hermann Hamelmann sie in der Oldenburgischen Chronik von 1599 dargestellt. Sah Maria so aus wie das Gesicht der Plastik? Keiner weiß es.

Auch wissen wir nur wenig über ihre Kindheit und Jugend, ihre Schule und Ausbildung. Klar ist nur: Maria von Jever, geboren am 5. September 1500, war die Tochter von Edo Wiemken dem Jüngeren, dem letzten Häuptling von Jever. Ihre Mutter war Heilwig, Tochter des Grafen Gerhard von Oldenburg und Schwester des Grafen Johann V. von Oldenburg. Die Mutter starb schon 1501, vermutlich bei der Geburt der jüngeren Schwester Dorothea.

Nach dem Tod Edo Wiemkens 1511 fungierte der Graf von Oldenburg als Vormund der minderjährigen Kinder seiner Schwester. Marias um ein Jahr älterer Bruder Christoph war als Nachfolger Edos vorgesehen und verbrachte seine Jugendzeit am Hof von Lüneburg. Aber Christoph starb, 18-jährig, schon 1517, sodass Maria und ihre ältere Schwester Anna zum Spielball umliegender Mächte wurden.

Der Häuptling von Esens wollte Tatsachen schaffen durch eine schnelle Besetzung von Burg und Stadt Jever. Die Herzöge von Braunschweig glaubten, Jever sei eine leichte Beute. Und Edzard Graf von Ostfriesland versuchte es 1517 mit Zuckerbrot und Peitsche. Er ließ ein Heer aufmarschieren und köderte gleichzeitig Anna und eben Maria von Jever mit Heiratsversprechen.

Aber statt diesem Versprechen nachzukommen, vereinbarten die Grafen von Ostfriesland 1529 mit den Oldenburgern die Heirat von Enno II. mit Anna von Oldenburg und die Abgrenzung ihrer Interessensphären. Die Wiemkentöchter sollten eine Mitgift erhalten, standesgemäß verheiratet werden und ansonsten auf ihre Ansprüche verzichten. Dieses Vorgehen war im ausgehenden Mittelalter und auch danach nicht unüblich. Umso erstaunlicher ist, dass Maria einen Weg fand, Jevers Unabhängigkeit von Ostfriesland zu wahren. Sie versicherte sich der Hilfe Kaisers Karl V. und der Statthalterin des Kaisers in den Niederlanden, Maria von Ungarn.

Alles lief gegen die Selbstständigkeit Jevers und die Wiemkentöchter, bis 1531 Boing von Oldersum, der von den Grafen von Ostfriesland als Drost am Hof von Jever installiert worden war, die Seiten wechselte. Mit gedungenen Söldnern warf er die Ostfriesen aus der Burg Jever, sicherte dem Jeverland die Selbständigkeit sowie Anna und Maria das Erbe. Hatte Boing ein Verhältnis mit Maria? Wollte er mit ihr eine Dynastie gründen? Auch das wissen wir nicht. Sicher ist nur, dass Boing 1541 starb und Maria als Herrscherin Jever bis 1575 regierte.

Marias Biograf Wolfgang Petri resümiert: »Sie war von einem weltfremden, schüchternen, oft gedemütigten Provinzfräulein zu einer selbstbewussten und resoluten Frau gereift«, die wie die »Kluckhenne ihre Kücken« die Einwohner des Jeverlandes behütete. Und wir können ergänzen: Und so für immer verhinderte, dass Jever und Ostfriesland eine Einheit wurden.

Am Jadebusen

Der Jadebusen ist wie der Dollart durch Meereseinbrüche während der Sturmfluten des Mittelalters entstanden. Beginnend mit der Ersten Marcellusflut 1219 räumte das Wasser nach und nach die weichen Torfböden jenseits der Uferwälle aus, bis durch die Sturmfluten 1509, 1510 und 1511 (Antoniflut) eine neue Meeresbucht entstand, das Schwarze Brack, und so der Jadebusen seine größte Ausdehnung erreichte. Acht Dörfer gingen bei den Sturmfluten unter. Die Herrlichkeit Gödens, die heute rund acht Kilometer von der Küste entfernt liegt, hatte seinerzeit Zugang zum Meer.

Heute schützen 55 Kilometer Deich das Land am Jadebusen bis auf eine Ausnahme: Das zwei Kilometer lange Stück Küste bei Dangast muss nicht extra gesichert werden, da der Ort erhöht auf einem Geestrücken liegt.

Östlich von Varel fließt die Jade in den Jadebusen ein. Anders als die Ems ist sie ein kleiner, nur 22 Kilometer langer Fluss, der wenig Wasser aus dem Binnenland mitbringt. Dementsprechend ist der Salzgehalt des Jadebusens kaum geringer als der der Nordsee.

Bei jeder Ebbe und Flut spült das Meerwasser die Fahrrinne durch das Watt frei. So ist der Jade-Weser-Port in Wilhelmshaven der einzige deutsche Tiefwasserhafen.

Wilhelmshaven

Wirklich schön wird es in Wilhelmshaven erst am Großen Hafen und am Südstrand. Der Stadtkern dagegen lässt sich eher als eine Mischung aus zu breiten Autopisten und mehrstöckigen Mietshäusern beschreiben. Kein Wunder, fehlt Wilhelmshaven, das erst 1869 als Flottenstützpunkt gegründet wurde, doch ein über Jahrhunderte gewachsener Stadtkern. Und als Marinestadt war der Ort zudem im Zweiten Weltkrieg Ziel etlicher Bombenangriffe. Freie Bahn also nach 1945 für Stadtplaner, die dem Leitbild der autogerechten Stadt folgten.

Und trotzdem lohnt ein Besuch der Hafenstadt am Jadebusen, ist Wilhelms-

Die Kaiser-Wilhelm-Brücke ist so etwas wie das Wahrzeichen Wilhelmhavens

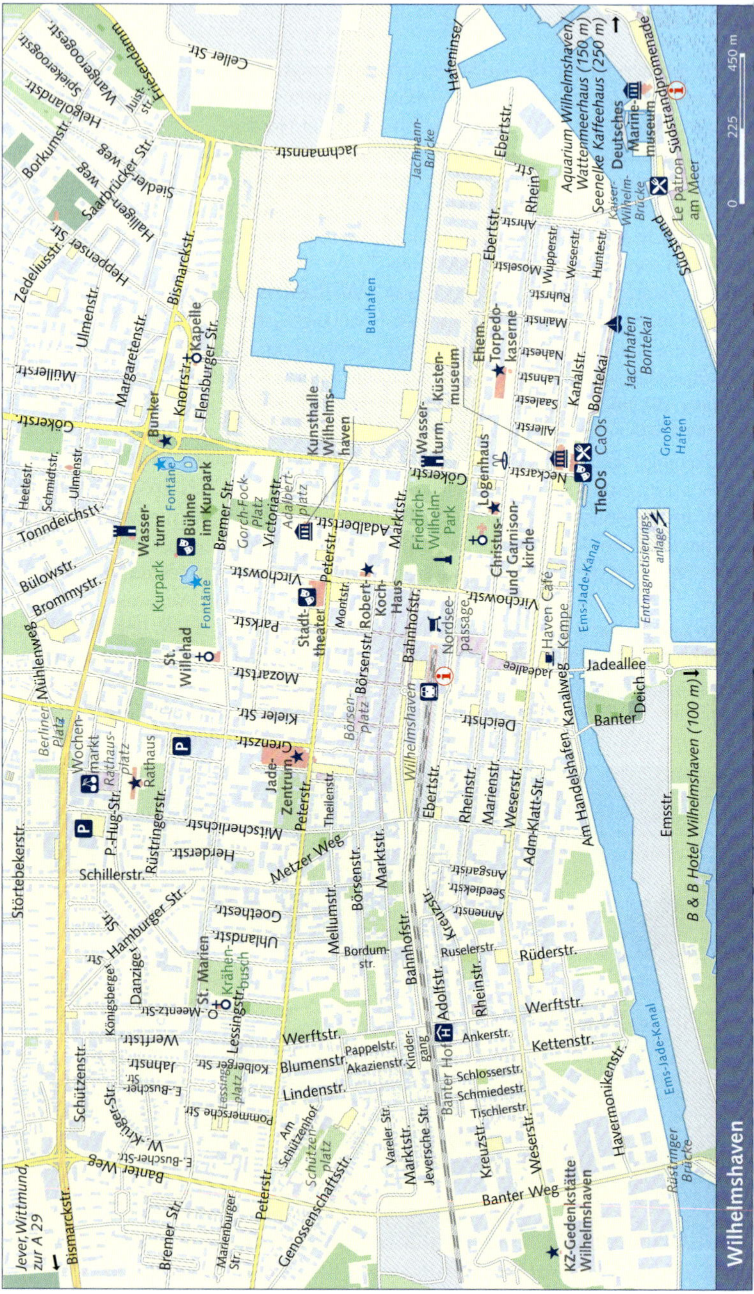
Wilhelmshaven
Kurpark
Wasserturm
Bühne im Kurpark
Fontäne
St. Willehad
Bunker
Kapelle
Bauhafen
Kunsthalle Wilhelmshaven
Küstenmuseum
Wasserturm
Friedrich-Wilhelm-Park
Logenhaus
Christus- und Garnisonkirche
Ehem. Torpedokaserne
Stadttheater
Robert-Koch-Haus
Nordsee-passage
Rathaus
Rathausplatz
Wochenmarkt
Berliner Platz
Jade-Zentrum
Börsenplatz
Gorch-Fock-Platz
Adalbertplatz
St. Marien
Krähenbusch
Schützenplatz
Aquarium Wilhelmshaven
Wattenmeerhaus (150 m)
Seenelke Kaffeehaus (250 m)
Deutsches Marinemuseum
Südstrandpromenade
Le Patron am Meer
Südstrand
Kaiser-Wilhelm-Brücke
Jachthafen Bontekai
Bontekai
CaOs
TheOs
Großer Hafen
Ems-Jade-Kanal
Entmagnetisierungsanlage
Haven Café
Kempe
Jadeallee
Banter Deich
B & B Hotel Wilhelmshaven (100 m)
Hafeninsel
Jachmann-Brücke
KZ-Gedenkstätte Wilhelmshaven
Rüstringer Brücke
Jever, Wittmund, zur A 29
Bismarckstr.
Banter Weg
Peterstr.
Marktstr.
Bahnhofstr.
Ebertstr.
Weserstr.
Virchowstr.
Gökerstr.
Mühlenweg
Am Handelshafen
Kanalweg
Jachmannstr.
Friesendamm
0 225 450 m

havens Geschichte doch einmalig in Deutschland. Preußen fehlte um 1850 ein tideunabhängiger Nordseehafen. Das Großherzogtum Oldenburg besaß Flächen am Jadebusen. Also kaufte Preußen dem Großherzogtum rund 300 Hektar an der Meeresbucht ab und legte hier einen Marinestützpunkt an. Da immer mehr Menschen auf dem Marinegelände arbeiteten und in den umliegenden Dörfern wohnten, wurde 1911 aus den Gemeinden Heppens, Bant und Neuende die Stadt Rüstringen gebildet. 1937 wurden der Marinestützpunkt und die Stadt Rüstringen zur Stadt Wilhelmshaven zusammengefasst. Noch heute ist der Marinestützpunkt mit rund 9000 Soldaten und zivilen Beschäftigten ein wichtiger Faktor im Wirtschaftsleben der Stadt, die sich aber zunehmend als attraktive Stadt am Wasser positioniert. Gleichzeitig entwickelt sich der Containerhafen Jade-Weser-Port zu einem neuen Zentrum der Hafenwirtschaft. Hier können nicht nur tideunabhängig die größten Containerschiffe der Welt anlegen, hier wurden auch 2022 Kapazitäten zur Anlandung von Flüssiggas durch ein LNG-Terminal geschaffen. 2024 läuft die Planfeststellung für den LNG-Terminal Wilhelmshaven 2. Gleichzeitig positioniert sich Wilhelmshaven als Versorger von Offhore-Windparks und vor allem als Energy Hub, an dem Energie aus Wasserstoff umgesetzt und in das europäische Stromsystem eingespeist werden soll.

Zentrum

Der parkähnliche Friedrich-Wilhelm-Platz markiert in etwa das Zentrum des alten Marinestützpunktes. An seinem westlichen Rand erstreckt sich die **Nordseepassage**, die im hinteren Teil fließend in den **Bahnhof** übergeht, von dem stündlich Züge Richtung Oldenburg und Richtung Esens in Ostfriesland abgehen. In dem 28 000-Quadratmeter-Einkaufszentrum lässt es sich bei Wind und Wetter wohltemperiert und vor allem trockenen Fußes einkaufen – keine schlechte Idee in einer Stadt mit rauem Seeklima. Aber kann eine Shoppingmall Dreh- und Angelpunkt einer Stadtanlage sein?
Im Jahr 1997 wurde der nach dem Zweiten Weltkrieg wieder aufgebaute Bahnhof abgerissen und durch die Mall mit ihren 50 Geschäften ersetzt. Dabei beginnt doch nur wenige Meter weiter nördlich die **Marktstraße**, die sich als rund einen Kilometer lange Fußgängerzone bis zur Mitscherlichstraße hinzieht und in der man alles bekommt, was man so braucht.
Unbedingt sehenswert ist das alles nicht, ganz im Gegensatz zum rund einen Kilometer entfernten Rathaus im Stil des Backsteinexpressionismus. Und auf dem Weg dahin liegen einige Bauten aus der jungen Geschichte der Stadt.

Virchowstraße

Geht man von der Nordseepassage die Virchowstraße Richtung Norden, passiert man zunächst das 1924 für das Warenhaus Karstadt errichtete **Geschäftshaus Marktstraße 26**. Es war ein zur Bauzeit eher konventionelles Geschäftshaus, mit Naturstein verkleidet und durch Kolossalpfeiler über vier Stockwerke im Straßenbild hervorgehoben. Noch konservativer kommt das **Gebäude Virchowstraße 34** daher. 1911 wurde es für die Oldenburgische Landesbank erbaut. Das Gebäude erinnert durch den grob behauenen Naturstein (Rustikaverkleidung) im Erdgeschoss an einen Florentiner Renaissancepalast und sollte so als Bankgebäude Solidität und Stärke signalisieren. Das **Robert-Koch-Haus** (Virchowstr. 17), errichtet 1906 als Sitz der Polizeiverwaltung im Stil der Neurenaissance, beeindruckt

Auf modern getrimmt: das Stadttheater

durch das Sandsteinportal, die Sandsteinbahnen im Ziegelmauerwerk und vor allem durch Staffelgiebel mit Rollwerk, Uhr und Glockenspiel über dem Zwerchhaus.

■ Stadttheater

Das Stadttheater Wilhelmshaven an der Virchowstraße, Ecke Peterstraße wurde 1906 als Marine-Intendantur errichtet und zeigt daher im Erdgeschoss wuchtige, unbehauen wirkende Steinquader, die an einen Festungsbau erinnern. Darüber aber sieht das Stadttheater mit seinen endlosen Fensterreihen wie ein Gebäude der 1920er Jahre aus. Beim Ausbau zum Theater bis 1952 wurde der Fassadenschmuck abgeschlagen und das Satteldach samt geschwungenen Giebeln entfernt. Stattdessen schließt jetzt ein Flachdach mit Aufbau für das Bühnenhaus das Gebäude ab.

■ Kunsthalle Wilhelmshaven

Auf der gegenüberliegenden Straßenseite muss man den Fußgängerweg neben der Stadtbücherei nutzen, um zur **Kunsthalle Wilhelmshaven** (Adalbertstr. 28) zu gelangen. 1968 wurde das nüchtern-sachliche Ausstellungshaus mit der vorgestellten, betonsichtigen Fassade eröffnet. Ausstellungsschwerpunkt ist die Kunst des 20. und 21. Jahrhunderts. Weiter geht es durch die **Peterstraße**, die als breite Autoschneise, eingefasst von drei- und viergeschossigen Wohn- und Geschäftshäusern, die Unwirtlichkeit einer autogerechten Stadt demonstriert. Aber nur auf diesem Weg gelangt man zur Peterstraße, Ecke Grenzstraße und damit zum **Jade-Zentrum**. Dieser Riesenbau aus den späten 1960er Jahren nimmt sich wie ein Fremdkörper in einer norddeutschen Mittelstadt aus. Das erste Obergeschoss wurde bis 2021 als Stadthalle genutzt.

■ Rathaus

Neben den Beispielen verfehlten Städtebaus aus der Zeit nach 1950 ist das imposante **Rathaus** (Rathausplatz 1) von 1928 ein wohltuender Anblick. Nach Plänen des Hamburger Architekten Fritz Höger entstand dieser blockhafte Gebäudekörper aus zwei Flügeln mit einem 48 Meter hohen Turm in der Mitte, dessen obere Etagen als Wasserspeicher die-

► Karte S. 166

nen. Ein Rathausturm als Höhendominante und gleichzeitig ein Wasserturm – keine schlechte Idee.

Höger, einer der renommiertesten Vertreter des norddeutschen Backsteinexpressionismus, blendete dem Stahlbetonbau eine Fassade aus dunkelrotem, haltbaren Bockhorner Klinker vor, der das Gebäude bei aller Modernität in der regionalen Baukultur verankert. Beeindruckend ist nicht nur die schiere Masse des Gebäudekörpers, sondern auch die strenge Gliederung der Fassade. Vertikale Pfeilerbahnen laufen über vier Geschosse und das zurückgesetzte obere Stockwerk der beiden Gebäudeflügel. Im mittigen Turm nehmen schmale Fensterbänder diese vertikale Orientierung auf. Die schier endlos wirkenden Fensterreihen setzen dagegen einen horizontalen Akzent.

Diese qualitätsvolle Klinkerarchitektur setzt sich auch im Innern des Gebäudes fort. Der Fußboden in rotem Ziegelstein ist durchzogen von schwarzen Bahnen aus dem gleichen Werkstoff. Türkisfarbene Keramikkacheln wurden dagegen an den Wänden des Treppenhauses und den Freiwangen der Treppenanlage mit ihren geschwungenen Linien eingesetzt.

Den Eingang des Rathauses, das nach schweren Kriegsschäden bis 1952 wieder aufgebaut wurde, bewachen zwei Löwen, ebenfalls aus Ziegelstein.

Der Weg von hier durch die Mitscherlichstraße und dann links in die Marktstraße führt nicht nur durch die Fußgängerzone, sondern auch zurück zum Bahnhof.

Zwischen Nordseepassage und Großem Hafen

Die Stadt hat sich durch die **Jadeallee**, die vom Hauptbahnhof über die Deichbrücke und weiter über das Kulturzentrum Pumpwerk (Banter Deich 1a) bis zum Südstrand führt, eine Promeniermeile gegeben. Sie ist angenehm zum Schlendern, aber wenig geeignet, um das alte und neue Wilhelmshaven zu entdecken.

Interessanter ist der Weg durch die Ebertstraße auf der Südseite des Friedrich-Wilhelm-Parks zur neugotischen **Christus- und Garnisonkirche** (Am Kirchplatz 1). König Wilhelm I. erschien 1869 höchstpersönlich am Jadebusen, legte den Grundstein für das Gotteshaus und gab zugleich dem Marinestandort den Namen Wilhelmshaven.

Etwas ungewohnt erhebt sich der 55 Meter hohe Kirchturm über der Vierung. Aber nur so konnte das Langhaus der Kirche an der Westseite bei Bedarf problemlos erweitert werden – der Marinestandort Wilhelmshaven und auch die Kirche waren auf Wachstum angelegt.

Typisch für eine Garnisonkirche sind im Innern an den Längsseiten des Kirchenschiffs die marmornen Gedenktafeln mit den Namen gefallener Marinesoldaten. 1926 wurde das Altarbild ›Durchs Kreuz zum Licht‹ hinzugefügt. Mit einem schwebenden Kreuz über einer Meeresfläche erinnert es an die Schlacht am Skagerrak, die größte Seeschlacht des

Der Eingang zum Rathaus

Ein Ausstellungsstück des Deutschen Marinmuseums

Ersten Weltkrieges. Seit dem Wiederaufbau – er war 1959 abgeschlossen – heißt das Gotteshaus Christus- und Garnisonkirche.

Gegenüber der Kirche, auf dem Friedrich-Wilhelm-Platz, erinnert das **Denkmal für Kaiser Wilhelm I.** an die Grundsteinlegung. Auf dem Sockel des Denkmals lesen wir ›Wilhelm der Große‹ – ein Versuch seines Enkels Kaiser Wilhelm II., diesen Ehrennamen in der Geschichtswissenschaft für seinen Großvater durchzusetzen.

Rheinstraße

Die Rheinstraße führt von der Kirche weiter nach Osten. Sie stellte bis 1946 als Roonstraße die Hauptgeschäftsstraße der Stadt dar und führte zum ersten Rathaus. Geblieben ist mit dem **Logenhaus** (Rheinstr. 65) ein neoklassizistisches Bauwerk von 1890 und gleich daneben das **Wohnhaus Rheinstraße 63** im Stil der Neurenaissance aus der Zeit um 1900. Sandsteinelemente gliedern die dreistöckige Fassade, die von einem Stufengiebel, auf den Obelisken aufsetzen, bekrönt wird.

▲ Karte S. 166

Vom alten Rathaus und seiner Umgebung ist nur der **Kaiser-Wilhelm-Brunnen** und dahinter in rotem Backstein die **Torpedokaserne** geblieben. Was da ein Stück weiter die Rheinstraße hinunter wie ein mittelalterlicher Wehrturm mit Spitzhelm wirkt, ist einer der vielen **Luftschutzbunker**, die in Wilhelmshaven zur NS-Zeit errichtet wurden. Dieser war auf über 400 Personen ausgelegt. Obwohl im Zweiten Weltkrieg über 60 Prozent der Wohnungen in der Innenstadt durch Luftangriffe zerstört wurde, gab es dank der Luftschutzräume nur 435 Tote.

Am Großen Hafen

Über die Neckarstraße gelangt man zum Großen Hafen. Vorbei geht es dabei am ehemaligen **Marine-Garnisons-Lazarett** (Weserstr. 47), das 1869 im besten klassizistischen Stil preußischer Militärbauten errichtet wurde.

Auf der gegenüberliegenden Seite der Weserstraße befindet sich das **Küstenmuseum**, das in einem alten Exerzierhaus der Kaiserlichen Marine untergekommen ist. 1951 gegründet, zeigt es heute eine Dauerausstellung zur Geschichte des Küstenraums und der Stadt Wilhelmshaven. Mit dem **TheOs** (Am Großen Hafen 1), der Studiobühne der Landesbühne Niedersachsen Nord, liegt eine weitere Kultureinrichtung ganz in der Nähe. Vor dem Bau lädt eine Treppenanlage an sonnigen Tagen zum Sitzen ein. In Ruhe kann man von hier den **Großen Hafen** betrachten, der bis 1914 durch den Bau des Banter Seedeichs und des Fliegerdeichs im Jadebusen angelegt wurde. Mit den mehrgeschossigen Wohnbauten an der Straße Südstrand wie zum Beispiel dem siebengeschossigen Helgolandhaus verfügt Wilhelmshaven hier über attraktive Wohnlagen. Gleiches gilt für das neu entwickelte Viertel auf der Halbinsel, die rechter Hand in den Großen Hafen ragt.

Bontekai und Kaiser-Wilhelm-Brücke

Den **Bontekai**, eine der Flaniermeilen der Stadt, säumen mehrgeschossige Wohnbauten. Vorbei am 1959 außer Dienst gestellten **Seenotrettungsschiff Carl Laeisz** erreicht man die **Kaiser-Wilhelm-Brücke**, das Wahrzeichen der Stadt Wilhelmshaven. 159 Meter lang und 8 Meter breit, wurde sie bis 1907 als seinerzeit größte Drehbrücke Europas errichtet.

Südstrandpromenade

Die Kaiser-Wilhelm-Brücke verbindet den Bontekai mit der **Südstrandpromenade** und ihren fünf Hotels, die durch Wandelgänge miteinander verbunden sind. Sie stammen aus dem Jahr 1929. Der Stil dieser schönen Backsteinbauten wurde auch für die Promenade und die Cafés übernommen, als der Südstrand in den 1980er Jahren ausgebaut wurde. Hier kann man zu jeder Jahreszeit schlendern, sich einen Kaffee gönnen oder das **Aquarium Wilhelmshaven** mit dem Urzeitmeer-Museum besuchen. Neben Fischen und Reptilien sowie dem Seehund Ole werden seit 2022 auch Sauriermodelle und Fossilien gezeigt.

Das **Wattenmeerhaus** stellt als Besucherzentrum des UNESCO-Weltnaturerbes auf rund 2000 Quadratmetern den Lebensraum Wattenmeer vor, an dem man bei einem anschließenden Spaziergang auf der Strandpromenade frische Luft schnappen kann.

Das **Deutsche Marinemuseum** präsentiert die Geschichte der Deutschen Marine von 1848 bis heute, Besichtigung des Küsten-U-Boots U 10, des Lenkwaffenzerstörers D 186 Mölders und weiterer Minenjagd- und Schnellboote eingeschlossen.

Dangast

Der Jadebusen hat mehr zu bieten als einzig die Stadt Wilhelmshaven, auch Dangast lohnt einen Besuch. Denn es ist nicht nur der älteste Badeort an der Nordseeküste, dessen Geschichte immerhin auf das Jahr 1804 zurückgeht, sondern auch einer der wenigen Orte, an denen man einen freien Blick auf die Nordsee genießen kann: Dangast braucht keinen Deich, um sich vor den Fluten des Meeres zu schützen. Im Jahr 1362 ging das erste Dorf Dangast, das weiter nordwestlich lag, während der Zweiten

Das Kurhaus liegt unmittelbar an der Küste

Der Hafen des Jade Jacht-Clubs Dangast-Varel

Marcellusflut unter. Die Einwohner verlegten ihre Ansiedlung daraufhin auf den nahen Geestrücken und lebten hinfort sicher. Fährt man mit dem Fahrrad vom Strand die Edo-Wiemken-Straße hinauf in den Ort, spürt man den Anstieg auf das Niveau von acht bis neun Metern über Normalhöhennull.

Die Lage auf der Geest bringt noch einen weiteren Vorteil: In und um Dangast gibt es relativ viele Waldstücke, die ja in Moor- und Marschgebieten eher Mangelware sind. Das alles macht Dangast mit seinem Sandstrand zum attraktiven Badeort, hinter dem das alten Fischer- und Bauerndorf fast verschwunden ist. Gerade Eltern mit Kindern schätzen Dangast aufgrund des flache Wassers. Aufpassen sollten die Eltern aber trotzdem, setzt der kräftige Ebbstrom ein, der Kindern gefährlich werden kann.

Zentrum

Einzig das **Franz Radziwill Haus**, eine alte Fischerkate, in der von 1923 bis 1983 der Maler Franz Radziwill lebte und arbeitete, steht in Dangast neben den Kuranlagen unter Denkmalschutz. Die Franz Radziwill Gesellschaft organisiert seit 1987 hier wechselnde Ausstellungen mit Bildern des Dangaster Malers und hält so das Haus als gemauerte Künstlerbiografie offen für Besucher. Radziwill, der Maurer gelernt hatte, erweiterte die Fischerkate eigenhändig zu einem Atelierhaus und fertigte oder bemalte eigenhändig viele Details wie Fließen oder Steinfußböden. Jährlich wechselt die Ausstellung, die jeweils einen Aspekt des Schaffens von Franz Radziwill thematisiert. Zudem veranstaltet die Franz Radziwill Gesellschaft Fahrradtouren zu den vielen Motiven, die der Maler in und um Dangast fand.

Nicht nur Franz Radziwill liebte das Licht in Dangast. Karl Schmitt-Rottluff und Erich Heckel kamen zwischen 1909 und 1912 mehrfach zu Arbeitsaufenthalten in den damals auch noch für unbekannte Maler erschwinglichen Badeort. Max Pechstein besuchte für einen längeren Arbeitsaufenthalt Erich Heckel hier am Ort. Damit arbeiteten drei prägende Maler der Künstlergruppe Brücke in Dangast. In den 1970er Jahren schufen in dem Küstenort die Beuys-Schüler Anatol Herzfeld und Eckard Grenzer diverse Kunstwerke, die heute auf dem **Dangaster**

▶ Karte S. 126

Kunstpfad besucht werden können. Und natürlich war der Künstler-Kaiser Budjatha, der sich seinen **Thron** ins Watt baute, auch dabei. Der Stuhl ist noch heute am Strand vor dem Kurhauses zu besichtigen.

Der Weg **Stolpersteine – ein Spaziergang durch Dangast** führt ein in den Naturraum und in die bauhistorischen Besonderheiten des Ortes und das ebenfalls anhand von Kunstwerken. Startpunkt ist der **Friesendom** des Künstlers Eckard Grenzer, der an die verheerenden Sturmfluten erinnert, spektakulär der über drei Meter hohe **Phallus** aus Granit mit dem Titel ›Begegnung der Geschlechter‹, ebenfalls von Grenzer.

Am Strand

Die überwiegende Mehrzahl der Gäste Dangasts kommt aber nicht wegen der Kunst, sondern wegen des feinen Sandstrands. Bei Campern ist Dangast vor allem wegen des großen Campingplatzes unmittelbar am Strand beliebt.

Ein Spaziergang am Wasser beginnt man am besten am **Kurhaus Dangast** (An der Rennweide 46), einem klassizistischen Klinkerbau. Graf Wilhelm Gustav Friedrich von Bentinck schuf nach dem Vorbild englischer Seebäder um 1800 die Grundlage für den heutigen Badeort Dangast. Er ließ ein Kurhaus, seinerzeit Conversationshaus genannt, ein Badehaus und ein Logierhaus errichten. Angeblich soll seine Geliebte Sara Gerdes ihn anlässlich eines Englandbesuchs auf die Idee gebracht haben. 1820 wurde das heute als Gaststätte genutzte Kurhaus errichtet. Das Haus befindet sich seit 1884 im Besitz der Familie Tapken und ist am Wochenende viel besuchtes Restaurant und Kaffeehaus, in dem der berühmte Rhabarberkuchen nach Familienrezept heiß aus dem Ofen serviert wird. Bei gutem Wetter kann man wunderbar auf der Terrasse sitzen und dem Treiben auf Strand und Meer zuschauen. Das **Badehaus** (An der Rennweide 11), in dem Sara Gerdes sich von der Geburt eines Sohnes erholen haben soll, und das **Logierhaus** (An der Rennweide 9) von 1825 sind Erinnerungen an die Zeit der beginnenden Badefreuden. Im Badehaus bietet die **Kurhaus-Klause-Dangast** schöne Plätze mit Blick aufs Meer.

Übrigens ist es nicht bei einem einzelnen Badehaus geblieben. Das **DanGast-Quellbad** verwöhnt heute seine Gäste mit Jod-Sole-Wasser, das im Innenbereich auf 30 Grad und im Außenbereich auf 24 Grad gehalten wird. Dazu kommen diverse Sprudelbecken, Dampfbad und auch die Riesenwasserrutsche.

Dangaster Siel

Wer noch etwas den Ort erkunden möchte, geht vom Kurhaus in Richtung **Hafen Dangast**. Vorbei am **Pegelhaus**, einem kleinen Klinkerbau, in dem der Wasserstandspegel zu sehen ist, geht es zum **Dangaster Siel** mit seinen vier Wasserdurchlässen. Bis 1956 wurde das Siel errichtet. Auf dem Deich am Siel markieren die **Sturmflutsteine** die Höchststände mehrerer Hochwasserereignisse. Über die **Sielstraße**, die als Pflasterstraße zum Ensemble des Siels gehört und darum unter Denkmalschutz steht, kommt man zum **Hallenhaus** (Sielstr. 24) aus der Mitte des 19. Jahrhunderts. In diesem Haustyp sind Wohnbereich und Stallungen unter einem Dach vereint. Die Feuerstelle ist im Gegensatz zum Gulfhaus auf der Diele fast in der Mitte des Hauses platziert.

Nationalparkhaus

Südlich des heutigen Ortes Dangast liegt das alte Bauerndorf Dangast mit dem Dorfkrug. Noch ein Stück weiter nach Süden findet sich dann in der alte Schule des Dorfes das Nationalpark-Haus. Das eingeschossige Gebäude stammt aus dem Jahr 1840. Der eineinhalbgeschossige Trakt zur Straße wurde 1910 angebaut, da die Schülerzahl erheblich gestiegen war. Die Ausstellung des Nationalpark-Hauses informiert über den Jadebusen, der das größte Buchtenwatt des Nationalparks in Niedersachsen darstellt, und seine Veränderung durch den Menschen.

Varel

Vom Dangaster Sieltief sind es gerade mal acht Kilometer bis zum Vareler Tief, das Besucher entlang des Vareler Hafens Richtung Innenstadt bringt.

Varel hat sich nicht als Stadt um Marktplatz mit Rathaus und Kirche entwickelt, sondern ist aus verschiedenen Zentren zusammengewachsen. Kristallisationspunkte der Entwicklung waren der Hafen, das Schloss mit Schlossplatz, der Neue Markt und die Bauernschaften Nordende und Südende. Die beiden Dörfer sind heute nur noch als Straßennamen am Rand des Stadtzentrums präsent. Aus ihnen wurde 1831 der Flecken Varel gebildet, der 1858 zur Stadt erster Ordnung erhoben wurde. Damit war Varel neben der Landeshauptstadt Oldenburg und Jever die dritte Stadt im Großherzogtum Oldenburg.

Die Mühle Varel

Karte S. 126

Hafen

Varel ist keine Hafenstadt, aber immerhin eine Geeststadt mit Hafen. Beinahe aber wäre Varel Festungsstadt am Meer geworden. Nach dem Tod des Grafen Anton Günther von Oldenburg im Jahr 1667 erbte der dänische König Christian V. die Grafschaft Oldenburg. Und der ließ ab 1681 im Bereich des heutigen Vareler Hafens die Festung Christiansburg bauen. Da aber das Vareler Tief und der Festungshafen alsbald verschlickten, wurden 1694 sämtliche Bauten der Festungsstadt auf Abriss versteigert. Einzig Wallreste der Südbastion sind noch südlich der Straße Am Hafen erhalten. Erst Mitte des 19. Jahrhunderts, nach dem Bau einer Schleuse, entwickelte sich der Hafen durch den Import von Kohle und Roheisen. Vieh wurde nach England verschickt. Die Niederlande unterhielten eigens ein Konsulat in Varel, da hier reger Schiffsverkehr herrschte. Diese kurze Blüte endete mit dem Ausbau des Eisenbahnnetzes. Heute, nach dem Bau einer neuen Kammerschleuse, wird der Hafen vornehmlich von Freizeitbooten genutzt.

Mit Sicht auf die Urlauber sind Angebote entstanden wie Fischspezialitäten Gribbe (Am Hafen 13) oder das Restaurant Aal & Krabbe (Am Hafen 2a), zu dem auch das Brauhaus mit dem leckeren Tidebier gehört. Ein Eiscafé und das Restaurant Hafenblick im **Haus des Hafenmeisters** von 1856 laden ein, hat man den Hafen bei einem Spaziergang umrundet. Das **Museum Spijöök** präsentiert allerlei Gegenstände, die durch jede Menge Seemannsgarn miteinander verbunden

Die Schlosskirche Varel wirkt wehrhaft

sind. Spijöök, das ist plattdeutsch und bedeutet soviel wie Scherz, Neckerei. Etwas ernster geht es im ehemaligen **Zollamt** zu, einem klassizistischen Bau von 1854. In dem zweigeschossigen, im vornehmen Grauton gehaltenen Gebäude mit dem massiven Konsolengesims vermutet man eher die Villa eines wohlhabenden Bürgers als den Sitz einer Behörde. Aber der Bau wurde für den Zoll errichtet, als der angesichts wachsender Im- und Exporte neue Räumlichkeiten in Varel brauchte. Heute ist hier die **Zollamt-Galerie** eingezogen, in der die Schmuckdesignerin Alexandra Mergili ihre Arbeiten anbietet.

Zwischen Hafen und Schlosskirche

Fährt man vom Hafen in die Stadt, passiert man einen schmalen Streifen Acker- und Wiesenland, der den Blick freigibt: rechts auf den Nordergroden, angelegt 1873, und links auf den Südergroden, angelegt 1848.

Die Hafenschule (Hafenstr. 80), eine Grundschule, ist in das **Landhaus von Bentinck** eingezogen, das sich 1807 der Graf von Bentinck in der Nähe des Hafens hat errichten lassen. Jenseits der Backsteinmauer sieht man den Säulenportikus aus Sandstein, der vor dem eingeschossigen Gebäude für ein bisschen vornehmes Flair sorgt. Gleich daneben erstrecken sich die Werksanlagen der Firma Bahlsen, einem der drei großen Arbeitgeber in der Stadt Varel.

Die **Mühle Varel** ragt mit ihrem fünfgeschossigen Unterbau, dem Achtkant und der Kappe immerhin 30 Meter in die Höhe. Damit ist der Galerieholländer von 1848 die zweithöchste Mühle in Deutschland. Sie ist voll betriebsfähig. Der Heimatverein Varel zeigt hier seine Sammlung an Arbeitsgeräten und Haushaltsgegenständen aus den vergangenen Jahrhunderten.

Weiter geht es entlang von Einfamilienhäusern und einigen Geschäftsbauten. Die stärker verdichtete städtische Bauweise setzt erst unmittelbar an der Schlosskirche ein. Das **Amtsgericht** (Schlossplatz 7) wurde 1869 als neu-

Die Wedelfelder Wasserschöpfmühle, eine der letzten ihrer Art in Ostfriesland

gotischer Backsteinbau errichtet und erinnert an die Zeit, in der Varel als Stadt erster Klasse ein Mittelpunkt des Oldenburger Landes war.

Schlosskirche

Die **Schlosskirche** führt zurück in das Mittelalter. Sie wurde als wehrhafte Sendkirche um 1150 errichtet. Im 17. Jahrhundert wurde sie Teil der Schlossanlage in Varel, die seit dem Abriss 1871 nur noch in Namen wie Schlossplatz oder eben Schlosskirche existiert.

Bemerkenswert ist die Ausstattung des Gotteshauses, die Graf Anton II. 1613 bei dem Hamburger Bildhauer Ludwig Münstermann in Auftrag gab. Den Kirchenraum prägt ein fast zehn Meter hoher Altar mit überreicher Verzierung im Stil des Manierismus. Die Kanzel und der Taufstein sind im gleichen Stil gearbeitet. Fast übersieht man dabei die mittelalterliche Kalkmalerei, die sich in der Wölbung der Apsis erhalten hat.

▸ Karte S. 126

Marktplatz

An der alten Feuerwache nimmt die Straße Marktplatz ihren Anfang. Wäre nicht dieser Name, niemand käme auf die Idee, dass hier mal das Zentrum der Bürgerstadt gelegen hat. Zeuge davon ist das Haus an der Ecke zur Drostenstraße, das stolz die Bezeichnung **Börse** über dem Eingang zeigt. Der zweigeschossige Bau mit Giebeldreieck wurde 1802 errichtet und diente den Kaufleuten von Varel als Treffpunkt. Hier wurden keine Anteilsscheine gehandelt, sondern Nachrichten ausgetauscht. Im Obergeschoss hatte die Freimaurerloge ihren Versammlungssaal. Gegenüber der Börse, da, wo heute das Gebäude der Sparkasse steht, befand sich bis zum Abriss 1964 das Alte Rathaus der Stadt.

Neumarktplatz

Vom Schlossplatz führen die Hindenburgstraße und die Obernstraße, die als Fußgängerzone gestaltet sind, bis fast zum Neumarktplatz, der 1755 angelegt wurde und auf dem heute der Wochenmarkt stattfindet. Auf der Südseite des Platzes findet sich das **Heimatmuseum** der Stadt Varel, das über die Geschichte des Ortes informiert. Als wertvolles Ausstellungsstück gilt die Chaukenurne aus der Zeit zwischen 200 bis 400 n. Chr., die bei Grabungen südwestlich von Varel gefunden wurde.

Auf der gegenüberliegenden Seite des Neumarktplatzes erhebt sich ein zweigeschossiger Backsteinbau von 1806, genannt das **Kapitänshaus**. Durch die zwei eingestellten Kolossalsäulen aus Sandstein hebt es sich deutlich aus der Umbauung des Marktplatzes hervor. Jürgen Lübbers, ein Reeder, der durch Getreide-und Stückguthandel reich geworden war, ließ es errichten. Der in der Region nicht übliche Sandstein findet sich auch in den Rahmungen der Fenster und Türen, in den Schmuckfeldern mit Girlanden und dem Konsolengesims.

Neustadtgödens

Der Ort Neustadtgödens wurde nicht nur mehrfach als schönstes Dorf im Landkreis Friesland ausgezeichnet, sondern ist auch als Zeugnis seltener religiöser Toleranz sehenswert.

Im Jahr 1511 hatte mit der Antoniflut der Jadebusen seine größte Ausdehnung erreicht. Um weitere Landverluste zu vermeiden, wurde hier, im späteren Neustadtgödens, ein Deich mit einem Sieldurchlass gebaut. Um dieses Siel entwickelte sich der 1544 gegründete Ort, für dessen Ausbau Glaubensflüchtlinge angeworben wurden. Zu den ersten Siedlern gehörten vor allem Mennoniten aus den Niederlanden. Nach dem Dreißigjährigen Krieg kamen dann Siedler verschiedener Glaubensrichtungen hinzu, sodass hier bald fünf Religionsgemeinschaften – Lutheraner, Reformierte, Katholiken, Mennoniten und Juden – friedlich auf engstem Raum zusammen lebten und sich ihre Gotteshäuser bauten.

Schloss Gödens

Schöpfer und Urheber des Ganzen war der Besitzer der Herrlichkeit Gödens, Franz Ico von Frydag. Franz Ico, ein reformierter Protestant, kämpfte im Dreißigjährigen Krieg auf schwedisch-lutherischer Seite. Er heiratete 1639 die strenggläubige Katholikin Margarethe Elisabeth von Westerholt und gestattete ihr im Schloss Gödens die Ausübung ihres Glaubens. Als Häuptling von Gödens durfte er diese Erlaubnis erteilen, obwohl in ganz Ostfriesland, zu dem Gödens seinerzeit gehörte, die Ausübung des katholischen Glaubens untersagt war. Außerdem stellte Franz Ico seinen fünf Kindern die Wahl des Bekenntnisses frei. Auf dieser persönlichen Grundlage religiöser Toleranz entwickelte sich Neustadtgödens.

Landrichterhaus

Im Landrichterhaus, erbaut um 1600 am Rand des Ortes, lebte der Richter, der im Namen der Herren von Gödens die Gerichtsbarkeit ausübte. Heute ist in dem Gebäude an der Brückstraße eine **Ausstellung** eingerichtet, die die Ortsgeschichte und vor allem die Geschichte der Religionsgemeinschaften in Neustadtgödens thematisiert.

St. Joseph-Kirche

Geht man vom Landrichterhaus auf der Brücke über das Neustädter Tief, dann gleich rechts in die Straße Paterei, kommt man zur katholischen **St. Joseph-Kirche** (Paterei 4). Schon von Weitem ist der acht Meter hohe, frei stehende Glockenturm der Kirche zu sehen. Sie selbst wirkt auf die Distanz eher wie ein Bauernhaus, einzig die fünf rundbogigen Fenster erinnern an die Funktion als Gotteshaus. Zwei schlichte rundbogige Portale dienen als Eingang zur Kirche. Über einem der Portale der Hinweis AEDIFICATUM (erbaut) 1715. Der eingeschossige Innenraum mit Balkendecke zeigt nur einen einfachen Altartisch und ein Pult. Nach dem Zweiten Weltkrieg kamen viele Flüchtlinge in die Region, die Zahl der Katholiken stieg sprunghaft an – eine Entwicklung mit nachteiligen Folgen für die St.-Joseph-Gemeinde. Denn zur Versorgung der Neubürger wurden mehrere katholische Kirchen in der Region errichtet, das Pfarreigebiet von Neustadtgödens wurde im Gegenzug verkleinert. So besitzt die Gemeinde heute keinen eigenen Pfarrer mehr.

▲ Karte S. 126

Mennonitenkirche

Weiter die Brückstraße hinauf passiert man eingeschossige Wohnbauten, die ihren Giebel der Straße zuwenden. Gar nicht zu übersehen ist aufgrund des großen Vorgartens die Mennonitenkirche. Die Glaubensgemeinschaft erhielt 1741 die Erlaubnis, sich im Ort eine Kirche zu bauen. Ein schlichter Backsteinbau mit sechs Kolossalpilastern entstand, dazwischen vier rundbogige Fenster und der mittig angeordnete Eingang. Die mennonitische Gemeinde, deren Mitglieder vielfach als Deichbauarbeiter in die Region kamen, nutzte das Gotteshaus bis 1841. Heute ist hier das Café Neustädter Stübchen eingerichtet, das auch den großzügigen Vorgarten nutzt.

Die ehemalige Synagoge

Lutherische Kirche und reformierte Kirche

Von der Brückstraße führt die **Kirchstraße**, Schmuckstück des Ortes, bis zur Straße am Deich mit dem alten Siel. An etlichen Häusern hängen Hausmarken, die auf Eigentümer und deren Gewerbe hinweisen. Prominent in einer leichten Südkurve positioniert, kann man die **lutherische Kirche** (Kirchstr. 32) gar nicht übersehen. Der Turm mit dem Sandsteinportal stammt von 1714, das Kirchenschiff wurde schon 1695 errichtet. Ende des 17. Jahrhunderts waren durch den Zuzug aus dem Jeverland und dem Oldenburger Land über die Hälfte der Einwohner des Ortes Lutheraner. Kein Wunder, dass diese Kirchengemeinde als erste eine Kirche baute und sich die hervorgehobene Position in der Kirchstraße sicherte. Trotzdem war der Bau einer lutherischen Kirche in der Herrlichkeit Gödens, die seit 1558 zu den reformierten Gebieten gehörte, ein Risiko. Möglich wurde der Bau nur durch das Patronat der Gräfin Heidi von Wedel auf Schloss Gödens.

Dagegen wurde die **reformierte Kirche** (Staustr. 7) erst 1715 in einer Nebenstraße errichtet. Zuvor hatten die Reformierten die Kirche in Dykhausen mitgenutzt. Wie die lutherische Kirche erhielt das Gotteshaus, das heute als Wohnhaus dient, ein Sandsteinportal. Gleich daneben mit der Hausnummer 10 befindet sich das ehemalige **Pfarrhaus**.

Ehemalige Synagoge

Mitte des 19. Jahrhunderts war rund ein Viertel der Einwohner des Ortes jüdischen Glaubens. So wurde ihnen 1852 gestattet, ihr Gotteshaus in der Kirchstraße zu errichten. Es zeigt sich als klassizistischer Bau mit Giebeldreieck, Konsolengesims und zwei kolossalen Halbpfeilern an den Gebäudekanten. Typisch für die Mitte des 19. Jahrhunderts wurde die Front verputzt, sind durch Fugenlinien Sandsteinquader angedeutet. Jüdische Mitbürger mussten auch in der ›toleranten‹ Herrlichkeit Gödens durch Geldzahlungen Schutzbriefe erwerben. Die Ausübung von Handwerk war ihnen wie in ganz Deutschland untersagt. 1936 gab die durch Auswanderung erheblich geschrumpfte jüdische Gemeinde das Gotteshaus auf und verkaufte es. Der neue Besitzer richtete hier eine Farbenfabrik ein. Das rettete das Gebäude vor der Zerstörung durch die Nazis während der Reichspogromnacht 1938. Im Erdgeschoss ist heute eine **Gedenkausstellung** eingerichtet, die im Rahmen von Stadtführungen besichtigt werden kann. Das Obergeschoss dient als Ferienwohnung.

Weitere Sehenswürdigkeiten

Die **Apotheke** von 1841 (Kirchstraße 35) fällt durch ihre zwei Geschossen in der Reihe der eingeschossigen Bauten auf. Dazu kommen eine verputzte Fassade und ein leicht vortretender Mittelteil auf der Traufseite. Neustadtgödens war nicht nur durch das Siel eine Stadt der Schiffer und Händler. Schon im 17. Jahrhundert wurde es auch zu einer Stadt der Handwerker und hier vor allem der Leineweber. Diese nutzte die Wiesen hinter den Häusern Richtung Staustraße, die man von der Apotheke aus sehen kann, als Bleiche für die Leinwandbahnen.

Das Ende der Kirchstraße markiert in etwa die ehemalige Deichlinie. Das **Neustädter Tief** südlich der Straße erinnert durch seine Breite noch ein wenig an den Hafen. Im **Waagehaus** (Sanderahmer Str. 41) gleich neben dem Siel, das noch heute das Wappen der von Frydag ziert, wurden die aus- und eingehenden Waren gewogen. Durch Eindeichungen der Schwarzes Brack genannten Bucht des Jadebusens ab 1595 verlor Neustadtgödens seine Funktion als Sielort und Hafen.

Zwei Mühlen

Zwei Mühlen haben sich in Neustadtgödens erhalten. Die **Wedelfelder Wasserschöpfmühle**, die letzte erhaltene Mühle dieser Art im Landkreis Friesland, wurde 1844 erbaut. Sie transportierte bis 1962 durch zwei schneckenförmige Schrauben Wasser aus dem niedriger gelegenen, eingedeichten Gebieten des Schwarzen Bracks in das Neustädter Tief. Der Heimatverein Gödens-Sande e. V. sorgte für die Renovierung der Mühle und demonstriert heute samstags 14–17 Uhr die Arbeitsweise der voll funktionsfähigen Wasserhebeanlage (Anmeldung: Tel. 04422/4581).

Der Heimatverein kümmert sich auch um die **Oberahmer Peldemühle**, einen zweistöckigen Galerieholländer von 1764, heute das Wahrzeichen Neustadtgödens.

Schloss Gödens

Das **Schloss Gödens**, das über einen Kilometer entfernt von der Stadt Neustadtgödens liegt, kann man leider nur aus der Ferne bestaunen. Das Wasserschloss, das ein doppeltes Grabensystem umschließt, wird auch heute noch von den Grafen von Wedel bewohnt und ist privat. Nur zu Konzerten, zum Weihnachtsmarkt und zur ›Landpartie Schloss Gödens‹ im Mai, bei der diverse Aussteller ausgesuchte Erzeugnisse präsentieren, kann man Teile des Schlosses besichtigen, darunter auch den prachtvollen Festsaal mit Leinwänden aus der Zeit um 1690. Vor allem aber kann man sich das repräsentative Sandsteinportal über zwei Geschosse im Westflügel aus der Nähe anschauen, das Harro Burchard von Frydag nach 1669 errichten ließ. 1746 kam das Schloss durch Heirat in den Besitz der von Wedel.

An anderen Tagen bleibt nur der Blick auf den von Wassergräben umgebenen, ziegelsichtigen Zweiflügelbau, über den sich die Haube des Treppenturms und die offene Laterne auf dem Nordflügel erheben. Aber immerhin können wir im **Schlosspark Gödens** spazieren gehen. Der Weg neben dem Parkplatz und dann links durch die Portalanlage von 1653 bringt uns in den montags bis freitags öffentlich zugänglichen Park.

Jadebusen und Neustadtgödens

Tourist-Information Wilhelmshaven, Ebertstr. 110, 26382 Wilhelmshaven, Tel. 04421/913000; Mo–Fr 9–17, Sa 9–14 Uhr. www.wilhelmshaven-touristik.de

Tourist-Information Dangast, Edo-Wiemken-Str. 61, 26316 Varel-Dangast, Tel. 04451/91140; Mo–Fr 10–16, Sa/So 10–16 Uhr. www.dangast.de

Tourist-Information Sande, Hauptstr. 79. 26452 Sande, Tel. 04422/95880. www.sande.de

Banter Hof, Werftstr. 52–58, 26382 Wilhelmshaven, Tel. 04421/15110; DZ ab 85 Euro. In der Innenstadt. www.hotel-banter-hof.de

B & B Hotel Wilhelmshaven, Jadeallee 100, 26382 Wilhelmshaven, Tel. 04221/7557920; DZ ab 63 Euro. Sehr gute Lage. www.hotel-bb.com

Hotel Friesenhof, Neumarktplatz 4–6, 26316 Varel, Tel. 04451/925-0; DZ ab 113 Euro. Im Zentrum. www.hotel-friesenhof.de

Wohnmobilhafen am Nautimo, Friedensstr. 99, 26386 Wilhelmshaven, Tel. 04421/773550; 12 Euro. www.nautimo.de

Strandcampingplatz, Auf der Gast 40, 26316 Varel-Dangast, Tel. 04451/911422.

Le patron am Meer, Südstrand 106, 26382 Wilhelmshaven, Tel. 04421/368457; Do–Di 12–22 Uhr, Küche 12–14.30 und 18–21 Uhr. Regionale und internationale Küche. www.le-patron.de

▶ Karte S. 126

CaOs, Am Großen Hafen 1, 26382 Wilhelmshaven, Tel. 04421/8065660; Do-Mo 12–23 Uhr. Dips, Salate, Pasta, Fisch. www.caos-wilhelmshaven.de

Kurhaus Dangast, An der Rennweide 46, 26316 Varel Dangast, Tel. 04451/4409; Fr/Sa 9–20, So 9–18 Uhr. www.kurhausdangast.de

Kurhaus-Klause-Dangast, An der Rennweide 11, 26316 Varel-Dangast, Tel. 04451/5925; Mi–So 18–23 Uhr.

Neustädter Stübchen, Brückstr. 33, 26452 Sande-Neustadtgödens, Tel. 04422/5337; Mo ab 18, Mi, Do ab 15, Fr–So ab 11 Uhr. www.neustädter-stübchen.de

Hotel Seenelke Kaffeehaus, Südstrand 120, 26382 Wilhelmshaven, Tel. 04421/7557670; Kaffeehaus tgl. 9–18, Küche 12–17 Uhr. Frühstück bis 11.30 Uhr, dann Kaffeehaus. www.hotel-seenelke.de

Haven Café Kempe, Jadeallee 24, 26382 Wilhelmshaven; Mo–Sa 6.30–18, So ab 7.30 Uhr. Bäcker-Café.

Kunsthalle Wilhelmshaven, Adalbertstr. 28, 26382 Wilhelmshaven, Tel. 04421/41448; Di/Mi und Fr–So 11–17, Do 11–20 Uhr. www.kunsthalle-wilhelmshaven.de

Küstenmuseum Wilhelmshaven, Weserstr. 58, 26382 Wilhelmshaven, Tel. 04421/400940; Di–So 11–17 Uhr. www.kuestenmuseum.de

Deutsches Marinemuseum, Südstrand 125, 26382 Wilhelmshaven, Tel. 04421/400840; April–Okt. tgl. 10–18 Uhr, Nov.–März tgl. 10–17 Uhr; 15/9 Euro. www.marinemuseum.de

Franz-Radziwill-Haus, Sielstr. 3, 26316 Varel Dangast, Tel. 04451/952924; Ende März–Okt. Mi–Fr 15–18, Sa/So 11–18 Uhr, Nov.–Anfang Jan. Fr 15–18, Sa. So 11–18 Uhr. www.radziwill.de

Heimatmuseum Varel, Neumarktplatz 3, 26316 Varel, Tel 04451/4936; Mai–Okt. So 10–12, Mi 15–17 Uhr. www.heimatvereinvarel.de

SPIJÖÖK Museum, Kohlhof 5, 26316 Varel, Tel. 04451/4488; Mitte Mai–Mitte Sept. Sa/So 15–17 Uhr. www.spijöök.de

Zollamt-Galerie am Vareler Hafen, Am Hafen 1, 26316 Varel, Tel. 04451/ 9508255. www.zollamt-galerie.de

Vareler Windmühle, Mühlenstr. 52a, 26316 Varel, Tel. 04451/860801; April Sa 10–13 Uhr, Mai–Okt. Mi 9–12, Sa/So 10–16 Uhr, Nov.–März Sa 10–13 Uhr; Eintritt frei. www.varel.de

▸ Neustadtgödens:

Schlosspark Gödens, Schloss Gödens 1, 26452 Sande; Mo–Fr 8–18 Uhr.

Museum im Landrichterhaus, Brückstr. 19, 26452 Sande-Neustadtgödens, Tel. 0442/4199; April–Okt. Di–Sa 14–17, So 11–17 Uhr.. Ausstellung zur Ortsgeschichte und zu den Religionsgemeinschaften des Dorfes. www.neustadtgoedens.de

Wedelfelder Wasserschöpfmühle, Timpweg 2, 26452 Sande-Neustadtgödens, Tel. 04422/4581; Sa 14–17 Uhr.

Kletterbunker Monte Pinnow, Ladestr., 26452 Sande, Tel. 04422/958810. Klettern und Führung auf Anfrage.

Wattenmeer Besucherzentrum, Südstrand 110b, 26382 Wilhelmshaven, Tel. 04421/910733; April–Okt. tgl. 10–17 Uhr, Nov.–März Di–So 10–17 Uhr; 11/9 Euro. www.wattenmeer-besucherzentrum.de

Aquarium Wilhelmshaven, Südstrand 123, 26382 Wilhelmshaven, Tel. 04421/500170; tgl. 10–18 Uhr; 20/15 Euro. www.aquarium-wilhelmshaven.de

Jaderpark Tier- und Freizeitpark, Tiergartenstr. 69, 26349 Jade, Tel. 04454/91130; 16. März–3. Nov. tgl. 9.30–18 Uhr. Familienspaß. www.jaderpark.de

DanGastQuellbad, Edo-Wiemken-Str. 61, 26316 Varel Dangast, Tel. 04451/911441. www.dangast.de

Von Rohrdommeln, Containerbrücken und LNG-Terminals

Im Zentrum der Stadt Wilhelmshaven bekommt man von dem Luftlinie rund sieben Kilometer entfernten JadeWeserPort, dem neuen Containerhafen der Länder Niedersachsen und Bremen, nichts mit. Man muss sich schon auf den Weg machen und im Rahmen einer Führung diesen einzigen Tiefseehafen Deutschlands besichtigen.

Schon seit 1993 drängte die Wilhelmshavener Hafenwirtschafts-Vereinigung auf den Bau eines solchen Container-Tiefwasserhafens an der Jade. Nach einer Machbarkeitsstudie samt Analyse des Potenzials eines solchen Hafens wurde ab 2008 der JadeWeserPort gebaut, gleichzeitig wurden Gleis- und Autobahnanschluss fertiggestellt. Im September 2012, nicht ganz 20 Jahre nach der ersten Initiative, wurde der Hafen feierlich eröffnet.

So stehen heute am Container-Terminal Wilhelmshaven ein über 1,5 Kilometer langer Kai samt 130 Hektar Terminalfläche des Güterverkehrszentrums zur Verfügung. Wundern Sie sich nicht, wenn Sie in Wilhelmshaven das Wort ›Kaje‹ oder ›Kaye‹ hören oder lesen. In Bremen und Wilhelmshaven und nur dort wird der ›Kai‹ vermutlich durch den Einfluss niederländischer Siedler ›Kaje‹ genannt.

Auf weiteren 160 Hektar können sich Firmen ansiedeln, die hier bis zu 50 Meter hoch bauen können, ohne Anwohnerklagen fürchten zu müssen. Und selbstverständlich ist der 24/7-Betrieb – also 24 Stunden und 7 Tage die Woche – in dem Hafen auf der grünen Wiese garantiert. Selbst Ausgleichsflächen für eine eventuelle Hafenerweiterung wurden schon angekauft.

Die Umweltbelastung durch den Bau des Hafens und die Verlängerung der Autobahn 29 wurde 2009 mit Maßnahmen im Amphibienschutz und der Renaturierung zuvor intensiv genutzter Acker- und Grünlandflächen kompensiert. Ärger mit Naturschützern gab es trotzdem. Der schon in den 1970er Jahre eingedeichte und aufgespülte Voslapper Groden, der als Fläche für Industrieansiedlungen angelegt und dann nicht genutzt worden war, hatte sich zu einem Lebensraum bedrohter Vogelarten entwickelt. Naturschützer verwiesen unter anderem auf die Rohrdommel und das Tüpfelsumpfhuhn, die in der potenziellen Erweiterungsfläche

Das Containerterminal in Wilhelmshaven

Der Jade-Weser-Port

des Hafens im Voslapper Groden-Süd brüteten. Sie erreichten, dass das Gelände 2006 unter Naturschutz gestellt wurde. Zudem musste eine Lärmschutzwand für sechs Millionen Euro gebaut werden, um die Vögel vor dem Lärm der Eisenbahnstrecke in den Hafen zu schützen.

Auf der Webseite www.jadeweserport.de wird die Betreibergesellschaft des Hafens nicht müde zu betonen, dass in dem Hafen mit einer Fahrrinne von 18 Metern Tiefe tideunabhängig die größten bisher gebauten Containerschiffe der Welt anlegen können. Das ist in der Tat ein deutlicher Vorteil gegenüber dem Containerhafen Hamburg, der aber nach wie vor größter Seehafen Deutschlands ist. Davon ist der JadeWeserPort meilenweit entfernt.

Aber immerhin: Ein Anfang ist gemacht, obwohl zum zehnjährigen Jubiläum 2022 die erste Bilanz des Hafenprojekts einigermaßen ernüchternd ausfiel. Statt des erwarteten Umschlags von 2,7 Millionen Standardcontainern kam der JadeWeserPort nur auf 700 000 Stück. Und für 2023 wurde ein noch etwas schmaleres Ergebnis als in den Vorjahren erwartet. Sieht man allerdings auf den Rückgang des Containerumschlags in Folge der Corona-Pandemie weltweit von 13 Prozent, seht Wilhelmshaven mit einem Minus von 6,3 Prozent nicht einmal schlecht da.

Neue Aufgaben

Die Energiekrise in Folge des russischen Angriffs auf die Ukraine im Februar 2022 brachte eine neue Aufgabe für den Tiefwasserhafen. Im Dezember 2022 wurde nördlich vom JadeWeserPort der erste LNG-Terminal Deutschlands in Betrieb genommen. Hier wird auf einem Schiff das zuvor angelieferte verflüssigte Erdgas in den gasförmigen Zustand zurückverwandelt und dann in das Gasnetz eingespeist.

JadeWesterPort InfoCenter, Am Tiefen Fahrwasser 11, 26388 Wilhelmshaven, Tel. 04421/7719091; Mitmach-Ausstellung und Hafenbustour Mai–Sept. 10–18 Uhr, Mitte März–April und Okt.–Mitte Nov. 10–17 Uhr. Ausstellung 6/4 Euro, Hafenbustour (1 Std.) ab 12 Euro, Große Hafenbustour mit Marinestützpunkt (2 Std.) 22 Euro. Telefonische Reservierung erbeten. www.jadeweserport-infocenter.de

Ostfriesische Inseln

Die sieben bewohnten Ostfriesischen Inseln von Borkum im Westen bis Wangerooge im Osten sind heute komplett auf den Tourismus ausgerichtet. Schmerzlich bewusst wurde das auch dem letzten Inselbewohner, die auch gerne mal über die nervigen Touristen schimpften, während der Corona-Pandemie. Von jetzt auf gleich blieben aufgrund des Beherbergungsverbots die Inselgäste aus und die Einnahmen fielen gegen Null. Eine auf den Tourismusbereich spezialisierte Unternehmensberatung errechnete im Auftrag der Ostfriesland Tourismus GmbH für 2020 Umsatzeinbußen von elf Milliarden Euro für die Ostfriesischen Inseln. 2021 ging es dann zum Glück genauso rasant wieder aufwärts.

Die Ostfriesischen Inseln sind ungefähr gleichzeitig entstanden, nach der letzten Eiszeit vor rund 8000 Jahren. Sie verfügen über kilometerlange wunderbare Sandstrände. Mit 4 bis 20 Kilometern Entfernung von der Küste sind sie für Urlauber gut erreichbar.

Durch ihre besondere Lage haben die sieben Ostfriesischen Inseln eine ähnliche geschichtliche Entwicklung genommen. Und doch ist jede Insel anders. Es lohnt sich also, durch Tagestouren mehrere Inseln kennenzulernen, um dann zu wissen, welche zu einem passt und für einen längeren Aufenthalt in Frage kommt.

Geschichte

Die ersten Menschen siedelten auf den Ostfriesischen Inseln vermutlich im 13. oder 14. Jahrhundert. So genau kann das niemand sagen, da schriftliche Zeugnisse fehlen. Fischerei und Landwirtschaft auf den Marschflächen im Südosten der Inseln waren die Haupterwerbsquellen der frühen Insulaner, die in ärmlichsten Verhältnissen lebten. Dazu kamen die Schifffahrt und der Walfang, der in Borkum für bescheidenen Wohlstand sorgte. Erst das Aufkommen des Bädertourismus verbesserte die Lebensverhältnisse auf den Inseln entscheidend. 1797 wurde auf Norderney die erste deutsche See-

Lang zieht sich der Strand auf Borkum

▲ Karte S. 83

badeanstalt eröffnet, 1800 zählt das Bad immerhin schon 250 Gäste. Auf das Seebad Norderney folgten 1804 Wangerooge, 1820 Spiekeroog, 1830 Langeoog, 1834 Borkum und 1840 Juist. Auf Baltrum, der kleinsten der Ostfriesischen Inseln, begann der Bäderbetrieb erst 1876.

Starker Wind, niedrigere Temperaturen als auf dem Festland, hohe UV-Strahlung und salzhaltige Luft - diese vier Faktoren ergeben das viel gerühmte Reizklima auf den ostfriesischen Inseln, das heilsame Wirkung entfalten kann. Was für Allergiker das Gebirge und für Rheumakranke generell das Binnenland, das ist für Menschen mit Hauterkrankungen und chronischen Erkrankungen der Atemwege die Nordsee. Das kräftige Reizklima, vor allem direkt am Strand mit seiner Luft voller salzhaltiger Brandungsaerosole und einem hohen Anteil an Jod und Magnesium, hilft Menschen mit chronischer Bronchitis, Neurodermitis und Schuppenflechte sowie Asthmatikern.

Nicht alle Inseln lassen sich problemlos per Tagesausflug erkunden. Die Fährverbindungen nach Juist, Baltum, Spiekeroog und Wangerooge sind tideabhängig, an manchen Tagen verkehrt daher nur eine Fähre. Hier heißt es, den Fahrplan zu studieren und die für eine Tagestour günstigen Tage herauszusuchen.

Borkum

Borkum ist mit 31 Quadratkilometern die größte Ostfriesische Insel und mit gut 20 Kilometern am weitesten von der ostfriesischen Küste entfernt. Von Eemshaven (Niederlande) sind es rund zwölf Kilometer. Damit hat Borkum ein pollenarmes Hochseeklima.

Trotz seiner Größe hat sich Borkum mit seinen rund 5000 Einwohnern, verglichen mit Norderney, einen eher dörflichen Charakter bewahrt, sieht man einmal von den Hotelbauten aus der Zeit um 1900 ab. Diese stehen vor allem in der Nähe der Strandpromenade an der Jann-Berghaus-Straße und an den Zufahrtsstraßen zur Promenade. Gute Beispiele für diese zumeist viergeschossigen **Bäderbauten** sind das Hotel Rummeni (Georg-Schütte-Platz), das Hotel Ostfriesenhof (Jann-Berghaus-Str. 49) und das ehemalige Hotel Hohenzollern (Jann-Berghaus-Str. 63).

Borkums Alleinstellungsmerkmal ist nicht der Luxus eines Badeortes samt Nachtleben, sondern die Natur, die man nicht nur am endlosen Sandstrand, sondern auch um die **Feuchtbiotope** Greune Stee und Tüskendörsee entdecken kann. Ein Spaziergang zum Café Ostland führt in die weitläufige Dünenlandschaft der Insel, für einen Inselüberblick bietet sich der Besuch des über 60 Meter hohen **Neuen Leuchtturms** (Strandstr. 28) an. Trotz seines Namens ist er immerhin schon fast 150 Jahre alt. 315 Treppenstufen führen zu einer Aussichtsplattform hinauf, von April bis Oktober ist der Leuchtturm geöffnet. Übrigens: Neuer Leuchtturm heißt er, weil der alte Leuchtturm Borkums aus dem Jahr 1576 immer noch steht. Hier sind Ferienwohnungen eingerichtet. Der alte Leuchtturm diente ursprünglich als Kirchturm und war zugleich für die Schifffahrt eine Tagesmarke. 1817 wurde der Turm zum Leuchtturm umgerüstet.

Juist

Die Überfahrt nach Juist ist stark tideabhängig. Oftmals verkehrt die Fähre nur einmal täglich. So muss man schon genau planen, wann man Juist mit einer Tagestour entdecken kann.

Juist ist mit 17 Kilometern die längste der Ostfriesischen Inseln, aber an der schmalsten Stelle gerade 500 Meter breit. Die Insel ist autofrei und schreit

Betörender Sonnenuntergang auf Norderney

geradezu danach, mit dem Fahrrad entdeckt zu werden. Fahrräder kann man sich vor Ort leihen.

Der Inselort teilt sich in das **Westdort** und das **Ostdorf**, die durch ihre Klinkerbauweise ihre Ursprünglichkeit weitgehend erhalten haben. Dazu kommt der Ortsteil **Loog** auf der Westseite.

Eine Ausnahme im Ortsbild ist das große **Kurhaus Juist** (Strandpromenade 1), das ehemalige Strandhotel von 1899. Auch die **Villa Charlotte** (Wilhelmstr. 9) aus der Zeit um 1900 erinnert an die Bäderarchitektur. Dagegen stehen in der Friesenstraße das Insulanerhaus **Haus Heiken** (Friesenstr. 21) oder auch das Insulanerhaus **Lohbaums Hus** (Friesenstr. 29), mit ihrer eingeschossigen Bauweise. Gleiches gilt für das Haus Friesenstr. 19, das Insulanerhaus **Haus Siebje**, das vermutlich aus dem Jahr 1811 stammt. Das **Alte Warmbad** (Friesenstr. 18), in dem heute die Kurverwaltung und das Standesamt untergekommen sind, verweist auf die frühe Zeit des Tourismus auf der Insel.

Wichtigste Sehenswürdigkeit in Juist aber ist die Natur. Und die kann man bei einem Spaziergang oder einer Fahrradfahrt zur westlichen Spitze der Insel bewundern. Hier stoßen Wattenmeer und Nordsee fast aufeinander. Für eine Einkehr bietet sich die Domäne Bill an.

▸Karte S. 126

Norderney

Dank einer ausgebauten Fahrrinne ist Norderney tideunabhängig zu erreichen. Die Fähre fährt fast stündlich, dazu gibt es auch noch eine Schnellfähre, die nur rund 30 Minuten von Norddeich nach Norderney benötigt. Aufgrund der vielen Fahrten pro Tag sind die Personentickets nicht fahrtgebunden.

Vom Hafen geht es mit dem Linienbus in den Inselort. Norderney hat sich als einzige ostfriesische Insel in den 1960er Jahren für eine **Hochhausbebauung** auf der Nordseite entschieden. Damit war die Hoffnung verbunden, dass durch die Eigentumswohnungen in diesen Gebäuden eine Belebung der Insel in der Nebensaison erreicht wird. Und zugleich wurde damit der städtische Charakter des Nordseebades unterstrichen. So stehen heute die Hochhäuser Nordseeblick

(Kaiserstr. 17 und 18) mit sieben und zwölf Geschossen sowie der Wohnkomplex Kaiserhof (Bismarckstr. 16) neben bester Bäderarchitektur wie dem **Kurtheater** (Am Kurtheater 1) von 1893 und dem **Logierhaus** (Am Weststrand 1) von 1894. Bekannt ist das **Kurhaus** (Conversationshaus, Am Kurhaus 2) von 1850. Durch seine lange Geschichte als Badeort kann Norderney mit Highlights aufwarten wie dem Café Marienhöhe auf der hohen Düne unmittelbar am Flutsaum, in dem in einem Vorgängerbau schon Heinrich Heine gesessen habe soll. Im **bade-museum norderney** wird die Geschichte des Nordseeheilbades Norderney und der Reise- und Badekultur erzählt.

Und wer noch nicht weiß, was Thalassotherapie ist und welche heilsame Wirkung Meerwasser haben kann, geht ins **bade:haus**, immerhin Europas größtes Thalassohaus.

Thalassotherapie

An dem Wort ›Thalassotherapie‹ kommt man in keinem ostfriesischen Küstenbadeort und schon gar nicht auf einer ostfriesischen Insel vorbei. Gemeint sind damit Therapien, die auf der heilenden Wirkung von ›thalassa‹, griechisch für Meer, basieren. Was ein Arzt des Altertums wie Hippokrates oder auch der Neuzeit wie der Londoner Richard Russel 1750 durch schlichte Beobachtung feststellten, wird heute durch naturwissenschaftliche Analysen bestätigt. Das Meerwasser enthält bis zu 25 Mineralstoffe und Spurenelemente. Dazu kommen noch die Meeralgen, die mit dem Wasser helfen, den Mineralhaushalt unseres Körpers auszugleichen. Strandspaziergänge, Baden direkt im Meer oder auch im frischen, erwärmten Meerwasser in der Halle, dazu Packungen aus Meeresalgen oder auch Schlick – es gibt jede Menge Therapieangebote nicht nur auf Norderney.

Norderney hat rund 26 Kilometer Radwege in dem Auf und Ab der Dünenlandschaft angelegt. Man sollte es als Einladung verstehen, ein Rad mit auf die Insel zu bringen (Fähre 7,50 Euro pro Fahrt) oder sich dort ein Rad zu leihen.

Baltrum

Es sind nur knapp 30 Minuten auf dem Schiff von Neßmersiel bis zum Hafen Baltrum. Es gibt kaum Seegang auszu-

Am Fährhafen Baltrum

halten, dafür aber Seehunde zu sehen, die sich gern an der Ostseite der Insel Norderney aufhalten. Zusätzlich bietet die Baltrum-Linie Schnellbootfahrten mit der MS Baltrum IV, die nur 15 Minuten dauern (Information und Buchung www.baltrum-linie.de/zusatzfahrten/). Man sollte für einen Tagesausflug einen der Tage wählen, an denen man relativ früh auf die Insel kann und die Rückfahrt erst am späten Nachmittag erfolgt.

Fünf Kilometer lang und knapp 1,5 Kilometer breit, das ist Baltrum, die kleinste der Ostfriesischen Inseln. Selbstverständlich ist die Insel autofrei. Auf der Website bittet die Gemeinde ausdrücklich darum, keine Fahrräder mit auf die Insel zu bringen, da der Fahrradverkehr zu stark zugenommen hat. Es gibt keinen Fahrradverleih auf der Insel.

Ganze 475 Einwohner leben hier. Sie verteilen sich auf die drei Ortsteile Westdorf, Ostdorf und Altes Ostdorf. Man hat also an einem Tag durchaus die Chance, einmal den ganzen Strand abzulaufen und dann auch noch die drei Ortsteile zu besuchen. Oder aber man geht gleich zur 19 Meter hohen **Aussichtsdüne** nordöstlich von Ostdorf und schaut einmal in die Runde.

Auf dem Weg vom Hafen in das Westdorf kann man dem **Nationalpark-Haus Baltrum** im alten Reedereihaus einen Besuch abstatten. Das Gebäude liegt auf einer Warft vor der sicheren Deichlinie. Passend dazu wird hier zum Thema Gezeiten informiert. Die Geschichte der Insel und ihre Bewohner erzählt das **Museum Altes Zollhaus**, das in einem Bummert untergekommen ist, diesem nur in Ostfriesland existierenden Doppelhaustyp. Die alte **Inselkirche** (Westdorf 9) von 1826 ist das älteste Gebäude auf der Insel.

Auf dem Weg zur Aussichtsdüne Ost kommt man am Café Kluntje vorbei und kann sich hier stärken – zumindest während der Saison.

Leuchtturm auf Langeoog

▶ Karte S. 126

Romantische Ecke in Spiekeroog

Langeoog

Von Hafen geht es mit der **Inselbahn** zum Inselbahnhof in Zentrum des Ortes. Die Insel ist autofrei, also bestens zum Fahrradfahren geeignet. Aber Vorsicht: Vom Beginn der Osterferien bis zum Ende der Herbstferien ist Fahrradfahren im Ortskern verboten. Aber es gibt ja genügend Strecken im Grünen.

Langeoog lockt mit 14 Kilometern natürlichem **Sandstrand**. Besichtigen kann man den **Wasserturm** von 1909 (Am Wasserturm), die **Inselkirche** von 1890 (Kirchstr. 3) und das **Schifffahrtsmuseum**, das nicht nur Schiffsmodelle, alte Seekarten und Mitbringsel von Seereisen präsentiert, sondern auch mit dem Thema ›Müll im Meer‹ auf die zunehmende Verschmutzung der Nordsee aufmerksam macht.

Wer sich auf den langen Weg ans Ostende der Insel macht, passiert den **Aussichtspunkt Melkhörndüne** mit 21 Metern Höhe. Ganz im Osten erreicht man nach rund acht Kilometern die Meierei (Ostende 9), in der man nicht nur den hauseigenen Sanddornsaft als Heißgetränk genießen kann. Es gibt auch Kaffee und Kuchen oder ein Kännchen Tee.

Spiekeroog

Die Insel Spiekeroog hat sich viel von ihrer Ursprünglichkeit bewahrt, weil das Dorf nicht verlagert werden musste wie wie die Ortszentren auf anderen Ostfriesischen Inseln. Spiekeroog ist sehr klein, sodass man vom Hafen problemlos in den Inselort laufen kann.

Im Ort und am Strand ist Fahrradfahren verboten, was aber nicht weiter stört, da die Wege sehr kurz sind. Dementsprechend gibt es keinen Fahrradverleih auf Spiekeroog.

Es gibt eine Menge zu besichtigen wie die **Alte Inselkirche** von 1696 (Süderloog 7), das **Alte Inselhaus** von 1705 (Süderloog 4) und das **Inselmuseum** in einem Kapitänshaus von 1715.

Nicht versäumen sollte man eine Fahrt mit der **Pferdebahn**, Deutschlands einzige Eisenbahn, die noch von Pferden gezogen wird und vom Inseldorf zum Bahnhof Westend verkehrt (www.pferdebahn-spiekeroog.de). Die Fahrt dauert rund 15 Minuten. Von der Endstation sind es nur noch wenige Schritte bis zum Old Laramie/Café Westend (www.oldlaramie.de), der Kneipe in den Dünen rund zwei Kilometer abseits des Inselorts.

Auf der gegenüberliegenden Seite der Insel empfiehlt sich ein Besuch im **Nationalpark-Haus Wittbülten** (Hellerpad 2), in dem es unter anderem Infos zum Thema Gezeiten und Inselentstehung gibt. Hier kann man auch Wattwanderungen unter sachkundiger Führung buchen.

Nachts dann verwandelt sich bei klarer Sicht die ganze Insel in eine Sterneninsel, da sich die Gemeinde 2021 verpflichtet hat, die künstliche Beleuchtung auf der Insel deutlich zu beschränken.

Wangerooge

Die Insel Wangerooge ist die zweitkleinste der Ostfriesischen Inseln und selbstverständlich autofrei. Vom Hafen geht die Inselbahn in rund 15 Minuten vom Anleger zum Inselbahnhof. Waren während der Überfahrt die Seehundbänke das Thema, kann man sich während der Fahrt in den Ort die **Salzwiesen** anschauen.

Das Dorf Wangerooge gruppiert sich um den 1856 erbauten **Leuchtturm**, der 1968 außer Dienst gestellt wurde und heute als **Heimatmuseum** und Aussichtsplattform dient. Aus den ehemals einfachen Fischerhäusern wurden an der Zedeliusstraße und an der Strandpromenade gründerzeitliche Hotelbauten. So das ehemalige Hotel Fresena (Zedeliusstr. 32) von 1912, in dem heute Ferienwohnungen eingerichtet sind.

In der Zedeliusstraße, die als Hauptstraße zwischen Bahnhof und Strandpromenade vermittelt, finden sich einige Geschäfte und das Café Treibsand, das sich abends in eine gemütliche Kneipe verwandelt.

i Ostfriesische Inseln

▸ Borkum

Fährort: Emden oder Emshaven.

Fahrzeit: ca. 2:10 Stunden; ab Eemshaven (Niederlande) ca. 50 Minuten. Der Fährbetrieb ist tideunabhängig. Hin- und Rückfahrt ab Emden 50/25 Euro, Fahrrad Tageskarte mit Inselbahn 19 Euro.

Tourist-Information, Am Georg-Schütte-Platz 5, 26757 Borkum, Tel. 04922/9330; 25; März–Okt. Mo–Fr 9–17, Sa/So 10–13 Uhr, Nov.–24. März Mo–Fr 10–17, Sa 10–12 Uhr. www.borkum.de

Fahrradverleih der Borkumer Kleinbahn, Bismarckstraße, 26757 Borkum, Tel. 04922/3093322. www.borkumer-kleinbahn.de/fahrradverleih.

Café Ostland, Ostland 4, 26757 Borkum, Tel. 04922/2202; tgl. 10–20 Uhr. www.cafe-ostland.de

▸ Juist

Fährort: Norddeich.

Fahrzeit: 90 Minuten. Die Fähre kann nur bei Hochwasser fahren und verkehrt oftmals nur einmal am Tag. Daher sind Tagesfahrten nur an besonderen Tagen möglich. Einfache Fahrt 20/10 Euro; Fahrkarten: www.frisonaut.de

Tourist-Information: Strandstr. 5, 26571 Juist, Tel. 04935/809800. www.juist.de

InselRadgeber, Wilhelmstr. 1, 26571 Juist, Tel. 04935/9213989. Hier kann man Fahrräder online buchen. www.inselradgeber.de

Domäne Bill, Domäne Bill 1, 26571 Juist, Tel. 04935/1212. Nach einer Wanderung genau das Richtige: Eintöpfe, Rosinenstuten.

▸ Norderney

Fährort: Norddeich.

Fahrzeit: ca. 50 Minuten. Die Fähre ist tideunabhängig. Es kann aber aufgrund besonderer Wetterlagen zu Ausfällen oder Verschiebungen der Fähre kommen. Hin- und Rückfahrt 24/12 Euro, Gästebeitrag 3 Euro. www.inselfaehre.de

Tourist-Information Norderney, Am Kurplatz 1, 26548 Norderney, Tel. 04932/891900; Mo–Fr 10–17, Sa 10–13 Uhr. www.norderney.de

Charly's Fahrradverleih am Hafen, Am Fährhafen, 26548 Norderney. Hier kann man Fahrräder online buchen. www.norderney.cc

bade-museum norderney, Poppe-Folkerts-Weg 3b, 26548 Norderney, Tel. 04932/

▸ Karte S. 126

935422; Di–Fr 11–17, Sa/So 14–17 Uhr. www.museum-norderney.de
bade:haus, Am Kurplatz 2, 26548 Norderney, Tel. 04932/891400; tgl. 9.30–21.30 Uhr. www.norderney.de
Café Marienhöhe, Damenpfad 42a, 26548 Norderney, Tel. 04932/9350153, Mi–So 12–20 Uhr.
www.marienhoehe-norderney.de
▸ Baltrum
Fährort: Neßmersiel.
Fahrzeit: rund 30 Minuten. Die Fährverbindung ist tideabhängig, Fahrten ein bis drei Mal pro Tag. Hin- und Rückfahrt 15. März-31. Okt. 26/14 Euro, Kurbeitrag inklusive. Fahrkarten online, am Automaten im Hafen und auf dem Schiff. Fahrplan: www.baltrum-linie.de
Tourist-Information, Rathaus Westdorf 130, 26579 Baltrum, Tel. 04939/8028; Mo–Do 9–12 und 14–16, Fr 9–12 Uhr. www.baltrum.de
Nationalpark-Haus Baltrum, Westdorf 177, 26579 Baltrum, Tel. 04939/469; in der Saison Di–Fr 9.30–13 und 15–18, Sa/So 10–12 und 15–18 Uhr. Außerhalb der Saison nur an einzelnen Tagen geöffnet. www.nationalparkhaus-wattenmeer.de
Museum Altes Zollhaus, Westdorf 18, 26579 Baltrum, Tel. 04939/910630.
Café Kluntje, Ostdorf Nr. 29, 26579 Baltrum, Tel. 04939/419; Fr–Di 11–18 Uhr. www.kluntje.com
▸ Langeoog
Fährort: Bensersiel.
Fahrzeit: rund 35 Minuten. Die Fähre ist tideunabhängig und fährt mehrmals täglich. Online-Buchung der Tagesrückfahrkarte möglich. Tagesrückfahrkarte 33/20 Euro, Gästebeitrag Hauptsaison inklusive. Fahrplan: www.langeoog.de
Tourismus-Information, Kurstr. 1, 26465 Langeoog, Tel. 04972/6930.
www.langeoog.de
Dat Langeooger Radhus, Hauptstraße 5, 26465 Langeoog, Tel. 04972/6825387. Fahrradverleih in Bahnhofsnähe.
Rad & Roll, Polderweg 5a, 26465 Langeoog, Tel. 04972/912979. Verleih von E-Bikes.
Schiffahrtsmuseum, Kurstr. 1, 26465 Langeoog, Tel. 04972/693100; Mo–Do 8.30–11.30 und 14–16, Fr 8.30–11.30, Sa 10–11.30 Uhr.
www.langeoog.de
Meierei am Ostende, Ostende 9, 26465 Langeoog, Tel. 04972/248.
www.falke-meierei.de
▸ Spiekeroog
Fährort: Neuharlingersiel.
Fahrzeit: rund 45 Minuten. Die Fähre ist tideabhängig, pro Tag mindesten zwei Fahrten nach gleitendem Fahrplan. Tageskarte Hin- und Rückfahrt 32/16 Euro. Fahrplan: www.spiekeroog.de
Tourist-Information Kogge, Noorderpad 25, 26474 Spiekeroog, Tel. 04976/9193101; Mo–Fr 9–12.30 Uhr.
www.spiekeroog.de
Inselmuseum, Noorderloog 1, 26474 Spiekeroog, Tel. 04976/358; So–Fr 15–17 Uhr. www.inselmuseum-spiekeroog.de
▸ Wangerooge
Fährort: Harlesiel.
Fahrtdauer: 50 Minuten. Der Fährverkehr ist tideabhängig. Die Schiffe verkehren nach einem gleitenden Fahrplan. Tageskarte: Hin- und Rückfahrt mit dem Schiff inkl. Inselbahn 32/19 Euro. Tagesgästekarte im Fahrpreis inbegriffen. Fahrplan: www.siw-wangerooge.de
Tourist-Information, Zedeliusstr. 34, 26486 Wangerooge, Tel. 04469/94880; Mo–Fr 9–17, Sa 10-13 Uhr.
www.wangerooge.de
Fahrradverleih Beier, Kapitän-Wittenberg-Str. 11, 26486 Wangerooge, Tel. 04469/8194.
www.fahrradverleih-beier.de
Fahradverleih FeWo Insel, Zedeliusstr. 4, 26486 Wangerooge, Tel. 04469/337.
www.fe-wo-insel.de
Café Treibsand, Zedeliusstr. 32, 26486 Wangerooge, Tel. 04469/1210; tgl. ab 10 Uhr.
Inselmuseum Alter Leuchtturm Wangerooge, Zedeliusstr. 3, 26486 Wangerooge, Tel. 04469/8324; Di–So 10–13, 15–18 Uhr. www.inselmuseum.de

Die Mitte Ostfrieslands war einst von unwegsamen Hochmooren bedeckt, die größtenteils abgegraben und zu Wiesenland entwickelt wurden. Hier finden sich die typischen Fehndörfer mit ihren malerischen Kanälen, den Wieken, und den Zugbrücken. Unbestrittenes Zentrum der Region ist Aurich, das sich vom Verwaltungssitz zur Einkaufsstadt gewandelt hat.

DIE MITTE

Bohlenweg zum Ewigen Meer

Blomberg
Jackstede
Neuschoo
Berumerfehn
Eversmeer
Langefeld
210
Wittmund
Ogenbargen
Ewiges Meer
Bernuthsfeld
Meerhuser Wald
Dietrichsfeld
Middels-Westerloog
Moorhusen
Spekendorf
Münkeboe
Tannenhausen
Plaggeburg
Pfalzdorf
Sandhorster Wald
Victorbur
Abelitzkanal
Georgsfeld
Moormuseum Moordorf
Sandhorst
Brockszetel
Moordorf
72
Walle
Aurich
Wallinghausen
Kollrunger Moor
Extum
Egels
Theene
Haxtum
72
Popens
Osterfeld
Brockzeteler Moor
Wiegoldsbur
Rahe
Wiesens
Ems-Jade-Kanal
Kirchdorf
Akelsbarg
Westerende-Kirchloog
Barstede
Schirum
Holtrop
Felde
Ems-Jade-Kanal
Weene
Wrisse
Bangstede
Ostersander
Aurich-Oldendorf
Ochtelbur
Ludwigsdorf
Lübbertsfehn
Ihlowerfehn
Ihlower Forst
Ostgroßefehn
Kloster Ihlow
Mittegroßefehn
Spetzerfehn
Riepe
Friedeburg
Westgroßefehn
Fehntjer Tief
Emden
Simonswolde
436
A 31
Timmel
Ulbargen
Strackholt
Timmeler Meer
Hatshausen
Boekzeteler Meer
Bagband
Fiebing
Ayenwolde
Neukamperfehn
Tergast
Stiekelkamp
Firrel
Oldersum
Boekzetelerfehn
Rorichum
Schwerinsdorf
Jheringsfehn
70
Warsingsfehn
72
Neermoor
Hesel
Heseler Wald
Ems
Veenhusen
Holtland-Nücke
Crizum
Veenhuser Königsmoor
Midlum
A 31
Brinkum
Holtland
Jemgum
Lammertsfehn
Nüttermoor
Dreieck Leer
436
A 28
Nüttermoorsiel
Nortmoor
Heisfelde
A 31
Logabirum
Oldenburg
Leer
Eilum
70
72
Die Mitte
0
2,5
5 km

Aurich

Rund um den Marktplatz hat sich Aurich in jüngerer Zeit eine Fußgängerzone zugelegt und sich durch die Sanierung umliegender Gebäude zu einer ansehnlichen Einkaufsstadt entwickelt. Als letzte Maßnahmen in dieser Sache wurden bis Ende 2023 ein neues Betonsteinpflaster mit Natursteinvorsatz verlegt sowie eine attraktive Beleuchtung und eine neue Stadtraummöblierung aufgebaut. Und natürlich wurde die Fußgängerzone barrierefrei gestaltet – auch Fußgängerzonen wollen modernisiert werden.

Aurich wusste schon früh, was es seinen Bürgern und Gästen schuldig ist. Und vor allem war den Stadtoberen schon Anfang der 1970er Jahre klar, dass Aurich gar nichts anderes übrig blieb, als ›attraktive Einkaufsstadt mitten in Ostfriesland‹ zu werden. Denn zum 31. Januar 1978 wurde der Regierungsbezirk Aurich aufgelöst und Oldenburg zum Sitz der Behörden des neuen Regierungsbezirks Weser-Ems. Für Aurich endete damit eine jahrhundertealte Geschichte als Residenz der Fürsten von Ostfriesland und Verwaltungszentrum der Region. Erstmals seit über 400 Jahren war Aurich nur noch Kreisstadt. Schon 1974 begann man daher mit dem Ausbau der Fußgängerzone.

Heute hat Aurich den Funktionswechsel vom Verwaltungsmittelpunkt zur Einkaufsstadt lange hinter sich. Ob sich Aurich dabei aber zu einem attraktiven Ort gemausert hat, muss jeder nach einem Stadtrundgang selbst entscheiden.

Geschichte

Aurich war im Mittelalter ›nur‹ zentraler Marktort mit einem Schwerpunkt auf dem Viehhandel und immerhin jährlich sieben Jahrmärkten, die die Stadt ausrichten durfte. Schon 1539 erhielt Aurich städtische Rechte. Aber erst als die Reichsgrafen von Ostfriesland aus dem Haus Cirksena 1561 aufgrund der Konflikte mit der selbstbewussten Emder Bürgerschaft ihre Residenz in das ohnehin zentraler gelegene Aurich verlegten, gewann die Stadt auch politische Bedeutung. Aurich wurde Verwaltungszentrum der Region und blieb es auch, als 1744 der letzte Cirksena starb und Ostfriesland unter preußische Herrschaft kam. Trotz Anbindung an das Eisenbahnnetz (1883) und den Bau des Ems-Jade-Kanals (1888) blieb Aurich eine beschauliche Beamtenstadt, die noch in den 1920er Jahren nur knapp über 6000 Einwohner aufwies. 1970 lebten rund 12 000 Bürger hier, erst durch die Eingemeindung der umliegenden Dörfer im Zuge der Gebietsreform stieg bis 1990 die Einwohnerzahl auf über 40 000; sie liegt heute bei rund 43 000. Größter Arbeitgeber ist der 1984 in Aurich gegründete Windkraftanlagenhersteller Enercon.

Schlossbezirk

Blickt man auf einen Stadtplan, mag man schnell auf die Idee kommen, einen Stadtrundgang am **Schlossplatz** zu beginnen. Von dieser Straße erblickt man

Am Zugang zum Schlossbezirk

einen vierstöckigen Turm mit einem Hauptportal als Durchgang zum Innenhof. Aber kein Schloss, sondern ein zweigeschossiger Verwaltungsbau erwartet uns hier. Das Gebäude wurde 1855 im englischen Tudorstil errichtet, nachdem das über 400 Jahre alte Schloss wegen Baufälligkeit bis auf kleine Reste hatte abgerissen werden müssen. Erhalten geblieben ist von der alten Schlossanlage nur der zweistöckige Ziegelbau mit der langen Säulenreihe, die einen Arkadengang ausbildet. Dieses Gebäude wurde 1587 als **Marstall** errichtet und 1732 im Obergeschoss mit Ziergitter vor dem Balkon und Dreiecksgiebel komplett umgestaltet. Das Landeswappen mit aufgesetzter Krone im Gitter kennzeichnet diesen Marstall als Bauwerk des Landesherren. Hinter dem ›Schloss‹ steht das sogenannte **Schlösschen**, das sich bei näherem Hinsehen als 1886 errichteter Wohnsitz des Regierungspräsidenten entpuppt. Bis 1974 diente der zweigeschossige Putzbau diesem Zweck.

Weiß leuchtet das **Hotel Am Schloss Aurich**, das 1885 im klassizistischen Stil errichtet wurde. Es wurde am geschichtsträchtigen Standort der **Schlosswache** gebaut, in der die Pikeniere Dienst taten. Richtung ›Schloss‹ ergänzt die 2021 eingeweihte **Schlossresidenz** das Angebot des Hotels. Sie ist ebenfalls in Weiß gehalten und fügt sich mit der zurückhalten-

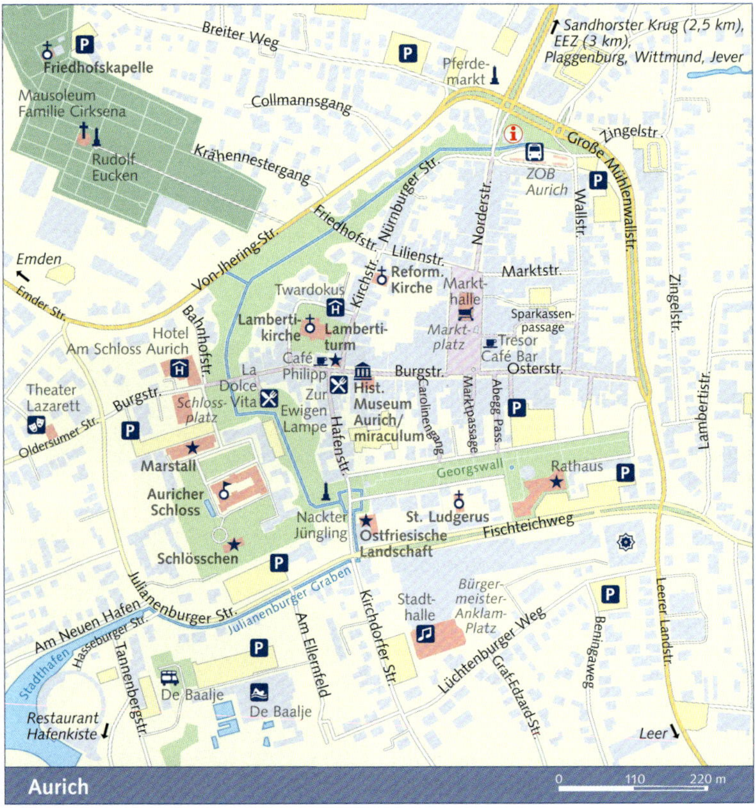

den, klassisch modernen Gestaltung gut in das bestehende Schlossensemble ein. Nur ein kleines Stück weiter befindet sich das ehemalige fürstliche **Wachgebäude**, das 1890 ausgebaut wurde und heute als Restaurant Alte Wache (Burgstr. 56) dient.

Georgswall

Vom ›Schloss‹ ist es über den Philosophenweg nicht weit bis zur ehemaligen Wallanlage von 1529, Georgswall genannt. Dabei überquert man die Platzanlage, in der im Pflaster die Umrisse des alten Auricher Hafens angedeutete sind. ›AUERK OLL HAVEN‹ (Aurich alter Hafen) ist in den Aussparungen zu lesen. Um 1800 wurde der Hafen als Abschluss des Treckfahrtstiefs ausgebaut, das Aurich mit Emden verband. Der Kanal war ein Vorläufer des Ems-Jade-Kanals, an dem heute – gut 600 Meter weiter südwestlich – der neue **Sport- und Freizeithafen** der Stadt (Tannenberger Str. 25) liegt.

Die Platzanlage wird auf zwei Seiten von dem hoch emporragenden roten Backsteingebäude der **Ostfriesischen Landschaft** (Georgswall 1) eingefasst. Es wurde um 1900 im Stil der niederländischen Renaissance errichtet, mit Zwerchhäusern, die von Staffelgiebeln abgeschlossen werden. Mit Treppenturm, Sandsteinportalen und hellen Sandsteinbändern in den roten Ziegelsteinflächen nimmt das Gebäude Bauschmuck der wohl bedeutendsten Phase der ostfriesischen Geschichte auf, die der Historiker Walter Deeters als das ›Goldene Zeitalter‹ der Region bezeichnet hat.

Die Ostfriesische Landschaft steht als Kulturparlament für die Eigenständigkeit Ostfrieslands. Die Landkreise Aurich, Leer, Wittmund und die kreisfreie Stadt Emden sind in dieser Institution vertreten. Unter Leitung eines gewählten, wis-

Die Ostfriesische Landschaft

senschaftlich qualifizierten Landschaftsdirektors dokumentiert und fördert die Ostfriesische Landschaft die regionale Kultur von der Archäologie bis zu Museen und Volkskunde.

Eine Erinnerung an den alten Auricher Hafen ist das heute eingeschossige **Pingelhus** (Georgswall 2) aus der Zeit um 1800 am Anfang der Wallanlagen. Zur Bauzeit war das Gebäude zweigeschossig, das Erdgeschoss verschwand aber bei der Verfüllung des alten Auricher Hafens im Erdreich. Die Bezeichnung ›Pingelhus‹ geht auf das Läuten des Hafenmeisters bei der Abfahrt einer Treckschute zurück, die von hier auf das Treckfahrtstief Richtung Emden startete

Ein Stück weiter den Georgswall hinunter geht es zur katholischen **St.-Ludgerus-Kirche** (Georgswall 15) und dem neue **Rathaus** der Stadt.

Westliche Burgstraße

Die Burgstraße vermittelt zwischen Schlossplatz und Marktplatz und weist eine ganze Anzahl hübscher Häuser aus dem 19. Jahrhundert auf. Sie ist Teil der Fußgängerzone Aurichs und damit eine ihrer wichtigen Einkaufsstraßen.

Wunderbar restauriert zeigt sich die Kanzel in der Lambertikirche

Die Schönheit einiger Geschäftshäuser entdeckt man daher erst, wenn man die Fassaden oberhalb der Ladenfronten betrachtet.

Kommt man vom Schlossplatz her, lohnt als erstes das Haus **Burgstraße Nr. 50** mit der verputzten Fassade einen Blick. Es geht auf das Jahr 1823 zurück und wird heute als Restaurant Zur Börse genutzt. Bemerkenswert ist auch das Haus **Burgstraße Nr. 48**, heute Ristorante Michelangelo da Gianni. Es wurde 1964 erst abgerissen, dann nach der Vorlage des Baus von 1630 unter Verwendung der originalen Sandsteinelemente neu aufgebaut. Typisch für die Renaissancezeit sind die Köpfe als Schlusssteine in den Entlastungsbögen über den Fenstern des zweiten Stockwerks.

Für das Haus schräg gegenüber lieferte Conrad Bernhard Meyer die Pläne. Das **Conring'sche Haus** (Burgstr. 43), benannt nach der Eigentümerfamilie, wurde 1805 errichtet und zeigt Meyers Vorliebe für die klassizistischen Architekturformen. Das vornehme Bürgerhaus über sieben Achsen wird von einem wuchtigen Kranzgesims mit Giebeldreieck in der Gebäudemitte abgeschlossen.

Lambertikirche

Die lutherische Lambertikirche (Lambertshof 1) geht ebenfalls auf einen Entwurf Conrad Bernhard Meyers zurück. Bis 1835 wurde das Gotteshaus errichtet, nachdem schon 1823 der Vorgängerbau wegen Einsturzgefahr gesperrt werden musste. Meyer entwarf das Gotteshaus 1822, verstarb dann aber 1830, sodass ein vereinfachter Entwurf unter Leitung des Bauinspektors Reinhold ausgeführt wurde.

Errichtet wurde ein ziegelsichtiger Saalbau, dessen Wände von hohen rechteckigen Sprossenfenstern durchbrochen werden. Ganz klassizistisch setzte Meyer oberhalb dieser Öffnungen noch einmal kleine, halbrunde Fenster (Lünettenfenster) auf, sodass der Innenraum hell und offen wirkt.

Betreten wird das Gotteshaus an der Südseite durch einen schmalen Säulenportikus mit Dreiecksgiebel. Schon vom Eingang fällt der Blick auf den prachtvollen spätgotischen **Altar** von 1515, der aus dem Kloster Ihlow (→ S. 237) stammt. Er wird der Antwerpener Lukasgilde zugeschrieben, einer zunftartigen Vereinigung von Malern, Bildschnitzern und Buchdruckern. In acht von kunstvoll geschnitzten Baldachinen überspannten Feldern wird in bewegten Szenen das Leben Christi dargestellt. Im Zentrum steht die Kreuzigung. Weitere Szenen aus dem Leben des Herrn präsentieren die bemalten Klappflügel. Überraschend für einen Altar in Ostfriesland ist die weitgehende Vergoldung der Figuren und Umrahmungen.

Die **Kanzel**, heute rechts neben dem Altar positioniert, stammt von 1692 und wurde aus der Vorgängerkirche übernom-

▲ Karte S. 196

men. Bei einer Sanierung 1960 wurde die ursprüngliche klassizistische Farbfassung des Kirchenraumes in weiß-grau-goldener Farbgebung wieder hergestellt.

Lambertiturm

An der Kirchstraße, kurz vor der Ecke Burgstraße, steht der Glockenturm der Lambertikirche. Er wurde Ende des 13. Jahrhunderts errichtet, war zu dieser Zeit aber vermutlich nur zehn Meter hoch. Zumindest legen dieses die vermauerten Schallöffnungen nahe. Seitdem 1656 ein zweites Geschoss aufgemauert und ein Turmhelm aufgesetzt wurde, misst er heute 35 Meter. Der Lambertiturm ist eines der Wahrzeichen der Stadt Aurich.

Lambertshof

Sehr schön eingerahmt wird die Lambertikirche von Bäumen und den Häusern am **Lambertshof**, die teilweise aus dem 19. Jahrhundert stammen. Auffällig sind die beiden verputzten, zweigeschossigen Wohnhäuser, die ihre Giebel der Kirche zuwenden: Lambertshof 6 wurde um 1850 errichte, Lambertshof 7 um 1900. Ein schönes Beispiel eines klassizistischen Backsteinbaues aus der Zeit um 1850 findet sich mit dem Gebäude Lambertshof 2. Fast identisch ist Lambertshof 10, das auf 1860 datiert wird.

Kirchstraße

Zum Ensemble um den Lambertshof gehören auch die Bauten am Südende der Kirchstraße. In der **ehemaligen Stadtschule** (Kirchstr. 5) an der Ecke zum Lambertshof ist nicht nur die Weinschmeckerei, sondern auch das Hotel Alte Kantorei eingezogen. Auf der gegenüberliegenden Seite der Kirchstraße finden sich das Stammhaus der **Ostfriesischen Nachrichten** (Kirchstr. 8) aus dem Jahr 1901 und das Doppelhaus Kirchstraße Nr. 6–4, das als **Hotel Twardokus** Gäste empfängt.

Im nördlichen Bereich der Kirchstraße kündigt das **ehemalige Pastorat** mit einem flachen Portikus die **reformierte Kirche** (Kirchstr. 20) an. Auch für diese Kirche, die bis 1814 errichtet wurde, lieferte Conrad Bernhard Meyer die Pläne. Er schuf eine ungewöhnliche Fassade für eine ostfriesische Kleinstadt: einen Säulenportikus, bestehend aus vier Kolossalsäulen, die Fries und Giebeldreieck tragen. Verständlich wird diese Gestaltung erst, wenn man das Gotteshaus betritt: Besucher stehen unvermittelt in einem Raum mit einer von acht Säulen getragener Kuppel samt rundem Oberlicht – das Zitat des berühmten Pantheon-Tempels in Rom in einer ostfriesischen Kleinstadt. Der in Pastellfarben wie beige und grün gehaltene Kirchenraum besticht durch seine zurückhaltende Ausschmückung. Die zentrale Position der Kanzel betont die Bedeutung der Predigt in der reformierten Glaubensauffassung.
Mit der reformierten und der lutherischen Kirche finden sich in Aurich zwei klassizistische Gotteshäuser in unmittelbarer Nachbarschaft, um die manche Region in Deutschland Aurich beneiden dürfte.

Am Lambertshof

Östliche Burgstraße

Das **Haus Hanstein** (Burgstr. 33) wurde um 1700 errichtet. Es besitzt eine ziegelsichtige Fassade, von der sich die hellen, fast weißen Schmuckgirlanden, Schlusssteine über den Fenstern und Blumengewinde am geschweiften Giebel abheben. Abgeschlossen wird die Fassade von einem Giebeldreieck.

Macht man hier einen kleinen Abstecher in die Hafenstraße hinein, kommt man bald zur **Kneipe Zur Ewigen Lampe**, die von sich behauptet, die älteste Kneipe in Aurich zu sein. Laut Selbstdarstellung stammt das Gebäude aus dem Jahr 1391. Der Denkmalschutz dagegen datiert das Haus auf die Mitte des 18. Jahrhunderts. Egal: Stimmung ist auf jeden Fall in der Kneipe garantiert.

Das **Historische Museum Aurich** (Burgstraße 25) wurde 1530 als Stadthaus der Grafen Cirksena errichtet. Das Gebäude trägt heute noch den Namen **Alte Kanzlei**, weil hier ab 1609 der gräfliche Kanzler seinen Wohn- und Amtssitz hatte. In dem 1985 hier eingerichteten Museum werden mit den Schwerpunkten ›Residenz‹ und ›Geest‹ zwei zentrale Aspekte der Stadt- und Regionalgeschichte präsentiert. Dazu kommen Themen wie der Upstalsboom als Symbol friesischer Freiheit sowie das Kloster Ihlow als Beispiel für die Bedeutung der Konvente in Ostfriesland. Die Bodenfliesen mit den Pflanzen- und Tierdarstellungen, die als Hinterlassenschaft dieses Klosters hier gezeigt werden, sind einzigartig in Nordwestdeutschland. ›Aurich im Kaiserreich‹ und ›Aurich in den Weltkriegen‹ sind weitere Ausstellungsthemen.

Farbenfroh: Burgstraße 11

▲ Karte S. 196

Das dreigeschossige **Haus Burgstraße 19** geht auf das Jahr 1731 zurück und zeigt dementsprechend barocken Girlandenschmuck und Rollwerk im Giebel. Die **Burgstraße 13** wird auf die Zeit um 1820 datiert. Die **Hofapotheke** (Burgstr. 11) stammt aus den Jahren um 1800. In goldenen Lettern prangt an der rot gestrichenen Fassade auch heute noch das Wort Hof-Apotheke. Im Fenster über der Eingangstür sind zwei Schlangen dargestellt, die in ihrer Mitte die Schale der Hygieia zeigen. Hygieia ist in der griechischen Mythologie die Göttin der Gesundheit und gilt als Schutzpatronin der Apotheker. Im Innern ist die alte Ausstattung des Verkaufsraumes erhalten. Die Hofapotheke führt ihre Geschichte auf das Jahr 1608 zurück, als erstmals eine solche Einrichtung in Aurich erwähnt wurde.

Die Burgstraße geht in Höhe des Marktplatzes in die **Osterstraße** über, die ebenfalls als Fußgängerzone ausgewiesen ist. Auch hier reihen sich die Wohn- und Geschäftshäuser aus dem 19. Jahrhundert.

Marktplatz

Der **Marktplatz** der Stadt Aurich ist mit rund 150 mal 50 Metern überraschend groß. Er wurde wie die umliegenden Straßen nach einem Stadtbrand 1514 neu angelegt und sollte auch als Viehmarkt dienen – daher seine Maße.

Ein schönes Beispiel für das alte Aurich ist das Haus Marktplatz 23, das nach seinem langjährigen Besitzer auch **Knodtsches Haus** genannt wird. 1735 wurde das zweigeschossige Gebäude mit rotem Ziegelstein aufgemauert, von dem sich die weiße Türumrahmung abhebt, die in eine Verdachung mit Balkon übergeht. Eine doppelläufige Treppe führt zum Eingang hinauf und betont den vornehmen Charakter des Gebäudes. Gediegen auch der Girlandenschmuck auf den vier Sandsteinplatten zwischen Erdgeschoss und erstem Obergeschoss.

Dominiert aber wird das Erscheinungsbild des Marktplatzes von dem merkwürdigen, 25 Meter hohen **Sous-Turm**, der 1990 von dem Metallbildhauer Albert Sous aus Abfällen des Foschungszentrums Jülich (bis 1990 Kernforschungsanlage) geschaffen wurde. Manche sehen hier einen ›Auricher Tauchsieder‹ oder auch einen ›futuristischen Schrotthaufen‹ vor sich. Da muss dann schon der Stifter der Kunsthalle Emden, Henri Nannen, herhalten, um dem erstaunlichen Gebilde eine positive Eigenschaft zuzuschreiben. Nannen nannte den Turm ›anstößig‹ und fand: Kunst muss ›Anstöße geben‹. Ob das die Auricher glücklich gemacht hat? Die Markthalle, die große Teile des Platzen einnimmt, steht zur Neugestaltung an. Die Fußgängerzone setzt sich jenseits des Marktplatzes in der Norderstraße fort.

Der Sous-Turm war und ist umstritten

Nürnburger Straße

Ganz im Gegensatz zum Markt hat sich in der Nürnburger Straße ein bisschen altes Aurich erhalten: durchgängig zweigeschossige, zwischen 1850 und 1900 errichtete Gebäude, ziegelsteinsichtig oder auch verputzt. Deutlich tritt das Haus **Nürnburger Straße 3** hervor, das 1880 mit seiner Putzfassade und profilierten Rundbogenfenstern errichtet wurde. Ein schmaler Fries zwischen den Stockwerken und ein kräftiges Konsolengesims kennzeichnen es als klassizistisches Bauwerk.

Aurichs Umland

Die Kernstadt Aurich ist von einem Kranz eingemeindeter Dörfer umgeben. Am meisten zu bieten hat hier wohl Tannenhausen mit Windmühle, Großsteingrab und Badesee (→ S. 209). Aber auch der Moorwald in Plaggenburg oder das Energie- und Bildungszentrum in Sandhorst lohnen den Weg in die Vororte.

Plaggenburg

Wie riesige Zahnstocher ragen die abgestorbenen Bäume aus der schwarzen Wasserfläche, fremdartiges Geschrei von Wasservögeln lässt aufhorchen. Bizarrunheimlich wirkt der **Moorwald** im rund sechs Kilometer vom Zentrum Aurichs entfernten Plaggenburg. Ab 1860, nach der Entwässerung der Moorlandschaft, wurde hier Nutzwald gepflanzt. Seit 2009 schließt das Forstamt Neuenburg die Entwässerungsgräben und entnimmt die ortsfremden Nadelhölzer. So entsteht wieder ein Mosaik aus kleinen Moorflä-

Aussichtspunkt im Moorwald

chen, Sümpfen und Bruchwäldern, dazu kommen Eichen- und Buchenwald. Mit dieser Renaturierung sollen Moor- und Waldbewohner wie Moorfrosch und Kranich oder auch Krickente eine neue Heimat finden. Rund 88 Hektar dieser alten-neuen Landschaft sollen entstehen. In der Mitte des Areals wurden an Wasserflächen zwei **Aussichtspunkte** eingerichtet, an denen man den fremdartigen Lauten dieses Moorwaldes in Ruhe lauschen kann.

Die Entdeckungstour im Moorwald startet man am besten vom Parkplatz am Ende des Eintrachtwegs, der von der Bundesstraße 210 abgeht. Eine Hinweistafel erläutert hier das Projekt. Dann geht es geradeaus und dann links ab auf den breiten Weg, der zu einem der Aussichtspunkte führt.

Im Namen Plaggenburg ist die Geschichte des Ortes bewahrt. 1777 gegründeten sechs Pfälzer Familien das Dorf. Sie hatten aus Glaubensgründen ihre Heimat verlassen müssen und lebten anfangs in Plaggenhütten aus Gras- und Heidesoden. Daran erinnert das später errichtete **Pfälzer Kolonistenhaus** (Esenser Str. 242).

Energie-Erlebnis-Zentrum

Verlässt man über die Bundesstraße 210 die Kernstadt Aurich Richtung Norden, entdeckt man an der Kreuzung Dornumer Straße den **Sandhorster Krug**. Diesen alten Landgasthof, dessen Gulfhaus auf das Jahr 1829 datiert wird, umgibt ein Garten mit altem Baumbestand. Die **Sandhorster Mühle** findet sich in der Esenser Straße 190. Besichtigt werden kann der Galerieholländer im Rahme von Führungen (www.mühlenverein-sandhorst.de) und zu Anlässen wie dem Deutschen Mühlentag.

Bekannt geworden aber ist der Ort Sandhorst vor allem durch das Schloss, das Graf Ulrich II. 1648 für seine Ehefrau Juliane errichten ließ. Heute steht hier eine **Villa** (Landratsholz 2), die um 1871 erbaut wurde und jetzt als Gästehaus der Firma Enercon dient. Dieses größte Unternehmen in Aurich

▶ Karte S. 194

hat seinen Firmensitz in der Dornumer Straße.
Sichtbares Zeichen für die Bedeutung Aurichs als Standort eines Windkraftanlagenherstellers ist das EEZ, das **Energie-Erlebnis-Zentrum**, das die Stadt 2015 gleich neben dem Firmengelände von Enercon eröffnet hat. Silbern schimmert der Bau in der Sonne, wirkt mit seinen vier sichelförmigen Gebäudeteilen, umgeben von einem mehrstufigen Gewässer, wie ein Stück aus der Zukunft. Der 1800 Quadratmeter große Ausstellungsbereich, der zum spielerischen Lernen in Sachen Energie einlädt, ist kostenpflichtig und soll den Unterhalt des Gebäudes einspielen. Dazu kommen das Zentrum Natur und Technik (ZnT), Lehrwerkstätten für Mechanik und Elektronik, das Besucherzentrum der Firma Enercon und diverse weitere Bildungseinrichtungen.
Im Jahr 1984 gründete Aloys Wobben die Firma Enercon, die heute zu einem der größten deutschen Hersteller von Windenergieanlagen geworden ist. Die Firma gehört seit 2012 einer Familienstiftung und beschäftigt weltweit über 10 000 Mitarbeiter.

Aurich und Umland

Tourist-Information Aurich, Norderstr. 32, 26603 Aurich, Tel. 04941/4464; Mo–Fr 9–18, Sa 9–13 Uhr.
www.aurich-tourismus.de

Hotel am Schloss Aurich, Bahnhofstr. 1, 26603 Aurich, Tel. 04941/95520; DZ ab 125 Euro. www.hotel-am-schloss-aurich.de

Hotel Twardokus/Alte Kantorei, Kirchstr. 4–6, 26603 Aurich, Tel. 04941/99090; DZ ab 130 Euro. In historischen Mauern. www.twardokus.de

Wohnmobilstellplatz De Baalje, Am Ellernfeld 2, 26603 Aurich, Tel. 04941/124000; 15 Euro. www.deballlje.de

Hafenkiste, Hasseburger Str. 22, 26603 Aurich, Tel. 04941/9185305; Mo–So 9 Uhr–open end. Restaurant und Café. www.hafenkiste.de

La Dolce Vita, Burgstr. 47a, 26603 Aurich, Tel. 04941/9671547; Di–So 11.30–14.30, 17.30–22.30 Uhr.
https://www.facebook.com/ladolcevita.aurich

Sandhorster Krug, Am Schillingholz 2, 26607 Aurich, Tel. 01520/2951181; Di–Sa 10–19 Uhr. www.sandhorsterkrug.de

Café Philipp. Burgstraße 28, 26603 Aurich, Tel. 04941/6051504; Mo–Sa 9–18, So 13–18 Uhr. Frühstück, Kaffeespezialitäten, Torten.
https://www.facebook.com/cafe.philipp

Tresor Café Bar, Marktplatz 10, 26603 Aurich, Tel. 04941/9806661; tgl. 9–18 Uhr.

Historisches Museum Aurich, Burgstr. 25, 26603 Aurich, Tel. 04941/123600; Di–So 11–17 Uhr. www.museum-aurich.de

MachMitMuseum miraculum, Burgstr. 25, 26603 Aurich; Di–Fr 13–17, Sa/So 11–17 Uhr. Zu jährlich wechselnden Themen geht es für Groß und Klein gemeinsam auf eine Entdeckungsreise.
www.miraculum-aurich.de

Energie Erlebnis Zentrum Ostfriesland EEZ, Osterbusch 2, 26607 Aurich, Tel. 04941/698460; tgl. 10–18 Uhr; 13/10 Euro (25. März–Okt.), 10/8,50 Euro (Jan.–24. März u. 31. Dez.).
www.eez-aurich.de

Boulderhalle Kluntje, Weddingerstr. 5, 26603 Aurich, Tel. 04941/9238491; Di–Do 16–21, Fr. bis 20 Uhr. Kletterspaß.
www.kluntje-aurich.de.

Kletterwald Aurich, Hoheberger Weg 165, 26605 Aurich, Tel. 04941/9748812.
www.kletterwald-aurich.de.

Upstalsboom

›Eala freya Fresena!‹ – ›Seid gegrüßt, ihr freien Friesen!‹ Ob dieser Satz tatsächlich mal hier am Upstalsboom gesprochen wurde? Niemand weiß es. Genauso wenig wissen wir, in welchen Jahren die Versammlungen der friesischen Landgemeinden am Upstalsboom in Rahe, rund drei Kilometer westlich von Aurich, stattgefunden haben und was dort konkret beschlossen wurde.

Vermutlich zwischen 1150 und 1350 versammelten sich hier, auf einem alten Grabhügel, je zwei von den Landbesitzern gewählte Vertreter (Redjeven) der friesischen Landgemeinden (Sieben Seelande) zwischen der Zuidersee (Holland) und der Weser. Festgeschrieben als Tag der Versammlung war der Dienstag nach Pfingsten. Vermutlich sprachen die Redjeven hier Recht und fassten Beschlüsse, um zum Beispiel Konflikte zwischen den Landgemeinden zu beenden und so den Landfrieden zu wahren. Und zugleich fungierten sie wahrscheinlich als gemeinsame politische Interessensvertretung nach außen. Relativ sicher belegt sind Treffen zwischen 1216 und 1231 sowie zwischen 1323 und 1338. Erhalten ist ein Siegel des Upstalsboom-Bundes. Um 1350 verliert diese Selbstorganisation der friesischen Lande ihre politische Bedeutung. Der Versammlungsort gerät in Vergessenheit.

Erst in der ersten Hälfte des 19. Jahrhunderts errichteten die ostfriesischen Landstände auf dem Hügel bei Aurich eine Steinpyramide. Sie erinnerte aber nicht etwa an die Friesische Freiheit und die Versammlungen der friesischen Landgemeinden, sondern war dem Gedenken an die Gefallenen der Befreiungskriege gewidmet. Zum Denkmal der Friesischen Freiheit wurde die Pyramide erst durch eine Tafel, die 1894 von der Ostfriesischen Landschaft angebracht wurde: »Auf der Versammlungsstätte ihrer Vorfahren, dem Upstalsboom, errichtet von den Ständen Ostfrieslands im Jahr 1833.«

Die Pyramide auf dem Upstalsboom

Heute finden sich auf dem Gelände, das der Ostfriesischen Landschaft gehört, eine ganze Reihe von Informationstafeln, die die Geschichte der Friesischen Freiheit und des Upstalsboom thematisieren. Dazu kommt der Umgang mit dieser Versammlungsstätte in den verschiedenen Jahrhunderten. Während der NS-Zeit wurde der Upstalsboom, der von den Nazis fälschlich als germanischer Thingplatz gedeutet wurde, nicht verändert. Nach Ende des Zweiten Weltkrieges 1945 diente die Versammlungsstätte als Anknüpfungspunkt für eine interfriesische Zusammenarbeit vor allem mit den Niederlanden.

Upstalsboom, Am Upstalsboom, 26605 Aurich. Weitere Informationen: www.ostfriesischelandschaft.de

Im Abendlicht wirkt das Ewige Meer leicht unheimlich

Rund um das Ewige Meer

Wer hofft, auf der Fahrt ›Rund ums Ewige Meer‹ noch einsame Hochmoorflächen mit Tümpeln voller Torfmoos zu entdecken, wird enttäuscht werden. Das riesige Moorgebiet zwischen Hage und Aurich wurde größtenteils abgetorft, die Böden wurden kultiviert und dienen heute als Viehweiden. Auf einzelnen Flächen wird sogar Ackerbau betrieben. So sehen wir immer wieder Gulfhöfe, umschlossen von Wiesenland. In den Dörfern wie Münkeboe oder Tannenhausen sind Wohnsiedlungen aus dem Erdboden gewachsen, entlang der Kreisstraßen stehen oftmals geschlossene Reihen von Einfamilienhäusern. Ostfriesland hat in den vergangenen 50 Jahren sein Gesicht radikal verändert, man kann auch sagen: es wurde weitgehend zersiedelt.

Da sind Gebiete wie das Berumerfehner Moor mit seinem Wald und vor allem das 1290 Hektar große Naturschutzgebiet Ewiges Meer, Großes Moor bei Aurich wichtige Rückzugsgebiete für Tiere und Pflanzen. Und für uns sind sie eine Möglichkeit, Moor zu erleben.

Die Fahrt um das Ewige Meer führt uns durch kultiviertes Moorland am Rand des Naturschutzgebietes. Nur bei Eversmeer können wir auf einem Bohlenpfad bis an das Ewige Meer vordringen, den größten Hochmoorsee Deutschlands. Hier erleben wir die Überbleibsel der alten Naturlandschaft Moor, die einst weite Flächen in Ostfriesland bedeckte.

Berumerfehn

Wir starten an der **Roten Mühle** in Berumerfehn. Der zweistöckige Galerieholländer wurde 1937 mit Teilen einer Windmühle aus Carolinensiel an einem alten Mühlenstandort neu errichtet. Bis 1990 wurde die Mühle, um die sich seit 1983 ein Verein kümmert, grundlegend saniert. Sie ist funktionsfähig und kann besichtigt werden.

Die Windmühle steht am Eingang des Ortes Berumerfehn, der mit dem Beginn der Bauarbeiten am **Berumerfehnkanal** im Jahr 1794 gegründet wurde. In der Luftlinie acht Kilometer entfernten Stadt Norden waren zu dieser Zeit die stadtnahen Moorflächen weitgehend abgetorft.

Zum Ausflugskahn umgebautes Torfschiff in Berumerfehn

Also taten sich sieben Norder Bürger zusammen und gründeten die Norder Fehngesellschaft, um den Brennstoffbedarf der Stadt zu decken. Sie sicherten sich das Monopol auf den Torfverkauf in Norden und pachteten nach langen Verhandlungen mit dem preußischen Staat 1794 rund 1500 Hektar Moor. Der Berumerfehnkanal diente im ersten Schritt der Entwässerung dieses Gebietes, wurde dann aber auch dafür genutzt, den Torf nach Norden zu verschiffen.

Berumerfehn ist nicht nur der einzige Fehnort, der von der Stadt Norden aus angelegt wurde, sondern weist noch eine zweite Besonderheit auf: Die Norder Fehngesellschaft gab die Moorstücke nicht wie sonst in Ostfriesland üblich an Kolonisten zur Abtorfung und späteren Nutzung als Bauernstellen weiter, sondern stellte eine Vielzahl von Kanal- und Torfgräbern an. So blieb das abgetorfte Land in der Pacht der Fehngesellschaft, die später dann hier Land- und Forstwirtschaft betrieb. Noch heute sehen wir in Berumerfehn große zusammenhängende Wiesen- und Ackerbauflächen im Gegensatz zu den Kolonistendörfern mit ihren eher kleinteiligen Grundstücksstrukturen im restlichen Ostfriesland.

Über die schmale Fußgänger- und Fahrradbrücke aus Holz, die über die Westerwieke führt, erreichen wir die alte **Kammerschleuse** (Verlaat) gegenüber dem Haus Verlaatsweg 18. Solche Schleusen mussten im Berumerfehnkanal gebaut werden, weil das Moorgebiet rund zehn Meter höher lag als der Norder Hafen, zu dem der Kanal führte. Nur mithilfe von Staustufen konnte eine Mindestwassertiefe und damit die Schiffbarkeit des Kanals garantiert werden.

Gleich hinter der Schleuse sehen wir einen **Torfkahn**, der umgebaut wurde und heute Ausflügler durch die Wieken in Berumerfehn schippert. Gegenüber der Anlegestelle bietet die **Fehntjer Coffje-Stuv** schöne Plätzen zum Draußensitzen.

Nur wenige Meter weiter, jenseits der Dorfstraße, lädt das Hotel-Restaurant **Kompaniehaus** zur Einkehr ein. Das Ge-

▸ Karte S. 194

bäude wurde um 1830 als Anlaufpunkt für die Eigentümer und die leitenden Angestellten der Norder Fehngesellschaft errichtet. Gleichzeitig diente es als Kneipe für die Torfgräber. Das historische Kompaniehaus ist leicht an der großen weißen Haustafel zwischen den Fenstern des zweiten Stockwerks zu erkennen. Hier ist noch der alte Name Norderfehn zu lesen. So hieß Berumerfehn in den Anfängen.

Wieder nur ein Haus weiter, im alten Schulhaus jenseits des Kirchwegs, ist das **Wald- und Moormuseum Berumerfehn** der Gemeinde untergebracht. Loren mit Torfstücken verweisen vor dem Haus auf das Thema Torfabbau. Hier wird die Geschichte des Ortes Berumerfehn und des Naturraumes Moor erzählt, dazu kommen Exponate zum Thema Wald.

Berumerfehner Wald

Jenseits der Dorfstraße sehen wir dann auch den **Berumerfehner Wald**, den die Fehngesellschaft auf einer der großen abgetorften Flächen hat anlegen lassen. Es ist ein seltener Anblick in den ehemaligen Moorgebieten Ostfriesland. Inmitten dieses kleinen Waldstücks findet sich das **Denkmal Zum Andenken der Norder Bürger welche im Jahr 1794 das Norder Vehn gründeten**. Dieser Text steht auf einer Platte unter einem mittleren Blendbogen in einer einfachen Backsteinmauer, die als Gedenkort dient. Daneben finden sich Tafeln, auf denen die Namen der Gründer und der Direktoren der Gesellschaft aufgeführt sind. Um zu dem Denkmal zu gelangen, müssen wir einen kleinen Waldspaziergang unternehmen. Hinter der kleinen Brücke über die Osterwieke geht es ein Stück durch die Allee an der Mittelwieke. Nach rund 300 Metern biegen wir links in einen Waldweg ab. Nach weiteren 200 Metern führt dann eine schmale Holzbrücke auf die Insel in dem kleinen See, auf der das Denkmal steht. Auf Google Maps ist die Lage des Denkmals verzeichnet.

Münkeboe

Auf der Kreisstraße (Westerwieke) und dann links auf dem Nordmeerer Weg fahren wir weiter am Rand des von der Norder Fehngesellschaft kultivierten Gebietes. Der Wald wird von den unge-

Im Dörpmuseum Münkeboe

wöhnlich großen Wiesen- und Ackerflächen abgelöst, die dem Verzicht auf Aufteilung in Kolonate geschuldet sind. Über die Straße Kuhlerplatz (K 118), an der sich Wohnhaus an Wohnhaus reiht, erreichen wir Münkeboe. Dieser merkwürdige Ortsname wird mit Mönchs-Bude übersetzt und soll auf ein Kloster verweisen, dessen Mauerreste hier 1776 gefunden worden sein sollen. Wir überqueren den **Ringkanal**, der von Moordorf ausgehend erst 1885 als Entwässerungskanal angelegt wurde.

Schon von weitem sehen wir an der Upender Straße, Ecke Mühlenstraße **Flettjers Mühle**, einen Galerieholländer von 1854, der seit 1910 der Familie Fleetjer gehört. 1980 sollte die Mühle abgebrochen werden. Zum Glück aber überzeugte der örtliche Mühlenverein die Familie, die Windmühle als ortsbildprägendes Bauwerk zu erhalten. Mittlerweile ist die Windmühle saniert und Bestandteil des **Münkeboer Dörpmuseums**, das sich wenige Meter entfernt befindet, auf der gegenüberliegenden Seite der Mühlenstraße. Engagierte Bürger des Ortes haben das Museum aufgebaut und präsentieren ihren Besuchern Dorfleben zum Anfassen in seinen verschiedenen Aspekten: Eine Fluttermühle, mit der früher Land entwässert wurde, eine Bäckerei mit Kolonialwarenladen, eine Dorfschule, ein Kolonistenhaus und eine Dorfschmiede geben einen umfassenden Einblick in das Leben in den Dörfern, bevor industriell gefertigte Massengüter, Auto und Supermärkte auch hier die Lebenswelt formten.

Königskeil

Die Alt-Münkeboer Straße und die Hodelkestraße bringen uns wieder an den Ringkanal und zum Anfang der Straße Zum Königkeil. Der Königskeil bezeichnet ein Gebiet im Berumerfehnermoor, das der preußische Staat nach 80-jährigem Rechtsstreit um die genauen Grenzen der verpachteten Gebiete an die Norder Fehngesellschaft übertragen musste. Bis 2013 wurde hier Torf abgebaut. Parallel dazu wurde aber schon ab 1974 ein Teil der Fläche aufgeforstet, da eine Wiedervernässung als Moor aussichtslos erschien. Um Wald entstehen lassen zu können, musste das Gebiet zuvor mit Pflügen über zwei Meter tief aufgewühlt werden, um Torf und Sand zu vermischen (Deutsche Hochmoor-Kultur). Heute wachsen hier Birken, Weiden, Winterlinden und vor allem Stieleichen und neuerdings auch Lupinen, die für die Düngung des Bodens sorgen.

Wir fahren auf dem Birkenweg durch den Staatsforst Königskeil. Es begleitet uns ein Entwässerungsgraben, der das überschüssige Wasser in den Ringkanal abfließen lässt. In der Mitte des Areals treffen wir auf einen **See**. Hier wurde Ton und Lehm für die Anlage der Waldwege entnommen.

Abelitzkanal

Am See rechts abgebogen, führt uns die Piste zum Meedeweg und weiter zur Goldensteinbrücke, die uns über den Abelitzkanal bringt. Der künstliche Wasserlauf geht an dieser Stelle in den Abelitzschloot (Graben) über. Ursprünglich sollte der ab 1873 gegrabene Kanal bis zur Nordsee führen. Die Arbeiten wurden aber eingestellt, als klar wurde, dass das Wasser im Kanal nicht reichen würde, um hier Schiffsverkehr zu ermöglichen.

Tannenhausen

Weiter geht es auf dem Weg Zur Goldensteinbrücke nach Tannenhausen, das heute zu Aurich gehört und Luftlinie rund fünf Kilometer vom Zentrum der Stadt entfernt liegt. Wir passieren die nur 6,5 Meter hohe **Meints Mühle** (Am Hünen-

▸ Karte S. 194

Das Großsteingrab bei Tannenhausen

grab 16), einen Erdholländer von 1867, die hier 1923 vom Müller Meints auf Ödland errichtet wurde. Heute liegt die Mühle inmitten eines Wohngebietes und würde wohl kaum noch genügend Wind in die Flügel bekommen. Der Erdholländer wird als Denkmal vom örtlichen Mühlenverein betreut.

Bekannt ist Tannenhausen aber durch das 1907 beim Graben im Moor entdeckte **Großsteingrab** (Am Hünengrab 18), das auf die Zeit um 3500 v. Chr. datiert wird. Es handelt sich um eine Grabstätte mit zwei Grabkammern, in der Keramik der Trinkbecherkultur und Steingeräte der ersten hier ansässigen Bauern gefunden wurden. Die Präsentation der Grabstätte ist das Resultat einer Untersuchung der Fundstätte durch die Ostfriesische Landschaft in den 1960er Jahren. Original erhalten sind aber nur zwei Tragsteine und ein Deckstein, die auf der Erde liegen. Die Grabkammer samt Zugang wurde mit Findlingen aus Mecklenburg-Vorpommern rekonstruiert. Dazu kommen die Holzpfosten am Eingang zur Grabkammer – sehr anschaulich, aber sicher nicht das, was man heute aus einer solchen Fundstätte machen würde.

Es gibt nur fünf belegte Großsteingräber in Ostfriesland. Vermutlich wurden die Findlinge anderer Anlagen zerschlagen und zum Bau von Kirchen genutzt. Die Fundstücke aus der Grabanlage in Tannenhausen finden sich im Heimatmuseum Leer (→ S. 250) und im Historischen Museum Aurich (→ S. 200).

■ Badesee Tannenhausen

Viele Besucher zieht bei gutem Wetter der Badesee Tannenhausen an, der mit weißem Sandstrand und glasklarem Wasser lockt. Unter dem Label North Bound werden eine Wakeboard-Anlage, ein Aquapark und eine Strandbar mit Beachclub geboten. Um den Badesee finden sich einige Ferienhäuser.

■ Gedenkstätte Tannenhausen

In Seenähe, jenseits des Stürenburgweges, wurde schon während des Zweiten Weltkriegs ein Friedhof für die im Lager Tannenhausen verstorbenen sowjetischen Soldaten angelegt. Daraus ist seit 2011 die Gedenkstätte Tannenhausen geworden, weil hier auf Texttafeln die Ergebnisse eines Projekts Auricher Schüler in Zusammenarbeit mit der Kriegsgräberfürsorge präsentiert werden. Die Schüler erforschten das Leben im Kriegsgefangenenlager und das Schicksal einzelner Rotarmisten.

■ Bernuthsfeld

Über den Standstrahlweg geht es weiter Richtung Ewiges Meer. Wir passieren dabei Bernuthsfeld, wo 1907 im Moor Hogehan die einzige heute erhaltene Moorleiche Ostfrieslands gefunden wurde. Etwa 165 Zentimeter groß, zwischen 40 und 60 Jahre alt und zwischen 680 und 775 n. Chr. zu Tode gekommen – so die Daten des Mannes von Bernuthsfeld. Gefunden wurden neben dem konservierten Leichnam auch Haare, Kleidungsteile, eine Messerscheide und ein Holzstab. Wer der Mann von Bernuthsfeld war, woher er kam und wie er den Tod fand, sind heute noch offene Fragen.

Nur in den Hochmooren mit ihrem sauren Milieu finden sich die berühmten Moorleichen. Der Sauerstoffabschluss sowie die Humin- und Gerbsäuren sorgen für die Konservierung tierischer oder menschlicher Körper. Die Knochen dieser Überreste werden durch die Säuren vollständig aufgelöst. Haut, Gewebe, Haare, Knorpel und Fingernägel sind dagegen gegerbt und damit konserviert. Und genau das macht den besonderen Wert dieser Moorleichen aus. Knochenreste aus alter Zeit findet man viele. Aber organische Materialien wie die wollene Bekleidung des ›Mannes von Bernuthsfeld‹ sind dagegen äußerst selten erhalten und geben daher wichtige Informationen zum Leben, in diesem Falle aus der Zeit um 700 n. Chr. Den Mann von Bernuthsfeld und seine Hinterlassenschaft kann man sich im Ostfriesischen Landesmuseum Emden (www.landesmuseum-emden.de) anschauen.

Ebenfalls in Bernuthsfeld passieren wir ein **Moorareal**, dass wiedervernässt wird. Entwässerungsgräben werden geschlossen, Dämme sorgen für gleichbleibende Wasserstände, Sträucher werden gerodet, um dem Torfmoos gute Wachstumsbedingungen zu bieten.

Hochmoorsee Ewiges Meer

Weiter geht es durch den Ort mit dem schönen Namen **Goldmoor** zum Königsweg, der uns nach **Eversmeer** bringt. Ein Hinweisschild fordert uns auf, links in die Straße Zum Ewigen Meer abzubiegen. Wir fahren durch landwirtschaftliche Flächen bis zur Parkplatzstraße. Hier beginnt der rund 800 Meter lange Weg zum Ewigen Meer, von dem rund 500 Meter als Bohlenweg ausgelegt sind.

Wir laufen durch eines der letzten größeren Stücke Hochmoor, das in Ostfriesland erhalten ist. Es besteht aus kleinen und großen Wasserflächen in den Vertiefungen, in denen Torfmoos, Binsen und Moor-Wollgras wächst, dazwischen auch Birken. Informationstafeln am Wegesrand erläutern die Pflanzen- und Tierwelt.

Wiedervernässung ehemaliger Moorflächen bei Bernuthsfeld

▲ Karte S. 194

Dann stehen wir am fast 90 Hektar großen Ewigen Meer. Still liegt das Wasser in der Landschaft, kaum Vögel sind zu hören. Die Tiere wissen, dass hier kein Futter zu finden ist, denn das braune, moorige Wasser lässt kaum tierisches Leben zu. Der pH-Wert des Wassers liegt bei nur 4. Zum Vergleich: Zitronensaft hat einen pH-Wert von 2,4, unser Trinkwasser liegt zwischen 7 und 8,5. Das Moorwasser ist sauer.

Vor rund 8000 Jahren hat sich dieser nur etwa 180 Zentimeter tiefe See gebildet. Vermutlich sind drei Hochmoorkomplexe zusammengewachsen und haben hier eine Mulde gelassen, in der sich Regenwasser gesammelt hat.

Leider kann man heute nicht mehr den ganzen, fast zwei Kilometer langen Bohlenweg ablaufen. Nach einem Unfall wurde der Weg gesperrt. Es fehlt an Geld, den gesamten Rundweg zu sanieren.

Bevor wir über den Königsweg und den Schulweg zurück nach Berumerfehn fahren, lädt das **Café zum Ewigen Meer** zu einer Rast ein.

Rund um das Ewige Meer

www.ewiges-meer-route.de Die Website informiert zu den einzelnen Station auf der Route um das Ewige Meer. Ein Link führt weiter zur Website grenzenlos-aktiv.de, auf der man unter dem Stichwort ›Ewiges Meer Route‹ die gpx-Daten herunterladen kann.

Kompaniehaus, Dorfstr. 35, 26532 Großheide Berumerfehn, Tel. 04936/91360. Hotel und Restaurant. www.kompaniehaus.de

Ristorante Primavera, Dorfstr. 9, 26532 Großheide Berumerfehn, Tel. 04936/9122099; Mo–Sa 17–22, So 11.30–14 und 17–22 Uhr. Pizza, Pasta.

Camping Stellplatz am Badesee, Stürenburgweg 43, 26607 Aurich, Tel. 0151/52365010. www.fewo-hof-am-see.de

Fehntjer Coffje-Stuv, Verlaatsweg 18, 26532 Großheide-Berumerfehn, Tel. 04936/9122184; Do/Fr 13–17.30, Sa/So 11–17.30 Uhr.

Café zum Ewigen Meer, Parkplatzstr. 3, 26556 Holtriem-Eversmeer, Tel. 04975/7778372; April–Okt. Di–So 13–18 Uhr, Nov.–März Sa/So/Fei 13–17 Uhr. Hausgemachte Kuchen und Torten. www.cafe-zum-ewigen-meer.de

Teestube Rosengarten, Nenndorfer Str. 40, 26556 Holtriem-Eversmeer, Tel. 04975/661; Sa–Mi 14.30–17.30 Uhr, Mai–Sept. Fr ab 14.30 Uhr. Führung durch die 3000 Quadratmeter große Gartenanlage und gemeinsame Kaffeetafel, Genuss in einem prächtigen Garten.

Café Kanzler am Badesee, Stürenburgweg 44, 26607 Aurich-Tannenhausen, Tel. 04941/6981322. Unmittelbar am Strand des Badesees; Kaffee, Kuchen, Snacks. www.kanzler-aurich.de

Wald- und Moormuseum Berumerfehn, Kirchweg 1a, 26532 Großheide-Berumerfehn, Tel. 04936/3179326; Mi, Sa 14–17, So 11–17 Uhr.

Mühle Berumerfehn, Mühlenweg 1, 26532 Großheide-Berumerfehn, Tel. 04936/3179320; Besichtigung nach Voranmeldung. www.muehlenverein-berumerfehn.jimdofree.com

Dörpmuseum Münkeboe, Mühlenstraße 3a, 26624 Südbrookmerland-Münkeboe, Tel. 04942/646; 20. März–Okt. Di–So 10–17.30 Uhr. www.doerpmuseum-muenkeboe.de

Badesee Tannenhausen, Stürenburgweg 44, 26607 Aurich-Tannenhausen, Tel. 0175/9595008; Tageskarte für den Parkplatz 5 Euro. www.northboundaurich.de

Wer war Klaus Störtebeker?

Eines ist sicher: Die Radierung, die Karl-Ludwig Böke als Vorlage für die Gesichtszüge seiner Störtebeker-Skulptur in Marienhafe nahm und die landläufig als Darstellung des Seeräubers gilt, zeigt Kunz von der Rosen, den Berater des Kaisers Maximilian. Der Kunsthändler David Funk veröffentlichte 1682 diese Grafik von Daniel Hopfer aus dem Jahr 1515 unter dem Titel ›Claus Stürzt den Becher‹.

Aber nicht nur das Bild, das wir uns von dem Piraten machen, ist falsch. Es gibt noch nicht einmal zeitgenössischen Belege für die Existenz Störtebekers. Mal soll er aus Verden an der Aller, mal aus Rothenburg (Wümme) stammen. In Wismar hängt sogar ein Relief am angeblichen Geburtshaus des Freibeuters. Neuerdings soll, so der Historiker Gregor Rohmann, der Danziger Kaufmann Johann Stortebeker die Vorlage zu der Störtebeker-Figur gewesen sein. Dieser Störtebecker war Kapitän und Fehdefahrer, und er wurde von Albrecht von Holland 1400 gemeinsam mit 114 Vitalienbrüdern angeworben, um die Hanse zu schwächen. Laut Rohmann erfreute er sich 1413 noch bester Gesundheit, als er vom englischen König angeworben wurde, englische Handelsschiffe zu beschützen.

Sollte Rohmann, der seine Forschungsergebnisse 2007 in den Hanseatischen Geschichtsblättern veröffentlichte, Recht haben, dann kann Störtebecker 1401 nicht auf dem Grasbrook in Hamburg hingerichtet worden sein. Dabei vollbrachte Störtebeker der Legende nach dort doch seine letzte Heldetat. Der Hamburger Bürgermeister versprach Störtebeker, allen Männern, an denen er nach seiner Enthauptung vorbei laufen würde, das Leben zu schenken. Störtebeker lief an elf seiner Männer vorbei, bevor er zu Fall gebracht wurde.

Die Geschichte ist so schön, dass man kaum fragen mag, was denn nun eigentlich stimmt. Belegt ist, dass es die Vitalienbrüder – auch Likedeeler genannt – gab. Sie entwickelten sich von Kriegsunternehmern mit Kaperbriefen des Königs von Schweden zu Freibeutern, die auf eigene Rechnung arbeiteten und plötzlich Seeräuber genannt wurden. Bisweilen handelten sie aber auch für Auftraggeber wie etwa dem Grafen von Holland. Im Jahr 1398 vertrieb der Deutsche Orden diese Freibeuter aus ihrem Stützpunkt Gotland und damit aus der Ostsee.

Das Störtebeker-Denkmal in Marienhafe

Ob es dabei einen Kapitän Klaus Störtebeker und ein Schiff ›Bunte Kuh‹ gegeben hat, ist unklar. Gut möglich, dass Störtebeker einfach eine Kunstfigur ist, in der sich das soziale Phänomen Kaper- und Piratenwesen niedergeschlagen hat. Auf jeden Fall aber ist Klaus Störtebeker ein gutes Geschäft – 1682 als Grafik für einen Kunsthändler, heute als ungeschützter Markenname.

Brookmerland

Die historische Landschaft Brookmerland liegt im Übergangsbereich von den fruchtbaren Marschgebieten der Krummhörn zum sandigen Geestrücken in der Mitte Ostfrieslands. Sie umfasst die Gemeinden Brookmerland und Südbrookmerland mit den Hauptorten Marienhafe und Victorbur. Insgesamt fanden 16 ehemals eigenständige Dörfer in diesen beiden Samtgemeinde zueinander.

Der Landstrich bestand früher größtenteils aus unwegsamen, feuchten Niedermoor- und Hochmoorgebieten. Aus gutem Grund wurde die Gegend Brookmerland, also ›Bruchmännerland‹ oder auch das ›Land der Männer aus dem Moor‹ genannt. Gebildet wurde dieser Name aus dem niederdeutschen ›brök‹ (moorige Bruchlandschaft) und der verschliffenen Endung ›mer‹ (Mann).

Nach Entwässerung und Abtorfung sehen wir heute im Brookmerland wie in der Krummhörn weite, von Gräben durchzogene Wiesenlandschaften. Aber es gibt Unterschiede. Im Gegensatz zu den fetten, sattgrünen Wiesen der Marsch wachsen hier mal mehr, mal weniger Binsen zwischen den Gräsern, verdrängen stellenweise sogar die wertvollen Futterpflanzen. Die Wiesen brauchen Düngung und auch die Nachsaat von Gras. Die Erde ist schwarz, die Gräben sind mit moorig-braunem Wasser gefüllt.

Besiedelt wurde das unwegsame Brookmerland im 11. und 12. Jahrhundert, als Bewohner der fruchtbaren Küstenmarsch vor den verheerenden Sturmfluten Schutz suchten. Als Kolonisten zogen sie auf die höher gelegene Geest, die größtenteils von Moor bedeckt war. Dörfer wie zum Beispiel Osteel oder auch Fehnhusen wurden als Reihensiedlung am Moorrand gegründet und mit dem Aufstreckrecht (Upstreekrecht) ausgestattet. Noch heute erkennt man auf Karten dieser Dörfer die schmalen,

Fahrt mit der Pünte über das Marscher Tief

Auch diese Teestube in Marienhafe ist nach Störtebeker benannt

langgestreckten Grundstücke, die die Siedler von der Straße aus durch Abtorfen in das Moor trieben und dann für die Landwirtschaft nutzen.

Nicht nur Kolonisten aus den küstennahen Marschgebieten, sondern Siedler aus ganz Ostfriesland drängten in das kaum bewohnte Bruchland, das sich nach und nach zu einer eigenständigen Landgemeinde innerhalb der Sieben Friesischen Seelande entwickelte. Im Brokmerbrief aus dem 13. Jahrhundert, der heute ausführlichsten Quelle zum friesischen Recht, schufen sich die Bewohner dieser neuen Landgemeinde Gesetze und eine politische Verfassung. Ausgehend von der prinzipiellen Gleichheit aller (männlichen) Einwohner wurde festgelegt, das jeweils für ein Jahr gewählte Richter (Redjeven) Recht sprechen und gleichzeitig die politische Macht innehaben sollten. Bei Machtmissbrauch sollte das Haus des Redjeven niedergebrannt werden. Der Bau von wehrhaften Steinhäusern (Burgen) war im Brookmerland verboten. Aber schon um 1350 begann mit dem Aufstieg der Häuptlingsfamilie tom Brok und dem Bau ihrer Burg in Oldeborg der Niedergang dieser genossenschaftlichen Verfassung.

▸ Karte S. 194

Wie unterschiedlich die Ortschaften des Brookmerlandes sind, verdeutlicht die Geschichte der Dörfer Marienhafe, Moordorf und Bedekaspel. Marienhafe verdankt seine Bedeutung der Funktion als mittelalterlichem Kirchenort. Das Luftlinie nur zehn Kilometer entfernte Moordorf dagegen wurde erst nach dem preußischen Urbarmachungsedikt 1765 im Moor angelegt und galt lange Jahre als Armenhaus Ostfrieslands. Erst das VW-Werk in Emden brachte ab den 1960er Jahren Moordorf und den umliegenden Gemeinden Arbeit und Wohlstand. Der Ort Bedekaspel am Niedermoorsee Großes Meer hat sich in den vergangenen Jahren von einem verschlafenen Bauerndorf zu einem Touristenort entwickelt. Im Sommer können in der 370-Seelen-Gemeinde bei Vollbelegung rund 3000 Gäste in Ferienhäusern sowie an Stell- und Campingplätzen unterkommen und das Freizeitangebot im Surf- und Fahrradparadies nutzen – drei Orte, drei grundlegend unterschiedliche Geschichten in einem Landstrich.

Die hier vorgeschlagene Tour durch das Brookmerland beginnt im Störtebekerort Marienhafe. Nach einem kurzen Abstecher nach Osteel, Leezdorf und Rechtsupweg geht es ein kleines Stück nach Süden, nach Upgant-Schott. Wer möchte, kann dann auch noch das Warftendorf Wirdum besuchen, das schon im Marschenland liegt, sich aber 1971 aufgrund der starken historischen Bindungen für den Anschluss an das Brookmerland entschieden hat. Die nächsten Ziele sind dann Engerhafe und Moordorf, wo das Museum der Armut einen Stopp lohnt. Über Wiegboldsbur geht es am Ende der Tour zum Großen Meer mit der Ortschaft Bedekaspel.

Marienhafe

Wann und wie genau der **Kirchenhügel** in Marienhafe, auf dem sich im Ortszentrum die Marienkirche erhebt, entstanden ist, wissen wir nicht. Klar ist aber, dass durch die Sturmfluten im 14. Jahrhundert die Leybucht bis nach Marienhafe vordrang, sodass das Dorf für einige Jahrzehnte Hafenort war. Vermutlich bestand aber schon vorher über das heutige Störtebeker Tief eine Verbindung zur See. Der Name Marienhafe leitet sich aber nicht von Hafen ab, sondern bedeutet sinngemäß mit Blick auf die Marienkirche ›Hof der heiligen Maria‹ (curia sancte marie).

Geht man die ruhige **Rosenstraße**, die sich zur Hauptstraße des Ortes entwickelt hat, Richtung Marienkirche, kann man deutlich den Anstieg zum Kirchenhügel wahrnehmen. Sehr schön ist auf diesem Weg das Gebäude des **Hotels zur Waage**, das um 1850 errichtet wurde.

Die Rosenstraße setzt sich im Ring um den Kirchenhügel fort, der in den weiteren Abschnitten Burgstraße und Am Markt heißt. Neben dem ehemaligen **Pastorat** von 1863 (Am Markt 20), das heute als Gemeindehaus dient, finden sich an diesem Straßenring nur noch zwei historische Gebäude: Der eingeschossige Backsteinbau **Am Markt Nr. 26** wurde als Schmiede um 1900 errichtet, das **Haus Am Markt Nr. 27** stammt aus der ersten Hälfte des 19. Jahrhunderts. Hier bietet Störtebekers Teestube die Möglichkeit für eine Rast. Ansonsten ist die alte Umbauung des Kirchenhügels verschwunden, genauso wie die wehrhafte Mauer mit ihren Toren, die Gotteshaus und Hügel einst umschloss.

■ Störtebeker-Denkmal

Am Markt, Ecke Rosenstraße begegnen Besucher dem Herren, dem der Ort seine Bekanntheit verdankt: Klaus Störtebeker (→ S. 212). Stolz, festen Schritts schreitet er im Störtebeker-Denkmal auf einer Planke Richtung Schiff. Athletisch straffer Körper, markante Gesichtszüge, den Blick ins Weite gerichtet, das Enterbeil locker auf der Schulte, das Schwert an der Seite. Der Leeraner Bildhauer Karl-Ludwig Böke hat die bekannte Radierung von Daniel Höpfer aus dem 16. Jahrhundert zur Vorlage für die Gesichtszüge seines Störtebekers genommen und ihn ansonsten so gestaltet, wie die Gemeinde Marienhafe ihn sehen wollte – voller Kraft und Dynamik. Das ist ein ganz anderer Störtebeker als in der Skulptur des gefesselten Seeräubers, mit der die Stadt Hamburg am vermutlichen Ort der Hinrichtung Störtebekers, auf dem Grasbrook, an den Freibeuter erinnert.

■ Marienkirche

Es ist gesichert, dass die Marienkirche Mitte des 13. Jahrhunderts errichtet wurde. Aber niemand weiß, wer sie gestiftet hat. Es gibt Vermutungen: Es könnte die Landgemeinde Brookmerland gewesen sein oder auch der Bischof von Münster, der hier seine Ansprüche auf Ostfriesland dokumentieren wollte. Einiges spricht auch für den Orden der Prämonstratenser, die bis ins 14. Jahrhundert an dieser Kirche wirkten.

Im Gegensatz zur Gründungsgeschichte kennen wir die Größe und das Aussehen des Gotteshauses im Mittelalter ziemlich genau. Vor dem Teilabriss 1829 fertigte der Emder Stadtbaumeister Martin Heinrich Martens Pläne der Kirche und Skizzen der beim Abbruch zerstörten Sandsteinreliefs. Nach seinen Angaben war die Marienkirche eine Basilika mit einem Langhaus und zwei schmalen Seitenschiffen. Dazu kamen ein Querhaus und der weithin sichtbare, sechsgeschossige Kirchturm von 72 Metern Höhe. Auch das Langhaus maß in der Länge 72 Meter und war 23 Meter breit. Damit war die Marienkirche um ein Drittel größer als das heutige Bauwerk und hatte in etwa die Ausmaße des heutigen Osnabrücker Doms. Bedenkt man dann noch den reichen Bauschmuck durch Plastiken und einen umlaufenden Sandsteinfries, stellen sich Fragen: Warum eine solche Kirche in einem 400-Seelen-Dorf? Welche Funktion hatte sie?

Die Dächer von Langhaus, Querhaus und Turm waren im Mittelalter auf der Nordseite mit Kupfer und auf der Südseite mit Schiefer bedeckt. Dadurch diente das weithin sichtbare Gotteshaus eingeweihten Seeleuten als Navigationshilfe bei der gefährlichen Fahrt durch die Leybucht, die für Ortsunkundige aufgrund der Untiefen fast unpassierbar war.

Der Teilabbruch der Marienkirche wurde notwendig, als es zu Teileinstürzen des Gotteshauses kam. Die Gemeinde konnte sich schon lange den Unterhalt eines solchen Gebäudes nicht mehr leis-

▶ Karte S. 194

Großer Sakralbau für einen kleinen Ort: die Marienkirche in Marienhafe

ten, und die Landesregierung in Hannover weigerte sich, einen Zuschuss zu den veranschlagten 8500 Reichsthalern Sanierungskosten zu zahlen.

Also wurden die Seitenschiffe und der Chor der Kirche abgerissen. Der Turm wurde um zwei Stockwerke gekürzt, das Langhaus auf die Höhe der niedrigeren Seitenschiffe reduziert. So sehen wir heute einen 47 Meter hohen Turm und eine 47 Meter lange Kirche mit einer Breite von 13 Metern vor uns, die sich immer noch weit über die wenigen Häuser des Kerndorfes Marienhafe erhebt. An den Außenwänden des Langhauses sind die vermauerten Durchgänge zu den Seitenschiffen deutlich ablesbar. Die Spitzbögen dieser Durchgänge wurden zu Fenstern umgestaltet.

Ausstattung und Aussehen des Innenraums der mittelalterlichen Kirche sind nicht überliefert. Heute finden wir hier eine **Taufe** auf der Zeit um 1200, also vermutlich noch aus dem Vorgängerbau. Die **Kanzel** von 1660 stammt von

Jacob Cröpelin, Esens. Wertvollstes Ausstattungsstück aber ist die **Orgel**, 1712 von Gerhard von Holy gebaut, ebenfalls Esens.

Im Altarraum finden sich Figuren des segnenden Christus und der Maria, die vom abgerissenen Querhaus stammen und so einen Eindruck von der einstigen Pracht der Kirche geben.

Eine wie angeklebt wirkende Betontreppe auf der Südseite des Langhauses führt in die Höhe des zweiten Turmstockwerks und damit in das **Kirchenmuseum**. Neben einigen geretteten Originalstücken aus der alten Kirche werden hier vor allem Vergrößerungen der Skizzen gezeigt, die Martin Heinrich Martens von den Tafeln des Sandsteinfrieses angefertigt hat. Menschliche Tugenden und Laster, Fabelwesen und Ritterszenen sind zu erkennen.

Weiter geht es über eine enge Wendeltreppe hinauf auf die **Aussichtsplattform**, von der man einen faszinierenden Blick über das Brookmerland hat. Bei klarer Sicht sind der Leuchtturm auf der Nordseeinsel Norderney wie auch die Kräne im Emder Hafen zu sehen.

Der erste Raum des Kirchenmuseums heißt **Störtebekerzimmer**. Die Legende will wissen, dass Klaus Störtebeker ab 1396 in den Wintermonaten in Marienhafe Unterschlupf gefunden und sogar die Tochter des Häuptlings Keno tom Brok geheiratet hat. Am 22. April 1401 soll Störtebeker dann vor Helgoland von einem Verband Hamburger Schiffe gestellt und gefangen genommen worden sein. Am 21. Oktober des gleichen Jahren wurde er dann in Hamburg auf dem Grasbrook enthauptet. Soweit die Legende, für die sich keine Beweise finden lassen (→ S. 212).

Verbürgt ist auf jeden Fall, dass im Jahr 1400 der Städtebund der Hanse und die Stadt Hamburg elf Schiffe mit 950 Mann nach Ostfriesland schickten, um dem Seeräuberunwesen ein Ende zu bereiten. 80 Piraten wurden getötet, 34 gefangen genommen und später hingerichtet. Das war nicht das letzte Mal, dass die Hanse in Ostfriesland intervenierte, um ihre Handelswege zu sichern. 1408 war eine weitere Strafexpedition fällig, 1433 wurde die Stadt Emden von Hamburger Truppen erobert und wurden Burgen in Ostfriesland geschleift. Erst nachdem sich die Cirksenas als Graf von Ostfriesland etabliert hatten und für Sicherheit auf den Straßen sorgten, endeten diese Auseinandersetzungen.

Zwei Mühlen

Die **Schewelingsche Mühle** in der Straße Mühlenloog in der Nähe des Bahnhofs von Marienhafe ist in bedauernswertem Zustand. Einen Besuch lohnt dagegen die 1896 erbaute **Tjücher Mühle** (Burgstr. 38b), ein zweigeschossiger Galerieholländer mit Reetdeckung und Windrose. Das ehemalige Packhaus der Mühle wurde zum Wohnhaus umgebaut.

Ein Stück weiter, jenseits der B 72, beginnt der **Tjücher Moortun**, ein vier Hektar großes Gewässer in einer Sandgrube, die Ende der 1970er Jahre für den Bau der Marienhafer Umgehungsstraße ausgehoben wurde. Die Umgebung dieses Sees wurde zum Naherholungsgebiet mit Wohnmobilstellplatz ausgebaut, Baden ist erlaubt.

Osteel

Von Marienhafe führt die ehemalige Landstraße Alter Postweg Richtung Norden nach Osteel. Auch dieser Ort, nur etwas mehr als einen Kilometer entfernt von der Marienkirche, besitzt einen Kirchenhügel. Und auch hier wurde ab 1250 eine riesige Kirche errichtet, wodurch sich die Frage ›Warum hier eine solche Kirche?‹ ein zweites Mal aufdrängt. Nur wissen wir für Osteel, dass die Kirchengemeinde die Warnfried-Kirche errichten ließ und dem Friesenmissionar Werenfried weihte.

Warnfriedkirche

Wie in Marienhafe zeigt sich auch in Osteel eine Saalkirche mit viereckigem Westturm, der aber hier nicht flach gedeckt ist, sondern von einer Spitze auf einer flachen Pyramide abgeschlossen wird. Zum Glück, denn so lassen sich die beiden Kirchtürme zum Beispiel vom Deich an der Leybucht leicht unterscheiden. Der ansonsten schmucklose Backsteinbau zeigt nur in den oberen Turmgeschossen Halbpfeiler (Lisenen) und Friesbögen. Die drei schlichten Betonpfeiler an der Südwand des Langhauses wurden Anfang der 1970er Jahre angesetzt, weil sich die Mauer um rund 40 Zentimeter neigte. Das Problem hätte man sicherlich ansehnlicher lösen können.

Mit 63 Metern war die Warnfriedkirche etwas kürzer als das Gotteshaus im Nachbardorf. Aber auch in Osteel war die Gemeinde nicht in der Lage, den Unterhalt

Das Denkmal für David Fabricius vor der Warnfriedkirche

▲ Karte S. 194

der sehr großen Kirche zu leisten. Daher wurde 1830 auch die Warnfriedkirche erheblich reduziert. Der Chor und das Querhaus wurden abgerissen, die Kirche insgesamt über 20 Meter verkürzt, der Turm um ein Geschoss zurückgebaut.

Im Innern der Kirche werden **Sarkophagdeckel** aus dem 11. und 12. Jahrhundert präsentiert. Die **Kanzel** von 1699 von Egbert Harmens Smit (Norden) und vor allem die **Orgel** aus dem Jahr 1619 von Edo Evers (Groningen) sind der Stolz der Kirche. Diese Orgel gilt als die zweitälteste noch bespielbare Orgel in Ostfriesland.

Denkmal für David Fabricius

Auf dem Friedhof steht auf einem Sockel die Figur der Urania, der Muse der Sternkunde. Ein Fernrohr liegt auf ihrem Schoß, sie hält eine Tafel mit der Darstellung einer Sonne in Händen. Das Denkmal für David und Johann Fabricius erinnert daran, dass der 1564 in Esens geborene und 1617 in Osteel verstorbene Pastor des Ortes astronomische Studien betrieb und mit seinem Sohn Johann erstmals die Sonnenflecken beschrieb. Fabricius korrespondierte mit den bedeutendsten Wissenschaftlern seiner Zeit, darunter den Astronomen Tycho Brahe und Johannes Keppler. Das Denkmal wurde 1895 an der Stelle aufgestellt, an der vor dem Teilabriss der Kirche der Hauptaltar gestanden haben muss. Übrigens wurde Fabricius 1617 von einem Gemeindemitglied, das er von der Kanzel herab des Diebstahls einer Gans bezichtigt hatte, mit einem Spaten erschlagen. Auch Pastoren lebten gefährlich – zumindest in Ostfriesland.

Vom Eingang der Warnfriedkirche aus rechts steht das schöne **Pfarrhaus** von 1862 (Fabriciusstr. 20). Der Gulfteil des Gebäudes wurde in jüngerer Zeit als Gemeindehaus angefügt.

Die Bartlingsche Mühle in Leezdorf

Leezdorf und Rechtsupweg

Das Moor- und Heidedorf Leezdorf östlich von Osteel wurde erst nach dem preußischen Urbarmachungsedikt von 1765 von Kolonisten ausgebaut. Der Heimatverein des Ortes kaufte 1986 die **Mühle Leezdorf** (Bartlingsche Mühle), einen Galerieholländer von 1897, und restaurierte sie anschließend. Der Lagerraum der Mühle wurde zu einer Teestube umgestaltet, ein Anbau beherbergt eine kleine heimatkundliche Sammlung. Hier wird nicht nur geheiratet, hier findet auch einmal monatlich ein Backtag mit Brotverkauf statt, dazu kommen Flohmärkte. Eine Teeküche ist von Mai bis September jeden zweiten Samstag des Monats von 15 bis 18 Uhr geöffnet.

In **Rechtsupweg**, das Kolonisten wie Leetzdorf ab den 1760er Jahren anlegten, wartet **Birgits Tiergarten** auf Gäste. Auf 28 000 Quadratmetern sind in 50 Gehegen unter anderem Esel, Lamas, Kängurus und verschiedene Vogelarten zu bewundern.

Upgant-Schott

Marienhafe wird im Süden und Osten vom Ort Upgant-Schott eingefasst, der von jeher gemeinsam mit Marienhafe die Marienkirche nutzte.

Um die **Sterrenbergsche Mühle** hat sich in dem Ort ein kleines Zentrum entwickelt. Neben dem dreistöckigen Galerieholländer von 1880 findet sich hier das **Müllerknechthaus** (Schiffsleidingsweg 4), ein kleines Landarbeiterhaus von 1825 und damit eines der ältesten erhalten Wohnhäuser im Ort. Der Name Müllerknechthaus geht auf den Mühlenarbeiter zurück, der hier lange Jahre wohnte. Mühle und Müllerknechthaus werden vom Mühlenverein Upgant-Schott betreut.

Wie Osteel wurde Upgant-Schott als typische Reihensiedlung auf dem Geestrand angelegt. Allerdings ist diese Hofreihe aufgrund der vielen neuen Einfamilienhäuser kaum noch auszumachen. Der westliche Teil des Gemeindegebiets liegt in der Marsch und zeigt hohe Bo-

Das Müllerknechthaus

dengüte. Der höher liegende, dichter besiedelte mittlere und östliche Teil bietet dagegen abgetorfte Böden geringer Fruchtbarkeit. So liegt die Schottjer Straße im mittleren Teil des Ortes auf dem Niveau drei Meter über Normalhöhennull (NHN). Biegen wir dann rechts ab auf die Schoonother Kreisstraße (K223), geht es langsam auf das Niveau von einem Meter über NHN hinunter. Zwei Meter Höhenunterschied – mehr braucht es nicht, um von der Geest in die Wiesenlandschaft der Marsch mit ihren Einzelgehöften zu wechseln.

Wirdum

Wirdum liegt Luftlinie nur rund 5,5 Kilometer von Upgant-Schott entfernt, wurde aber schon im 8. oder 9. Jahrhundert als Dorf in der Marsch auf einer rund fünf Meter hohen Warft angelegt. Zu der Zeit befand sich Wirdum noch an einer Bucht der Nordsee. Eine Erinnerung daran ist das vor einigen Jahren neu angelegte kleine **Hafenbecken** am Rand der Warft (Dorfstraße, Ecke Siedlerweg). Auch nachdem die Nordseebucht verlandet war, war Wirdum über das Wirdumer Tief und das Alte Greetsieler Sieltief an das Kanalsystem in Ostfriesland anschlossen. Bis in die 1930er Jahre war der Wirdumer Hafen ein wichtiger Umschlagplatz von Waren aller Art. Erst danach waren die Dörfer der Krummhörn und damit Wirdum auch im Winter über Autostraßen gut zu erreichen. Schiffe verkehren heute in Wirdum nur noch im **Freizeithafen** des Wassersportvereins Wirdum e. V. am Stipendiumsweg.

Zentrum des Ortes ist die **Kirche** (Südlohne 1), die um 1300 als einfache Saalkirche auf dem höchsten Punkt der Warft errichtet wurde. Wie auf vielen Warften in Ostfriesland steht der Glockenturm aufgrund des instabilen Baugrundes frei neben der Kirche. Schönstes Ausstattungsstück des Gotteshauses ist die aufwendig geschnitzte Kanzel von Hinrich Cröpelin (Esens) aus dem Jahr 1699.

Das schön restaurierte **Wirdumer Steinhaus** (Neulander Weg 2) aus der Mitte des 16. Jahrhunderts ist ein Beispiel für ein Wohnhaus mit gotischer Fassaden-

▶ Karte S. 194

gestaltung: Staffelgiebel, eine spitzbogige Blende über dem Fenster mit dem steinernen Kreuzstock, Entlastungsbögen über den kleineren Fensteröffnungen und backsteinerne Zierbänder zwischen den Staffeln des Giebels. Gleich neben dem Steinhaus lädt der Landgasthof Zum Großen Krug zu einer Rast ein.

Engerhafe

Fährt man von von Upgant-Schott statt in die Marsch weiter auf dem Geestrand Richtung Südosten, erreicht man Engerhafe und damit das nächste ehemals riesige Gotteshaus, die **Kirche Johannes der Täufer**. Das Gotteshaus liegt östlich der B 72 und damit am Rand der über zwei Kilometer langen Reihensiedlung Engerhafe. Wahrscheinlich sollte sie möglichst nahe am Dorf Oldeborg und damit bei der Burg der tom Brok liegen, die vermutlich das Gotteshaus stifteten. Heute beeindruckt die Kirche Johannes der Täufer, eine Saalkirche unter einem Satteldach aus schwarzem Schiefer, durch ihre Höhe, die durch ihre Lage auf einer

Das Wirdumer Steinhaus stammt aus dem 16. Jahrhundert

Kirchenwarft noch betont wird. Nach dem Bau im 13. Jahrhundert war sie mit über 60 Metern deutlich länger als das heutige Kirchenschiff, wurde aber nach 1806 aufgrund von Teileinbrüchen reduziert. Das Kirchengebäude neigt sich stark nach Süden. Die Sakristei wurde angebaut, um die Wand auf dieser Seite zu sichern. Der frei stehende **Glockenturm** aus der Zeit um 1350 neigt sich dagegen in die andere Richtung.

Im Innern gibt es einen schönen Schnitzaltar von Hinrich Cröpelin (Esens) aus dem Jahr 1698, die Kanzel von 1636 und das Bronzetaufbecken von 1646 zu bewundern.

Das zweigeschossige **Pfarrhaus** (Kirchwyk 5) wird auf die Zeit kurz nach 1500 datiert und gehört damit zu den frühen Steinhäusern in Ostfriesland. Der barock geschweifte Giebel wurde 1771 neu aufgemauert.

■ Ehemaliges Konzentrationslager

In unmittelbarer Nähe der Kirche bestand ab Oktober 1944 für rund zwei Monate ein Konzentrationslager, eine Außenstelle des Konzentrationslagers Neuengamme (Hamburg). Es war mit Stacheldraht, elektrischem Zaun und Wachtürmen gesichert. Rund 2000 Häftlinge aus dem Hamburger Konzentrationslager wurden hierher verlegt. Das Lager war völlig überfüllt, die hygienischen Bedingungen unsäglich. Dazu kamen die unzureichende Ernährung und schwerste Arbeit am sogenannten Friesenwall, einer in den letzten Kriegsmonaten begonnenen, völlig sinnlosen Befestigungsanlage an der Küste samt Panzergraben um die Stadt Aurich.

Die Häftlinge wurden nach einem zwei Kilometer langen Marsch von Engerhafe zum Bahnhof Georgsheil nach Aurich transportiert und liefen dort mitten durch die Stadt zu ihrem jeweiligen Einsatzort.

188 Häftlinge starben in kurzer Zeit in dem Lager aufgrund der unmenschlichen Behandlung.

Heute erinnern ein **Mahnmal** auf dem Friedhof an der Kirche und eine **Ausstellung** im Pfarrhaus an das Konzentrationslager.

Moordorf

Von Engerhafe ist über Victorbur, das durch Einfamilienhäuser großflächig zersiedelt ist, schnell der Ort Moordorf erreicht. Er steht für das bitterste Los von Moorkolonisten. Das Moormuseum, das diese Vergangenheit thematisiert, liegt an der Straße Victorburer Moor. Moordorf wurde genauso wenig als Fehndorf gegründet wie Rechtsupweg oder Leezdorf. Vielmehr wurden im Jahr 1767 Siedlern entlang der alten Poststraße von Aurich nach Marienhafe in einem einsamen Hochmoorgebiet relativ kleine Kolonate zugeteilt. Hier sollten sie versuchen, mithilfe der Moorbrandkultur zu überleben. Und das bedeutete, dass Kartoffeln und andere Gemüsesorten in die warme Asche der zuvor notdürftig entwässerten und dann abgebrannten Moorfläche gepflanzt werden mussten (→ S. 27). Später wurde dann auch Buchweizen in die Erde gebracht.

Diese Form der Moorkolonisation brachte nur kümmerliche Erträge. Trotzdem drängten immer mehr Arme auf der Suche nach einer Existenz in das Dorf. So entstand in Moordorf eines der ärmsten Dörfer Deutschlands, während sich die Fehndörfer an anderer Stelle in Ostfriesland nach harten Anfangsjahren gut entwickelten. In der Weimarer Zeit war Moordorf neben Emden die stärkste Bastion der Kommunisten in Ostfriesland. Während der Nazizeit dann wurden aberwitzige ›rassehygienische‹ Untersuchungen in Moordorf durchgeführt, die knapp der Hälfte der Bewohner ›anlagegebundene Asozialität‹ bescheinigten und in 26 Fällen zur Zwangssterilisation führten.

Auch die Kirche in Engerhafe ist auffallend groß

▲ Karte S. 194

Lehmhütte ohne Schornstein im Moormuseum

Moormuseum

Das Moormuseum Moordorf, das 1979 interessierte Bürgern gründeten, dokumentiert die ärmlichen Lebensbedingungen der Kolonisten. Es wird daher auch ›Museum der Armut‹ genannt. Entstehen sollte in den Anfängen eine originalgetreu nachgebaute Lehmhütte, wie sie noch Anfang der 1950er Jahre in Moordorf zu finden war, und ein begleitendes Ausstellungshaus. Tatsächlich entstanden ist eine großzügige Museumsanlage, die von der Plaggenhütte bis zum Bauernhaus die typischen Behausungen der Moorkolonisten und ihre Lebensbedingungen zeigt. Dazu kommen über drei Hektar teilabgetorftes Moor und auch eine Hochmoorfläche. Arbeitsgeräte, Wohnungseinrichtungen von der einfachen Feuerstelle mit Tisch und Stuhl bis zur Wohnstube mit Herd laden zu einer Reise in die Vergangenheit ein, die alles andere als romantisch war.

Ein gesonderter Ausstellungsbereich ist der **Sonnenscheibe von Moordorf** gewidmet. Ihre Echtheit wird seit 2013 stark angezweifelt, weil sie aus 99,8 Prozent reinem Gold besteht. Dieser Reinheitsgrad ist völlig unüblich für antikes Gold. Archäologen aber halten die Scheibe aufgrund der Herstellungsweise und der Lagerungsspuren für echt. Der Moordorfer Vitus Dirks soll die Scheibe 1910 beim Torfgraben gefunden hat, ohne allerdings ihre Bedeutung zu erkennen. Heute ist das Original im Niedersächsischen Landesmuseum Hannover zu finden, in Moordorf wird eine Kopie ausgestellt. Zur Museumsanlage gehört ein Café.

Wiegboldsbur

Der Ort Wiegboldsbur wurde entlang des Flusses Wiegboldsburer Riede auf einer künstlichen Warft angelegt. Für die um 1250 noch im romanischen Stil mit Apsis errichtete **Wibadi-Kirche** wurde eigens eine Kirchenwarft aufgeschüttet. Das Gotteshaus diente als Sendkirche, hier fanden neben den Gottesdiensten auch Gerichtsverhandlungen statt.

Schon während der Ortsdurchfahrt sieht man rechts die Niederung, in der die **Wiegboldsburer Riede** dem Großen Meer zufließt. Bis in die 1950er Jahre war diese Niederung alljährlich in den Wintermonaten überflutet.

Im Winter wird das Große Meer zu einem Paradies für Schlittschuhläufer

In Wiegboldsbur unterhält der Naturschutzbund Deutschland (NABU) den **NABU-Woldenhof**, der Weiter- und Ausbildungsmöglichkeiten in einem landwirtschaftlichen Betrieb für Praktikanten und schwer vermittelbare Auszubildende bietet. Dazu kommt das ehrenamtliche Engagement in der Umweltbildungsarbeit und beim Erhalt der Lebensräume gefährdeter Arten (www.nabu-woldenhof.de).

Großes Meer

Entlang des Langen Weges und des Warfsweges, der zur **Kirche Bedekaspel** (Warfsweg 30) mit einem Langhaus aus dem 18. Jahrhundert führt, findet sich in respektvollem Abstand vom Großen Meer das alte Dorf **Bedekaspel**.

Unmittelbar am Großen Meer dagegen wurde in den 1970er Jahren eine **Ferienhaussiedlung** angelegt, die Kanäle durchziehen. Dazu kommen Campingplatz, Wohnmobilstellplatz und Hafenanlage für Sportboote. Es ist eine Welt für sich, ein Reservat für Surfer und Kanufahrer, Segler und Motorbootkapitäne und im Winter ein Paradies für Schlittschuhläufer.

Das Große Meer, der viertgrößte Binnensee Niedersachsens mit rund 300 Hektar Wasserfläche, ist als Niedermoorsee im Übergang von der Marsch in die höher gelegene Geest entstanden. Neben dem Großen Meer finden sich in der Niederung auch noch die kleineren Wasserflächen des **Loppersumer Meeres** und der **Hieve** (Kleines Meer), die in den 1970er Jahren teilweise bis zu 20 Meter tief ausgebaggert wurde, um Sand zu gewinnen. Die drei Gewässer sind von unterschiedlich breiten Verlandungszonen mit Schilf umgeben.

Der südliche Teil des Großen Meeres und das Loppersumer Meer sind als Naturschutzgebiet ausgewiesen. Jede touristische Nutzung ist untersagt. Stattdessen findet sich hier ein Paradies für Wasserpflanzen und Wasservögel. Der nördliche Teil des Großen Meeres wie auch die Hieve (Kleines Meer) mit ihren Wochenendsiedlungen werden touristisch genutzt.

Unter Naturschutz gestellt wurden aber nicht nur die Wasserflächen des Großen Meeres und des Loppersumer Meeres samt Ufer, sondern auch das umliegende Wiesenland. Ostfriesland ist eine der letzten Rückzugsorte der Wiesenbrüter wie Kiebitz, Uferschnepfe oder Großer Brachvogel. Aber gerade das Gelege und die Küken dieser Wiesenbrüter sind durch die intensive Wiesenwirtschaft bedroht. Seit 2004 engagieren sich der Landkreis Aurich mit dem Land Niedersachsen und der Bund für Naturschutz in Kooperation mit den Landwirten im Küken- und Gelegeschutz in diesem Gebiet. Ein wichtiger Schritt: Die Flächen um das Große Meer wurden aus der intensiven Bewirtschaftung herausgenommen.

Der **3-Meere-Weg**, der auf 15 Kilometern zu Wanderungen oder Radtouren einlädt, beginnt am **Haus am Meer** in Bedekaspel. Er stellt eine gute Möglichkeit dar, dieses Naturschutzgebiet und die umgebende Wiesenlandschaft zu erkunden.

See oder Meer?

Es ist schon merkwürdig. Stehen wir an einem großen Binnensee, spricht der Ostfriese vom ›Großen Meer‹. Stehen wir zum Beispiel in Norddeich am Meer, heißt es plötzlich ›Nordsee‹. Meer und See bedeuteten ursprünglich das gleiche, nämlich stehendes Wasser im Unterschied zum Fluss. Erst später hat sich der Bedeutungsunterschied der Worte See und Meer entwickelt. In den Niederlanden, in Norddeutschland, aber auch im Englischen wird mit See das offene Meer bezeichnet. Im Binnenland dagegen wird das Wort See nur für ein Binnengewässer benutzt. Warum das so ist, weiß kein Mensch.

Brookmerland

Tourist-Information Brookmerland, Am Markt 10, 26529 Brookmerland-Marienhafe, Tel. 04934/81224; Mo–Fr 8.30–12.30, zusätzlich Mo/Di 14.30–16, Do 14.30–17.30 Uhr.
www.stoertebekerland.de

Tourist-Information Südbrookmerland, Am Gästehafen 1, 26624 Südbrookmerland-Bedekaspel, Tel. 04942/209 2000; April–Sept. Mo–Fr 9–13 und 14–18, Sa/So 9–13 und 14–17 Uhr, Okt. Mo–Sa 9–13 und 14–17 Uhr, Nov.–März Mo–Do 9–13 und 14–17, Fr 9–13 Uhr.
www.grossesmeer.de

Hotel Herbers, Friesenweg 2, 26624 Südbrookmerland-Moordorf, Tel. 04941/982960. Frühstück und Restaurant mit deutsch-spanischer Küche.
www.hotel-herbers.de

Hotel zur Waage, Rosenstr. 6, 26529 Brookmerland-Marienhafe, Tel. 04934/316. Im Ortskern.

Landhaus am Großen Meer, Am Meer 1, 26624 Südbrookmerland-Bedekaspel, Tel. 04942/627. Am See, mit Restaurant.
www.hlgm.de

Leezdorfer Hof, Am Sandkasten 80, 26529 Brookmerland-Leezdorf, Tel. 04934/1485. Gemütlicher Landgasthof.
www.leezdorfer-hof.de

Hotel Zum Großen Krug, Grimersumer Str. 6, 26529 Wirdum, Tel. 04920/213. Übernachten im Landgasthof, mit Restaurant (Mo–Mi 17.30–22, Do–Sa 17.30–23, So 11.30–15 und 17.30–22 Uhr).
www.zum-grossen-krug.de

Wohnmobilstellplatz Tjücher Moortun 32, 26529 Marienhafe, Tel. 04934/81224; 8 Euro.

Campingplatz und Stellplatz Großes Meer, Am Gästhafen 1, 26624 Südbrookmerland Bedekaspel, Tel. 04942/2092028; Öffnungszeiten wie Tourist-Information Südbrookmerland.

Teestube Moorgold (im Museum Moordorf), Victorburer Moor 7a, 26624 Südbrookmerland Moordorf, Tel. 04942/990902; 20. März–Okt. tgl. 11–18 Uhr, Nov.–19. März Do und Sa/So 11–18 Uhr. Frühstücksbuffet ganzjährig Do, Sa, So.
www.moorgold.de

Bartlingsche Mühle, Sträkweg 29, 26529 Leetzdorf, Tel. 04934/5242; jeden 2. Sa im Monat 15–18 Uhr, größere Gruppen sollten sich anmelden.

Störtebekers Teestube Marienhafe, Am Markt 27, 26529 Marienhafe, Tel. 04934/496650; Öffnungszeiten tel. erfragen.
www.ostfriesland-teestube.de

Moormuseum Moordorf, Victorburer Moor 7a, 26624 Südbrookmerland-Moordorf, Tel.04942/2734; 20. März–Okt. tgl. 10–18 Uhr.
www.moormuseum-moordorf.de

Sterrenbergsche Mühle, Mühlenloog 40, 26529 Brookmerland Upgant-Schott; Mai–Okt. jeden 1. Sa im Monat 15–17 Uhr.
www.muehlenverein-upgant-schott.de

Marienkirche, Am Markt 20, 26529 Marienhafe, Tel. 04934/374; Offene Kirche April–Sept. Di–So 14–17 Uhr, Turm April–Sept. Di–Sa 11–13, 14–17, So 14–17 Uhr.
https://kirche-marienhafe.wir-e.de

Birgits Tiergarten, Tannenstr. 18, 26529 Südbrookmerland-Rechtsupweg, Tel. 04935/1345; März–Okt. tgl. 10–18 Uhr.
www.birgits-tiergarten.de

Milchzapfstelle Weiße Wolke, Oldeborger Str. 34, 266424 Südbrookmerland-Upende, Tel. 0151/59477141; tgl. 24 Stunden. Milch, Eier, Honig und mehr vom Hof mit 70 Milchkühen und befreundeten Firmen.
www.milchzapfstelle-weisse-wolke.info

▸ Karte S. 194

Klöster in Ostfriesland

Niemand weiß, wie viele Klöster es vor der Reformation in Ostfriesland gegeben hat. Vermutet aber wird, dass es rund 30 Klöster, Stifte und Kommende in dieser kleinen Region gab. Das ist eine sehr hohe Klosterdichte, vergleicht man Ostfriesland mit anderen Regionen im Deutschen Reich.

Die großen Orden von den Benediktinern bis zu den Zisterziensern gründeten in Ostfriesland ihre Konvente. Einerseits lockten die Marschgebiete mit der lohnenden Viehwirtschaft auf ihren fetten Weiden, andererseits war die Landesherrschaft im abgelegenen Ostfriesland nur schwach ausgebildet, sodass die geistlichen Institutionen hier eine enge Bindung mit den wohlhabenden lokalen Eliten eingehen konnten, die sich in Schenkungen und Stiftungen niederschlug. Diese waren wiederum Voraussetzung für die Klostergründungen. Die Klöster erwarben nach und nach immer mehr Land und besaßen nach Schätzungen schließlich bis zu einem Viertel des kultivierten Bodens in Ostfriesland. Sie wurden so zu einem wichtigen Wirtschaftsfaktor.

Nach entbehrungsreichen Gründungsjahren, in denen die Mönche oftmals Pionierarbeit in der Urbarmachung durch Entwässerung des Landes leisteten, lebten die Klöster von ihrem Landbesitz. Einzelne Äbte der Konvente fungierten als Sielrichter und beaufsichtigten so die wichtige Entwässerung des Landes. Über das in den Orden weitergegebene Wissen zur Landwirtschaft trugen sie erheblich zu Verbesserung dieses entscheidenden Wirtschaftszweiges in Ostfriesland bei.

Das erste Kloster Ostfrieslands wurde im 10. Jahrhundert in Reepsholt gegründet. Aber erst im 12. und 13. Jahrhundert – recht spät im Vergleich mit anderen Regionen des Deutsches Reiches – folgte dann eine Welle weiterer Klostergründungen. Vermutlich verhinderte das Fehlen von adligen Herren, die in anderen Regionen als Stifter auftraten, eine frühere Ausbreitung der Konvente.

Das Benediktinerkloster Marienthal bei Norden diente bis in die Mitte des 16. Jahrhunderts als Grablege des Häuptlingsgeschlechts der Cirksena. Politische Bedeutung aber kam vor allem der Zisterzienserabtei Ihlow zu. Hier wurde ein Exemplar das Brokmerbriefes verwahrt, nach dem im Brookmerland und im Auricher Land Recht gesprochen wurde. Vermutet wird, dass Kloster Ihlow vom 12. bis zum 14. Jahrhundert Archiv und Kanzlei des Upstalsboombundes war, des friesischen Freiheitsbundes.

Im Jahr 1529, im Zuge der Reformation, vereinnahmte Graf Enno II. die Klöster in Ostfriesland. Einige Mönche des Klosters Ihlow, darunter auch der letzte Abt Antonius von Senden, traten zum neuen Glauben über. Sie erhielten Pfarrstellen oder eine Abfindung.

Erstaunlicherweise sind weder Klöster noch Klosterkirchen in Ostfriesland erhalten. Auch die sakralen Ausstattungsstücke und die Klosterbibliotheken sind bis auf wenige Ausnahmen verschwunden. Vernichtet wurden auch die Archive der Klöster und damit zugleich ein erheblicher Teil der Überlieferung zur Geschichte Ostfrieslands im Mittelalter. Die Gründe dafür sind nicht bekannt. Vermutet wird, dass die Gewinner dieser ›Umverteilung‹, vorneweg das Grafenhaus der Cirksena, möglichen Ansprüchen der Orden jede Grundlage entziehen wollten.

Daher ist es heute um so wichtiger, dass das Kloster Ihlow an die Bedeutung der Klöster in und für Ostfriesland erinnert.

Rund um das Fehntjer Tief

Beim Fehntjer Tief handelt es sich um einen 24 Kilometer langen Fluss, der sich, vom Geestrücken südlich von Aurich kommend, in einer breiten Niederung seinen Weg Richtung Ems sucht. Mit seinem nördlichen und südlichen Arm und dem Krummen Tief, das bei Simonswolde in das Fehntjer Tief einfließt, entwässert es einen großen Teil des inneren Ostfrieslands. Das Fehntjer Tief diente darüber hinaus lange Jahre als Schifffahrtsweg und wird heute noch von Freizeitboote befahren. Große Teile des Fehntjer Tiefs stehen heute unter Naturschutz.

Mit Warsingsfehn, Jheringsfehn, Boekzetelerfehn, Westgroßefehn, Lübbertsfehn und Ihlowerfehn gruppieren sich etliche Fehndörfer um dieses Fehnter Tief. Die Kolonisten, die die Fehnkanäle dieser Dörfer gruben, wurden im zweiten Schritt Torfstecher, die dem unwegsamen Moor das dringend benötige Heizmaterial abrangen. Einige wurden später Schiffer, die den getrockneten Torf über die Kanäle und das Fehntjer Tief in die Städte Ostfrieslands transportierten und bald dann auch weiter entfernte Ziele ansteuerten. Die meistern aber wurden Landwirte auf den abgetorften Flächen. Spuren dieser typischen Fehnkultur mit Arbeit im Moor, Schifffahrt und Landwirtschaft begegnen Besucher in den Dörfern um das Fehntjer Tief immer wieder.

Herbe Schönheit: das Moormerland im Winter

▲ Karte S. 194

Die hier vorgeschlagene Tour führt durch die Samtgemeinden Moormerland, Großefehn und Ihlow, die rund um das Fehntjer Tief liegen.

■ Natur- oder Landschaftsschutz?
Über Jahre schwelte der Konflikt zwischen dem Landkreis Leer als unterster Naturschutzbehörde und den Bauern, die Land in der Niederung am Fehntjer Tief bewirtschaften. Die Landwirte wollten die Möglichkeit, öfter als zweimal pro Jahr ihre Wiesen zu mähen. Sie forderten daher eine Ausweisung der Flächen als Landschaftsschutzgebiet. Ihr Argument: Durch das zu seltene Abmähen verholzt das Gras und wird als Futter unbrauchbar. Der Landkreis dagegen verwies auf die europäischen Vorgaben und wies ein Naturschutzgebiet aus. 2023 klagten die Landwirte, die ihre Existenz bedroht sahen.

Warsingsfehn

Als Gründungsdatum Warsingfehns gilt der 16. November 1736. An diesem Tag erhielt der Gutsbesitzer Gerhard Warsing vom Staat ein 225 Hektar großes Hochmoorgebiet in Erbpacht, um hier eine Fehnkolonie anzulegen. Ausgehend von seinem Gut Sieve im Rorichumer Wiesenland, ließ er in südöstlicher Richtung den 14 Meter breiten und bis zu 2 Meter tiefen Warsingsfehnkanal graben. Dieser Kanal ist erhalten, obwohl er nicht mehr so breit ist und stellenweise zugewachsen scheint. Viele andere Kanäle in Warsingsfehn aber wurden nach dem Zweiten Weltkrieg verfüllt oder zu Entwässerungsgräben zurückgebaut.

Traditionsinsel

Am Warsingsfehnkanal, Ecke 1. Norderwieke hat sich die Gemeinde eine Traditionsinsel mit Kanal, Mühle und historischem Friedhof, die an das Aussehen des Fehnortes vergangener Tage erinnert. Ein guter Ausgangspunkt für eine Erkundung ist die **Mühle Bohlen**, ein Galerieholländer von 1887, dessen Kappe sich hoch über das Mühlengebäude und die angrenzende Scheune erhebt. In vierter Generation betreibt die Familie Bohlen diese Mühle, bei der auch ein Landhandel eröffnet wurde. Hier werden heute Bio-Lebensmittel und die hauseigenen Backmischungen angeboten. Der Mühlenverein Warsingsfehn unterstützt den Erhalt der Mühle. So wurde 1971 die zuvor abgebrochene Galerie neu angebaut, 2003 kamen neue Windmühlenflügel hinzu.

Auf der gegenüberliegenden Kanalseite wartet **Heitens Huus** auf Besucher. Erbaut 1880, ist es eines der wenigen verbliebenen alten Fehnhäuser in Warsingsfehn. Der Wohnbereich des kleinen Hauses bestand aus nur einem Raum, in dem Küche, Wohnzimmer und auch die Butzen als schrankartige Schlafmöglichkeiten eingerichtet waren. In einem kleinen Nebenraum war eine Zimmermannswerkstatt untergebracht. In der Scheune, die wie in Ostfriesland üblich mit dem Wohnteil unter einem Dach vereint ist, wurden eine Ziege, ein Schaf und ein Schwein sowie einige Hühner gehalten. Ein Besuch in Heitens Huus gibt einen lebendigen Eindruck von den Lebensverhältnissen auf dem Fehn, wie

Im guten Zustand: die Mühle Bohlen

sie noch in den ersten Jahrzehnten des 20. Jahrhunderts vorzufinden waren. Das Gebäude stand ursprünglich an der 7. Norderwieke und wurde hierher versetzt, als dort der Abriss drohte.

Zu der historischen Insel in Warsingsfehn gehört auch der nahe **Historische Friedhof** (1. Norderwieke), der 1822 angelegt wurde und eindrucksvoll demonstriert, dass viele Fehntjer ihr Geld in der Schifffahrt verdienten: Etliche Grabsteine erinnern mit entsprechenden Symbolen an Kapitäne oder Steuerleute.

2. Norderwieke

Einen Eindruck vom Aussehen des alten Warsingsfehns erhält auch, wer gut 400 Meter von Bohlens Mühle auf der Dr.-Warsing-Straße fährt und dann links in die 2. Norderwieke abbiegt. Schon nach wenigen Metern ist eine Reihe von **Gulfhöfen** zu sehen, die ihre Längsseiten dem Kanal zuwenden. Sie wurden um 1900 und später errichtet. Immerhin sieben Gulfhöfe stehen hier unter Denkmalschutz. Dazwischen erstrecken sich Wiesenflächen, die nicht wie an den anderen Wieken durch Einfamilienhäuser

Eines der Gulfhäuser an der 2. Norderwieke

überbaut wurden. Hier ist Warsingsfehn noch ganz Fehndorf.

Weiter die Dr.-Warsing-Straße hinunter wird der rund 22 Kilometer lange **Sauteler Kanal** passiert. In der Niederung um das Fehntjer Tief kam es jeder Jahr zu länger anhaltenden Überschwemmungen, bis ab 1967 dieser Kanal gegraben wurde, der die höher gelegenen Gebiete um das Fehntjer Tief entwässert. Der Aushub des Kanalbaus wurde verwendet, um den knapp 15 Meter hohen **Fehntjer Berg** (Rinderhagenstr. 23) aufzuschütten. Er ist als kleine Naherholungsfläche gestaltet.

Jheringsfehn

Anders als in Warsingsfehn ist in Jheringsfehn die alte Wiekenstruktur noch weitgehend erhalten. Biegt man links von der Dr.-Warsing-Straße in die Doktor-von-Jhering-Straße ab und fährt auf der Westerwieke – oder auf der parallel verlaufenden, ruhigeren ›Verbindungsstraße‹ – Richtung Nordosten, dann reihen sich hier Neuebeek, Altebeek, Rudolfswieke und Georgswieke aneinander. Gulfhäuser und Einfamilienhäuser liegen beidseits dieser Fehnkanäle. Dahinter erstrecken sich wie früher Wiesenflächen. In Jheringsfehn wurden im Gegensatz zu Warsingsfehn mit seinen heute fast 8000 Einwohnern keine Wohngebiete ausgewiesen, die die alte Fehnstruktur überformt hätten.

Hookswieke

Der älteste Teil Jheringsfehns findet sich entlang der Hookswieke, die sich Richtung Norden bis zum Boekzeteler Meer hinzieht. Schon 1660 übernahm Paul Harsebroek eine Moorfläche im Hook (in der Ecke) zwischen Boekzeteler Fehn und Neuefehn. Hier ließ er die Hookswieke, einen Graben, ins Hochmoor treiben. Allerdings ging diese Fehngründung 1741 aufgrund geringer Einnahmen aus dem Torfabbau bankrott und der Regierungs- und Kammerrat Sebastian Eberhard Jhering übernahm die Anlage. Aus Hookster Veen wurde 1770 Jheringsfehn.

Es lohnt sich, die Hookswieke hinauf zu fahren. Sofort nachdem man links von der belebten Westerwieke abgebogen ist, wird es ruhiger. Der Kanal ist noch relativ breit, obwohl er bisweilen vom

▸ Karte S. 194

Schilf fast zugewachsen scheint. Wieder finden sich hier überwiegend **Gulfhäuser**, zwischen denen sich - wie früher - Wiesenflächen erstrecken. Einige der Höfe dienen noch der Landwirtschaft.

■ Historischer Friedhof Jheringsfehn

Hinter dem Haus Nr. 39 befindet sich der Historische Friedhof Jheringsfehn. Man muss einige Meter über einen Kinderspielplatz laufen, der auf dem Standort der ersten Hookster Schule von 1776 angelegt wurde, und steht dann inmitten der historischen Grabsteine. Der Friedhof wurde 1821 hinter dem Schulhaus eröffnet. Wie in Warsingsfehn finden sich hier Grabdenkmale mit symbolischen Darstellungen, die auf die Schifffahrt verweisen.

Boekzeteler Meer

Weiter die Hookswieke hinauf beginnt das offene Wiesenland, in dem sich nur noch vereinzelt Bauernhöfe finden. Der Weg führt bis ans Boekzeteler Meer, einem Niedermoorsee, der sich aus dem Grundwasser und dem Bagbander Tief speist. Seit 1998 steht das Boekzeteler Meer samt den umgebenden Moor- und Wiesenflächen unter Naturschutz. Wanderungen um den See sind also nicht möglich, da der Uferbereich als Ruhezone für störungsempfindliche Tiere ausgewiesen ist. Betreten verboten! Aber auch der kurze Weg vom Schöpfwerk Boekzeteler Meer bis an die Wasserfläche gibt einen Eindruck von der urwüchsigen Landschaft um diesen See.

Boekzetelerfehn

Wer vom Boekzeteler Meer mit dem Pkw zum Kloster Boekzetel in Boekzetelerfehn fahren möchte, muss zunächst zurück bis zur Westerwieke. Dann geht es weiter über die Boekzeteler Straße und Pappelstraße zur Straße Am Kloster. Hier stand einst das **Kloster Boekzetel**. Der Konvent, über den wenig bekannt ist, wurde 1190 vom Benediktinerorden gegründet und später als Niederlassung des Johanniterordens (Kommende) geführt. Erhalten ist heute neben den drei Hofstellen, die zur Johanniterkommende gehörten, der **Klosterfriedhof**, an dem im Erdboden Reste der Klosterkirche vermutet werden. Auf dem Friedhof findet sich das von einem schmiedeeisernen Zaun umgebene Grab der Maria Apkens aus dem 17. Jahrhundert. Sie war die Ehefrau von Paul Harsebroek, dessen Familie nach der Reformation das Gut vom Staat pachtete. Harsebroek hatte schon1632 begonnen, das Hochmoor zu kultivieren, und gründete dabei das langgestreckte Dorf Broekzetelerfehn um den **Boekzetelerfehnkanal**.

Wer Kloster Boekzetel vom Boekzeteler Meer aus erreichen möchte, hat es mit dem Fahrrad einfacher als mit dem Auto. Am Schöpfwerk geht es einfach weiter geradeaus auf einem Wiesenweg entlang des Boekzetelerfehnkanals. Eine Schautafel der **Flurnamenradtour** durch

Zugbrücke in Jheringsfehn

Ayenwolde, Küsterstraße

Boekzetelerfehn (www.flurnamen-ostfriesland.de/boekzetelerfehn) informiert über die Geschichte Boekzetelerfehns. An der Kreuzung mit dem Weg Nat Fieftein verlässt man den Fehnkanal und fährt einfach geradeaus auf dem Upschlagsweg weiter, der zum Kloster Boekzetel führt. Zwischen den Häusern Am Kloster 6 und Am Kloster 8 führt ein Weg zum Klosterfriedhof, der auf Google Maps eingezeichnet ist.

Am Rand des Fehntjer Tiefs

Von der Mühle Bohlen in Warsingfehns führt die Straße Hauptwieke entlang des Warsingsfehnkanals in das Wiesenland um das Fehntjer Tief. Über den Bindweg und die Ayenwolder Straße kommt man zum **Historischen Friedhof Ayenwolde**. Ursprünglich stand hier eine Kirche, die aber schon 1461 als baufällig abgetragen wurde. Ein Teil der Steine wurde für die Reparatur einer heute nicht mehr vorhandenen Kirche in Hatzhausen verwendet, mit dem Ayenwolde nach der Reformation ein lutherisches Kirchenspiel bildete. Geblieben ist in Ayenwolde ein flacher Hügel mit einigen Grabmälern. Noch im vorigen Jahrhundert wurde hier beerdigt.

▶ Karte S. 194

Von diesem erhöhten Standpunkt eröffnet sich ein guter Blick auf das Wiesenland, das mit dem Rorichumer Tief schon zum Schutzgebiet Fehntjer Tief und Umgebung gehört. Als Ayenwolder Meeden wurde dieses Areal von alters her als Weidefläche und zur Mahd genutzt. Schilfflächen in den Wiesen deuten auf heute verlandete Niedermoorseen hin, sogenannte Meere. Wer möchte, kann auf dem Kielweg ein Stück in die Niederung hineinfahren. Aber schon nach 400 Metern endet der Weg an einem Gatter. Ein bisschen so, als wäre die Zeit stehen geblieben, mutet das Bild an, schaut man vom Grabhügel zur anderen Seite, Richtung **Ayenwolde**. Das Auge geht über freies, grünes Wiesenland, fängt sich an der roten Ziegelwand des Gulfhofs Janssen (Küsterstr. 35), von der sich dunkelgrün Scheunen- und Stalltor abheben. Wie eine Mütze sitzt das braune Reetdach auf dem Wirtschafts- und Wohntrakt des langgezogenen Gehöfts. Unter den alten Bäumen, die den Hof als Windschutz umstellen, steht malerisch

Weiter Horizont bei Ayenwolde

Die Maria-Magdalena-Kirche in Hatshausen

ein alter, hölzerner Leiterwagen. Dazu kommen eine weitere Scheune und ein Backhaus. Almut und Hinrich Janssen haben ihren Hof, dessen Wohnteil aus dem Jahr 1820 stammt, liebevoll restauriert. Die Alte Küsterei links daneben (Küsterstr. 16) ist ebenfalls als Gulfhof ausgeführt. Hof Janssen und die Alte Küsterei – ein Blick in das Ostfriesland des 19. Jahrhunderts.

Hatshausen

Auf der Grenze zwischen Ayenwolde und Hatshausen (Ayenwolder Str. 6) erhebt sich die **Maria-Magdalena-Kirche** von 1783. Auf der Grenze ist hier wortwörtlich zu nehmen – die Ortsgrenze teilt tatsächlich den mittig angeordneten Turm, die Kirchentür, den Altar und die Kanzel. Das **Pfarrhaus** daneben (Ayenwolder Str. 4), das ebenfalls 1783 errichtet wurde, liegt allerdings voll und ganz auf Hatshauser Gebiet.

Ausdruck des lebendigen Dorflebens in Ayenwolde/Hatshausen ist der Bürgerverein, der es immerhin auf über 300 Mitglieder bringt. Er hat das **ehemalige Armenhaus** der Gemeinde von 1840 (Raiffeisenstr. 12) saniert und nutzt es als Gemeinschaftsanlage. Erstaunlich rege ist das Laien-Theaterspiel im Ort, das mit dem Freilichttheater und dem Lüttje Theater im ehemaligen Armenhaus viele Zuschauer anlockt.

Wer von Hatshausen der Kreisstraße 71 folgt, die hier als schmale Autopiste im Wiesenland liegt, kann kurz vor Timmel links auf die Timmeler Straße (L 14) abbiegen. Von hier aus ist es nur ein kurzes Stück Weg bis zum Timmeler Meer.

Timmeler Meer

In den 1980er Jahren wurde der 25 Hektar große See Timmeler Meer mit einem Badestrand neben dem natürlich entstandenen Boekzeteler Meer angelegt. Dazu kommen Campingplatz, ein Hafen für Freizeitschipper und Angebote zwischen Tretboot fahren und Stand-Up-Paddling. Umgeben ist dieses Zentrum für Naherholung und Tourismus von einer Feriensiedlung.

Das Dorf **Timmel** ist stolz darauf, dass es neben dem touristischen Highlight

Timmeler Meer seinen alten Ortskern erhalten hat. Einen Besuch lohnt die **Petrus-Paulus-Kirche** (An der Kirche 1) von 1736 mit einem Schnitzaltar von 1660.

Navigationsschule Timmel

Die **Navigationsschule Timmel** (An der Seefahrtsschule 8) unterstreicht die Bedeutung der Seefahrt für den Ort. Im Gegensatz zu den umliegenden Fehndörfern liegt Timmel auf einem Vorsprung des ostfriesischen Geestrückens. Trotzdem veränderte die Moorkolonisation in der weiteren Umgebung das Leben im Dorf. Neben der Landwirtschaft auf den umliegenden Äckern und Wiesen wurde die Schifffahrt, ausgehend von den Torfkähnen, zu einem wichtigen Erwerbszweig. So wurde in Timmel 1846 neben ähnlichen Schulen in Emden, Papenburg und Leer eine Navigationsschule eingerichtet. Aufgrund der vielen Schifffahrtsunfälle war ab dieser Zeit ein Kapitänspatent vorgeschrieben, dass man in Timmel erwerben konnte. Bekanntester Schüler: der Seeoffizier und Schriftsteller Felix Graf von Luckner. Die 1862 fertiggestellt Navigationsschule aus rotem Ziegel zeigt in der Giebelfront einen Dreizack und auf der Traufseite ziegelsteintypische Ausschmückungen. Bis 1917 wurde hier unterrichtet. Heute sind in der alten Navigationsschule Wohnungen eingerichtet.

Historischer Rundweg

Um die Leerer Landstraße und die Ulbarger Straße liegen wichtige historische Gebäude des Dorfes. Seit 2007 gibt es einen historischen Rundweg durch Timmel, auf dem an mittlerweile 26 Stationen die (Bau-) Geschichte des Ortes erläutert wird. Infotafeln stehen an der Navigationsschule, dem Geburtshaus der Heimatdichterin Toni Wübbens (Altes Dichterhaus), vor Gulfhöfen, der Schmiede, der Schule und der Pastorei (Führungen unter Tel. 04945/959611). Das Reitsport-Touristik-Centrum, mit dem Timmel seit 2008 über eine moderne Reitsportanlage, die auch für Konzerte, Messen und Tagungen genutzt wurde, wird seit 2024 von einem privaten Unternehmer geführt.

In Timmel

▸ Karte S. 194

Westgroßefehn

Das einen Kilometer nördlich von Timmel gelegene Westgroßefehn ist die älteste Fehnkolonie Ostfrieslands. Es wurde ab 1633 von vier Emder Kaufleuten angelegt, die sich aufgrund der starken Nachfrage nach Torf als Brennmaterial für die Wohnhäuser und in den Ziegeleien hier ein gutes Geschäft versprachen. Das **Webmuseum De Weevstuuv** am Achterlangsweg kümmert sich um historische Webstühle und Webtechniken in Ostfriesland. Darüber hinaus bietet es Kurse in dem alten Handwerk an. Der Trägerverein übernahm die Webstühle und diverses Material des Auricher Webermeisters Gerhard Peters. Eingerichtet ist das Museum in der ehemaligen Schule des Ortes aus dem Jahr 1883.

Westgroßefehn hat das, wovon viele Fehnorte heute nur noch träumen können: eine weiße Zugbrücke. Sie führt in Höhe des Swartfeldwegs über den Großefehnkanal. Beidseits des Wasserweges reihen sich **Gulfhöfe** von 1780 (Leerer Landstr. 48) über 1830 (Leerer Landstr. 45) bis in die Zeit um 1900. Dazu kommt unmittelbar am Fehnkanal eine reetgedeckte **Windmühle** (Leerer Landstr. 57) mit Müllerhaus von 1850 und Nebengebäuden – ein Ortsbild wie aus dem Bilderbuch! Wären da bloß nicht die rund 6000 Autos, die täglich über die Leerer Landstraße durch den Ort rollen. Die Einwohner wehren sich mit Plakaten, die auf die Lärmbelästigung hinweisen.

Mittegroßefehn und Ostgroßefehn

Schon 1675 war der Torf in Westgroßefehn bis an die Ostgrenze des Ortes abgebaut. Daher wurde der Großefehnkanal weiter Richtung Osten ins Moor gegraben und Mittegroßefehn angelegt. Anders als in Westgroßefehn, wo Lohnarbeiter den Torf gestochen hatten, wur-

Der Gulfhof Westgroßefehn

den hier die Moorstücke an Kolonisten vergeben, die nach dem Abtorfen Landwirtschaft betreiben sollten. Allerdings waren die Pachtflächen (Kolonate) sehr klein bemessen.

Das Ortszentrum von Mittegroßefehn mit einigen Geschäften hat sich an der Kreuzung der Schrahörnstraße mit der B 72 entwickelt. Kein Fehnkanal, dafür aber eine Kreis- und eine Bundesstraße – Mittegroßefehn hat in diesem Bereich den Charakter eines Fehndorfes vollständig verloren.

Erst an der Kanalstraße, an der Ostgroßefehn beginnt, kehren wir an den Großefehnkanal zurück. Ostgroßefehn wurde ab 1790 angelegt und hat das Gesicht eines Fehnortes bis heute bewahrt. Gegenüber der Schleuse III hat die Gemeinde Großefehn die **historische Schmiede Striek** saniert, eine original erhaltene Huf- und Wagenschmiede von 1898. Der Kultur- und Heimatverein Großefehn e. V. kümmert sich um die Anlage, die an Aktionstagen besichtigt werden kann. Ansonsten kann man zumindest durch ein Gitter in den Innenraum der Schmiede schauen und so einen Eindruck von diesem alten Handwerksbetrieb bekommen. Auch der große, ty-

Ungewöhnlicher Anblick: der Arendshügel in Ostgroßefehn

pische Fehntjer Garten um das ehemalige Wohnhaus der Familie Striek, das heute als Begegnungsstätte dient, kann besichtigt werden.

Historische Insel

Ostgroßefehn hat sich an der Kanalstraße, Ecke Postweg eine historische Insel geschaffen. Schon von weitem sieht man die **Mühle Ostgroßefehn**, ein zweistöckiger Galerieholländer, der 1804 erbaut wurde. Bis 1968 war die Mühle, die noch immer voll funktionsfähig ist, in Betrieb. Heute finden in dem Gebäude Kunstausstellungen statt. Das Packhaus beherbergt ein Café und eine Schenke. Auf der gegenüberliegenden Kanalseite lädt das **Restaurant Historisches Compagniehaus** zu einem Besuch ein. Das Gulfhaus wurde 1802 errichtet. Hier hatten die Anteilseigner und Leitenden Angestellten der Großefehngesellschaft Rast- und Übernachtungsmöglichkeiten, besuchten sie die neu entstehende Fehnkolonie. Zugleich diente das Compagniehaus als Versorgungszentrum der Kolonisten, die hier Lebensmittel kaufen konnten. Eine Brauerei, eine Bäckerei und eine Geneverbrennerei waren hier ebenfalls untergebracht. Nur wenige Meter weiter, die Kanalstraße Süd hinunter, liegt im Fehnkanal der 1905 erbaute **Tjalk Antje**, ein ehemaliges Torfschiff.

Einen überraschenden Anblick stellt etwas weiter die Kanalstraße hinunter ein künstlich aufgeschütteter Hügel dar, der **Arendshügel** (Kanalstraße Süd 97a). Er dient nicht etwas dem Wintersport oder soll die in der Norddeutschen Tiefebene fehlenden Berge ersetzten, sondern wurde 1835 zur 200-Jahr-Feier Großefehns am Ende des Kanalbetts aufgeschüttet. Benannt ist er nach dem damaligen Fehndirektor Arend Hoppe. Die Anhöhe ist eine gute Möglichkeit für Fahrradfahrer, eine Rast einzulegen.

Der Großefehnkanal mündet nach 16 Kilometern in Wiesmoor in den Nordgeorgsfehnkanal (→ S. 307).

Fehnmuseum Eiland

Die Geschichte der Fehnkultur in Großefehn erzählt das Fehnmuseum Eiland gleich hinter der Brücke über den nördlichen Arm des Fehntjer Tiefs. Das Museum in einem Gulfhaus wurde auf dem Gelände einer ehemaligen Sägemühle und einer Schiffswerft samt Landwirtschaft zur Selbstversorgung eingerichtet. Anhand von Schautafeln und Exponaten zur Gründung von Großefehn, zur Geschichte des Torfabbaus und der Schifffahrt wird die Vergangenheit des Ortes und seiner Menschen lebendig. Im ehemaligen Wohnteil des Gulfhofs und in der umgebauten Scheune setzt man sich dann hin zur ›Teetied of Koffjetied‹ mit hausgemachtem Kuchen.

Zur Museumsanlage gehören auch eine Schmiede, eine alte Gattersäge und das Traditionsschiff Mariechen, eine Tjalk, die für den Gütertransport im Wattenmeer und in flachen Binnengewässern ausgelegt ist.

▸ Karte S. 194

Naturschutzstation Fehntjer Tief

Von dem Museumsgelände führt ein Feldweg in wenigen Minuten zur Naturschutzstation Fehntjer Tief - eine gute Möglichkeit, einen Eindruck von der Niederung beidseits des Tiefs zu gewinnen. Die Naturschutzstation ist als außerschulischer Lernort in einem denkmalgeschützten Gulfhof aus dem Jahr 1843 untergebracht. Der Ausstellungs- und Seminarbereich findet sich in einer Remise, die 1877 im nahen Holtrop erbaut und Ende der 1990er Jahre hierher versetzt wurde. Dazu kommen das alte Backhaus, eine Wetterstation, ein Vogelbeobachtungsturm und eine Reihe von Schauteichen, die charakteristische Biotoptypen des Fehntjer Tiefs wie Niedermoorwiesen oder Verlandungszonen nachbilden - die Erkundung einer großartigen Landschaft in nur wenigen Schritten. Einen Bauerngarten gibt es auch. Besucher können das Areal auf eigene Faust entdecken.

Lübbertsfehn

Die **Naturschutzstation Fehntjer Tief** liegt schon in Lübbertsfehn. Diesen Ort gründete Lübbert Cornelius im Jahr 1637, also drei Jahre nach Westgroßefehn. Cornelius ließ einen Stichkanal graben, um den Torf über das Fehntjer Tief nach Emden zu transportieren. Heute verläuft an dem Kanal die Straße Thunpadd zum Fehntjer Tief. Schon Ende des 18. Jahrhunderts war ein Großteil des Torfs abgegraben, sodass die Einwohnerzahl des Ortes zu sinken begann. Die Fehntjer in Lübbersfehn wurden Landwirte. Der Ort hat seinem Gründer einen Platz am Kopf der Lübbertsfehnwieke gewidmet.

Kloster Ihlow

Von Lübbertsfehn sind es Luftlnie gut vier Kilometer bis zum Kloster Ihlow, mit dem PKW rund acht, da wir den Ihlower Forst umfahren müssen. An der Kirchdorfer Straße am nördlichen Rand des Forstes findet sich ein Parkplatz.

Die Andeutung der früheren Klosterkirche in Ihlow

Ostfriesland ist arm an Wald, obwohl seit den 1960er Jahren viele Bäume entlang neu angelegter Straßen oder auch auf Wallhecken gepflanzt wurden, die das Landschaftsbild nachhaltig verändert haben. Trotzdem ist ein Waldgebiet in der Region eine Seltenheit. Der Ihlower Forst geht auf die Klostergründung der Zisterzienser in Ihlow im 13. Jahrhundert zurück. Die Mönche des Klosters bewirtschafteten unter anderem den Wald. Er ging mit der Reformation an den Grafen von Ostfriesland und wurde als Jagdrevier genutzt. Dafür wurde die Waldfläche auf rund 180 Hektar vergrößert. Als Ostfriesland 1744 in den Besitz der preußischen Krone überging, wurde der Forst zum Wirtschaftswald. Heute umfasst der Ihlower Forst 350 Hektar und lädt als Mischwald zu Spaziergängen ein.

Inmitten des Waldgebiets erinnert ein **Archäologischer Park**, der mit Ziegelsteinen die Mauern und Pfeiler der zerstörten Klosterkirche nachzeichnet, an das Zisterzienserkloster Ihlow, das bis zur Säkularisierung im Zuge der Reformation um 1529 eines der bedeutendsten Konvente im nordwestdeutschen Raum war. Und nicht nur das: In die rekonstruierten Pfeilerstümpfe wurden einzelne Ziegelsteine der vielen Klöster Ostfrieslands (→ S. 57) eingesetzt, die mit der Reformation verschwunden sind. Ein stilles Gedenken an den Verlust der Klöster und ihrer Archive, mit denen auch ein Großteil des Wissens um die frühe Geschichte Ostfriesland verschwand.

Kernstück der Anlage aber ist die von dem dänischen Architekten Finn Larsen konzipierte **Imagination der Klosterkirche** in Originalgröße. Aus Stahl und Holz bildet Larsen die Pfeiler und das Gewölbe sowie die Dächer von Querhaus und Apsis nach. Der Dachreiter über der Apsis, der typisch war für die zurückhaltende Bauweise der Zisterzienser, erreicht eine Höhe von fast 45 Metern. So gibt diese Imagination einen Eindruck von Gestaltung und Größe des verschwundenen Gotteshauses.

Unterhalb dieser Konstruktion findet sich der **Raum der Spurensuche**, in dem eine Ausstellung zu Geschichte des Klosters Ihlow und zum Orden der Zisterzienser auf Besucher wartet. Absolut sehenswert sind die **Ihlower Bodenplatten**, Fliesen mit Tiermotiven und Fabelwesen, die den Boden des Altarraums der früheren Klosterkirche bedeckten. Zentrum des Raumes ist der neu gestaltete Ihlower Altar.

Der Archäologische Park und die Imagination der Klosterkirche sind das gesamte Jahr über frei zugänglich. Dazu kommen der Klostergarten und die Ausstellung im ehemaligen Forsthaus, das zum **Kloster-Café** ausgebaut worden ist.

Wer ein Ausstattungsstück der untergegangenen Klosterkirche sehen möchte, muss schon zur Lambertikirche in Aurich fahren (→ S. 198). Hier hat der großartige Ihlower Altar (um 1500) eine neue Verwendung gefunden, nachdem der Graf von Ostfriesland im Zuge der Auflösung des Klosters den Altar ins Auricher Schloss hat bringen lassen. Das Historische Museum Aurich zeigt Bodenfliesen aus der Klosteranlage (→ S. 200).

Ihlowerfehn

Über die Kirchdorfer Straße geht es weiter nach Ihlowerfehn, das ab 1780 auf einem ehemals dem Kloster Ihlow gehörenden Stück Hochmoor angelegt wurde. Heute ist der Ort durch das in den 1980er Jahren künstlich gegrabene **Ihler Meer** und die ab 1990 entwickelten umliegenden Ferienanlagen geprägt.

Simonswolde

Der nächste Ort, Simonswolde, liegt am Rande der Geest. Hier hat sich das weitgehend natürlich erhaltene ›Binnenmeer‹

▶ Karte S. 194

Sandwater entwickelt, das 1973 als Naturschutzgebiet ausgewiesen wurde. Eine breite Röhrichtzone bietet Schilfbrütern und Wasservögeln gute Rückzugsmöglichkeiten. Zusammen mit den Schwimmteppichen aus See- und Teichrosen sorgt der Röhricht allerdings für die allmähliche Verlandung des Sees.

Ein rund sechs Kilometer langer **Wanderweg** führt von der Oldersumer Straße um den See und durch das umliegende Wiesenland, ein **Vogelbeobachtungsturm** steht nahe der Wasserfläche zur Verfügung.

Tergast

Tergast liegt schon inmitten der Emsmarsch, hier allerdings auf einer kleinen Geestinsel. Daher wurde in dem Ort schon seit der zweiten Hälfte des 19. Jahrhunderts Kies abgebaut. Geblieben sind davon einige **Kiesseen** östlich und südöstlich des Ortes, dessen Gebiet in das Naturschutzgebiet Fehntjer Tief übergeht.

Zwischen Simonswolde und Oldersum fährt man, abgesehen von der Tergaster Geestinsel, durch völlig ebenes Marschenland mit Einzelgehöften und Viehweiden und seit 1976 der mehrspurigen Autobahn 31 nach Emden.

Oldersum

Oldersum hat sich auf einer Langwarft in der Emsniederung entwickelt. Der Ort ist durch das Oldersumer Sieltief mit dem Fehntjer Tief verbunden und konnte so von den Fehntjern als Emshafen genutzt werden. Hier wurden die Waren von den kleinen Fehntjerschiffen auf die etwas größeren Binnenschiffe umgeladen. Auf dem Rückweg nahmen die Fehntjerschiffe allerlei aus Oldersum mit, vor allem aber Mist von den Marschhöfen, mit dem dann der Boden in den Fehndörfern gedüngt wurde. Heute hat Oldersum nur noch einen Sportschifferhafen mit 40 Liegeplätzen außerhalb des Siels.

Das Sandwater

Museum Alte Seilerei

Eine Erinnerung an die Hafenstadt Oldersum ist das **Museum Alte Seilerei**, in dem der Heimatverein eine komplette Seilerei mit allen Maschinen und Handwerksgeräten zeigt. Das Gebäude wurde 1949 für die Seilerei Diepen errichtet und war bis 1969 Betriebstätte.

Ausgehend von der Alten Seilerei hat der Heimatverein einen **historischen Hafenweg** mit vier Hör- und Sehstationen eingerichtet. Zweite Station ist die **Alte Waage** (Emder Str. 3), ein eingeschossiger Ziegelbau aus dem Jahr 1745 mit einem schönen Wappen der Stadt Emden über dem Eingang. Das historische Gebäude, in dem die öffentliche Waage des Marktortes Oldersum untergebracht war, wurde zu einem Gästehaus ausgebaut.

Von der Sielstraße und der Hafenstraße führen Stichwege an das **Oldersumer Sieltief**. Von hier hat man einen guten Blick auf die Anlagen der **Schiffswerft Diedrich**, die sich auf Neubauten, Umbauten und Reparaturen zum Beispiel von Fähren zu den Ostfriesischen Inseln spezialisiert hat. Aktuell arbeiten rund 20 Personen in dem Betrieb, der zu besten Zeiten schon mal 100 Mitarbeiter beschäftigte.

Der historische Hafenweg endet am **Schöpfwerk Oldersum**, das das Wasser des Oldersumer Sieltiefs in die Ems befördert.

Von Oldersum sind es Luftlinie rund 10 Kilometer bis zur Emder Innenstadt und ebenfalls Luftlinie 13 Kilometer bis nach Leer.

Rund um das Fehntjer Tief

Moormerland Tourismus, Dr.-Warsing-Str. 79, 26802 Moormerland-Warsingsfehn, Tel. 04954/8012500; Mo–Fr 9–12.30, zusätzlich Mo, Di, Do 14–16.30 Uhr. www.moormerland-tourismus.de

Tourist-Information Großefehn, Am Reitsportcentrum 1, 26629 Großefehn, Tel. 04945/959611; Mai–Sept. Mo–Fr 9–13 und 14–17, Sa 10–14 Uhr, Okt.–April Mo–Do 9–13 und 14–16, Fr 9–12.30 Uhr. www.grossefehn-tourismus.de

Naturschutzstation Fehntjer Tief, Lübbertsfehner Str. 36, 26632 Ihlow-Lübbertsfehn, Tel. 04945/1492; Mo–Fr 9–16 Uhr.

Hotel Landhaus Feyen, Auricher Landstr. 28, 26629 Großefehn-Mittegroßefehn, Tel. 04943/91900. Moderne Zimmer, DZ 125 Euro. www.landhaus-feyen.de

Alte Waage (Gästehaus), Emder Str. 3, 26802 Moormerland-Oldersum; um 80 Euro, Buchungsanfragen unter www.moormerland-tourismus.de. Schlafen in einem historischen Gebäude.

Historisches Compagniehaus, Kanalstr. Süd 64, 26629 Großefehn-Ostgroßefehn, Tel. 04943/3477; Di 10–14, So–Mo ab 10 Uhr, tgl. Mittagstisch. Regional, saisonal, Fisch- und Fleischgerichte. www.compagniehaus.de

Altes Dichterhaus (Gästehaus), An der Seefahrtsschule 1, 26629 Großefehn-Timmel, Tel. 04945/9159349; DZ 105 Euro. Individuell gestaltete Räume in einem liebevoll restaurierten Gebäude von 1842. www.altesdichterhaus.de

Hotel-Restaurant Kastanjehoff, Leerer Landstr. 31, 26629 Großefehn-Timmel, Tel. 04945/9169057; DZ 85 Euro, Restaurant Frühling/Sommer Do–Mo 12–21 Uhr. Persönlich geführtes Hotel im Gulfhof, bürgerlich, moderne Küche. www.kastanjehoff.de

Campingplatz am Timmeler Meer, Zur Mühle 13, 26629 Großefehn Timmel, Tel. 04945/91970; März und Okt. 8–18 Uhr, April, Mai, Sept. 8–20 Uhr, Juni–Aug. 8–22 Uhr. Auch Stellplätze, Trekkinghütte und Schlaffässer am See. www.grossefehn-tourismus.de

▶ Karte S. 194

Schiffswerft in Oldersum

Café Harlekin, Dr.-Warsing-Str. 287, 26802 Moormerland-Warsingsfehn, Tel. 04954/6061; Di–Fr 10–18, So 14–18 Uhr. Buchhandlung und Café mit Gartenterrasse. www.buchhandlung-harlekin.de

Pick Up Beachclub, Zum Timmeler Meer 2, 26629 Großefehn-Timmel, Tel. 04945/1756; bei gutem Wetter ab 15 Uhr. www.beachclub-timmel.de

Teestube Eiland, Leerer Landstr. 59, 26629 Großefehn-Westgroßefehn, Tel. 04945/1333; April–Sept. Mi–So 13–17 Uhr, Okt.–März Mi und Fr–So 13–17 Uhr. www.teestube-eiland.de

Packhaus zur Schänke, Kanalstr. Nord 82, 26629 Großefehn-Ostgroßefehn, Tel. 0152/59483779; Fr–So 14–18.30 Café, Mo/Di 17.30–22, Fr–So 19–22 Uhr Schänke.

Klostercafé im ehemaligen Forsthaus (→ Kloster Ihlow); Di–Sa 14–17, So 11–18 Uhr.

Heitens Huus, Schleusenweg 15, 26802 Moormerland-Warsingsfehn, Tel. 04954/74 82; Mai–Okt. Mi 15–18 Uhr.

De Weevstuuv, Achterlangsweg 9, 26659 Großefehn-Westgroßefehn, Tel. 01523/7711407; Mai–15. Okt. Mi, So, Fei 14–17 Uhr; Eintritt frei. www.webmuseum-ostfriesland.de

Fehnmuseum Eiland, Leerer Landstraße 59, 26629 Großefehn-Westgroßefehn, Tel. 04945/4399970; Mi–So 13–17 Uhr; Eintritt frei, öffentliche Führungen 5 Euro. www.fehnmusemeiland.de

Historische Schmiede Striek, Kanalstraße Nord 66, 26629 Großefehn-Ostgroßefehn; Öffnungstage und Führungen an Aktionstagen s. Website, zumeist So 14–17 Uhr. www.schmiede-striek.de

Kloster Ihlow, Zum Forsthaus 1, 26632 Ihlow, Tel. 04929/89100; offene Führung So 15.30 Uhr; Eintritt frei. Mit Klostercafé. www.kloster-ihlow.de

Museum Alte Seilerei, Hinter der Bleiche 1, Moormerland-Oldersum, Tel. 04924/485; April–15. Okt. So 15–17 Uhr.

Mühle Bohlen, Hauptwieke 20, 26802 Moormerland-Warsingsfehn, Tel. 04954/4372; Mo–Fr 7.30–12, 13.30–17, Sa 7.30–12 Uhr. www.muehle-bohlen.de

Der Landkreis Leer hat eine Scharnierfunktion zwischen den Moorgebieten der Mitte Ostfriesland und dem Süden der Region, dem Overledinger Land, dem Land jenseits der Leda. Auch hier finden sich Moorgebiete mit der typischen Fehnkultur. Um Ems, Leda und Jümme und vor allem im Westen des Landkreises, im Rheiderland, wirtschaften die Bauern dagegen auf ertragreichen Marschböden.

Blick über die Leda auf Leer, in der Mitte das Rathaus

DER SÜDEN

Weltmeister im Teetrinken

Ostfriesen ohne Tee – das geht gar nicht. Das musste auch Friedrich der Große erfahren, als er 1768 über die Kriegs- und Domänenkammer versuchte, den Teekonsum einzuschränken, damit das Kraut nicht für viel Geld in fernen Ländern gekauft werden musste. Die Stände Ostfriesland verwickelte die Kriegs- und Domänenkammer in Aurich in einen jahrelangen Briefwechsel, bis Friedrich der Große aufgab. Dem französischen Kaiser Napoleon erging es nicht anders. Als er versuchte, mit seiner Kontinentalsperre England niederzuringen und jeden Import verbot, schmuggelten die Ostfriesen, was das Zeug hielt. Und selbst noch die NS-Diktatur musste den Ostfriesen den überall im Reich als ›entbehrliches Genussmittel‹ nicht mehr erhältlichen Tee gegen Lebensmittelmarken mit der Aufschrift ›Teetrinker-Bezirk-Weser-Ems‹ liefern.

Schon 1779 schrieben die ostfriesischen Stände nach Berlin: »Der Gebrauch des Thees und Caffee ist hierzulande so allgemein und so tief eingewurzelt, dass die Natur des Menschen schon durch eine schöpferische Kraft müsste umgekehrt werden, wenn sie diesen Getränken auf einmal gute Nacht sagen sollten.« Ins heutige Deutsch übersetzt: Außer dem lieben Gott – er ist mit der schöpferischen Kraft gemeint – kann keiner den Ostfriesen den Teegenuss austreiben. Und wir können getrost ergänzen: auch nicht der absolutistisch regierende König in Berlin.

Ein paar Zahlen in Sachen Teekonsum, die der Deutsche Tee- und Kräuterteeverband in seinem Teereport 2022 bekannt gab: Die Deutschen trinken pro Kopf und Jahr so um die 29 Liter Tee. Das ist eine Menge, über die die Ostfriesen nur lächeln können, denn sage und schreibe 300 Liter Tee werden in Ostfriesland pro Person und Jahr getrunken. Das stellte das Rekord-Institut für Deutschland mit Sitz in Hamburg fest. Damit sind die Ostfriesen Weltmeister im Teetrinken, deutlich vor den Iren, die es auf 220 Liter pro Person und Jahr bringen. Im angeblichen Teetrinkerland England schaffen sie mal gerade schlappe 170 Liter pro Person und Jahr.

Ostfriesische Teekultur

Aber nicht dieser außergewöhnlich hohe Konsum von Tee bewog die Deutsche UNESCO-Kommission 2016, die Ostfriesische Teekultur in das deutsche Verzeichnis der immateriellen Kulturgüter aufzunehmen. Ausschlaggebend war die lebendige Tradition des gemeinsamen Teetrinkens auf der ostfriesischen Halbinsel.

Die Ostfriesische Teekultur fängt mit der Teemischung an, die nur als ›echte ostfriesische Mischung‹ bezeichnet werden darf, wenn sie in Ostfriesland gemischt wird. Verwendet werden dabei verschiedene Schwarzteesorten – vor allem Assam-Tee –, die zusammen einen kräftigen Teegeschmack ergeben. Weiter geht es über die Art der Teezubereitung bis hin zur ostfriesischen Teezeremonie. Die Kanne wird mit kochend heißem Wasser ausgespült. Dann wird für jede Tasse auf dem Tisch ein Löffel Tee in die Kanne gegeben. Dazu kommt noch ein Extralöffel für die Kanne. Die Teeblätter werden mit kochend heißem Wasser übergossen, und die Teekanne kommt auf das Teestövchen. Drei bis vier Minuten muss der Tee ziehen. Dann endlich ist es soweit. In die kleinen, flachen, hauchdünnen Tassen aus Porzellan kommt ein Kluntje (kristallisierter Zucker), über den der Tee gegossen wird. Dabei gibt es das vielversprechendes Knistern des Kandiszuckers. Mit einem breiten Löffel wird dann am Rand der Tasse vorsichtig Sahne auf den Tee gebracht, sodass sich eine Wolke (Wulkje) entwickelt, die auf dem Tee schwebt und auch ein wenig in den Tee versinkt.

Der Tee wird auf keinen Fall umgerührt, denn nur so sichert man sich ein dreifaches Trinkerlebnis: Erst die milde Sahne, dann der kräftige Tee und am Ende der süße Kluntje. Zum Tee gibt es Teegebäck, zu besonderen Anlässen auch Rosinenbrot (Krintstuut). Und nicht vergessen: nachgeschenkt wird in Ostfriesland so lange, bis der Gast seinen Teelöffel in die Tasse stellt. Mancher Ortsfremde hat sich in Unkenntnis dieser Tradition schon einen wahren Teerausch angetrunken. Der schwarze Tee, der für die Ostfriesenmischung verwendet wird, enthält Teein, das genauso aufputscht wie Koffein.

Begonnen hat die Teesucht der Ostfriesen nach 1610, als Schiffe der Niederländischen Ostindien-Kompanie erstmals Tee nach Europa brachten. Bei den engen Beziehungen der Ostfriesen zu den Niederlanden dauerte es nicht lange, bis das Getränk in Ostfriesland angekommen war. Anfangs nur als Medizin verabreicht, trat der Tee am Ende des 17. Jahrhunderts seinen Siegeszug an.

Im Jahr 1806 wurde in Leer das Teehandelshaus Bünting gegründet, in dem Johann Bünting die erste ostfriesische Teemischung herstellte und verkaufte. Heute ist Bünting Grünpack ein deutschlandweiter Begriff und die Firma einer der größten Arbeitgeber in der Region. Carl Thiele und Peter H. Freese gründeten 1873 im Emden einen Großhandel mit Kolonialwaren, in dem sie schon bald eine eigene Teemischung anboten. Sie ist heute als Thiele-Tee bekannt.

Die Firma Onno Behrends wurde 1887 in Norden gegründet und schloss sich 1987 mit der Ostfriesischen Teegesellschaft zusammen. Nach wie vor wird in dem 1899 in Norden errichteten Fabrikgebäude der Onno-Behrends-Tee gemischt, kontrolliert und verpackt.

Falls Sie nun einen echten Ostfriesentee erwerben und ihn bei sich zu Hause zubereiten, sollten Sie sich nicht wundern, wenn er zu Hause nicht so schmeckt wie in Ostfriesland. Ostfriesen, die wegen der hohen Arbeitslosigkeit in ihrer Heimat viele Jahre in den Autofabriken Baden-Württembergs arbeiteten, nahmen im Kofferraum ihrer Pkws kanisterweise Wasser aus der heimischen Leitung mit, damit sie während der Arbeitswoche einen richtigen Tee zubereiten können. Und auch heute führen Ostfriesen in ihren Wohnmobilen Kanister mit heimischem Wasser mit, um daraus einen Tee zu bereiten. Das Wasser in Ostfriesland gilt als sehr weich.

Aus persönlicher Erfahrung kann der Autor dieser Zeilen hinzufügen: Nirgends schmeckte der Tee so gut wie bei der Oma in Jheringsfehn. Da lag's wohl an dem Wasser aus der Regenback (Zisterne).

Tipps

Ostfriesisches Teemuseum Norden, Am Markt 36, 26506 Norden, Tel. 04931/12100; März Di–So 10–17 Uhr, April–Okt. Mo–So 10–17 Uhr, Nov.–Feb. Mi, Sa 11–16 Uhr. www.teemuseum.de

Bünting Teemuseum, Brunnenstr. 33, 26789 Leer, Tel. 0491/9922044; Di–Sa 10–18 Uhr, Nov.–März geschlossen; 3 Euro, Teestunde 8 Euro p. P., Teezeremonie 13,50 Euro p. P. www.buenting-teemuseum.de

Loppersum
Osterhusen
Suurhusen
Haskamp
Forlitz-Blaukirchen
Ochtelbur
Riepe
Bangstede
Ludwigsdorf
Ihlowerfehn
Ihlower Forst
Ihlowerhörn
Weene
Ostersander
Wrisse
Aurich-Oldendorf
Wiesmoor
Wilhelmsfehn II
Ostgroßefehn
Auricher Wiesmoor II
Großefehn
Spetzerfehn
Voßbarg
Fehntjer Tief
Westgroßefehn
Ulbargen
Strackholt
436
Emden
A 31
Simonswolde
Timmel
72
Zwischenbergen
Bagband
Hatshausen
Fiebig
Neufirrel
Widdelswehr
Tergast
Neukamperfehn
Firrel
Jarßum
Boekzetelerfehn
Hafen Petkum
Petkum
Oldersum
Pogum
Ditzum
Rorichum
Moormerland
Jheringsfehn
Schwerinsdorf
Ems
Ehem. Bohrinsel
Oldendorp
Hatzum
Nüttermoor
Warsingsfehn
Hesel
Selverde
Dykstерhusen
Ziegelei-museum
Heseler Wald
Tiefster Punkt Niedersachsens
Critzum
Veenhusen
Veenhuser Königsmoor
Holtland-Nücke
Nordgeorgsfehn
Midlum
Kloster Thedinga
Brinkum
Holtland
Dollart
Jemgum
Lammertsfehn
Ditzumerhammrich
Eisinghausen
A 28
Hollen
De Kiekkaaste
Ditzumerverlaat
Nortmoor
Marienchor
Logabirum
Heisfelde
Loga
Brücke-fehn
Rheiderland
Bunder-hammrich
Böhmerwold
Soltborg
Filsum
Nord-Georgsfehnkanal
Deterner-lehe
Badesee Soltborg
Leer
Schloss Evenburg
Emstunnel
Neuburg
Leerort
Nettelburg
Jümme
Bingum
Esklum
Leda-Sperrwerk
Amdorf
Stickhausen
Coldam
Leda
Detern
Driever
Muhder Sieltief
Breinermoor
Bunderhee
A 31
Groningen
Bunde
Kirchborgum
Weekeborg
70
Potshausen
Möhlenwarf
Dorenborg
Backemoor
A 280
Grotegaste
Tiedepolder Coldemüntje
Folmhusen
Bad Nieuweschans
436
Holte
Idafehn-Nord
Klinge
Rhaude
Elisabethfehn-Dreibrücken
Tichelwarf
Weener
Ihrhove
Ihren
Collinghorst
Holterfehn
Mitling-Mark
Westoverledingen
Glansdorf
Rhaudermoor
Ostrhauderfehn
Wymeer
Stapelmoor
Schöpfwerk
Steenfelde
West-rhauderfehn
438
Wittensand-Wietsound
Ihrenerfeld
Mitling
Großwolderfeld
Hochmoor Wymeer
Stapel-moor-heide
Diele
Flachsmeer
Rhauderfehn
Strücklingen-Strukelje
Steenfelderfeld
Halte
Langholt
Deutschland
Vellage
Völlenerfehn
Ramsloh-Roomelse
Brual
Völlen
Nenndorf
Völlenerkönigsfehn
Klostermoor
Saterland-Seelterlound
Emsauen
Papenburg
Esterweger Dose
Scharrel-Skäddel
Niederlande
Rhede (Ems)
Burlage
Aschendorf
72
Aschendorfmoor
Borsum
Aschendorfer Obermoor/Wildes Moor
Bockhorst
Herbrum
Neurhede
401
Melmmoor/Kuhdammoor
Börgermoor
Bourtange
Heede (Ems)
Neulehe
Lehe
Esterwegen
401
Surwold
Leegmoor
Hilkenbrook
Kleines Feld
Börgerwald
Dörpen
Neubörger
Dersum
70
Breddenberg
Neudörpen
Kluse/Ahlen
Großer Sand
Ostertannen
Walchum
Lorup
Hasselbrock
Wippingen
Steinbild
Börger
Rastdorf
Renkenberge
Sustrum
A 31
Harrenstädter Heide
Ems
Mestrup-Siedlung
Essen
Mestrup
Der Süden
0
3,5
7 km

Leer

Am 1. September 1973 verteilte eine Bürgerinitiative in Leer ihr erstes Flugblatt. Es trug die Überschrift ›Altstadt Leer – Planierung oder Sanierung‹. Fast 50 Jahre später, am 18. Juli 2022, titelte die Ostfriesen-Zeitung : ›Retter der Leeraner Altstadt soll eigene Straße bekommen‹ und begann den Artikel mit der Feststellung: »Ohne Josefhermann Höcker und die ›Bürgerinitiative Altstadtsanierung‹ gäbe es die Leeraner Altstadt heute wahrscheinlich nicht mehr.«

Stimmt! Dass Höcker, der sich im Heimatverein engagierte, nur aussprach, was viele schon dachten, erkennt man daran, dass bereits sechs Monate nach diesem ersten Flugblatt die Stadtverwaltung ein Einsehen hatte. Sie gab bekannt, dass hinfort statt Flächensanierung die Modernisierung und der Erhalt einzelner Gebäude der Altstadt Vorrang hätten. Auf die Westtangente, die im Namen der autogerechten Stadt bis in die Altstadt geführt werden sollte, wolle man ganz verzichten.

Heute macht die Altstadt einen Großteil der Attraktivität Leers als Einkaufsstadt und Ziel von Touristen aus. Dazu kommt der innenstadtnahe Hafen, der in den vergangenen Jahren vom Industriegebiet zum Freizeithafen mit angrenzenden Wohnvierteln entwickelt wurde. Ein neues Zentrum ist entstanden, das den Hafenstadt-Charakter der Stadt an der Leda unterstreicht, die sich selbst den Titel ›Tor Ostfrieslands‹ gegeben hat.

Geschichte

Leer tat sich in den Anfängen schwer mit seiner Lage an den Flüssen Leda und Ems. Auf einem Ausläufer des ostfriesischen Geestrückens gelegen, war der Ort einigermaßen sicher vor den Überschwemmungen durch die beiden gezeitenabhängigen Flüsse. Die Siedlung entstand vermutlich schon vor dem Jahr 790, in dem der Friesenapostel Liudger am Westrand des Ortes eine Holzkirche errichtet haben soll. Die Krypta auf dem alten reformierten Friedhof Westerende, die zur ersten steinernen Kirche St. Liudger gehörte, kennzeichnet diese Stelle. Viehzucht und Fischfang, nicht aber Handel auf Fluss und Meer waren die wirtschaftlichen Standbeine dieser frühen Siedlung.

Leer wurde um 1400 Sitz des Häuptlings Focko Ukena, der aber in der Auseinandersetzung um die Vorherrschaft in Ostfriesland den Cirksenas unterlag. Die Fockenburg wurde zerstört. Hamburger bauten ab 1435 in Leerort zur Sicherung des Schiffsverkehrs eine Festung, die sie 1453 Ulrich Cirksena übergaben, dem Grafen von Ostfriesland.

Im Jahr 1508 erhielt Leer das so wichtige Marktrecht, nicht aber das Stadtrecht. Wirtschaftliche Grundlage des Ortes waren mittlerweile der Flachsanbau und die Leinweberei, die kräftigen Aufschwung nahmen, als im Zug des Spanisch-Niederländischen Krieges Calvinisten und Mennoniten aus den Niederlanden in das protestantische Ostfriesland kamen: Die holländischen Leinenreeder, die selbst Webermeister waren und örtlichen Webern den Leinen abkauften, um ihn andernorts zu verkaufen, verfügten über Kapital und weitreichende Handelsbeziehungen.

Ausdruck der Umorientierung der Stadt auf den Fluss Leda und den Hafen war die Verlegung der öffentlichen Waage des Marktortes an das Ledaufer. Seit 1508 war diese im Turm der untergegangenen Kirche St. Liudger untergebracht. Die Reformierte Gemeinde besaß das Wiegerecht und damit eine wichtige Einnahmequelle. 1570 wurde sie an das Ledaufer verbracht, an dem sich später der Hafen entwickelte. Rund 100 Jahre später wurde eigens für das Wiegen ein Gebäude errichtet, das heute als Alte Waage noch vis à vis vom Rathaus steht. Leer überragte die Städte Norden und Aurich an Größe und Wirtschaftskraft, blieb aber Marktflecken. Erst 1810 erhielt es das Stadtrecht.

Die Entwicklung zur Hafenstadt ging eher schleppend voran, weil die Stadt Emden seit 1494 über das Stapelrecht verfügte. Jedes Schiff, das Emden passierte, musste hier für drei Tage anlegen und seine Waren zum Verkauf anbieten. Ansonsten wurden saftige Strafzölle fällig. Waren, die nicht auf Emder Schiffen exportiert wurden, mussten doppelt verzollt werden. Dieser fiskalischen Förderung Emdens durch die ostfriesischen Grafen hatte Leer nichts entgegenzusetzen.

Erst 1808 wurde das Emder Stapelrecht aufgehoben, sodass sich Leer zur Hafenstadt für die Ausfuhr landwirtschaftlicher Produkte der Region entwickeln konnte. 1855 wurde Leer Station auf der Hannoverschen Westbahn von Emden nach Rheine, 1869 kam der Anschluss Bremen–Neuschanz hinzu. Leer war damit Eisenbahnknotenpunkt und schuf sich schon früh einen Hafen mit Gleisanschluss. 1863 wurde das noch heute erhaltene Zollhaus zwischen Bahnhof und Hafen eingeweiht.

Obwohl die Staatsregierung in Hannover sich weigerte, die Ems zu vertiefen, baute die Stadt ihren Hafen aus. Die Ledaschleife, an der Leer liegt, wurde 1903 durch eine Seeschleuse zum tideunabhängigen Hafen. Die Halbinsel Nesse an dieser Flussschleife, die die Stadt vorausschauend schon 1841 gekauft hatte, wurde jetzt zum Industriegebiet entwickelt. Die Deutsche Libby GmbH für die Produktion von Kondensmilch ab 1926 und die Jansen-Werft, die 1950 nach Leer zog, waren große Arbeitgeber. Die Viehmarkt-Hallen, die samt Verwaltungsgebäude 1926 errichtet wurden und zu deren Eröffnung Reichspräsident von Hindenburg anreiste, stärkten den Viehhandel. Nach dem Zweiten Weltkrieg produzierte der Büromaschinen-

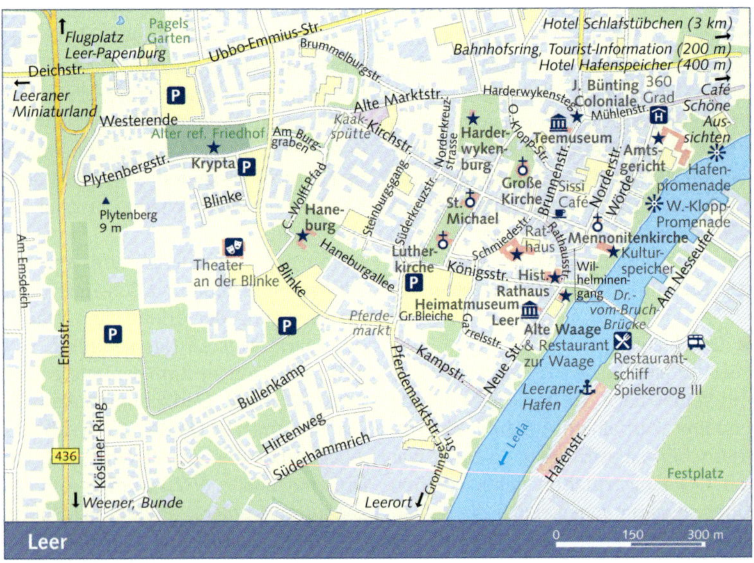

Leer

Am Museumshafen

hersteller Olympia, in dessen Werkhallen bis zu 2000 Mitarbeiter aus ganz Ostfriesland arbeiteten, auf der Nesse. Leer punktete mit den günstigen Verkehrsanbindungen per Schiff und Bahn.

Ab den 1960er Jahren erlebte nicht nur die örtliche Heringsfischerei einen Niedergang. Werftenkrise (Jansen) und internationale Konkurrenz (Olympia) zwangen die großen Betriebe zu schließen. Geblieben sind der Stadt Traditionsfirmen wie Bünting, das 1806 als Kolonialwarenladen für Tee, Tabak und Gewürze anfing und sich mittlerweile zu einer Unternehmensgruppe mit Umsätzen jenseits der Milliarden-Euro-Grenze gemausert hat. Geblieben sind das Traditionsunternehmen Weinhandlung Wolff oder auch die Eisengießerei Boekhoff, die 1873 gegründet wurde und heute unter dem Namen LEDA WERK GmbH moderne Kaminöfen herstellt. Zugleich versucht der Landkreis Leer seit 2021 als ›Digital Hub Ostfriesland‹ ein Profil zu gewinnen. Was kaum einer weiß: Leer (derzeit rund 35 000 Einwohner) ist heute der zweitgrößte Reedereistandort in Deutschland.

Am Hafen

Die **Dr.-vom-Bruch-Brücke** im Zentrum der Altstadt ist genau der richtige Ort, um einen Stadtrundgang zu beginnen. Hier hat man einen guten Blick auf die Hafenbecken und die angrenzende Bebauung. Die Dr.-vom-Bruch-Brücke wurde bis 1927 als Klappbrücke über die Leda errichtet, um das Industriegebiet Nesse besser an die Innenstadt anzubinden. Nach dem Zweiten Weltkrieg wurde sie nach dem Leeraner Bürgermeister vom Bruch benannt, der 1933 von den Nazis durch falsche Anschuldigungen in den Selbstmord getrieben wurde.

Schaut man auf der Brücke Richtung Norden, erblickt man den seit 2004 neu ausgebauten Freizeithafen der Stadt. Vom **Neuen Nessequartier** mit den viergeschossigen Wohnhäusern samt großzügigen Loggien und Schiffsanlegern laufen Fußgänger über die **Nessebrücke** zur neugestalteten **Hafenpromenade** am Rande der Altstadt. Hier liegen fest vertäut Sportboote und auch des **Traditionsschiff Prinz Heinrich**, das 1909 auf der Papenburger Meyer-Werft von Stapel lief. Das Schiff kann in der Regel montags und mittwochs zwischen 10 und 12 Uhr besichtigt werden (Infos und Buchungen: www.prinz-heinrich-leer.de).

Richtung Süden schaut man auf den **Handelshafen**, an dem viele Reedereien ihre Geschäftsräume unterhalten. Auf der Altstadtseite bildet der **Museumshafen** die Verlängerung der Hafenpromenade. Eine Platzanlage führt hinauf zur Alten Waage. Noch ein Stück weiter rechts erhebt sich dann hoch über die Altstadt der Turm des **historischen Rathauses** (Rathausstr. 1), das 1894 im Stil der niederländischen Renaissance errichtet wurde. Stündlich erklingt das wechselnde Glockenspiel, das fest zum Tagesablauf der Bewohner der Altstadt gehört. Wand- und Deckenmalereien schmücken

Wappen und Sonnenuhr an der Alten Waage

Eingangshalle und Festsaal des Gebäudes, das nach einem deutschlandweiten Wettbewerb nach Plänen des Aachener Architekten Karl Friedrich Wilhelm Henrici von örtlichen Firmen errichtet wurde.

Alte Waage

Die Alte Waage an der Dr.-vom-Bruch-Brücke wurde 1714 als zweigeschossiger Backsteinbau im Stil des niederländischen Barock errichtet. Wer hier allerdings Schwünge und Schnörkel in der Fassade erwartet, wird enttäuscht. Wie üblich in der niederländischen Variante des Barockstils, zeichnet sich das Gebäude durch eine klare Gliederung aus. Sechs Kolossalpilaster laufen über zwei Stockwerke bis zum schlichten, weiß abgesetzten Hauptgesims. Verstärkt wird diese vertikale Orientierung durch die hochrechteckigen Fenster, die die Mauern aus dunkelrotem Ziegelstein gliedern. Ein kurzer Turm (Reiter) mit Uhr und Laterne bekrönt die schwarz gehaltene Dachfläche, Gauben und Schornsteine beleben das Bild. Sparsam werden helle Sandsteinelemente als Umrandung der Fenster und Türen sowie als Kapitelle der Halbpfeiler eingesetzt. Einziger Gebäudeschmuck sind ein Wappen und eine Sonnenuhr auf der Südseite des Gebäudes. Dazu kommen die Darstellungen von Waage und Krone über den Eingängen auf der West- und Nordseite.

Das Restaurant Zur Waage bietet auf dem Vorplatz sehr schöne Sitzplätze mit direktem Blick auf den Museumshafen. Von der Alten Waage bieten sich zwei Wege durch den nördlichen Teil der Altstadt an: zum einen über Rathaus- und Kirchstraße zum Alten Markt, dem ersten Zentrum des Fleckens Leer; zum anderen entlang der Speicherhäuser im Wilhelminengang in das Viertel am Hafen und weiter durch die Fußgängerzone zum Bahnhof. Zuvor aber lohnt ein Abstecher in die Neue Straße.

Neue Straße

Einen ersten Eindruck von der Leeraner Altstadt gibt ein kurzer Gang in die **Neue Straße**, die so ›neu‹ nun auch nicht ist. Immerhin war sie von alters her der Verbindungsweg nach Leerort und damit zur Fähre über die Ems. Schon fast Ecke Groninger Straße finden sich Gebäude aus dem 16. Jahrhundert wie die **Häuser Nr. 51** und **Nr. 57**. Sie sind eingeschossig und zeigen hohe Giebel. Das **Bürgerhaus Neue Straße 14** aus der Zeit um 1800, ein dreigeschossiger Backsteinbau im Stil der niederländischen Klassik mit Schiebefenstern im Blockrahmen, ragt im Straßenbild heraus. Auf der linken Seite zeigt das Gebäude eine Gaube mit Ladeluke und Kragbalken zum Hochziehen von Lasten. In dem Gebäude ist heute das **Heimatmuseum Leer** untergebracht. In den 15 Ausstellungsräume wird unter jeweils einem Schwerpunkt wie ›Ostfriesische Wohnkultur‹ oder auch ›Heimische Schifffahrt‹ aus

▸ Karte S. 248

der Geschichte der Stadt und der Region erzählt. Sehenswert sind die Fliesenkamine und der letzte hölzerne Torfmuttje (Torfschiff) Ostfrieslands von 1906. Auf der linken Straßenseite bilden die zumeist giebelständigen Gebäude, deren Grundstücke bis an den Hafen reichen, eine geschlossene Straßenrandbebauung. Einzige Ausnahme ist das traufständige Wohnhaus **Neue Straße 31** mit Wappen und der Jahreszahl 1736 über der Tür, das durch einen schmalen Vorgarten mit zwei klassizistischen Skulpturen Distanz zum Bürgersteig hält.

Abstecher nach Leerort

Die Neue Straße mündet in die Groninger Straße, die nach Leerort führt. Das kleine Haufendorf erfordert nicht unbedingt einen Besuch. Am Zusammenfluss von Ems und Leda bauten Mitte des 15. Jahrhunderts Hamburger eine kleine Festung, um in Ostfriesland Präsenz zu zeigen und damit die Rückkehr der Seeräuber zu verhindern. 1501 ließ Graf Enno II. von Ostfriesland, dem die Hamburger die Festung übergeben hatten, hier ein Schloss errichten. Bis 1540 wurde Leerort zur größten Landesfestung ausgebaut. Von dieser Festung sind aber nur ein Geviert aus **Wällen** und die **Große Grafte** als Wassergraben erhalten. Dazu gibt es zwei nachgebaute Kanonen und diverse Infotafeln zur Geschichte der Festung, die 1749 auf Abbruch verkauft wurde.

Rathausstraße

Die Rathausstraße gehört zu dem Bereich der Altstadt, der heute die hohe Attraktivität Leers ausmacht. Es lohnt sich nicht nur, die Auslagen der kleinen Geschäfte zu betrachten, sondern ab und an den Blick auf die Fassaden der Häuser aus der Zeit zwischen 1600 und 1900 zu richten. Gebäude mit hoch

Im Heimatmuseum

aufragendem Giebel stammen zumeist aus der Zeit vor 1800. Zweigeschossige Bauten, deren Fassade durch ein horizontales Gesims abgeschlossen wird, sind dagegen jüngeren Datums. Schöne Beispiel hierfür sind die Häuser Rathausstraße 16 und 18.

Das **Haus Rathausstraße 16** aus dem Anfang des 19. Jahrhunderts zeigt eine klassizistische Putzfassade, die durch Fugenstriche Sandsteinquader andeutet. Trotz der nur drei Fensterachsen wirkt es relativ breit. Das schlichte Konsolengesims als Abschluss der Fassade betont die horizontale Orientierung.

Ganz anders die Nr. 18, das **Haus Samson**, das als das schönstes Haus in Leer gilt. Erbaut wurde es um 1560. Im Jahr 1643 erhielt es die heutige Fassade. Durch den Eingang und die darüber in der Mittelachse liegenden drei Fenster betont es die Vertikale. Dieser Eindruck wird durch das bekrönende Rundfenster (Ochsenauge) im Schaugiebel verstärkt, das von Akanthusblättern umschlungen ist. Breite Akanthusranken zeigen sich

Schmucke Giebelhäuser säumen die Rathausstraße

auch beidseits der hoch aufragenden Giebelfront, dazu Gesichter als Schlusssteine in den Entlastungsbögen über den Fenstern des ersten Stockwerks und über dem schmalen Durchgang.

Das Gebäude gilt als Beispiel für den niederländischen Frühbarock. Wie zu dieser Zeit üblich, erhielt das Gebäude einen Namen, hier die Bezeichnung ›Haus Samson‹ als Ausdruck der Stärke. Die Aufschrift ›Gegründet 1800‹ bezieht sich auf die Weinhandlung Wolff.

Schöne Giebel zeigen auch die **Wohnhäuser Nr. 14**, um 1600 erbaut, und **Nr. 12**, vermutlich um 1620 entstanden.

Kirchstraße

Die Rathausstraße war die Straße der Kaufleute und wohlhabenden Bürger. Die Kirchstraße, in die die Rathausstraße Ecke Brunnenstraße übergeht, war dagegen die Straße der Handwerker und kleinen Leute. Auffällig durch seine gelblich verputzte Fassade und das hoch aufragende Zwerchhaus mit geschweiftem Giebel ist nur das Haus **Kirchstraße 21**. Es wurde um 1750 errichtet.

▸ Karte S. 248

Große Kirche

Auf der gegenüberliegenden Straßenseite führt ein Gang zur Großen Kirche, dem Gotteshaus der Reformierten Gemeinde, das 1787 als Zentralbau auf achteckigem Grundriss errichtet wurde. Der dreigeschossige **Kirchturm** mit offener Laterne und der Wetterfahne ›Schepken Christi‹, dem Symbol der Reformierten Kirche, kam 1805 hinzu. Der Turm ist ein wichtiger Teil der Stadtsilhouette.

Im Innern stellt das Gotteshaus die **Kanzel** als Ort der Verkündigung von Gottes Wort in den Mittelpunkt der Rauminszenierung. Bei der Sanierung bis 2012 wurde die originale Farbigkeit erhalten: rotbraunes Gestühl, weiße Emporen und Säulen, über die sich die dunkelgrüne Decke wölbt. In diesem schlichten, aber edlen Kirchenraum setzen einzig die Kronleuchter und die mit Schnitzwerk verzierte Orgel Glanzpunkte.

Die Kanzel wie auch der Kern der **Orgel** stammen aus dem Jahr 1609. Deutlich älter ist das romanische **Taufbecken**, das auf die Zeit um 1200 datiert wird.

Reformierter Kirchgang, im Hintergrund der Turm der Großen Kirche

Auffallend niedrig: die Lutherkirche

St. Michael

Etwas weiter die Kirchstraße hinunter, Ecke Patersgang, befindet sich die katholische Kirche St. Michael. Das Gotteshaus mit eingezogenem Kirchturm wurde 1775 gegen den Widerstand der protestantischen Gemeinden in Leer errichtet. Das Chronogramm über dem Eingang zeigt in den römischen Anfangsbuchstaben das Baudatum des Gotteshauses. Darüber ist ein Sandsteinrelief mit dem Erzengel Michael aus der Bauzeit zu sehen. Im Eingangsbereich wird neben anderen Märtyrern dem Leeraner Pfarrer Heinrich Schniers gedacht, der im KZ Dachau ermordet wurde.

Lutherkirche

Der Weg Patersgang, der eindrucksvoll die Enge der alten Leeraner Altstadt demonstriert, führt zur Lutherkirche (Patersgang 1). Erst 1675 durften die Lutheraner in der mehrheitlich reformierten Stadt eine Kirche errichten. Zuvor musste die lutherische Gemeinde den Gottesdienst in der Luftlinie fünf Kilometer entfernten Kirche des Dorfes Logabirum besuchen. Auf den Bau des Langhauses der Lutherkirche folgten nach und nach Anbauten, die das Gotteshaus zu einer Kreuzkirche werden ließen. Im Innern dominiert das Langhaus aber weiterhin den Raumeindruck durch das hölzerne **Tonnengewölbe**, das 1910 auch noch durch eine neubarocke Ausmalung betont wurde. Ungewöhnlich ist die Platzierung der **Orgel** an der Ostseite der Kirche, wo sie den Hintergrund für den Altar abgibt. Hoch erhebt sich der 1766 angesetzte **Glockenturm**, der mit seiner offenen Laterne und dem Zwiebelhelm in der Silhouette der Altstadt leicht zu erkennen ist.

Noch etwas weiter die Kirchstraße hinunter münden links der Lutherische Schulgang und rechts der Reformierte Schulgang ein – ein für alle sichtbarer Ausdruck des – nicht immer friedlichen – Nebeneinanders dieser beiden protestantischen Glaubensrichtungen in der Stadt. An der Kirchstraße, Ecke Süderkreuzstraße dokumentiert eine **Infotafel** den in den 1970er Jahren beabsichtigten Flächenabriss. Verschwinden sollte unter anderem die schöne Dreiflügelanlage des ehemaligen **Armenhauses der lutherischen**

Gemeinde (Süderkreuzstr. 7) von 1788, das heute als Jugendherberge dient. Natürlich gab es auch ein **Armenhaus der reformierten Gemeinde** (Kirchstr. 54), das 1790 errichtet wurde. Heute steht es gegenüber dem Neubau der Notaufnahme des Borromäus Hospitals.

Kaakspütte

Der kleine dreieckige Platz am Ende der Kirchstraße, Ecke Alte Marktstraße, wird als Kaakspütte bezeichnet. Mit seiner **Wasserpumpe** erinnert er daran, dass hier der erste Marktplatz der Stadt Leer lag. Der Name Kaakspütte setzt sich aus Kaak für den Pranger und Pütte für Brunnen zusammen.

Die umliegenden zweigeschossigen Neubauten nehmen die alten Straßenkanten auf und passen sich mit ihren Giebeln in der Höhe halbwegs der Altstadt an.

Alter Reformierter Friedhof mit Krypta

Was aus der Leeraner Altstadt geworden wäre, hätte die Stadtverwaltung den beschlossenen Flächenabriss durchgeführt, kann man sich an den vier- bis sechsgeschossigen Wohnbauten an der Straße Westerende anschauen: Wandflächen aus regionaltypischem roten Ziegeln mit Balkonfronten in grauem Beton.

Jenseits der Straße Blinke sieht man die Grünanlage, die den Zugang zum Alten Reformierten Friedhof Westerende freigibt. Hier wartet auf einer der ältesten christlichen Kultstätten in Ostfriesland die Krypta der Kirche St. Liudger auf Besucher.

1957 wurde die Krypta zur **Gedenkstätte für die Gefallenen des Zweiten Weltkrieges** umgestaltet. Hinter dem neu angelegten Zugang teilt sich der Raum in zwei Schiffe, die von den ältesten erhaltenen Gewölben in Ostfriesland, zwei Tonnengewölben aus der Zeit um 1200, überspannt werden. Beim Abriss der baufälligen Kirche St. Liudger 1767 wurde die Krypta belassen, um die Totenruhe nicht zu stören.

Heute zeigt sie an der Außenwand Richtung Osten mehrere alte **Grabplatten**, darunter die gut erhaltene Platte mit der plastischen Ganzköperfigur des Arend Freese, gestorben 1582. Freese war Sprössling eines Adelsgeschlechts, das in Ostfriesland über mehrere Burgen verfügte.

Plytenberg

Vom Friedhof sind es nur noch wenige Meter die Plytenbergstraße hinunter bis zum sagenumwobenen, neun Meter hohen, künstlich aufgeschütteten Plytenberg. Der Glaube, es handele sich hier um das Grabmal eines Normannenherrschers, wurde von archäologischen Untersuchungen nicht bestätigt. Vermutlich wurde der Hügel nur als Aussichtspunkt der nahen Festung Leerort angelegt. Die Sage aber will wissen, dass in dem Hügel die Erdmantjes leben, die den Schatz des Friesenkönigs Radbod bewachen.

Haneburg

Gut zu erreichen ist vom Reformierten Friedhof aus die Haneburg (Haneburgallee 8), die sich Claes Frese 1570 bauen ließ. Der Längsflügel entstand als repräsentatives Langes Haus, die beiden Quergebäude wurden später angesetzt. Frese hatte die Ländereien an der Blinke gekauft und war der letzte Amtmann (Drost) in Leer.

Brummelburgstraße und Harder-wykenburg

Die Brummelburgstraße, die Richtung Norden von der Alten Marktstraße abgeht, gibt mit der Reihe eingeschossiger Wohnhäuser nochmals einen Eindruck von den Lebensverhältnissen der ein-

▸ Karte S. 248

Die Bünting Coloniale

fachen Handwerker, darunter auch der Leineweber.

Die Harderwykenburg (Harderwykensteg 21), wenige Schritte von der Brummelburgstraße entfernt, ist neben den Steinhäusern in Bunderhee und Nesse das dritte erhaltene frühneuzeitliche Turmhaus in Ostfriesland. Über 16 Meter hoch und mit 3 Meter dicken Mauern wurde es um 1470 errichtet. Original erhalten ist der geschweifte Treppengiebel. Die Fensteröffnungen und der Anbau wurden später hinzugefügt. Der Burggraben wurde zugeschüttet.

Die Burg ist seit 1788 im Besitz der Familie zu Innhausen und Knyphausen und kann daher nicht besichtigt werden. Nur ein Blick durch den schmiedeeisernen Zaum auf das parkartig angelegte Grundstück ist möglich.

■ Bünting

Am östlichen Ende des Harderwykenstegs befindet sich die frühere **Tabakfabrik** (Harderwykensteg 1) der Firma Bünting, die hier um 1920 errichtet wurde. Bis in die Nachkriegszeit war der Tabak und nicht der Tee das wichtigste Erzeugnis der Firma. 1982 zwang der Trend zur Zigarette die Firma, die Tabakproduktion einzustellen. Bekannt war vor allem die Tabakmarke Schwarzer Krauser.

Mit der modernen Interpretation eines Kolonialwarenladens namens **J. Bünting Coloniale** (Brunnenstr. 39) nur wenige Meter weiter macht die Leeraner Traditionsfirma auf sich aufmerksam. Die bunt gestrichene Fassade des Eckhauses von 1910 wirkt wie eine lebensfrohe Antwort auf den gegenüberliegenden dreigeschossigen Beton-Klotz von 1974, dem Symbol einer Stadtzerstörung, wie sie dann von der Bürgerinitiative Altstadtsanierung verhindert wurde. Drei historische Gebäude mussten für diesen Bau abgerissen werden, der im Volksmund nur **Kleemann-Bunker** genannt wird.

Nur wenige Schritte weiter die Brunnenstraße hinunter geht es dann im **Bünting Teemuseum** (Brunnenstr. 33) um die ostfriesische Teekultur – ein sehr passender Standort, den er liegt nur zwei Häuser entfernt vom Stammsitz der Firma: Im Gebäude Brunnenstraße 35 wurde Anfang des 19. Jahrhunderts der kleine Kolonialwarenladen eröffnet.

Geht man an der Ecke Harderwykensteg geradeaus, führt der Weg in die Mühlenstraße, die schon vor der Sanierung der Altstadt zur Fußgängerzone umgestaltet worden war. Dementsprechend finden sich hier auch Geschäftshäuser jüngeren Datums.

■ Brunnenstraße

Die Brunnenstraße gehört zur verkehrsberuhigten Einkaufsmeile in der Altstadt und führt zurück zur Rathausstraße. Gebäude zumeist aus der Zeit um 1900 geben den Hintergrund für die Geschäftsstraße. Ein schönes Beispiel für die Baukultur des Historismus ist das neugotische **Geschäftshaus Brunnenstraße 19**. Es erinnert mit Zinnen und Maßwerk sowie spitzbogigen Fens-

Frühere Pack- und Lagerhäuser am Wilhelminengang

teröffnungen und Blendarkaden an den mittelalterlichen Baustil. Aus dem Ende des 18. Jahrhunderts sind hier nur die Gebäude **Brunnenstraße 25 und 27** mit ihren geschweiften Giebeln erhalten.

Wilhelminengang

In eine friesische Hafenstadt um 1800 fühlt sich versetzt, wer hinter dem Haus Samson von der Rathausstraße in den Wilhelminengang einbiegt. Hoch aufragende zwei- und dreigeschossige Backsteinhäuser mit Ladeluken und Windenerker bestimmen das Bild – hier in Hafennähe wurden die Packhäuser zur Lagerung der Waren errichtet.

Wohn- und zugleich Packhaus war das **Haus Wilhelminengang 2**, in dem heute die Stadtbibliothek untergebracht ist. Ein Teil des Gebäudes dient als **Kulturspeicher** für Lesungen, Theater und Konzerte. Dazu kommt das **Kulturspeicher-Café** mit Wintergarten und der Kulturspeichergarten, der bis an den Hafen heranreicht.

Die Reihe der Backsteinbauten wird von der grau verputzten **Mennonitenkirche** an der Ecke Faldernstraße unterbrochen. Sie gibt sich in goldenen Lettern mit dem Wort DEO (Gott) als Gotteshaus zu erkennen. Zwei Halbkreise als Fenster (Lünetten), ein Dreieck als Bekrönung der Zugangstür und ein kräftiges Gesims als horizontaler Abschluss, das den Sockel als Basis reflektiert – Klassizismus pur.

▸ Karte S. 248

Hafen

Über die Faldernstraße erreicht man mit wenigen Schritten die **Wilhelm-Klopp-Promenade**, auf der man entlang des Hafens zum Ernst-Reuter-Platz und damit zum Wochenmarkt der Stadt spazieren kann. Von dort geht es weiter vorbei am Bootshaus des Rudervereins zum Café und **Restaurant Schöne Aussichten**. Leer ist in den vergangenen Jahren an den Hafen gezogen.

Wörde

Wer Richtung Einkaufsmeile gehen möchte, biegt hinter der Mennonitenkirche von der Faldernstraße links ab in die Straße Wörde. Vorbei an Häusern aus der Zeit nach 1800 nähert man sich der Mühlenstraße, einzig das **Haus Wörde 31** stammt aus der Zeit um 1600. Typisch für ein Renaissancegebäude sind die sichtbaren Entlastungsbögen über Fenstern und Tür mit Engelskopf als Schlussstein.

Das **Rheden'sche Haus** fast am Ende der Straße Wörde (Wörde 5), ein Palais aus dem Jahre 1720, dient heute als Amtsgericht. Aber Vorsicht: Die Giebelfront links gehört zu einem Anbau jüngeren Datums. Deutlich ist der Unterschied zwischen Alt und Neu in den verwendeten Backsteinen erkennbar. Die historische Fassade mit der durch Sandsteinrahmung hervorgehobenen Eingangstür ist durch Kolossalpfeiler über zwei Stockwerke gegliedert, Sandsteinelemente zeigen sich auch als Rahmungen der Fenster im Erdgeschoss und als Kapitelle der Pfeiler.

Nur wenige Schritte sind es noch bis zur Mühlenstraße. Das **Klasen'sche Haus**

(Mühlenstr. 31) gegenüber der Einmündung der Wörde wurde 1806 im Stil des Klassizismus errichtet.

Mühlenstraße

Durch die von Geschäftsbauten geprägte Mühlenstraße geht es über den Denkmalplatz bis zum Bahnhofsring mit dem **Frisia-Center Leer**. Hier wurden im Namen der Stadtsanierung das Gesicht der Stadt nachhaltig verändert – und das nicht zum Besseren. Vor allem der Abriss des alten Postgebäudes von 1886 ist ein Verlust. Den kann man erahnen, schaut man sich das nur wenige Schritte entfernte **Zollhaus** von 1862 in schönster Backsteinarchitektur an. 1993 gründete sich der Zollhausverein Leer, der nach und nach aus dem lange Jahre als Lagerhaus genutzten und dann leer stehenden Gebäude ein Veranstaltungszentrum mit Saal für 800 Gäste schuf. Von Konzerten über Ausstellungen bis zu Partys ist es seit 30 Jahren der ›Raum für Kultur‹ in Leer. Sehr schön ist auch das **Bahnhofsgebäude** von 1855 im Rundbogenstil.

Leer

Alle genannten Einrichtungen: 26789 Leer.

Tourist-Information Leer, Ledastr. 10, Tel. 0491/91969670; Mo–Fr 9–13 und 14–17, Sa 10–13 und 14–17 Uhr, im Winter Sa geschlossen. www.touristik-leer.de

Hotel Hafenspeicher, Ledastr. 23, Tel. 0491/9975300; DZ ab 199 Euro. In Hafennähe. www.hotel-hafenspeicher.de

360 Grad Boutique Hotel, Mühlenstr. 36–38 (Zugang über Kupenwarf), Tel. 0491/99755771; DZ 85 Euro. Kein Frühstück. www.360grad-leer.de

Hotel Schlafstübchen, Logaer Weg 96, Tel. 0491/74175; DZ ab 79 Euro. www.schlaf-stübchen.de

Stellplatz P9 – Große Bleiche, Große Bleiche 2, Tel. 0491/91969670. Wohnmobilstellplatz, drei Tage kostenlos. Unmittelbar in der historischen Altstadt.

Restaurant zur Waage, Neue Str. 1, Tel. 0491/62244; Mi–So 12–14, 18–20.30 Uhr. Moderne norddeutsche Küche. www.restaurant-zur-waage.de

Schiffsrestaurant Spiekeroog III, Doktor-vom-Bruch-Brücke 1 (Hafenstr., Ecke Nessestr.), Tel. 0491/99751855; Mi–Sa 17.30–23, So 12–14 und 17.30–22 Uhr.

Pier 23, Ledastr. 23, Tel. 0491/97672623; Mo–Fr ab 12, Sa/So ab 11.30 Uhr, Küche 12–14.30 und 17–22 Uhr. Im Hotel Hafenspeicher. www.pier-23.de

Café im Kulturspeicher, Wilhelminengang 2, Tel. 0491/45451399; Mi–So 9–16.30 Uhr. Auch Biergarten.

Café Schöne Aussichten, Ledastr. 4, Tel. 0491/67842; Mo–Sa ab 9, So ab 10 Uhr. Mittagstisch und Abendkarte, Plätze am Hafen. www.schoeneaussichten-leer.de

Sissi Café, Brunnenstraße 6, Tel. 0176/61181976; Mo–Fr 10–18, Sa/So 10–16 Uhr. Café und zugleich Tortenmanufaktur mit der Spezialität Sissi-Torte. www.sissitorte.de

Heimatmuseum Leer, Neue Str. 12 + 14, Tel. 0491/2019; April–Okt. Di–So 10–17 Uhr, Nov.–März Mi–So 11–17 Uhr. www.heimatmuseum-leer.de

Bünting Teemuseum, Brunnenstr. 33, , Tel. 0491/9922044; Di–Sa 10–18 Uhr; 3 Euro, Teestunde 8 Euro pro Person. www.buenting-teemuseum.de

Große Kirche, Kirchstr. 14, zugänglich Mo–Fr 14.30–16.30, Sa 10–12 Uhr.

Zollhaus Raum für Kultur, Bahnhofsring 4, Tel. 0491/67649. www.zollhaus-leer.com

Landwerdung, Polder und die Frage: Wem gehört das neue Land?

Im Rheiderland werde die dem Meer durch Eindeichung abgerungenen Flächen wie in den Niederlanden Polder genannt. Im östlichen Ostfriesland heißen sie dagegen wie im Oldenburger Land Groden. Das Prinzip der Landgewinnung aber ist beides Mal das gleiche und basiert auf der natürlichen Landwerdung.

Im Wasser gelöste Sedimente – Sand, Schluff, Ton, organische Stoffe – werden mit der Flut auf das Land gespült. Je größer die Partikel sind, desto eher sinken sie zu Boden. Und das geschieht vor allem unmittelbar an der Wasser-Land-Grenze, denn hier wird das Wasser abrupt abgebremst und verliert schlagartig an Transportkraft. Nur die feineren Stoffe werden weiter auf das Land gespült.

So entsteht unmittelbar an der Küste ein Wall, der etwas höher ist als das dahinterliegende Land. Auf diesem Wall siedeln sich erste Pflanzen wie Queller und Strandhafer an, die den hohen Salzgehalt des Bodens tolerieren. Wird der Wall bei Flut überspült, bleibt in den Pflanzen vermehrt Sediment hängen.

Diese natürliche Landwerdung haben sich die Menschen zunutze gemacht. Durch Lahnungen – eine doppelte Pfostenreihen im Watt, zwischen die Strauchschnitt geschnürt wird – oder andere Hindernisse wird die Ablagerung der im Wasser gelösten Sedimente unterstützt. Hat das Watt das Niveau der Fluthöhe erreicht, werden Gräben (Grüppen, Grüppel) in das Watt gezogen und der ausgehobene Boden auf der Fläche zwischen den Lahnungen verteilt. In den Gräben setzt die Flut weiteren Schlick ab, der immer wieder auf der Fläche zwischen den Lahnungen verteilt wird. Ungefähr zehn Zentimeter wächst so das Land pro Jahr in die Höhe. Ist die Landschicht hoch genug, wird das so gewonnene Land von einem niedrigen Sommerdeich eingefasst. Im Winter gehen die Fluten über diese Deichlinie hinweg. Im Sommer aber schützt der Deich das Land, das so als Weidefläche nutzbar wird oder auch abgemäht werden kann. Wird der Deich soweit erhöht, dass er das Wasser der Sturmfluten des Winters abhält, gilt eine Fläche als eingedeicht. Der Deich ist zum Winterdeich geworden.

Aus dem Boden des eingedeichten Neulandes wäscht der Regen in kurzer Zeit das Salz aus, die Nutzung als Ackerland kann beginnen. Da der Boden sehr kalkhaltig (zerriebene Muschel- und Schneckenhäuser) und reich an Nährstoffen (organisches Material im Sediment) ist, ist er sehr fruchtbar und eignet sich bestens zum Ackerbau.

Das Prinzip der Landgewinnung ist seit Jahrhunderten bekannt und wurde seit der Zeit um 1600 auch in Ostfriesland angewandt. Aber wem gehörte das Land, das so gewonnen wurde? Demjenigen, der die Eindeichung finanzierte? Denjenigen, die schon vor der Eindeichung die Salzwiesen als Weideflächen genutzt hatten? Schauen wir uns die Eindeichungen im Rheiderland an.

Schon 1594 hatte Graf Edzard II. von Ostfriesland bekannt geben lassen, dass alles Land, das vor dem alten Dollartdeich anwuchs, ihm gehöre. Dagegen liefen die Bauern von Bunde, Boen und Wymeer Sturm, hatten sie doch das Deichvorland schon lange Jahre genutzt. Vor allen Dingen aber hatte das Land ihren Vorfahren gehört, bevor es die Nordsee nahm.

Es folgte Prozess auf Prozess, während die Grafen von Ostfriesland schon handelten. 1605 beauftragten sie niederländische Unternehmer mit der Eindeichung von Bunderneuland. Für das neugewonnene Land kassierten sie von diesen Investoren dann Erbpacht. Die Eindeichung von Charlottenpolder (1682) finanzierte das mittlerweile gefürstete Haus Cirksena vollständig und beanspruchte das Land für sich. Bei der Eindeichung 1707 kam es zu einer Teilung des Neulandes zwischen den Bauern und dem Fürstenhaus. Die Bauern erhielt rund drei Viertel des Landes (Interessenten-Polder), das Fürstenhaus Cirksena musste sich mit rund einem Viertel der gewonnenen Fläche zufriedengeben (Norder und Süder Christian Eberhards Polder). Das war trotzdem ein gutes Geschäft für die Cirksenas, weil gleichzeitig vereinbart wurde, dass in der Zukunft alles neu eingedeichten Gebiete dem Fürstenhaus zufallen werden. Damit waren alle Unklarheiten bereinigt.

Weite Flächen im Rheiderland wie diese wurden dem Meer abgerungen

Rheiderland

Das Rheiderland, das Land westlich der Ems, war immer etwas Besonderes. Erst um 1600 kam die Region endgültig zu Ostfriesland. Und das geschah auch nur, weil die Meeresbucht Dollart so tief ins Land eingebrochen war, dass die historisch gewachsene enge Verbindung mit dem Reiderland in der heutigen Provinz Groningen (Niederlande) erheblich gestört war.

Weite Teile der Region bestehen aus junger und alter Marsch: plattes Land, endlose Wiesen und Äcker, über die man mittags schon sehen kann, wer nachmittags zum Tee kommt.

Aber es gibt Unterschiede. In den durch Eindeichung gewonnenen Polderflächen unmittelbar am Dollart ist der vom Meer aufgetragene Boden durch den hohen Kalkgehalt (zerriebene Muschelschalen) sehr fruchtbar und durch die gröbere Körnung der Sandpartikel leicht zu bearbeiten. Hier wird Ackerbau betrieben, der satte Erträge bringt. Östlich dieser Seemarsch beginnt die alte Emsmarsch, die weniger furchtbar ist. Durch den feinkörnigen, aufgeschlickten Boden und die jahrhundertelange natürliche Verdichtung ist sie sehr schwer zu bearbeiten (Sietland). Zudem liegen ganz Landstriche dieser Emsmarsch unter dem Meeresspiegel und sind dadurch stellenweise vernässt. Sogar Moorböden sind hier zu finden. In der alten Emsmarsch wird in der Regel Wiesenwirtschaft betrieben. Unmittelbar an der Ems schließt sich die jüngere Emsmarsch an, die etwas höher liegt. Auf ihr wurden die Orte von Bingum bis Pogum angelegt.

Nur ein schmaler Geeststreifen in Ost-West-Richtung durchzieht in etwa in der Mitte die Region. Auf ihm wurde die Straßenverbindung Weener–Bunde angelegt. Weiter südlich beginnen die Ausläufer des Bourtanger Moores. Ein Ort wie Wymeer wurde im Hochmoor gegründet. Heute wird auf den abgetorften Flächen ebenfalls Wiesenwirtschaft betrieben.

Weener ist die einzige Stadt des Rheiderlandes. Durch weiträumige Eingemeindung hat sie heute über 15 000 Ein-

Im Bentumer Sieltief

▶ Karte S. 246

wohner, im Kernort aber leben nur rund 6700 Menschen. Mit den Unternehmen Weener Plastic Packaging Group, der Papierfabrik Klingle und dem Bauteilehersteller Wildeboer verfügt Weener über einige gewerbliche Arbeitsplätze. Alles beherrschend aber ist im Rheiderland die Landwirtschaft, neben der sich der Tourismus langsam zum zweiten Standbein der Region entwickelt.

Die Geschichte des Rheiderlandes ist vom Kampf mit dem Meer geprägt. Über 30 Dörfer und 3 Klöster verschwanden während der diversen Sturmfluten bis zum Anfang des 16. Jahrhunderts im Dollart. Mit der Zweiten Cosmas- und Damianflut am 25. und 26. September 1509 erlangte der Dollart seine größte Ausdehnung, er reichte nun nach Bunde und weiter südwestlich bis Wymeer. Aber schon im 16. Jahrhundert begann der Kampf der Menschen um das Land, das der Dollart genommen hatte. Deich um Deich wurde gebaut, Polder um Polder angelegt. So wurde der Dollart von 350 Quadratkilometern auf heute 103 Quadratkilometer Fläche reduziert.

Richtung Osten bildete die Ems eine natürliche Barriere zu Ostfriesland. Fähren waren viele Jahrhunderte die einzige Möglichkeit, den Fluss zu überqueren. Erst mit dem Bau der Jann-Berghaus-Brücke bei Leer 1940 wurde eine feste Verbindung zu Ostfriesland gebaut. Zuvor gab es nur eine Eisenbahnbrücke der Ost-West-Eisenbahn. Schon 1932 war das Rheiderland dem Landkreis Leer zugeschlagen worden.

Die Beziehung des Rheiderlands zu den niederländischen Nachbarkreisen brach 1945 aufgrund der NS-Zeit fast vollständig ab. Das Rheiderland rückte für viele Jahre in eine auch wirtschaftliche Randlage. Erst ab den 1960er Jahren wuchsen dann Rheiderland (deutsch) und Reiderland (niederländisch) allmählich wieder zusammen. Heute beträgt der Anteil niederländischer Staatsbürger in manchen Orten des Rheiderlandes bis zu zehn Prozent.

Wir stellen das Rheiderland als Tour vor, die in Bingum beginnt und entlang der Ems bis ans ›Endje van d' Welt‹ führt, sprich bis nach Pogum und weiter zur Bohrplattform bei Dyksterhusen. Hier fühlt man sich tatsächlich wie am Ende der Welt, während man auf den Dollart schaut. Durch die Poldergebiete geht es dann nach Bunde und über die B 436 weiter nach Weener. In Soltborg wird auf einen Abstecher hingewiesen, der quer durch das Rheiderland führt und so einen Eindruck von den endlosen Wiesenflächen gibt.

Bingum

Das Dorf Bingum ist seit 1973 der einzige, westlich der Ems liegende Ortsteil der Stadt Leer und entwickelt sich zunehmend zum Wohnviertel der Kreisstadt. Am einfachsten kommt man dorthin, wenn man von der Jann-Berghaus-Brücke in Leer ein kurzen Stück an der Bundesstraße fährt und dann rechts auf die Landesstraße 15 nach Bingum abbiegt. Schon nach wenigen Metern weist ein Schild den Weg zur **Ems-Marina-Camping**. Mit Campingplatz, Stellplätzen für Wohnmobile sowie Liegeplätzen für Freizeitboote lockt die Marina fast ganzjährig Besucher an. Auf dem Gelände findet sich ein Badesee.

Von der Ems-Marina kann man die Insel **Bingumer Sand** sehen, die durch einen Nebenarm der Ems von der Marina getrennt ist. Sie ist Teil des Naturschutzgebietes Unterems, das sich von der Mündung der Leda in die Ems bis zum Beginn der Außenems bei Emden erstreckt. Die Watt- und Flachwasserzone der Ems hat eine hohe Bedeutung für Flachwasserbewohner wie Muschel, Krebse und Garnelen, die anschließenden Deichvorländer mit ihren Röhrichten, Staudenfluren und Wiesen sind wichtige Überwinterungsgebiete für nordische Gänse.

Das alte Zentrum des Dorfes Bingum, das um 900 erstmals schriftlich erwähnt wird, findet sich um die **Matthäikirche** (An der Matthäikirche 2), eine der wenigen lutherischen Kirchen im ansonsten reformierten Rheiderland. Die Kirche stammt aus der Zeit nach 1200, wurde aber um 1700 erheblich in der Höhe reduziert. Die **Plastik Die Trauernde** vor der Kirche schuf der Leeraner Bildhauer Karl-Ludwig Böke, ebenso wie die Pforte zum Friedhof mit dem Ewigkeitssymbol Ouroboros (Schlage, die sich in den eigenen Schwanz beißt). Von Mai bis September ist die Kirche täglich von 10 bis 18 Uhr geöffnet. Das Gotteshaus liegt etwas abseits der engen Ortsdurchfahrt, an der das **Café Kuchenliebe** schöne Plätze im Innern und auf einer Gartenterrasse bietet.

Badesee Soltborg

Etwas nördlich von Bingum, gleich hinter der Auffahrt zur A 31, liegt der Badesee Soltborg. Der 8 Meter tiefe See verfügt über einen 100 Meter langen Sandstrand – eine der wenigen Gelegenheiten hier im Rheiderland, im Sommer ein kühlendes Bad zu nehmen. Seen gibt es in der Region kaum, und in die schlickigbraune Brühe der Ems will man eher nicht steigen.

Das **Schöpfwerk Groß-Soltborg** auf der anderen Seite der Hauptstraße wurde Ende der 1970er Jahre erbaut. Es ist eines von drei Schöpfwerken der Sielacht Rheiderland, die zusammen rund 29 000 Hektar Land entwässern.

Wer mit dem Fahrrad unterwegs ist, kann hinter dem Großsoltborger Sieltief rechts abbiegen, damit die Hauptstraße verlassen und auf dem Emsdeich weiterradeln.

▸ Karte S. 246

Abstecher ins Wiesenland

Links abbiegen sollte in **Soltborg**, wer das Rheiderland pur erleben möchte. Auf der Kreisstraße 36 geht es nach **Holtgast**, was so viel bedeutet wie ›fruchtbare Erhebung bei einem Gehölz‹. Heute sehen wir hier nur Wiesenland. Weiter geht es auf der Kreisstraße 37 nach **Böhmerwold** und **Marienchor**. Die beiden Orte haben sich viel von ihrer Ursprünglichkeit und Abgeschiedenheit inmitten der weiten Wiesenlandschaft bewahrt.

Jemgum

Wer von Soltborg auf der Landesstraße 15 oder auf dem Emsdeich nach Jemgum fährt, passiert den **Erdgasspeicher Jemgum**, den die EWE und die Firma Astora GmbH als Kavernenspeicher in einem riesigen Salzstock betreiben. Nicht nur in Sachen Windenergie, sondern auch für die Anlandung und Speicherung von Erdgas wird Ostfriesland immer wichtiger. Bei den Bauarbeiten zum Erdgasspeicher wurde 2009 ein Einbaum entdeckt, der auf das 7. Jahrhundert nach Christus datiert wird und damit das älteste erhaltene Wasserfahrzeug in Ostfriesland darstellt.

Vor dem Ort ist rechts im Deichvorland der Schornstein einer alten Ziegelei auszumachen, geradeaus schon die Kirche Jemgum zu sehen. Über die Deichstraße am Dorfrand kommt man zum Torso der **Roggenmühle** (Deichstr. 16), der schon seit 1972 als Wohnhaus genutzt wird. 1777 wurde die Mühle erbaut.

Gleich hinter der folgenden Kurve sieht man dann in der Lange Straße Rot – roter Ziegelstein als Straßenbelag, als Fußgängerweg, als Hauswand und darüber ein Kirchturm ebenfalls aus roten Ziegeln. Weiß heben sich in diesem Bild nur die Fensterrahmen, die Zäune und die Dachkanten ab. Der Aufbau Jemgums ist nicht leicht zu verstehen, da der alte Hafen am Sieltief zugeschüttet wurde. Das Dorf wurde auf zwei Langwarften entlang der Langen Straße und der Oberfletmer Straße südlich und nördlich des Jemgumer Sieltiefs als Handwerker- und Händlersiedlung angelegt.

Reformierte Kirche

Die Reformierte Kirche Jemgum (Lange Str. 49) besitzt einen Innenraum im Stil der klassischen Moderne und ist damit einzigartig in Ostfriesland. Dunkles Naturholz und filigrane Messingstäbe bestimmen das Bild. Dieser Innenraum ist das Ergebnis des Wiederaufbaues nach einem Brand 1930. Der **Kirchturm**, der den Brand unbeschadet überstand, stammt von 1846 und erinnert an einen Leuchtturm. Die Wetterfahne zeigt ein Segelschiff. Nach einem Brand 2004 wurde eine Orgel von 1844 aus der Werkstatt des Engländers Joseph William Walker eingebaut. Damit bereichert Jemgum die Orgellandschaft Ostfrieslands um ein Instrument von der Insel und ist Station bei Orgelexkursionen des Organeums Weener (→ S. 273).

Peldemühle

Hinter der Kirche verläuft ein Fußweg, der entlang der Grünanlage Auf der Wierde zur Peldemühle Jemgum (Kreuzstr. 2) führt. Die zweistöckige Mühle stammt aus das Zeit um 1755 und zeigt eine Reetdeckung, Jalousieflügel und Windrose. Seitdem der Mühlenbetrieb 1996 eingestellt wurde, versucht ein Mühlenverein die voll funktionsfähige Mühle als ortsbildprägendes Bauwerk zu erhalten.

Albahaus

Das Albahaus (Lange Straße 17) trägt seinen Namen nach dem Herzog von Alba, der ab 1567 Statthalter des Königs in den Spanischen Niederlanden war. In

Mündung des Jengumer Sieltiefs in die Ems

der Schlacht von Jemgum besiegte Alba am 21. Juli 1568 die niederländischen Freiheitskämpfer und ließ seine Truppen daraufhin drei Tage im Rheiderland plündern und morden. Alba könnte also in Jemgum gewesen sein, was einen Heimatforscher in den 1930er vermuten ließ, dass er in diesem Haus gewohnt hat. Belege für seine These blieb er aber schuldig.

Das Haus von 1567 ist weitgehend original erhalten. Typisch sind die drei horizontalen Bänder aus Sandstein (Specklagen) als Schmuck der roten Backsteinfassade. Unterhalb des unteren Bandes die Hausmarke mit den Namen des Erbauers Heuwe Syrt und dem Baudatum 1567. Im Geist der Zeit der Sinnspruch in niederländischer Sprache; übersetzt: ›Vertraut weder auf euer Geld noch auf euer Gut noch auf Fleisch oder Blut / denn, wenn euer Geld und Gut weniger zu werden beginnt, verlassen euch alle Menschen / Halte dich rein, niedrig und klein / denke an den Tag, dem niemand entrinnt / Heuwe Syrt im Jahre 1567‹. Der Giebel, die Fenster und die Tür im Erdgeschoss sind verändert.

Am Badesee Soltborg

Rund um den früheren Hafen

Neben der **Alten Schmiede** (Nr. 34) aus der Mitte des 19. Jahrhunderts ist in der Oberfletmer Straße vor allem das ehemalige **Amtshaus** (Nr. 39) aus dem Jahr 1830 einen Blick wert. Das Backsteingebäude wurde jüngst saniert und zum Bürgerhaus der Gemeinde umgestaltet. Die große Brachfläche ein kurzes Stück weiter, jenseits der Ziegeleistraße, verweist auf die ehemalige Ziegelei Reins (Fährpad 1), die 2008 schließen musste. Nur noch das **Sielhaus** (Marktstr. 27) erinnert daran, dass gegenüber vom Amtshaus einst der Jemgumer Hafen lag. Der eingeschossige Ziegelbau aus der ersten Hälfte des 19. Jahrhunderts war das Wohnhaus des Sielwärters, der zugleich als Fährmann arbeitete. Im Sielhaus betrieb er zudem einen kleinen Kaufmannsladen und eine Gastwirtschaft. Das Gebäude, dessen Vordertür und vorderen Fenster alte Vorrichtungen zum Einhängen von Holzbohlen als Hochwasserschutz zeigen, dient heute dem Heimatverein als Begegnungsstätte und Veranstaltungsraum. Ebenfalls aus der ersten Hälfte des 19. Jahrhunderts stammt das eingeschossige **Gulfhaus** (Marktstr. 25) gleich daneben. Anfang der 1950er Jahr wurde bis auf einen schmalen Wassergraben der Jemgumer Hafen verfüllt und als Marktplatz gepflastert. Damit verlor der Ort sein unverwechselbares Gesicht. Der neue **Sporthafen am Fährpatt**, der nach der Vorverlegung des Deichs vor dem Siel ausgebaut wurde, kann diese Funktion nicht übernehmen. Wie alle Häfen an der Unterems leidet der Jemgumer Hafen an den Schlickmassen, die der Fluss hier ablagert.

Vom einstigen Wohlstand und der Bedeutung des Ortes Jemgum erzählen die Häuser Marktstraße 13 und Marktstraße 9. Das **Bürgerhaus Marktstraße 13** stammt aus dem Jahr 1798 und wurde von einem jüdischen Kaufmann erbaut. Schön ist die Dreieckmauerung an den Rändern des Giebels. Sandsteinausschmückungen finden sich um die Tür und mit Hinweis auf das Baudatum an den beiden ersten Dreiecken am Rand des Giebels.

Die Waage über der Haustür der **Marktstraße 9** erinnert an die alte Funktion des Gebäudes als öffentliche Waage, die unter der Aufsicht der Kirche stand. Erbaut wurde das Gebäude laut Hauszeichen im Obergeschoss 1589, erweitert 1856. Etwas merkwürdig wirken die Vergoldungen im Klötzchengesims.

Ziegeleibesitzer gehörten neben den Großbauern zur Elite im Rheiderland und bau-

▲ Karte S. 246

ten sich aufwendige Villen. In Jemgum kann man sich als gut erhaltene Beispiele die **Villa Reins** (Hofstr. 4) von 1910 anschauen oder auch das **Gulfhaus Hofstraße 5** von 1877 mit Plastiken auf dem Eingangsvorbau und aufwendiger Ausschmückung.

Neu-Jengum

Die Ortserweiterung Neu-Jengum am nördlichen Rand der Dorfes wurde bereits 1927 begonnen, bekam aber erst nach dem Zweiten Weltkrieg durch den Zuzug von Flüchtlingen aus den ehemals deutschen Ostgebieten richtig Aufwind.

Ziegeleimuseum

Von der Hauptstraße (L 15) führt der Weg Eppingawehr rechts ab an den Deich. Zwei hohe Schornsteine weisen uns den Weg ins Deichvorland zu zwei ehemaligen Ziegeleien: Cramer, gegründet 1799, und Leding, bereits ab 1700 in Betrieb. Die beiden Ziegeleien sind nur durch einen künstlich gegrabenen Kanal voneinander getrennt.

Seit 1998 versucht der Ziegeleiverein Jemgum, die **Ziegelei Cramer** als kulturhistorisches Denkmal zu erhalten. Ein **Ziegeleimuseum** (www.ziegelei-midlum.de) erläutert anhand von originalen Werkzeugen und dem begehbaren Ringofen die Herstellung der Backsteine. Immerhin 26 Ziegeleien gab es im Rheiderland. Ziegel prägen das Gesicht der Orte bis heute – gute Argumente für ein solches Museum. Aber es fehlt seit Jahren an Geld, um Basiseinrichtungen für einen Museumsbetrieb wie Toiletten einzubauen. Neueste Idee: In die Ziegelei könnte passend zur Lage im Deichvorland neben dem Ziegeleimuseum ein Biosphärenhaus als Lern- und Erlebniswelt entstehen. 2023 wurde Jemgum neben anderen Gemeinden offiziell als Teil der Biosphärenegion Niedersächsisches Wattenmeer anerkannt. Die Planungen für ein Biosphärenhaus im Ziegeleimuseum laufen.

Führungen in der Ziegelei sind in der Regel nur für Gruppen möglich, oder aber man hat Glück und kommt an einem der Öffnungstage wie dem Tag des offenen Denkmals vorbei.

Midlum und Critzum

Midlum ist ein altes Warftendorf, an dessen höchstem Punkt die **Kirche Midlum** aus dem 13. Jahrhundert steht: ein rechteckiger Saal mit eingezogener Apsis, die noch die kleinen, rundbogigen

Die Kirche in Critzum

Fenster der Bauzeit zeigt. Die Fenster des Kirchenschiffs sind dagegen mehrfach vergrößert worden. Alle Blicke aber zieht der frei stehende **Glockenturm** auf sich. Mit einer Neigung von 6,74 Grad wär er der schiefste Glockenturm der Welt, aber: Bei einer Grundfläche von 7,30 mal 9 Metern bringt er es nur auf eine Höhe von 14 Metern. Das reicht nicht, um als Turm durchzugehen.

Auch **Critzum** wurde auf einer Rundwarft errichtet, und auch hier steht die **Kirche** aus dem 13. Jahrhundert im Mittelpunkt des Dorfes. Nicht aber der Glockenturm erregt hier die Aufmerksamkeit, sondern der umgebende breite Graben, der das Gotteshaus als ehemalige Wehrkirche kennzeichnet. Die Ostseite der Kirche stützen drei Strebepfeiler ab.

Unmittelbar vor dem Coldeborger Sieltief fahren Radler wieder an den Emsdeich. Vorbei geht es auf diesem Weg am **Schöpfwerk Coldeborg** von 1975.

Hatzum

Wie Jemgum entstand Hatzum als Handwerker- und Händlersiedlung. Die Kirche des Ortes und auch die ehemalige Burganlage stehen auf einer eigenen Warft etwas weiter westlich.

Die **Kirche St. Sebastian** (Karkgang 1) wird als romano-gotisch eingeordnet, weil sie den gotischen Spitzbogen zeigt, ohne ein Bauwerk der Gotik zu sein. Am Langhaus der Kirche sind auf beiden Seiten die Maueransätze eines Querhauses auszumachen, das im 17. Jahrhundert abgerissen wurde. Im Innern weisen Ziegelbahnen (Dienste) auf eine heute verschwundene Wölbung der Decke hin. Damit hebt sich die Kirche Hatzum aus der umliegenden Kirchenlandschaft deutlich hervor. Der Grund: Sie war Sitz einer Propstei des Bistums Münster.

Neben der Kirche erinnert der Burggraben um das **Wohnhaus Achter'd Toorn 5** (Hinterm Turm 5) an eine ehemalige Burganlage. Das heutige Gebäude, dessen Gulfteil abgebrannt ist, wurde 1824 als Wohnteil errichtet.

Weiter entlang der Straße Achter'd Toorn finden sich einige Bauernhöfe, die nicht zum ursprünglichen Siedlungsbestand des Handwerkerortes gehören. Ganz am Ende der Straße, kurz bevor wir in die unendliche Weite des Rheiderlandes schauen, lädt bei gutem Wetter das **Gartencafé und Melkhuske Hatzum** in einen alten Bauerngarten ein. Es gibt Tee, Kaffee, Kuchen und nebenbei auch noch Erzeugnisse des Bauernhofs.

Ditzum versucht wie hier in der Kirchstraße das alte Ortsbild zu bewahren

▶ Karte S. 246

Ditzum

In den vergangenen Jahren hat sich Ditzum zum touristischen Highlight der Region entwickelt. 1970 gab es in der gesamten Gemeinde Jemgum, zu der auch Ditzum gehört, sieben Unterkünfte für Touristen mit insgesamt 23 Gästebetten. Heute werden allein in Ditzum über 80 000 Übernachtungen pro Jahr gezählt. Trotzdem versucht der Verkehrsverein Ems-Dollart, sich von dem Touristen-Hotspot Greetsiel in der Krummhörn abzusetzen. »Wir müssen die Ursprünglichkeit bewahren!«, wird der Geschäftsführer Luitpold Handwerker in der Rheiderland Zeitung zitiert.

Und es gibt eine Menge zu bewahren. Schon am Eingang des Dorfes steht der um 1860 erbaute und wunderbar restaurierte **Hof Homfeld** (Sielstr. 10). Der Eingang mit Treppe und Sandsteinrahmung wird von zwei Hauslinden eingefasst. In der Spitze des Giebels fallen ein Rundfenster und die Sandsteinbekrönung auf. Die Sielstraße, die ins Zentrum des Dorfes führt, säumen ein- bis zweigeschossige Wohnhäuser. Die teilweises neu errichteten Gebäude passen sich gut ins Ortsbild ein. Richtig alt dagegen ist das eingeschossige **Sielwärterhaus** (Sielstr. 40), das schon durch seine Länge über sieben Achsen auffällt. Es wurde 1840 errichtet.

Ditzum hat das, was Jemgum heute sicher gerne hätte – ein **Siel mit Sielbrücke**, von der man rechts auf den Hafen mit Krabbenkuttern und links auf die Gärten und Dächer des Ortes samt Kirche, Kirchturm und Windmühle sehen kann. Hier ist noch erfahrbar, wie Ditzum entstanden und aufgebaut ist: ein Siel zur Entwässerung des Landes, dazu ein Sielhafen außendeichs und auf einer Warft landeinwärts das Dorf. Nach der Sturmflut 1962 stand dieses an der Ems einzig erhaltene Bild eines alten Sielhafenortes

Fähre über die Ems nach Petkum

zur Disposition. Der Hochwasserschutz musste verbessert werden. Für Ditzum stand eine Vorverlegung des Deiches an, um die Deichlinie zu begradigen. Vermutlich wäre damit auch der Hafen vor den neuen Deich gewandert. Zum Glück fehlte Ditzum das hinreichend breite Deichvorland, um den Deich vorzuverlegen. Zudem protestieren die Bewohner lauthals gegen die Verschandelung ihres Dorfes. So wurde, um den Hochwasserschutz zu verbessern, auf den bestehenden Deich eine Deichmauer aufgesetzt. Heute gelten Deich, Hafenanlage und Brückensiel von 1891 als zu schützende Denkmale. Probleme bereitet aktuell einzig die Verschlickung des Hafens, da seit dem Bau des Ditzumer Schöpfwerks weiter westlich nicht mehr genügend Wasser durch das Ditzumer Siel fließt.

Kirche

Um den Hafen, vor allem um die Ecke Kirchstraße/Pfefferstraße, hat sich eine Reihe von Restaurants angesiedelt. Geht man dann aber weiter in die Kirchstraße, dann fällt **Dat lüttje Cafe**, der ein-

zige gastronomische Betrieb in dieser Straße, nicht weiter auf.
Die Kirche Ditzum (Ditzumer Hofstr. 11a) besitzt auf der Nordseite noch die Rundbogenfenster aus der Bauzeit bis 1215. Errichtet wurde damals eine schlichte Saalkirche. Den Innenraum schließt ein hölzernes Tonnengewölbe in rötlicher Farbe ab, über das feine Streben laufen, die das Grau des Kirchengestühls aufnehmen. Der **Kirchturm**, der an einen Leuchtturm erinnert, wurde 1846 errichtet.
Auf der Kirchenwarft liegt auch das ehemalige **Pfarrhaus**, das aus dem 16. Jahrhundert stammt. Sehr schön zu erkennen ist der hohe Keller unter dem Saal rechts vom Eingang mit dem Rundbogenportal. Die Gulfscheune wurde 1979 für einen modernen Anbau abgebrochen.

Mühle

Ganz in der Nähe der Kirche befindet sich die Mühle Ditzum (Mühlenstr. 10) von 1883. Der örtliche Mühlenverein bietet Führungen an (www.facebook.com/muehlenvereinditzum), die Landfrauen betreiben in der Mühle eine kleine Stöberstube (www.ditzumer-stoeberstube.de).
Über die Ditzumer Hofstraße und die Pfefferstraße, deren Häuser vornehmlich aus der Zeit um 1900 stammen, geht es zum Hafen.

Hafen

Im Ditzumer Hafen garantiert die Fähre Ditzum–Petkum auch wochentags Verkehr. Schon im 15. Jahrhundert lässt sich diese Fährverbindung über die Ems nachweisen. Anfänglich wurde gerudert oder gesegelt, heute treiben Dieselmotoren das Schiff an.
Zunehmender Beliebtheit erfreut sich das Fährschiff Dollard, das im Rahmen der Internationalen Dollard Route für Fahrradfahrer von Ditzum nach Emden und Delfzijl unterwegs ist.
Zum Bild des Ditzumer Hafens gehören die Bültjer Werft und die Krabbenfischer. Die Zukunft der Werft, die sich neben dem Bau von Fischereifahrzeugen auf die Restaurierung von Traditionsschiffen und Jachten, aber auch auf den Bau von Holzdecks auf Schiffen mit Stahlrumpf spezialisiert hat, scheint gesichert. Mit bis zu 20 Beschäftigten wird auf der Werft vieles noch in Handarbeit gefertigt. Die Krabbenfischer dagegen haben mit massiven Problemen zu kämpfen. Der forcierte Ausbau der Windparks in Ems und Dollart, in deren Bereich sie nicht fischen dürfen, und die Verschlickung des Ditzumer Hafens gefährden die Existenz ihrer Betriebe. Dazu kommt noch der Ärger um die EG-Vorgaben zu den Schleppnetzen.

Pogum

Vom Hafen Ditzum sind es gerade mal knapp zwei Kilometer bis an't Endje van de Welt, sprich bis zum Ort Pogum mit seinen rund 200 Einwohnern. Er liegt an der Westspitze des Rheiderlandes. Eine Kirche von 1776, ein paar Straßen und dazu das Schöpfwerk von 1971, über das das Wymeerer Sieltief entwässert, sowie jede Menge Wind – das ist Pogum. Wer's fernab und ruhig mag, wird hier glücklich.
In der Nähe des Sieltiefs steht das **Flutdenkmal**, ein einfacher gemauerter Sockel, der von einer stählernen Wetterfahnen mit der Jahreszahl 1962 und der Darstellung einer flüchtenden Familie abgeschlossen wird. 2009 wurde das Denkmal eingeweiht, 2012 mit der Wetterfahne ergänzt. Während der Sturmflut im Februar 1962 wurde der Deich in Dyksterhusen überspült, Teile des Deichs rutschten ab, ein Deichbruch stand kurz bevor.

▸ Karte S. 246

Ehemalige Bohrinsel

Die beste Stelle, um sich ganz Meer, Wind und Wolken hinzugeben, ist die ehemalige Bohrinsel bei Dyksterhusen, die auch mit dem Auto über den Wattweg erreicht wird. Ein Schotterweg führt zur Plattform, der bei starker Flut schon mal überspült werden kann. Dann heißt es abwarten, bis das Wasser den Weg wieder freigibt. Wer trotzdem versucht, von der Bohrinsel zu kommen, riskiert mit dem PKW im Wasser stehen zu bleiben. Auf der Bohrinsel kann man auf die See oder auf das Watt schauen. Klingt langweilig, ist aber entspannend.

Von Dyksterhusen nach Bunde

Von der Bohrinsel in Dyksterhusen erreicht man über den Wattweg die **Straße Ditzumerhammrich**, die nach Bunde führt. Die Straße verläuft auf der alten Deichlinie und gibt so die Grenze wieder, über die der Dollart nie dauerhaft hinausgekommen ist. Westlich dieser Linie wurden dem Dollart abgerungen: Bunderneuland (1605), Charlottenpolder (1682), Norder- und Süder-Christian-Eberhards-Polder (1707), Bunder Interessentenpolder (1707), Landschaftspolder (1752), Heinitzpolder (1773). Östlich der Straße liegt die deutlich niedrigere Altmarsch der Ems.

Tiefster Punkt Niedersachsens

Der tiefste Punkt Niedersachsens mit 2,5 Meter unter Normalhöhennull findet sich am **Wynhamster Kolk**, einem ehemals großen See, der bei der Sturmflut 1715 entstanden ist. Der Deich brach und riss das dahinterliegende Weideland weg. Entwässert werden konnte dieses Gebiet nur mithilfe einer 1804 errichteten **Wasserschöpfmühle** (Wynhamster Kolk 2). Das Achtkant-Holzgerüst des Erdholländers sitzt unmittelbar auf dem Boden auf. Die Windmühlenflügel treiben eine archimedische Schraube in einem Rohr an, durch die das Wasser in ein höher gelegenes Sieltief transportiert wird. Wasserschöpfmühlen sind in Zeiten von Motorpumpen eine Seltenheit. Die Mühle Wynhamster Kolk ist ganzjährig zugänglich.

Ditzumerhammrich

Im Dorf Ditzumerhammrich lebten einst Landarbeiter, Fischer und Handwerker, die bei Weitem nicht so reich waren wie die Besitzer der Höfe in den Poldergebie-

Blick von der Bohrinsel bei Dyksterhusen auf den Dollart

ten oder auch in Ditzumerverlaat. Der Name der **Nordbecksiedlung** im Ort erinnert an den Pastor Dr. Wilhelm Nordbeck, der sich für Landarbeiterfamilien einsetzte und den Bau dieser Siedlung vorantrieb. Ursprünglich 21 schräg zur Straße stehende Höfe ermöglichten es Landarbeiterfamilien, durch einen Garten und etwas Vieh ihre Situation zu verbessern.

Auf dem weiteren Weg erregen aber immer wieder die großen Bauernhöfe mit fast schlossartigen Wohntrakten unsere Aufmerksamkeit.

Bunderhee

Bunderhee überrascht mit dem mittelalterlichen Steinhaus und dem herrlich restaurierten Tammenshof gleich daneben. Das **Steinhaus Bunderhee** ist ein annähernd ursprünglich erhaltener Wohnturm aus der Zeit der friesischen Häuptlinge. Der Wehrturm mit kleinen Fenstern und Schießscharten wurde noch im 14. Jahrhundert errichtet. Archäologische Grabungen haben ergeben, dass der Turm und die angrenzenden Gebäude von Gräben umschlossen waren und es einen schiffbaren Kanal zum Dollart gab, der zu dieser Zeit noch bis an den Ort reichte. Ursprünglich nur als Speicher und Wehrturm genutzt, wurde das Steinhaus im 16. Jahrhundert zum Wohnturm umgestaltet. Zwischen 1712 und 1735 baute Johannes van Heteren an der Westseite das eingeschossige barocke Wohnhaus an. Das Gebäude beherbergt heute eine Ausstellung über die Geschichte der ostfriesischen Häuptlinge und wird für kulturelle Veranstaltungen genutzt.

Das Steinhaus in Bunderhee stammt aus dem 14. Jahrhundert

▶ Karte S. 246

Der **Tammenshof** wurde nach umfassender Sanierung 2022 als Restaurant-Café eröffnet. Nachdem der Hof 1899 durch einen Brand weitgehend zerstört worden war, baute Wilhelm Hesse den Tammenshof im Stil des Historismus wieder auf. Über rundbogig abgeschlossenen Fenstern trennt ein Fries Erd- und Obergeschoss. Der Giebel ist durch eine Schauwand mit Blendarkaden und filialähnlichen Türmchen ausgeschmückt. Der Hof beeindruckt schon durch seine schiere Größe.

Zwischen Steinhaus und Tammenshof vermittelt ein **Slingertuin**, der als Statussymbol der reichen Bauern der Poldergebiete galt. Um 1900 wurde der Slingertuin von einem niederländischen Gartenarchitekten angelegt, mit Aussichtshügel, Teich und verschlungenen Wegen (de Slinger = die Biegung).

Bunde

Der Hauptort des nordwestlichen Rheiderlandes, Bunde, liegt auf einem Geestrücken, der bis auf acht Meter über Normalhöhenull ansteigt und so Bunde vor den Sturmfluten sicherte. Zudem profitierte der Ort von der Straßenverbindung Oldenburg–Groningen, die auf diesem Geestrücken schon früh angelegt wurde. Ausdruck dieser Bedeutung Bundes ist die **Reformierte Kirche** (Kirchring 2). Aus einem einfachen Langhaus aus der Zeit

Der Wiemannshof

um 1200 wurde durch den Anbau des Querhauses und des Chores um 1275 eine mächtige Kreuzkirche. Den Giebel des nördlichen Querhauses schmückt ein Rautenmuster.

Die Kirche ist nur durch eine Häuserzeile von der Straße Blinke getrennt, die vor dem Bau der Autobahn Oldenburg–Groningen wie die gesamte Ortsdurchfahrt Richtung Nieuweschans viel befahren war. Heute dient sie dem örtlichen Verkehr.

Dollartmuseum und Bunder Mühle

Entlang der Neuschanzer Straße, vorbei am **Eiscafé Mola**, erreichen wir die Rheiderlandstraße und damit den **Wiemannshof**. Der vorgesetzte Wohnteil stammt aus der zweiten Hälfte des 19. Jahrhunderts, die Gulfscheune aus der Zeit kurz nach 1700. Hier ist das Dollartmuseum eingerichtet, das über den Dollart informiert. Weitere Schwerpunkte: der Deichbau und die Arbeit in den Poldergebieten, die dem Dollart abgerungen wurden.

Einen Blick lohnt auch die **Bunder Mühle** (Weenerstr. 42), ein sehr großer, vierstöckiger Galerieholländer von 1911, der von Freizeitmüller Dieter Hunken (Tel. 0170/3460326) ehrenamtlich betrieben wird und in dem Kunstausstellungen stattfinden. Geöffnet ist immer, wenn sich die Windmühlenflügel drehen.

Landschaftspolder

Wer den mit 1200 Hektar größten Polder Ostfrieslands, den **Landschaftspolder**, entdecken möchte, fährt mit dem Auto über die Neuschanzer Straße und dann rechts ab auf den Heerenweg oder später auf die Straße Charlottenpolder. Dann muss man nur noch der Straße folgen.

Mit dem Fahrrad kann man Ecke Rheiderlandstraße auf den Radweg einschwenken, der entlang der alten Bahnlinie angelegt wurde. Es geht sodann durch Landschaftspolder und Kanalpolder zur **Vogelbeobachtungsstation De Kiekkaaste**, mitten im Röhricht und unmittelbar am Dollart und schon auf niederländischem Gebiet.

Weener

Das Herz der Kleinstadt Weener (gut 16 000 Einwohner) schlägt auch heute noch im schon 1570 angelegten Hafen. Allerdings ist nicht mehr wie früher der Transport von landwirtschaftlichen Produkten und Vieh über die Ems entscheidend, sondern der neue, rund 40 000 Quadratmeter große Freizeithafen Weener.

Alter Hafen

Von der Geschichte des Hafens erzählt am Kopf des Alten Hafens Richtung Norderstraße die **Figurengruppe Torfwieven** (Torffrauen) des Leeraner Bildhauers Karl-Ludwig Böke. Rund 800 Torfschiffe legten pro Jahr in Weener an, um hier ihre Ladung zu löschen. Die Torffrauen verstauten die Torfstücke in Körbe und brachten sie dann vom Schiff zum Weitertransport auf die Pferdefuhrwerke. Sie beluden rund 6000 Pferdewagen pro Jahr und leisten dabei schwere körperliche Arbeit.
Bei einem Bummel entlang der Straße Am Hafen links kann man sich Traditionsschiffe anschauen. Die Straße säumen Speichergebäude und zweigeschossige Wohnhäuser der eher kleinen Leute, die hier am Hafen lebten. Beachtenswert sind vor allem das Gebäude **Am Hafen links 27** aus dem 18. Jahrhundert und das ehemalige **Packhaus** (Am Hafen links 27a). Beide zeigen ihre verputzten Giebelfronten Richtung Hafen. Um 1800 entstand auch das ehemalige Packhaus Am Hafen links 31.
Etwas weiter läuft man auf einen wenig attraktiven, siebengeschossigen **Getreidespeicher** (Am Hafen links 55) aus dem Jahr 1956 zu. Er wurde an ein dreigeschossiges **Packhaus** von 1807 mit grünen Fensterläden vor den Ladelucken und Fenstern angebaut. Der Speicher wird heute unter dem Namen Hafen 55 als Eventlocation, Café und Restaurant betrieben. In der Sommersaison bietet das Café morgens Frühstück und über den Tag kleine Speisen.

Die ›Torfwieven‹

▲ Karte S. 246

Norderstraße

Die Stadt Weener entwickelte sich aber nicht um den Hafen, sondern auf einem Geestrücken parallel zur Ems entlang der Norder- und Süderstraße, von der heute ein Teil der Norderstraße verkehrsberuhigt ist. Noch in Hafennähe findet sich unter der Adresse **Norderstraße 80** ein Packhaus aus der Zeit um 1850. Das **Haus Norderstraße 81** wurde 1736 in Backstein errichtet, aber in den 1860er Jahren mit einer Putzfassade, Halbpfeilern und Zinnenbekrönung nach dem Geschmack der Zeit ›aufgewertet‹.
Das Gebäude **Norderstraße 79** gleich daneben stammte ursprünglich aus der Mitte des 19. Jahrhunderts. Es wurde 2016 nach altem Vorbild mit geschwungenem Giebel, Voluten und Schmuckvasen aus Sandstein unter Verwendung der alten Steine neu errichtet. Der Wiederaufbau war nicht nur ein wichtiger Lückenschluss am Kopf des Hafens, sondern schuf eine

Erinnerung an den jüdischen Kaufmann Heinrich de Jong, der das Ursprungsgebäude hatte erbauen lassen und dessen Nachkommen während der NS-Zeit verfolgt wurden.

Anders als am Hafen finden sich in der Norderstraße Stadtvillen des begüterten Bürgertums. Stellvertretend sei hier der Name der Familie Hesse genannt. Dieser Name ist mit dem Pferdehandel um 1800 verbunden, mit dem örtlichen, 1845 gegründeten Baumarkt sowie mit der 1879 gegründeten Hesse-Baumschule, die Weltruhm erlangte.

Die eindrucksvolle **Villa Norderstraße 63** wurde 1813 erbaut. Einen Glockengiebel des 18. Jahrhunderts zeigt das Gebäude **Norderstraße 56** auf der gegenüberliegenden Straßenseite. Das **Gebäude Norderstraße 19** ist das vermutlich älteste Haus der Stadt, ein eingeschossiges Bürgerhaus aus der Zeit um 1660. Diese Jahreszahl ist zumindest in der Fassade zu lesen. Typisch sind für dieses Gebäude der Renaissancezeit die Entlastungsbögen über den Fenstern.

Zwei für eine ostfriesische Kleinstadt ganz ungewöhnliche **Villen** finden sich in der Neuen Straße 12 und in der Norderstraße 18. Beide sind in der zweiten Hälfte des 19. Jahrhunderts errichtet worden, und beide beeindrucken durch eine bewegte, beigefarbene Fassade mit spitzbogigen Fenstern und Zinnen, die auf die englische Gotik verweisen.

In der Villa Norderstraße 18 ist heute das **Organeum** als Zentrum der weltweit bedeutenden Orgellandschaft Ostfriesland eingezogen. Mit Instrumentensammlung und Fortbildungskursen dient die Einrichtung nicht nur dem Erhalt der regionalen Orgellandschaft, sondern bereichert durch Konzerte das Musikleben der Region. In der Regel gibt es am ersten Sonntag im Monat ein Konzert in der örtlichen Kirche. Hausführungen werden auch angeboten.

Eine der alten Villen in der Norderstraße

■ Georgskirche

Nicht weit ist es vom Organeum zur **Georgskirche** (Kirchplatz 2), zu der man gelangt, geht man durch den **Kaakebogen** aus der Mitte des 18. Jahrhunderts. Die Kirche entstand im Kern um 1230 und wurde 1492 um einen gotischen Chor erweitert. Das Querschiff wurde im 19. Jahrhundert angebaut. In der Kirche findet sich eine Orgel des berühmten Hamburger Meisters Arp Schnitger, die im Rahmen der Organeum-Konzerte erklingt.

Der **Glockenturm** von 1738 findet sich auf der gegenüberliegenden Seite der Norderstraße, auf dem Alten Friedhof. Er wurde auf den Grundmauern der ersten Weeneraner Kirche errichtet.

■ Heimatmuseum

Wer mehr über die Geschichte des Rheiderlandes wissen möchte, ist im **ehemaligen Armenhaus** von 1791 richtig. In der Dreiflügelanlage ist heute das **Heimatmuseum** untergebracht. Gezeigt werden Exponate zur Geschichte der Region von Archäologie über Landwirtschaft, Handwerk, Kirchengeschichte und Wohnkultur bis zum Ziegeleiwesen.

Rheiderland

Tourist-Information Jemgum, Hofstr. 2, 26844 Jemgum, Tel. 0492/912000; Mo–Fr 8–12.30 Uhr. www.jemgum-urlaub.de

Tourist-Information Jemgum Ditzum, Sielstr. 13, 26844 Jemgum-Ditzum, Tel. 04902/912000; Mo–Fr 10–16, Sa 10–14, So 10–13 Uhr.
www.jemgum-urlaub.de

Fähre Ditzum–Petkum, Am Hafen, 26844 Jemgum-Ditzum; ab Ditzum, 6, 6.30, 9, 10, 11 Uhr. Ab 13 stdl. bis 17 Uhr; Sa/So ab Ditzum 9-11 und 13–17, 18.30 Uhr. Die Überfahrt dauert rund 15 Minuten. www.landkreis-leer.de

Fähre MS Dollard. Am Hafen, 26844 Jemgum-Ditzum, Tel. 0491/91969650; 8 Euro pro Person, 7 Euro pro Fahrrad. Fahrt im Rahmen der Internationalen Dollard Route, ab Fähranleger Ditzum nach Delfzijl; Mai–Sept. Mi, Fr, Sa, dazu 2,/3./5 Okt. www.dollard-route.de

Hotel am Fischerhafen, Am Tief 1 26844 Jemgum-Ditzum, Tel. 04902/9893574; DZ 130 Euro. Fast am Hafen.
www.hotel-am-fischerhafen.de

Gästehaus am Deich, Friesenstr. 33, 26826 Weener, Tel. 0173/7717329. Fahrradpension und Fahrradhotel; DZ 45 Euro inkl. Frühstück.
www.gaestehaus-am-deich.de

Ems-Marina-Camping, Marinastr. 14–16, 26789 Leer-Bingum, Tel. 0491/99751581; April–Okt. Mo–So 8–12 und 15–19, Nov.–März Mo–So 8–10 und 17–18 Uhr. Stellplätze und Camping.
www.ems-marina-camping.de

Stellplatz am Deich, Ab dem Spittlanden 3, 26844 Jemgum-Ditzum, Tel. 04902/912000. www.ditzum-touristik.de

Campingplatz Weener, Am Erholungsgebiet 4, 26826 Weener, Tel. 04951/955226; April–Okt.

Stellplatz Am Alten Hafen, Pannenborgstr. 11, 26826 Weener, Tel. 0176/20540650.

Texas Riverranch, Marinastr. 22, 26789 Leer-Bingum, Tel. 0491/9923666; Di–Sa ab 17, So ab 9 Uhr. Steaks, Fisch, Veganes. www.texas-riverranch.de

Restaurant Bootshuus Luv up, Fährpad 5, 26844 Jemgum, Tel. 04958/238; Mi–So 12–21 Uhr..Im 2021 eröffneten Bootshaus des örtlichen Wassersportvereins. Schmackhafte Küche nach Jamie Oliver, Plätze an der Ems. www.luvup-jemgum.de

Altes Haus am Siel, Sielstraße 23, 26844 Jemgum-Ditzum; tgl. 11.30–14 und 17–21 Uhr. Fisch und Fleischgerichte.
www.alteshausamsiel.de

Tammenshof, Steinhausstr. 72, 26831 Bunde-Bunderhee, Tel. 04953/3189980; Mi/Do 16–20 (Küche 17–20), Fr 16–21 (Küche 17–21), Sa 14–21 (Küche 12–14 und 17–21), So 12–22 Uhr (Küche 17–20 Uhr). Feine Küche, Fisch, Fleisch, vegetarisch. Stilvoll. www.tammenshof.de

Café Kuchenliebe, Am Bingumer Deich 36, 26789 Leer-Bingum, Tel. 0491/97691039; Di–So 10–17 Uhr.
www.cafekuchenliebe.de

Gartencafé und Melkhuske Hatzum, Achter'd Toorn 12, 26844 Jemgum-Hatzum, Tel. 04902/912920. Nur bei gutem Wetter, aber dann im Bauerngarten.

Dat lüttje Café, Kirchstr. 9, 26844 Jemgum-Ditzum, Tel. 04902/9893790; Di–So 10–18 Uhr. https://www.facebook.com/DatluettjeCafe

Hafen 55, Am Hafen 55, 26826 Weener, Tel. 04951/9477567.
www.hafen55-weener.de

Milch- und Molkereimuseum Jemgum, Marktstr. 14, 26844 Jemgum, Tel. 04958/1316; 15. April–14. Okt. Sa/So 14.30–17.30 Uhr.
www.molkereimuseum-jemgum.de

▸Karte S. 246

Steinhaus Bunderhee, Steinhausstr. 64, 26831 Bunde, Tel. 04953/80947 (Gemeinde Bunde); Ostern–Anfang Okt. Do 15–17 Uhr, jeden ersten So im Monat 11–13 Uhr.

Dollartmuseum, Rheiderlandstr. 3, 26831 Bunde, Tel. 04953/80947 (Gemeinde Bunde); Mai–Sept. Mi 15–17 Uhr; 3/1,50 Euro mit Führung.

Heimatmuseum Weener, Neue Str. 26, 26826 Weener, Tel. 04951/1828; Di, Sa, Sa 15–18 Uhr.

Organeum, Norderstr. 18, 26826 Weener, Tel. 04951/912203; Di–Fr 10–12 und Di–Do 15–17 Uhr. Konzerte s. Website: www.organeum.org

In Ditzum fungiert der Glockenturm auch als Leuchtturm

EXTRA

Sorgenkind Ems und der Masterplan 2050

Die Namen Oder, Elbe und Weser kennt wohl jedes Kind, bei der Bezeichnung Ems kommt aber so mancher ins Überlegen. Dabei bringt es der Fluss auf eine Länge von immerhin 371 Kilometer. Die Ems entspringt in der Nähe von Paderborn am Westrand des Teutoburger Waldes und mündet in die Nordsee.

Schon früh war der Fluss für das nur schwer auf dem Landweg zu erreichende Ostfriesland eine wichtige Verkehrsverbindung und ein bedeutender Handelsweg Richtung Westfalen. Mit dem Bau des Dortmund-Ems-Kanals 1899 wurde die Ems zur Verbindung ins Ruhrgebiet, Emden zum Hafen dieser Industrieregion. Über die Ems gelangte das Eisenerz aus Skandinavien in den Ruhrpott und die Kohle auf dem Rückweg in den Nordseehafen.

Die Ems ist ein tideabhängiger Fluss. Bis zur Schleuse Herbrum im gleichnamigen Stadtteil von Papenburg, also über 100 Kilometer landeinwärts, fällt und steigt das Wasser im Wechsel von Ebbe und Flut. Und das bedeutet: Bis zur Schleuse Herbrum fließt mit jeder Flut Wasser, das stark mit feinkörnigem Schlamm angereichert ist, die Ems hinauf. Die Begradigung der Ems hat natürliche Schlickablagerungsflächen beiderseits des Flusses wegfallen lassen. Vor allem aber hat die massive Ausbaggerung des Flusses in den vergangenen Jahren dazu geführt, dass das Flutwasser mit deutlich höherer Geschwindigkeit durch die kanalisierte Ems rauscht. Es bringt so deutlich mehr Schlamm mit, als der langsamere Ebbstrom wieder in die Nordsee zurücktransportiert. Mittlerweile haben sich ganze Bereiche des Flussbetts in nicht verfestigte Schlickablagerungen (Fluid Mud) verwandelt, in denen aufgrund des geringen Sauerstoffgehalts kein Lebewesen mehr existieren kann. Zudem hat sich der Salzgehalt der Ems erhöht. Ziel der Ausbaggerung der Fahrrinne im Jahr 1985 auf 5,70 Meter und 1995 auf 7,30 Meter Tiefe war

Schlickbank an der Ems

Das Ems-Sperrwerk in der Morgendämmerung

und ist, den Großschiffen, die auf der Meyer Werft in Papenburg gebaut werden, die Fahrt in die Nordsee zu ermöglichen. Mittlerweile wird die Ems sogar mithilfe des Sperrwerks bei Gandersum kurzfristig auf eine Durchfahrtstiefe von 8,50 Metern aufgestaut.

Abhilfe in Sachen Verschlickung der Ems soll der Masterplan Ems 2050 schaffen, auf den sich das Land Niedersachsen, die beteiligten Landkreise, die Meyer Werft und die Naturschutzorganisationen wie BUND und WWF geeinigt haben. Ökonomie und Ökologie sind hier als gleichberechtigte Interessen festgeschrieben. Das heißt, die Ems soll als Bundeswasserstraße erhalten bleiben, zugleich aber von dem Schlickproblem befreit werden. Ermöglichen soll das die ›Flexible Tidesteuerung‹ durch das Emssperrwerk Gandersum. Bei Ebbe soll, indem das Emssperrwerk Gandersum frühzeitig geschlossen wird, ein Teil des Wassers in der Unterems gehalten werden. Während dieser Ruhezeit können die Sedimente im Wasser absinken; der Schlickanteil im Oberflächenwasser sinkt, der Sauerstoffgehalt steigt. Die kompakteren Sedimente am Flussboden können bei der Unterhaltungsbaggerung gut beseitigt werden. Setzt dann die Flut ein, werden die Tore des Emssperrwerks geöffnet. Das zurückgehaltene Wasser in der Unterems bremst den Flutstrom ab, der in der Folge weniger Schlick mit sich führen kann. Getestet wird auch die Variante, in der das Sperrwerk Gandersum durch Teilschließung als Flutstrombremse eingesetzt wird.

Neben diesen Kernmaßnahmen sollen auf 500 Hektar Fläche flussmündungstypische Lebensräume mit Auwäldern und Röhrichtzonen als Brut- und Rastplätze für Vögel entwickelt werden.

Die Bürgerinitiative ›Rettet die Ems‹ bezweifelt den Erfolg dieser Maßnahmen und fordert den Umzug der Meyer Werft nach Emden. Aber davon möchte die Politik und möchten viele Bewohner des Umlandes nichts wissen. Immerhin hängen Tausende von Arbeitsplätzen im Emsland und in Südostfriesland an dieser erfolgreichen Werft.

Infos: www.masterplan-ems.info, www.facebook.com/rettetdieems

EXTRA

Unmittelbar am Emsdeich führt ein Fahrradweg entlang

An der Ems

Eine Tour an der Ems von Leer nach Papenburg führt entlang des Emsdeiches durch kleine Dörfer und vor allem durch die Flussmarsch. Die 55 Kilometer sind gut mit dem Fahrrad zu schaffen, macht man in Papenburg eine längere Pause. Mit dem Autoverkehr hat man bei der Radelei wenig zu tun.

Ausgangspunkt der Tour ist die Jann-Berghaus-Brücke in Leer. Am Emsdeich geht es Richtung Süden nach Weener mit seinem verträumten alten Hafen. Über Stapelmoor nähern wir uns dann der Emsbrücke Papenburg und damit der bekannten Meyer Werft. Papenburg liegt unmittelbar hinter der Grenze zum Emsland und lohnt als älteste und längste Fehnkolonie Deutschlands einen Besuch (→ S. 295). Wer aber nur Lust auf Natur hat, fährt gleich hinter der Meyer Werft weiter am Ems-Deich über Mitling-Mark, Driever und Esklum zurück nach Leer. Je nach Windverhältnissen lässt sich diese Tour natürlich auch umdrehen.

▲ Karte S. 246

■ Jann-Berghaus-Brücke

Wir starten an der fast 470 Meter lange Jann-Berghaus-Brücke in Leer. Das mittlerweile dritte Brückenbauwerk an dieser Stelle wurde bis 2009 zwischen den beiden Brückentürmen auf eine Durchfahrtsbreite von über 56 Metern erweitert. Nur so können die Riesenschiffe, die in der Meyer Werft in Papenburg gebaut werden, die Brücke auf ihrem Weg in die Nordsee passieren. Über den Ausbau der Ems informieren auf Leeraner Seite am Haltepunkt ›Ems im Fluss‹ mehrere Tafeln. Auf der Rheiderländer Seite wartet dann nicht nur die **Skulptur Balance** auf Betrachter, sondern berichten auch weitere Infotafeln über den Bau der Jann-Berghaus-Brücke.

Benannt wurde die Brücke nach Jann Berghaus, einem liberalen Politiker, der ab 1922 Regierungspräsident des Regierungsbezirks Aurich war. Nach der Übernahme der Macht in Preußen durch Reichskanzler von Papen (sogenannter Preußenschlag am 20. Juli 1932) wurde

der allseits geachtete Berghaus in den Ruhestand versetzt.
Wir müssen rund 1,5 Kilometer entlang der Bundesstraße 436 fahren, bis wir links auf die Coldamer Straße abbiegen und damit dem Pkw-Verkehr weitgehend ›Ade‹ sagen können. Auf schmaler Pflasterstraße geht es vorbei an einer Reihe von Eigenheimen, hinter denen wir grün den Emsdeich schimmern sehen. Auf der rechten Seite stehen dagegen einzelne Gulfhöfe, diese typisch ostfriesischen Bauernhäuser.

■ NABU-Beweidungsprojekt

Wer links hinter dem Haus Nr. 29 den Weg ins Deichvorland wählt, entdeckt den **Beobachtungsturm des NABU**, von dem aus ein Beweidungsprojekt hier im Deichvorland beobachtet werden kann. In diesem Gebiet, einem Altarm der Ems, wurde 2001 ein Weichholzauwald gepflanzt – eine der Ausgleichsmaßnahmen für den Bau des Emssperrwerks Gandersum. Auf den umliegenden Flächen weiden als Landschaftspfleger robuste Heckrinder und die widerstandsfähigen Konik-Pferde. Es gab und gibt aber immer wieder Kritik an dem Beweidungsprojekt, nachdem zwei Rinder getötet werden mussten und Mai 2023 zwei tote Konik-Fohlen auf der Fläche entdeckt wurden.

■ Kirchborgum

Hinter Coldam geht es auf einem schmalen Asphaltweg weiter nach Kirchborgum. Immer wieder genießen wir zumindest auf der rechten Seite den für das Rheiderland so typischen weiten Blick. Der Deich, ein paar Strommasten und in der Ferne einige Windräder sind unsere Begleiter. Zwischen Emsdeich und Straße schieben sich immer wieder Gebäude wie die **Kirche Kirchborgum** (Kirchborgum 11). Schon an den gleichmäßig

Die Jann-Berghaus-Brücke hochgeklappt

geformten Ziegelsteinen sehen wir, dass es sich nicht um eine dieser mittelalterlichen Kirchen Ostfrieslands handeln kann. Erst 1827 wurde sie im Schutz des Emsdeichs im klassizistischen Stil errichtet. Zwei Vorgängerkirchen waren in den Fluten der Ems untergegangen.
Zwischen Kirchborgum und Ferstenborgum sind wir knapp über zwei Kilometer auf einer wenig befahrenen Kreisstraße unterwegs, dann aber geht es auf dem Deichsicherungsweg weiter. Immer wieder fahren wir über Viehrostsperren. Sie hindern die Schafe, die den Deich beweiden, das vorgegebene Areal zu verlassen.

■ Weener

Weener kündigt sich am Horizont mit alufarbenen, glänzenden Industriebauten und Wasserdampfwolken an. Die gehören zur **Klingele Papierfabrik Weener**, die hier jährlich 270 000 Tonnen Wellpappenrohpapier produziert. Mit eigenem Kraftwerk und eigener Kläranlage reduziert die Firma die Umweltbelastung erheblich. Verwendet wird als Rohstoff zu 100 Prozent Altpapier, dessen Stapel bei der Einfahrt in die Stadt nicht unbedingt schön anzuschauen sind. Andererseits ist ein Recycling sinnvoll und bringt das Unternehmen Arbeitsplätze in die Stadt. Schauen wir uns lieber die **Schleuse Weener** an, die immer wieder erneuert werden musste, weil die Deiche in die Höhe wuchsen.

Schön ist dann der Blick auf den neu entwickelten **Sportboothafen** mit seinen rund 270 Liegeplätzen. Tourismus ist in Weener wie in ganz Ostfriesland aktuell das Zauberwort. Um aber den Bootstourismus zu fördern, muss die Stadt hohe Kosten für die Sanierung der Schleuse und die Entschlickung des Hafens stemmen. Ein Besuch im Alten Hafen und ein kurzer Stadtrundgang in Weener sind zu empfehlen.

Süßwasserpolder Stapelmoor

Wir fahren weiter auf der Brücke des Schöpfwerks über das Weener Sieltief Richtung Schöpfwerk Stapelmoor. Nach gut zwei Kilometern erreichen wir den Süderweg und damit den 18 Hektar großen Süßwasserpolder Stapelmoor, der ab 2024 im Zuge des ›Masterplan Ems 2050‹ (→ S. 276) angelegt wird. Ursprünglich sollte dieser Polder wie der Polder Holter Hammrich mit der Ems verbunden werden. Diese Planung wird aber aufgrund der schlechten Qualität des Emswassers nicht umgesetzt. Stattdessen entsteht ein von Regenwasser und Grundwasser gespeister Polder mit einer Wasserfläche von maximal 8,8 Hektar, der Amphibien Lebensraum bieten soll.

Stapelmoor

▸ Karte S. 246

Am Stapelmoorer Sieltief fahren wir rechts über die Deichstraße, die Kohlstraße und die Große Stiege in das Dorf Stapelmoor. Das ›Stapel‹ im Ortsnamen

Die Kreuzkirche in Stapelmoor

meint vermutlich ›Grenzpfahl‹ und spielt auf die Lage des Dorfes an der Grenze zum Bistum Münster an. Der Ort liegt auf einem Geestrücken, der von alters her als Teil des Handelsweges von Münster nach Emden genutzt wurde. Stapelmoor war Handelsstation, vor allem aber Grenzfeste. So sollen in Stapelmoor im späten Mittelalter bis zu sieben befestigte Häuser gestanden haben. Erhalten ist nur das Haus **Drakemond** (Drachenmund, Kleine Stiege 9), das im Kern wohl auf die Mitte des 15. Jahrhunderts zurückgeht. Allerdings ist der Wohnteil stark verändert worden. Geblieben sind die Gräben (Graften), die das Gulfhaus umschließen.

Das **Pfarrhaus** von 1429 (Große Stiege 1) ist dagegen außen weitgehend original erhalten. Bauschmuck zeigt es nur in der Sandsteinrahmung der Fenster und dem Rundbogen im Fenster über der Tür. In den drei Blenden im Giebel nennen altdeutsche Schriftzeichen den Bauherrn Pfarrer Thyaband und das Baujahr 1429. Typisch für alte ostfriesische Steinhäuser sind die Schornsteine, die bündig in den Außenwänden hochgemauert wurden, sowie die flachen Entlastungsbögen über Türen und Fenster. Das Pfarrhaus steht im Rückraum der **Kreuzkirche** (Hauptstr. 65a), die durch ihre Schlichtheit besticht. Im Innern haben sich die Gewölbe über den Querhäusern, der Vierung und dem Chor mit großen Teilen der mittelalterlichen Malerei erhalten.

Mühle Wichers

Wer eine Pause braucht, hat zumindest am Sonntag Glück: Die vier Müllerstöchter Anne-Else, Johanne, Titia und Wilma halten als Freizeitmüllerinnen den Betrieb der Mühle Wichers im Torfweg in Stapelmoor aufrecht, zugleich betreiben sie jeden Sonntag an der Mühle ein Teescheue, in der man ein wechselndes Kuchenangebot aus eigener Herstellung genießen kann.
Die Mühle wurde in den vergangenen Jahren aufwendig saniert.

Naturschutzgebiet Hochmoor Wymeer

Von Stapelmoor sind es Luftlinie rund vier Kilometer bis zum Naturschutzgebiet Hochmoor Wymeer, in dem ein 53 Hektar großer Hochmoorrest bewahrt wurde. Wer also Lust hat auf einen Spaziergang in einer in Deutschland kaum noch anzutreffenden Naturlandschaft, fährt zur Adresse ›Hochmoor Wymeer, westliche Kirchstraße‹. Es gibt einen **Weg**, auf dem man trockenen Fußes durch das Moorgebiet kommt.

Zur Meyer Werft

Schon von weitem sehen wir die riesige graue Hülle des Baudocks 3, auf dem in riesigen Lettern zu lesen steht: Jos. L. Meyer Papenburg. Die Meyer Werft ist in Sicht. Bevor wir die Ems queren, fahren wir aber noch durch den Ort **Halte**, in dem wir nicht nur Gärtnereibetriebe, sondern auch das Landhaus Halte entdecken. Neben dem Neubau des Restaurants Reiherhof steht das ehemalige Gutshaus, erbaut 1796, das heute als Gästehaus genutzt wird.
Gleich hinter der Emsbrücke Papenburg, über die wir das Rheiderland verlassen, geht es links runter zum Radweg zwischen Ems und Industriehafen, über den wir unmittelbar zu den Baudockhallen der Meyer Werft mit ihren blauen Kränen am Industriehafen kommen. Die Halle 6

Früher ein Gutshaus, heute ein Gästehaus

mit dem Baudock 2 ist 384 Meter lang, 125 Meter breit und 75 Meter hoch. Allein 22 000 Tonnen Stahl wurden für die Träger und Verkleidungsbleche verbaut. Parallel zum Hafenbecken sehen wird das Baudock 3 mit dem Firmennamen. Weiter geht es über die **Schleuse**, die den Werfthafen mit der Ems verbindet, und über die **Seeschleuse Papenburg**. Seeschleuse ist ein interessanter Name für eine Schleuse in einer Stadt, von der die riesigen Meyer-Schiffe noch 40 Kilometer über den Fluss Ems schippern müssen, um zum Hafen Emden und damit zumindest in die Nähe der Nordsee zu gelangen. Dabei müssen die Riesenschiffe die Friesenbrücke bei Weener, die Jann-Berghaus-Brücke bei Leer und das Emssperrwerk bei Gandersum passieren, immer schön dirigiert vom Werkskapitän, der von der Lotsenbrüderschaft Emden gestellt wird – Zentimeterarbeit mit Schiffskolossen. Trotz der Distanz zur Nordsee besteht die Stadt Papenburg darauf, die südlichste Seehafenstadt Deutschland zu sein. Kein Wunder, denn immerhin kommen und gehen 75 Prozent des Umschlags im Hafen über den Seeweg.

Das Mühlenensemble in Mitling-Mark

▶ Karte S. 246

■ Mitling-Mark

Unmittelbar nachdem wir die Seeschleuse passiert haben, müssen wir uns entscheiden. Entweder wir folgen am **Knotenpunkt 40** dem Hinweisschild Richtung Papenburg und gucken uns den Fehnort an (→ S. 295). Oder wir fahren weiter Richtung Mitling-Mark immer schön entlang des Emsdeichs.

In Mitling-Mark lädt das **Mühlenensemble** (Marker Mühlenweg 2) zu einem Besuch ein. Die Mühle wurde 1843 als einstöckiger Galerieholländer gebaut und funktioniert heute noch tadellos. Sie wurde als Heiratsmühle hergerichtet. In der Scheune des Müllerhauses hat der Dorfverein unter dem Namen **Oma's Küche** eine Sammlung von 800 historischen Küchengeräten zusammengestellt, die zusammen mit vielen Informationen ein lebendiges Bild des Lebens vor zwei, drei Generationen geben. Zu dem Mühlenensemble gehört auch das **Backhus**, in dem der Ofen aber nur zum Mühlenfest angeheizt wird. Dann gibt es Rosinenstuten und Butterkuchen aus dem Holzbackofen.

Wer Lust auf Glaskunst aus venezianischem Murano-Glas hat, ist richtig bei **Nordlicht – die Glasperlenwerkstatt**. Einfach anrufen und fragen, ob die Werkstatt geöffnet ist.

Bis 1939 unterhielt die kleine Gemeinde Mitling-Mark einen eigenen Pfarrer. Heute wird die kleine Gemeinde von Papenburg aus versorgt. Die **Kirche Mitling-Mark** (Warftweg 3), die im 13. oder 14. Jahrhundert als rechteckige Saalkirche auf einer Warft erbaut wurde, wird weiterhin sonntags für Gottesdienste genutzt. Eine Erfrischung oder auch ein

Typisches Bauernhaus am Weg

Essen gibt es im **Fährhaus** unmittelbar am Emsdeich.

Falls man im Ort bleiben möchte: Im **ehemaligen Pfarrhaus** (Warftweg 3) ist eine Ferienwohnung für bis zu vier Personen eingerichtet.

Tidepolder Coldemüntje

Ein Stück weiter die Ems hinunter passieren wir den Tiedepolder Coldemüntje, der im Zuge des ›Masterplans Ems 2050‹ ausgebaut wird. Auf dem Gebiet einer alten, verlandeten Emsschleife wird mit einem Prielsystem das wiederhergestellt, was entlang der Ems nach und nach verschwunden ist – vom Gezeitenwechsel beeinflusstes Land, das immer wieder trocken fällt, nachdem es überflutet worden ist. So hofft man, entsprechenden Pflanzen und Tieren wieder einen wechselfeuchten Lebensraum anbieten zu können. Ein erhöhter **Rundweg** mit drei Aussichtspunkten wird Spaziergängern den Weg in dieses Biotop ermöglichen.

Bauernhöfe

Wir radeln auf dem Deichverteidigungsweg einfach weiter und lassen den Polder rechts liegen. **Dorenborg** und **Weekeborg** sind Dörfer, die nur aus einigen Bauernhöfen entlang der Kreisstraße 22 bestehen. Sie lohnen aber einen Abstecher vom Deich, da sich hier einige schöne Gulfhöfe erhalten haben, etwa die Höfe Dorenborg 5 und Dorenborg 6 von 1839 und 1803. Gleiches gilt für die Höfe im Dorf **Driever**, in dem wir auf eine kleine reformierte Kirche von 1875 stoßen. Sehenswert sind hier die Höfe Klosterstraße 11 und 13.

Die Klosterstraße in Driever erinnert in ihrem Namen an das Johanniterkloster Muhde, von dem bis auf einen einzelnen Formstein und den Namen nichts geblieben ist. Um 900 wird hier in der Nähe der Mündung der Leda in die Ems erstmals ein Hof der Abtei Werden erwähnt. 1284 erwarben die Johanniter diesen Hof, der im 15. Jahrhundert über 180 Hektar Land verfügte. Auf dem Klos-

Straße am Emsdeich bei Weener

tergelände fand ein regelmäßiger Markt statt. Eine handgezogene Fähre (Pünte) verband das Kloster mit Leerort. Mit der Reformation begann der Niedergang des Konvents, der im Verkauf des Klosters 1561 an die ostfriesische Gräfin Anna mündete. Das Kloster wurde abgerissen, die Steine in der Kirche Jemgum verbaut.

■ Muhder Sieltief

Ein ganzes Stück hinter dem Ortsausgang Driever passieren wir das Muhder Sieltief. Das Plattdeutsche Wörterbuch der Ostfriesischen Landschaft übersetzt Mude als ›kleiner Emshafen, Außensieltief.‹ Der Ostfriesland-Kenner Eberhard Rack sieht im Wort Mu(h)de aber die Bedeutung Mündung. Zum Kloster Muhde schreibt Hemmo Suur, Amtmann zu Norden, in seiner ›Geschichte der ehemaligen Klöster in der Provinz Ostfriesland‹ Emden 1838: »Dieses lag weiter gen Westen auf der Landspitze, welche die Vereinigung der Leda mit der Ems bildet, im Süden der ersten, gegen Leerort über.«

Gehen Sie auf das Muhder Sieltief zur Pausenstation und betrachten Sie sich die Situation. Wir sind hier am **Zusammenfluss von Leda und Ems**.

Über Esklum erreichen wir die Ledabrücke, die uns zurück nach Leer bringt.

An der Ems

Landhaus Halte, Halter Straße 6, 26826 Weener (Navigationsanschrift), Tel. 04961/2317; DZ 130 Euro. www.papenburg-hotel.de

Fährhaus am Deich, Fährpad 7, 26810 Westoverledingen Mitling-Mark, Tel. 0152/26240665; Do–So 11–22 Uhr. www.faerhaus-ems.de

Teescheune Mühle Wichers, Möhlenweg 27, 26826 Weener-Stapelmoor, Tel. 04951/9559876; So 14–17.30 Uhr. www.teescheune.de

Omas Küche, Marker Mühlenweg 2, 26810 Westoverledingen Mitling-Mark, Tel. 04951/8872; Mai–Okt. Fr, So 14.30–17 Uhr. www.mitling-mark.de

Nordlicht – die Glasperlenwerkstatt, Marker Kirchweg 19, 26810 Westoverledingen Mitling-Mark, Tel. 04951/ 9552942. www.nordlicht-glasperlen.de

▸Karte S. 246

Overledingerland

Das Overledingerland, was so viel bedeutet wie das Land ›jenseits der Leda‹, prägen große Wiesenflächen auf den Marschen entlang der Flüsse Ems und Leda im Norden und Westen. Ausgedehnte, heute kultivierte Moorgebiete mit den typischen Fehndörfern finden sich im Süden und Osten dieser historischen Landschaft, die bis Papenburg und Idafehn reicht. Nur in der Mitte des Overledingerlandes, vom Dorf Backemoor über Ihren bis Steenfelde, verläuft ein schmales Band der eher sandigen Geest. Die Landwirtschaft und hier vor allem die Viehhaltung, die die Region prägt, bietet nur noch wenige Arbeitsplätze. Der Torfabbau spielt keine, die Schifffahrt eine geringe Rolle. Und auch der Tourismus, der immer wichtiger wird, kann hier die Übernachtungszahlen der Küstenorte Ostfrieslands nicht annähernd erreichen. So fahren viele Einwohner des Overledingerlandes als Auspendler zur Arbeit nach Papenburg oder Leer, während in ihren Heimatorten Touristen Ruhe und Abgeschiedenheit genießen.

Am besten entdeckt man des Overledingerland mit einer Tour entlang der Leda bis zum Naturschutzgebiet Holter Hammrich. Von hier aus geht es entlang des Hauptfehnkanals durch die Fehndörfer bis nach Papenburg.

Ledabrücke

Wer vom Leeraner Zentrum die B 70 nach Süden fährt, kommt alsbald zur Ledabrücke, die in den kommenden Jahren neu gebaut werden muss. Eine erste Brücke gab es hier erst ab 1934. Zuvor war der Straßenverkehr auf die Fähren zwischen Leer und Esklum und zwischen den Dörfern Loga und Nettelburg angewiesen. Ein Fluss als schwer zu überwindende Barriere – heute, in Zeiten umfassender Mobilität, kaum vorstellbar und1934 ein Indiz für die Abgeschiedenheit, um nicht zu sagen Rückständigkeit Ostfrieslands.

Ledasperrwerk

Schaut man von der Ledabrücke Richtung Westen, sieht man das Ledasperrwerk, das für die Sturmflutsicherheit im Hammrich (plattdeutsch Hammerk) beidseits der Leda von entscheidender Bedeutung ist. Die Deiche der Leda sind

Schier endlose Weite über dem Overledingerland

Die St.-Laurentius-und-St.-Vincenz-Kirche in Backemoor

vergleichsweise niedrig, da der moorige Untergrund den Bau höherer Deiche nicht zulässt. Die Folge: Alljährlich drohten bei Sturmfluten Deichüberspülung und dann Deichbruch. Erst der Bau des Ledasperrwerks 1954 sorgte für Sicherheit hinter den Flussdeichen.

Bis in die 1950er Jahre konnte man in den Wintermonaten in der Leda-Jümme-Niederung bei Frost besser mit Schlittschuhen von Ort zu Ort kommen als mit Pferd und Wagen oder dem Pkw. Oftmals blieb nur die Deichkrone als passierbarer Weg im Hammrich. Das änderte sich erst mit dem Bau des Ledasperrwerks. Es wurde nach einem, wie wir heute sagen würden, ökologisch sinnvollen Konzept errichtet. Herkömmliche Gezeitensperrwerke unterbinden komplett den Einfluss von Ebbe und Flut flussaufwärts. Das Ledasperrwerk aber bleibt den größten Teil des Jahres geöffnet, lässt Ebbe und Flut zu und sichert so das Überleben der Pflanzen und Tiere entlang des Flussufers, die sich an die regelmäßige Überflutung angepasst haben. Nur bei einer Flut, die voraussichtlich 50 Zentimeter über mittleres Tidehochwasser steigt, wird das Sperrwerk geschlossen. Seine erste Bewährungsprobe bestand das Sturmflutbollwerk schon im Jahr seiner Indienststellung. Am 23./24. Dezember 1954 kam es in den Niederlanden, im Weser- und Elbegebiet zu Deichbrüchen und großflächigen Überschwemmungen. Das Leda-Jümme-Gebiet aber blieb dank des Ledasperrwerks davon verschont.

Durch den Hammrich

Wer die Ledabrücke überquert und gleich links in die Nettelburger Straße abbiegt, ist gleich von dieser unüberhörbaren Stille umgeben, vor der so viele Großstädter Angst haben. Der Blick geht über das schier endlose grüne Wiesenland, in dem sich das Auge an den einzeln liegenden Bauernhöfen festhält. Bäume sind hier kaum zu entdecken. Gräben (plattdeutsch: Sloote) und Tiefs, die das Wasser zur Leda abfließen lassen, prägen das Landschaftsbild, aus dem heute immer häufiger Gruppen von Windrädern hervorstechen. Die Wiesen sind feucht, teilweise nass und moorig, liegt die Ledaniederung doch bis zu einen halben Meter unter dem Meeresspiegel.

Backemoor

Nach einem kurzen Weg über den Breinermoorer Weg und die Backemoorer Straße oder aber über die Ledastraße (K 20) erreicht man Backemoor. Es liegt bis zu 3,5 Meter höher als die Ledaniederung. Hier prägen nicht mehr Wiesen und Sloote das Bild, sondern **Wallhecken**, die in früher Zeit das Vieh daran hinderten, von der Dorfweide auf den Dorfacker zu wechseln. Später markierten sie den Landbesitz einzelner Bauern, und heute stellen sie durch die Bepflanzung mit Büschen und Bäumen wichtige Rückzugsorte für Vögel, Igel, Fuchs und Kleingetier dar.

Den Weg nach Backemoor lohnt die lutherische **St.-Laurentius-und-St.-Vincenz-Kirche**, deren Langhaus aus dem 13. Jahrhundert stammt und deren Westturm im 15. Jahrhundert angefügt wurde. Einziger Schmuck des Gotteshauses sind die Giebeldreiecke des Glockenturms mit Spitzbogenfries und Türmchen. Der Glockenturm ist hier übrigens anders als in der Krummhörn oder im Rheiderland nicht freistehend, sondern unmittelbar vor das Langhaus gesetzt. Der bessere Baugrund machte es möglich. Die Kirche war im Mittelalter von Wall und Graben umgeben und diente so als Wehrkirche. Zugleich war sie wahrscheinlich Versammlungsort der Ratsleute aus dem gesamten Overledingerland.

Gleich neben der Kirche befindet sich die **Alte Küsterei** (Feldhörnstr. 48), ein kleineres Gulfhaus von 1839. Das **Pfarrhaus** (Groot Karkweg 10) stammt von 1806. Im Ort sind weitere Gulfhäuser aus dem 19. Jahrhundert erhalten. Nach der Zerstörung durch einen Brand 1975 wurde die **Mühle Backemoor** (Backemoorer Str. 113) wieder aufgebaut. Der dreistöckige Galerieholländer ist voll funktionsfähig und an ein Müllerehepaar vermietet.

An der Leda entlang

Wer auf den Abstecher nach Backemoor verzichtet, fährt weiter am Ledadeich durch den Leeraner Ortsteil **Nettelburg**, der es mit seinen von Wiesenland umschlossenen Einzelhöfen auf gerade mal 54 Einwohner bringt. Auf Nettelburg folgen Wohnplätze mit Namen wie Muhdeland und Stintrick, die nur aus einzelnen Bauernhöfen bestehen. So auch **Tammingaburg**, das schon zur Gemeinde Amdorf gehört. Bekanntheit erlangte der Wohnplatz durch den gleichnamigen Reit- und Fahrverein. Zwei Reithallen, Bewegungshalle, Stallgassen, zwei Außenplätze und parzellierte Weideflächen für die Pferde – der Reit- und Fahrverein Tammingaburg bietet Pferd und Reitern optimale Bedingungen.

Nur ein kurzes Stück weiter erreichen wir die **Ledabrücke Amdorf**, mit einer Fahrbreite von gerade mal 185 Zentimetern die schmalste Autobrücke Deutschlands, vielleicht sogar Europas. Seit den 1880er Jahren gab es hier eine Fährverbindung über den Fluss, die den Bewohnern der Wohnplätze auf dieser Seite der Leda ermöglichte, die Kirche in Amdorf zu besuchen. 1952 kündigte der letzte Fährpächter, weil sich der Betrieb nicht lohnte. Bis 1956 wurde dann die Autobrücke gebaut, die große Pkws nur mit eingeklappten Außenspiegeln passieren können. Feuerwehr und Rettungswagen haben hier große Probleme oder müssen lange Umwege in Kauf nehmen.

■ Polder Holter Hammrich

Weiter geht es am Ledadeich bis zum Polder Holter Hammrich, der sowohl dem Hochwasserschutz wie auch dem Naturschutz dient. Diese rau-romantische Kulturlandschaft ist die Heimat unzähliger Brut- und Rastvögel. Ange-

Am Hauptfehnkanal

▲ Karte S. 246

legt wurde der Polder bis 2011 als Entlastungspolder, als hier parallel fast vier Kilometer Ledadeich neu gebaut oder verstärkt wurden.
Unter normalen Witterungsbedingungen sorgen Siele und 45 Schöpfwerke, die in die Leda und die Jümme entwässern, in der Region für einen konstanten Grundwasserspiegel. Ist aber bei Sturmfluten das Ledasperrwerk geschlossen und regnet es massiv, kann es zu Überschwemmungen kommen, da das Wasser nicht mehr über Leda und Jümme abfließen kann. Der Polder Holter Hammrich wird dann gezielt geflutet und kann fast vier Millionen Kubikmeter Wasser aufnehmen. Aber damit nicht genug. Ein bisschen mutet es an wie ›Zurück in die Zukunft‹, fährt man im Herbst oder Winter entlang des westlichen Teils des Polders. Im Sommer wird hier extensive Wiesenwirtschaft betrieben, die Rücksicht auf die Wiesenbrüter nimmt. Im Herbst und Winter aber werden Wiesenflächen durch Anhebung des Wasserstandes gezielt überflutet. Hier ist es heute in den Wintermonaten wieder genauso nass wie vor dem Bau des Ledasperrwerks in den 1950er Jahren. Und siehe da: Watt- und Wiesenvögel sind in diesen neu-alten Lebensraum zurückgekehrt. 60 Vogelarten brüten hier, und dazu kommen in Herbst und Winter zahllose Gänse, die – wie früher – hier auf ihrer Wanderung Rast einlegen. Viele Jahre waren sie aus diesem Niederungsgebiet fast verschwunden.
Der östliche Teil des Polders wurde komplett aus der Bewirtschaftung herausgenommen. Er ist als abwechslungsreiches Areal mit Polderkanal, Flachwasserzonen und Nassgrünland gestaltet und wird der natürlichen Entwicklung überlassen. Vom umliegenden Deich und von einem erhöhten Standpunkt am **Holter Schöpfwerk** eröffnet sich ein guter Blick auf diesen Lebensraum für Wasservögel und allerlei Kleingetier. Den besten Überblick über den Polder hat man vom **Aussichtsturm am Sperrwerk**, das den Zu- und Abfluss des Wassers im Polder Holter Hammrich reguliert.

Durch Moor und Fehndörfer

Das Sperrwerk steht unmittelbar an der Mündung des **Hauptfehnkanals** in die Leda. Dieser eingedeichte künstliche Wasserlauf sorgt für die Entwässerung der Fehngebiete im südlichen Overledingerland und war zugleich eine Möglichkeit, den Torf von den Fehndörfern in die Städte Ostfrieslands zu transportieren. Trotzdem bedurfte es zäher Verhandlungen mit den Bauerndörfern Holte und Rhaude, bis der Kanal in den 1770er Jahren auf einer Länge von sieben Kilometern gegraben werden konnte – und das mit Spitzhacke und Schaufel. Das Kanalbett ist immerhin 15 bis 20 Meter breit, zum Glück aber nur einen bis zwei Meter tief. Aber das reichte, weil die Schiffe der Fehntjer, ob Tjalk oder Mutte, auf sehr geringen Tiefgang ausgelegt waren.
Der Hauptfehnkanal führt auf fast gerade Linie nach Süden und teilt sich vor dem Langholter Meer in zwei Arme, die Westrhauderfehn und Ostrhauderfehn erreichten. Entlang des Hauptfehnkanals ist ein Fahrradweg ausgewiesen.

■ Rhaude

Folgt man dem Kanal auf der Westseite, wird zunächst die Ortschaft **Holte** passiert, die im Mittelalter mit Marktrecht ausgezeichnet wurde und damit zum Zentrum im südlichen Overledingerland aufstieg. Es folgt der kleine Ort **Rhaude**, von dem aus die Moorgebiete des südlichen Overledingerlandes erschlossen wurden – daher die Namen Rhaudermoor, Westrhauderfehn oder auch Ostrhauderfehn. In Rhaude lohnt die **Wind-**

mühle von 1852 (Rhauder Mühlenweg 13, www.rhauder-muehle.de), die der Mühlenverein bis 1998 mühsam wieder aufgebaut hat, einen Besuch. Die **Kirche Rhaude** (Dorfstr. 40), deren Baudatum nicht überliefert ist, zeigt im Innern nicht nur eine Chorschranke, an die die Orgel angesetzt wurde, sondern auch mittelalterliche Darstellungen der zwölf Apostel.

Westrhauderfehn

Weiter auf der Straße Am Deich kommt man – schon in Westrhauderfehn – zur **Oll Wiek**, zur ›alten Wieke‹. Sie ist das Zeugnis eines frühen und letztendlich gescheiterten Versuches, das Moor für die Torfgewinnung zu nutzen. 1649 ließen zwei Emder Bürger, Röttger Francisci uind Harm von der Berge, einen Kanal vom Rhauder Tief westwärts graben. 1990 wurde dieser Kanal von der Gemeinde als Oll Wiek wieder hergestellt und mit einem Landschaftspfad versehen. Warum das Projekt der Emder im Overledingerland scheiterte, ist nicht bekannt. Der Bau von Fehnkanälen zur Entwässerung und das Torfstechen waren in den Niederlanden entwickelt und mit der Gründung des Fehndorfs Oude Pekela 1599 angewendet worden. Durch die Handelsbeziehungen war dieser Weg der Moorkultivierung und der Gewinnung von Torf als Heizmaterial in Emden bekannt. Erst als 1765 fünf Bürger aus Leer, Breinermoor, Holte und Stickhausen den Antrag stellten, das Moor im Overledingerland ihrer Fehnkompanie zu überlassen, ging es voran. Sie verpflichteten sich, Kanäle und Siele an Ems und Leda anzulegen. Schon 1768 wurden die ersten Untererbpachtverträge mit Kolonisten abgeschlossen, 1769 erhielt die Fehnkompanie die endgültige Konzession vom preußischen König. Dieses Jahr gilt als Gründungsdatum der Orte Rhaudermoor, Westrhauderfehn und Ostrhauderfehn.

▸ Karte S. 246

Die Tjalk Twee Gebroeders, ein Teil des Fehn- und Schifffahrtsmuseums

Schleuse Westrhauderfehn

Weiter die Straße hinunter geht es zur Schleuse (Verlaat) Westrhauderfehn. Der Hauptfehnkanal ist tideabhängig, bringt Ebbe und Flut bis in den Fehnort. Die Schleusen in West- und Ostrhauderfehn dienten dazu, auch bei Ebbe in den Fehnkanälen hinreichend Wasser zu halten, damit die Torfschiffe verkehren konnten. 1957 wurde die Schleuse demontiert, sie wurde nicht mehr benötigt. Die alte Zugbrücke wurde durch eine fest eingebaute Stahlbetonbrücke ersetzt. Auf diese Art verloren bis in die 1970er Jahre viele Fehne in Ostfriesland ihr hergebrachtes Aussehen. In Westrhaudefehn wurde die Schleuse 1994 mit Blick auf das Ortsbild und die Freizeitschiffer, die im Wendebecken vor Anker gehen wollten, wieder eingebaut, die Stahlbetonbrücke durch eine Zugbrücke ersetzt. So ankern im **Hafen Westrhauderfehn** heute wieder Plattbodenschiffe.

Gegenüber der Schleuse steht des **Verlaatshus** (Am Deich 1), in dem heute ein mongolisches Restaurant untergekommen ist. 1929 wurde das alte Verlaatshus abgerissen, das von 1776 stammte und und eines der ältesten Steinhäuser auf dem Fehn war. Der Fehncompanie, die es hatte errichten lassen, diente es als Versammlungsort. In dem Haus lebte der Schleusenmeister, der zugleich die Konzession zum Bierbrauen und Schnapsbrennen sowie zum Betrieb einer Gastwirtschaft besaß.

Zum Fehn- und Schifffahrtsmuseum

Die Straße Unterende verläuft vom Hafen nach Westen und dabei beidseits des Fehnkanals. Auf ihm sind **historische Torfschiffe** festgemacht. An der Straße liegt die **Hoffnungskirche**, die mit 53 Metern den höchsten Kirchturm Ostfrieslands besitzt. 1848 wurde die Kirche als klassizistischer Saalbau errichtet. Mit ihrem Rundbogenfries am Traufgesims und den Eckfilialen machte sie schon zur Bauzeit Anleihen bei historischen Schmuckformen. Ganz dem Stil des Historismus verpflichtet ist dann der Westturm, der 1886 angefügt wurde.

Nur wenige Meter weiter, auf der gegenüberliegenden Seite des Kanals, findet sich das **Fehn- und Schifffahrtsmuseum Westrhauderfehn**, das in eine zweigeschossige Villa aus Ziegelstein von 1902 eingezogen ist. Fehnkultur und Schifffahrt bilden eine Einheit, entwickelten sich doch ausgehend von der Torfschifffahrt viele Fehntjer zu Seeleuten. So ist es nur konsequent, dass das Museum hier im einst wichtigsten Binnenhafen Ostfrieslands sowohl die Entwicklung der Fehne bis hin zum Torfabbau beleuchtet wie auch die Entwicklung des regionalen Schiffbaus und der Schifffahrt. Eine **Alte Schmiede**, die bis Ende der 1950er Jahre am Ortsausgang Westrhauderfehn Richtung Ostrhauderfehn stand, wurde auf das Museumsgelände versetzt. Vor dem Museum hat auf dem Westrhauderfehnkanal die **Tjalk Twee Gebroeders** (Zwei Gebrüder) festgemacht, die 1908 in den Niederlanden gebaut wurde. Das Schiff konnte 16 Tonnen laden und hatte einen Tiefgang von gerade einmal einem halben Meter.

Die **Villa**, in der heute das Museum eingerichtet ist, wurde von Conrad Phillip Graepel errichtet. Der erfolgreiche Kaufmann gehörte zur Elite des Dorfes, zu der auch die Kapitäne auf mittlerer und großer Fahrt gezählt wurden. Kurz hinter dem Schifffahrtsmuseum finden sich die Häuser zweier solcher Kapitäne. Die **Gebäude Rajen 9** und **Rajen 15** wurden um 1925 gebaut und dokumentieren den Wohlstand dieser Berufsgruppe.

Durch die 1. Süderwiek

Wir biegen vom Museum rechts ab in die 1. Südwieke und entdecken auf der linken Seite die **ehemalige Navigationsschule** (1. Süderwieke 7), die nach der Gründung in das 1886 errichtete zweigeschossige Gebäude einzog. 1918 wurde die Navigationsschule geschlossen, weil diese Ausbildung zum Seemann in der Seefahrtsschule Leer konzentriert wurde. Heute soll dort ein Hotel mit Restaurant entstehen.

Ein **Kapitänshaus** aus der Zeit vor 1910 findet sich an der 1. Südwieke Nr. 10. Das Gebäude, das mit zwei Ecktürmen hervorsticht, wurde im Volksmund als Toorntjehus (Turmhaus) bezeichnet. Aus der gleichen Zeit stammt auf der gegenüberliegenden Seite des Kanals das **Gebäude 1. Südwieke 13**, ein zweigeschossiges Wohnhaus mit Eingangsvorbau. Von 1907 ist das **Gebäude 1. Südwieke 22**, das durch die geschnitzte Verkleidung des ersten Sparrenpaares im Giebel und den seitlich angeordneten Eingangsvorbau auffällt.

Die Zugbrücke in Ostrhauderfehn

Nach Ostrhauderfehn

Fährt man am Hafen Westrhauderfehn nicht Richtung Fehnmuseum, sondern Richtung Osten, kommt man auf der Bundesstraße 438 zum Langholter Meer, das als Weitung des Burlage-Langholter Tiefs gilt. Der Wasserlauf liegt schon auf dem Gebiet der Gemeinde Ostrhauderfehn. Den Ort entdeckt man am besten auf der **Wiekentour**, die die Gemeinde erarbeitet hat. Die Tour ist 28 Kilometer lang (www.wiekentour.de). Aber man kann auch nur ein Teilstück von rund zehn Kilometer Länge fahren. Dieses führt im Zentrum der Gemeinde Ostrhauderfehn durch die 1. Süderwieke, dann links durch die Birkenstraße und wieder links auf die Schillerstraße, die zurück zur Bundesstraße 438 und damit zum Ausgangspunkt führt. Entlang des Weges finden sich Informationen zu Themen rund um die Fehnkultur.

▸ Karte S. 246

Langholter Meer

Biegt man von der Bundesstraße 438 rechts ab, kann man rund 2,5 Kilometer auf den Leda-Jümme-Weg bis zum Ort Langholt fahren. In etwa parallel zum Weg verläuft das **Langholter Meer**, auch als Rote Riede bezeichnet. Im Gegensatz zu den künstlich gegrabenen Kanälen schlängelt sich das Tief als natürlicher Wasserlauf von Burlage an der Grenze zum Emsland bis hoch nach Ostrhauderfehn. 2009 wurde das Langholter Meer aufgrund seines Reichtums an Pflanzenarten zum Landschaftsschutzgebiet erklärt. Eine Pause kann man im Restaurant Zum Langholter Meer einlegen.

Langholt

Der Ort Langholt verdankt seine Existenz einem Johanniterkloster, das hier vor 1270 inmitten eines Hochmoorgebietes angelegt wurde. Von dem Kloster haben sich keine Spuren erhalten. Es lag in der Nähe des Langholter Tiefs, in etwa da, wo heute ein Supermarkt auf Kunden wartet. Einzig der Name Klosterweg erinnert an den Konvent.

Hahnentange

Die Mühlenstraße, die nach Westen von der Kirchstraße in Langholt abbiegt, führt zur 1. Südwieke in Westrhauderfehn. Hier wartet die **Hahnentanger Mühle**, ein Galerieholländer von 1864, auf Besucher. Seit 1993 wird die heute wieder funktionsfähige Windmühle vom Mühlenverein betreut, der hier regelmäßig Veranstaltungen anbietet. Im Müllerhaus stellen Mitglieder des Kulturrings und Kunstkreises Rhauderfehn eigene Arbeiten aus.

Der **Hahnentanger See** auf der gegenüberliegenden Seite der 1. Süderwieke ist aus einer Sandentnahmestelle entstanden. Er wird heute als Angelgewässer genutzt, Baden ist nicht gestattet.

Klostermoor

Am Ende der 1. Süderwieke geht es rechts ab über die Friesenstraße bis zur 3. Süderwieke, die nach Klostermoor führt. Dieser südlichste Ort Ostfrieslands hat seinen Namen vom Johanniterkloster Langholt, dem das Hochmoorgebiet einst gehörte. Besiedelt wurde es erst, als zum Ende des 19. Jahrhunderts Westrhauderfehn bis an das Moorgebiet gewachsen war. In Klostermoor wurde industriell Torf abgegraben und dann vermutlich von 1920 bis 1957 in einer Torfkoksfabrik zu Koks verarbeitet. Geblieben ist von dem Werk eine Belastung des Bodens auf dem ehemaligen Werksgelände an der Gronewoldstraße. Erst 2012 wurde auf den letzten Moorflächen in Klostermoor der Torfabbau eingestellt.Von Klostermoor sind es nur noch rund sechs Kilometer zum größten Fehnort Deutschlands, der Stadt Papenburg(→ S. 295), die über die Kreisstraße 65 erreicht wird.

Overledingerland

Tourist-Information Rhauderfehn, Rajen 5, 26817 Westrhauderfehn, Tel. 04952/9971344; Mo–Do 10–17, Fr 10–13 Uhr. www.ostfriesland-rhauderfehn.de,

Hotel Meyerhoff, Holterfehner Str. 49, 26842 Ostrhauderfehn, Tel. 04952/5122; DZ 112 Euro. Auch Restaurant. www.hotel-meyerhoff.de

Hotel Alte Navigationsschule, 1. Südwieke 7, 26817 Westrhauderfehn, Tel. 04952/936930; DZ ab 109 Euro. Mit Restaurant Ankerplatz (tgl. 8–22 Uhr). www.restaurant-ankerplatz.de

Restaurant Zum Langholter Meer, Leda-Jümme-Weg 6, 26842 Ostrhauderfehn, Tel. 04952/ 61611; in der Saison Mo–Sa 10–13 und ab 16, So ab 16 Uhr, im Winter Fr 17–23, Sa 14–22, So 12–20 Uhr. Kaffee, selbstgebackener Kuchen, Eis.

Camping und Freizeitanlage Idasee, Idafehn-Nord 77b, 26842 Ostrhauderfehn, Tel. 04952/994297. www.campingidasee.de

Café am Siel, Am Siel 6a, 26817 Ostrhauderfehn, Tel. 04952/921441. Auch Paddel- und Pedal-Station sowie Wohnmobilstellplatz. www.cafe-rhauderfehn.de

Fehn- und Schifffahrtsmuseum Westrhauderfehn, Rajen 5, 26817 Westrhauderfehn, Tel. 04952/952708; Di–Fr, So 11–17 Uhr, Nov.–Feb. geschlossen. www.fehn-schifffahrtsmuseum.de

Hahnentanger Mühle, 1. Südwieke 207, 26817 Rhauderfehn-Hahnentange, Tel. 04952/808820; Teestube 1.-3. So im Monat 14–17 Uhr. www.hahnentanger-muehle.net

EXTRA

Von der ersten Fehnkolonie zum Werftstandort

Papenburg wurde 1631 als Fehnort gegründet, um hier Torf abzubauen. Um den Torf zu den Kunden zu bringen, braucht es Schiffe. Papenburg wurde also zum Werftstandort. 1795 gründete Willm Rolf Meyer die Thurmwerft, heute Meyer Werft. Gebaut wurden kleine, hölzerne Segelschiffe, die als sogenannte Mutten mit ihren umlegbaren Masten und den Seitenschwertern bestens für die Kanalschifffahrt geeignet waren oder als Kuffen an den Küsten entlang fuhren. 1836 wurde die ›Aurora‹ gebaut, die ganze 16,6 Meter lang war. Aber die Zeit der Holzschiffe ging zu Ende.

Joseph L. Meyer, geboren 1845, lernte noch Zimmermann, ging dann aber 1866 für ein Jahr in die USA, um Erfahrungen im Schiffbau zu sammeln. Und vor allem arbeitete er nach dem Abschluss als Schiffbaumeister und Ingenieur in der Stettiner Maschinenbau Actien Gesellschaft Vulcan, die als Pionier im eisernen Schiffbau galt. 1872 hatte Joseph L. Meyer endlich eine Antwort auf die Frage eines Reeders in Papenburg, der ein Stück Eisen ins Wasser geworfen und ihn gefragt hatte: »Und daraus willst Du Schiffe bauen?« Seine Antwort lautete »Ja«.

Joseph L. Meyer ging zurück nach Papenburg, wo er 1872 eine Eisenschiffswerft gründete. Als er 1920 starb, hatte die Meyer Werft 340 Schiffe gebaut. In diesem Jahr gab es 20 Werften in Papenburg, aber nur die Meyer Werft hatte die Umstellung auf den Eisenschiffbau und damit den Schritt in das 21. Jahrhundert geschafft.

»Wir haben uns in unserer über 200-jährigen Geschichte zudem immer um stetige Investitionen und Innovationen bemüht. Darüber hinaus haben wir ein sozial intaktes Umfeld, gute Facharbeiter und eine pragmatische Mentalität der Menschen – das macht unseren Standort an der Ems attraktiv.« So fasste Werftenchef Bernhard Meyer 2001 das Erfolgsrezept der Werft gegenüber der Tageszeitung Die Welt zusammen. 2023 ist Bernhard Meyer nach 50 Jahren im Unternehmen in den Beirat gewechselt. Seine Söhne wechselten in die Leitung der Werft.

Innovation als Erfolgsrezept: 1980 zog dies gesamte Werft in den Papenburger Außenhafen um. 1987 nahm die Firma das weltweit größte überdachte Baudock in Betrieb. Das misst heute 370 Meter in der Länge, über 100 Meter in der Breite und ist 60 Meter hoch. Vom Bau der Fährschiffe für eine indonesische Fährreederei, der man bis 2008 immerhin 24 Passagierfähren lieferte, wanderte der Fokus auf den Bau von Kreuzfahrtschiffen. Mit der Covid-19-Pandemie (Corona) ging aber gerade diese Branche ab 2020 in die Krise, sodass die Meyer Werft auf die Suche nach neuen Geschäftsfeldern gehen musste. Dafür wurde eigens die Firma Meyer RE gegründet, die sich um Modernisierung, Reparatur und Optimierung von Kreuzfahrtschiffen kümmert, vom Motor bis zur Kabine. Der Bau von Luxusjachten, aber auch vollkommen neue Arbeitsgebiete wie der Bau von schwimmenden Villen und Freizeitanlagen sind in der Planung. So zumindest der NDR zur Meyer Werft im Jahr 2022. Bei aller Innovationsfreude ließ sich jedoch der Abbau von Arbeitsstellen angesichts der Krise nicht vermeiden. 2024 überraschte die Werft mit Liquiditätsproblemen bei vollen Auftragsbüchern. Bund und Land Niedersachsen erwarben im September 2024 für 400 Millionen Euro 80 Prozent der Anteile an der Werft. 20 Prozent verblieben bei der Familie Meyer, die nach und nach wieder sämtliche Anteile übernehmen soll.

Papenburg

Papenburg nennt sich die älteste Fehnkolonie Deutschlands - zu Recht, denn schon 1631 plante der Drost (Amtmann) von Papenburg, Dietrich von Velen, der jüngst mit mit der Herrlichkeit Papenburg belehnt worden war, einen Kanal zur Ems zu bauen, das Moor zu entwässern, den Torf abzubauen und über den Kanal zu verschiffen. 1661 wurden Plakate im Emsland und in der Provinz Groningen aufgehängt, um weitere Kolonisten zu werben. Trotz des Verbots der ostfriesischen Fürsten, Torf aus Papenburg zu handeln, entwickelte sich das Fehndorf. Der Schiffbau und die Schifffahrt wurde zu wichtigen Wirtschaftszweigen. Papenburg wuchs und wurde 1860 zur Stadt. Während der NS-Zeit wurde Papenburg zum Sitz der Zentralverwaltung der Emslandlager, in den KZs waren rund 5000 Häftlinge inhaftiert.

Heute hat Papenburg rund 40 000 Einwohner. Der Abbau von Torf als Brennmaterial ist lange Geschichte, auf letzten Flächen läuft der Abbau von Torf als Gartenerde aus. Größter Arbeitgeber ist heute die Meyer Werft.

■ Forum Alte Werft

Am besten startet man einen Rundgang durch Papenburg im **Forum Alte Werft** (Ölmühlenweg 9). Die Stadt Papenburg hat auf dem angestammten Gelände der Meyer Werft, die Mitte der 1980er Jahre in den Außenhafen an der Ems umgezogen ist, ein neues kulturelles Zentrum entwickelt. Hier finden sich sanierte Werkshallen, die als Kunstschule, Stadthalle oder auch als Hotel genutzt werden. Für Hafenambiente sorgen ehemalige Arbeitsgeräte der Meyer Werft sowie der Anleger Ölmühlenweg, der Jachthafen und der Touristikhafen.

In der **Maritimen Erlebniswelt-Papenburg**, die ebenfalls im Forum Alte Werft untergekommen ist, ist eine Ausstellung zur Stadt Papenburg untergebracht, die die Entstehung des Ortes als Fehnkolonie und die Entwicklung des Schiffbaus vom Holzschiff bis zum Stahlkoloss verdeutlicht.

Weiter finden sich im Forum Alte Werft das Theater auf der Werft, Restaurants und Café. Von **Anleger am Ölmühlenweg** starten die Papenburger Hafenrundfahrten.

■ Am Hauptkanal

An der alten Werft beginnt der Hauptkanal der Stadt Papenburg, an dem die Hauptgeschäftsstraße liegt. Hier, in der verkehrsberuhigten Zone, reihen sich die Geschäfte und Sehenswürdigkeiten der Stadt. Dazu zählt etwa die **Alte Drostei** (Hauptkanal rechts 13), die in den 1630er Jahren gebaut wurde. Sie wurde am Standort der mittelalterlichen Burg Papenborch errichtet und war der Amtssitz des Drosten (Amtmann) von Velen, dem Gründer der Fehnkolonie

Die Brigg Friederike von Papenburg auf dem Hauptkanal

Papenburg. Die alte Drostei wird heute als Begegnungsort genutzt, bietet Raum für Lesungen und Ausstellungen (Mi–So 16–21.30 Uhr, Eintritt je nach Veranstaltung).

Immer wieder sind auf dem Hauptkanal mit seinen Zugbrücken Museumsschiffe zu sehen wie die **Margaretha von Papenburg**, ein Kuff, dessen Bug und Heck typisch hochgezogen und gerundet sind. Die **Gesine von Papenburg** ist ein Nachbau eines typisch Papenburger Segelschiffes mit zwei Masten. Das Schiff ist eine sogenannte Smack, ein Küstensegler mit flachem Boden. Die Gesine von Papenburg wurde in der Meyer Werft als Gesellenstück mit einem Stahlrumpf gefertigt. Sie geht auf Fahrt und dient als Botschafterin der Stadt.

Weiter den Hauptkanal hinauf passiert man **Meyers Mühle**, einen Galerieholländer von 1888, der 1999 von der Stadt Papenburg gekauft und saniert wurde. Hier kann man alte Mühlentechnik betrachten. Zudem ist in der Mühle die **Touristeninformation** der Stadt Papenburg untergebracht. Meyers Mühle liegt zwischen dem Hauptkanal und dem Stadtpark, für Leben auf der Platzfläche ist also gesorgt.

Der Bummel entlang des Hauptkanals endet beim **Rathaus Papenburg** von 1913, vor dem das **Museumsschiff Friederike von Papenburg** ankert, eine Brigg mit zwei Masten, die nach Originalplänen neu gebaut wurde.

Die katholische **Stadtpfarrkirche St. Antonius** gleich gegenüber, eine neugotische Hallenkirche von 1877, beeindruckt durch ihre reiche Ausmalung. Das Emsland ist im Gegensatz zu Ostfriesland und auch zu Gesamtniedersachsen aufgrund seiner Geschichte als Teil des Bistums Münster mehrheitlich katholisch geprägt.

Das **Arkadenhaus** ist ein Neubau aus alten Ziegelsteinen, der im Erdgeschoss um einen Marktplatz offene Küchen bereit hält. Die Zutaten, die man auf dem Markt erworben hat, verarbeiten hier Köche zu einem leckeren Gericht. Im Obergeschoss findet sich ein Hotel.

Die Von-Velen-Anlage führt in die Anfänge des Fehndorfs Papenburg zurück

Karte S. 246

Freiluftmuseum Von-Velen-Anlage

Neben der Maritimen Erlebniswelt erzählt das Freiluftmuseum Von-Velen-Anlage anschaulich die Geschichte des Fehndorfs Papenburg. Torfgräberhaus, Muttschifferhaus und Papenböger Huus, die mit historischem Mobiliar ausgestattet sind, zeigen eindrucksvoll die Lebensverhältnisse in dem Fehndorf Papenburg, das zur Stadt wurde. Dazu kommen Ausstellungsschwerpunkte wie Torfstechen im Hochmoor, das Muttschiff und der Dreimastschoner Johanna. Bemerkenswert ist, dass die Anlage von einem Trägerverein aufgebaut und unterhalten wird. Das Papenbörger Hus, ein Kapitänshaus von 1820, ist als Café eingerichtet. Hier gibt es passend zur Geschichte Papenburgs als Moorkolonie Buchweizenpfannkuchen mit Preiselbeeren und Tee. Zu der Anlage sind es vom Rathaus Papenburg immerhin rund vier Kilometer. Es lohnt sich also, ab Rathaus den Bus zu nehmen.

Papenburg

Alle Einrichtungen: 26871 Papenburg.

Tourist Information Papenburg, Ölmühlenweg 21 Tel. 04961/82470; Mo–Sa 10–17 Uhr. Geschäftsstelle Fußgängerzone: Meyers Mühle, Am Stadtpark 21, 26871 Papenburg.

Hafenrundfahrt Papenburg, Anleger am Forum Alte Werft, Tel. 0171/5204923; Mi–Mo 11.15, 13.15, 15.15 und 17.15, So 11.15 und 13.15 Uhr. www.papenburg-hafenrundfahrt.de

Hotel Alte Werft, Ölmühlenweg 1, Tel. 04961/9200; DZ ab 144 Euro. Spitzenhotel in einer ehemaligen Werkshalle der Meyer Werft. Mit Restaurant Schnürboden (Frühstück Mo–Fr 6–10, Sa 6.30–10.30, So 7–10.30, Warme Küche Mo–So 12–14, 18–22 Uhr). www.hotel-alte-werft.de

Alter Güterbahnhof, Bahnhofstr. 21, Tel. 04961/83220; Di–So 17.30–22, Sa 11.45–14.30 Uhr, Di–Fr Mittagstisch 12,90 Euro, So Brunch 24,80 Euro, nur Frühstück 18,90 Euro. www.alter-gueterbahnhof.de

Wirtshaus am Zeitspeicher, An der alten Werft 9, Tel. 04961/8099935.

Fischhaus Smutje-Papenburg, Hauptkanal links 14, Tel. 04961/992028; Mi–Mo 11.30–22 Uhr. Eine der ältesten Gaststätten Papenburgs, heute Fischrestaurant mit Bistro. www.smutje-papenburg.de

StrandStulle Papenburg, Hauptkanal rechts 33, Tel. 04461/6644899; tgl. 11–22 Uhr. Für den kleinen Hunger: Sandwich, Wraps, Salate.

Campingplatz Papenburg, Zum Poggenpoel 101, Tel. 04961/974026; April–Okt. tgl. 9–12 und 15–17 Uhr, Nov.–März Mo–Sa 9–13 Uhr. www.campingplatz-papenburg.de

Maritime Erlebniswelt, Ölmühlenweg 21, Tel. 04961/839647; April–Okt. Di–So 10–17 Uhr, Nov.–März Di–Fr 10–17 Uhr. www.maritime-erlebniswelt.de

Von-Velen-Anlage, Splitting rechts 56, Tel. 04961/73742; ohne Führung 4/2 Euro, mit Führung 5/2,50 Euro. Anfahrt rund 20 Minuten mit dem Bus 970 ab Rathaus. www.von-velen-anlage.de

Meyer Werft Besucherzentrum, Industriegebiet Süd, Tel. 04961/83960. Geboten werden ›Meyer Werft Auf eigene Faust‹ (13 Euro), ›Meyer Werft Führung‹ (16 Euro), ›Premium Tour‹ (26 Euro). Für alle drei Tourarten ist eine Voranmeldung über die Website erforderlich. www.besucherzentrum-meyerwerft.de

Arkadenhaus, Hauptkanal links 68–72, Tel. 04961/809620. www.arkadenhaus.de

Zwischen Leda und Jümme

Die Region zwischen Leda und Jümme, auch ›Zweistromland‹ genannt, ist eines der am dünnsten besiedelten Gebiete Ostfrieslands. Weite Wiesen geben noch einen Eindruck von dem früher für Ostfriesland typischen Hammrich, dem nassen, bisweilen anmoorigen Wiesenland im Übergang von der Marsch in die Geest. Heute finden sich in diesen wenig besiedelten Flächen zunehmend Windkraftanlagen.

Auf der hier vorgeschlagenen Rundtour geht es von dem Dorf Loga mit der Evenburg durch einen solchen Hammrich zur Pünte, der alten handbetriebenen Fähre, die ihre Fahrgäste über die Jümme bringt. Über das Bauerndorf Amdorf geht es weiter in die stillen Wiesen- und Weideflächen des Zweistromlandes. Mit etwas Glück begleitet uns das lang anhaltende Zirpen, Flöten und Rollen der Feldlerche. Jenseits der Jümme erzählt die Burg Stickhausen von der Grenze zum Ammerland. Grenzort war auch das Dorf Detern, das heute als ruhiger Marktflecken auf den Tourismus setzt.

Zurück nach Leer geht es durch das Dorf Filsum, um das sich Wallhecken erhalten haben, die die Wiesen- und Ackerflächen gliedern. Sie sind ein untrügliches Zeichen dafür, dass das Dorf Filsum am Rand der Jümmeniederung auf dem Oldenburgisch-Ostfriesischen Geestrücken liegt. Logabirum gehört dann schon wieder zu Leer und lädt zum Abschluss noch einmal in eine Kirche ein.

Loga

Das Dorf Loga, das 1968 zur Stadt Leer eingemeindet wurde, hebt sich als ehemalige Herrlichkeit mit zwei Schlössern samt Parks der Familie von Wedel unter den Leeraner Stadtteilen deutlich heraus: ein stadtnahes Wohnviertel, das im Kern das Gesicht eines Dorfes bewahrt hat.

▸ Karte S. 246

Das alte Zentrum Logas lag um die im 13. Jahrhundert errichtete **reformierte Kirche** (Am Schlosspark 18), die 1839 einen neuen, an einen Leuchtturm erinnernden Kirchturm erhielt. Es ist eine typisch schlichte Kirche der reformierten Protestanten mit einer geschnitzten Kanzel von 1778 im Zentrum des Gotteshauses. Nur zu besonderen Anlässen ist die unter dem Chor im 17. Jahrhundert von dem Reichsfreiherrn Erhardt von Ehrentreuter angelegte Gruft zugänglich.

Im Jahr 1642 wurde Ehrentreuter mit der Herrlichkeit Loga belehnt. Der Kommandant der Garnison in Emden, später dann in Leerort ließ das erste Schloss Evenburg errichten, das er nach seiner Ehefrau Eva benannte. Erhalten davon ist aber nur ein Teil der Vorburg gleich gegenüber der Kirche.

Schloss Evenburg

Durch eine breite Durchfahrt mit Giebeldreieck aus Sandstein und kleinem Glockenturm kommt man in den **Park** des Schlosses Evenburg (Am Schlosspark 25), das schon im 17. Jahrhundert durch Heirat in den Besitz der Grafenfamilie von Wedel überging.

Beigefarben hebt sich vor dem Grün der Parkanlage das Schloss ab, dessen bewegte Dachlandschaft mit schwarzem Schiefer bedeckt ist. Allenthalben zeigt es Blendgiebel, Zinnen und Türmchen, dazu spitzbogige Fenster und Maßwerk – 1861 ließ Carl Georg Graf von Wedel dieses Schloss nach Plänen des hannoverschen Architekten Richard Stüve im neugotisch-romantischen Stil neu errichten. Ab 2004 wurde das Schloss vom Landkreis Leer, der es mittlerweile besaß, grundlegend saniert. Das Vestibül, das Treppenhaus und der Festsaal im Innern wurden nach Befunden restauriert und können besichtigt werden. Im Erdgeschoss ist im **Zentrum für historische**

Ungewöhnlicher Anblick: die Evenburg

Gartenkultur eine Ausstellung zum Leben und zur Wirtschaft der Familie von Wedel eingerichtet. Immerhin betrieb Carl Georg von Wedel über vier Jahrzehnte einen der führenden Gartenbaubetriebe Nordwestdeutschlands hier am Schloss. Von der Weltausstellung in Paris im Jahr 1867 bracht Carl Georg das erste Fahrrad mit nach Ostfriesland. Vollständig aus Eisen, dafür ohne Bremsen - das Gefährt kann man bei einem Rundgang im Schloss besichtigen.

Zur Schlossanlage gehört neben dem Park und der Großen Allee Richtung Leer ein noch heute landwirtschaftlich genutzter **Meierhof**. Von diesem Gulfhof von 1865 aus wurde der gräfliche Landbesitz bewirtschaftet.

Der Park der Evenburg wird von der Mühlenallee und der Fährstraße eingefasst. Beide führen zum Fluss Leda und bieten sich damit als Auftakt zu einem Spaziergang auf dem **Ledadeich** nach Leer an.

Philippsburg

Das zweite **Schloss** der von Wedel, das Schloss Philippsburg (Hohe Loga 2), ließ Freiherr Philipp von Wedel 1730 als eingeschossiges Herrenhaus mit zweigeschossigem Mittelbau errichten. 1906 wurde das Gebäude, heute in Privatbesitz, aufgestockt.

Ein Teil des **Schlossparks** ist öffentlich zugänglich. Dafür muss man den Weg von der Hauptstraße vorbei am Ehrenmal für die Gefallenen des Ersten Weltkriege nehmen.

Durch den Hammrich

Von der Evenburg geht es durch die Straßen Am Schlosspark, Meierstraße und Ritterstraße zum Logaer Hammrich. Das Wort Hammrich, plattdeutsch Hammerk, bezeichnet niedrig gelegenes, nasses, oftmals auch anmooriges Wiesenland, das als Weidefläche oder zur Mahd genutzt wird. Schloote und die breiteren Tiefs durchziehen zur Entwässerung diese weite, typisch ostfriesische Landschaft, in der unter anderem Kiebitze und Feldlerchen noch zu entdecken sind.

Über die Amdorfer Straße entlang des Ledadeichs kommt man zur **Landgaststätte Zur Jümmefähre**, die gern von Sonntagsausflüglern aus Leer angefahren wird und Plätze auf einer Terrasse bietet. Die Gaststätte gehört zur **Pünte**, der ältesten handbetriebenen Fähre Nordeuropas. Personen, Fahrräder und bis zu drei Autos werden über den Fluss Jümme transportiert und das per Muskelkraft unter Mithilfe der Strömung des Flusses. Im Jahr 1562 wurde die Pünte erstmals urkundlich erwähnt. 1975 stellte der Landkreis Leer den Fährbetrieb aus Kostengründen ein. Aber schon ein Jahr zuvor hatte sich der Pünte-Verein gegründet, der 1988 den Fährbetrieb in der Sommersaison wieder aufnahm - ohne staatliche Zuschüsse übrigens. Seit 2002 steht die Pünte unter Denkmalschutz. Wer mit der Fähre übersetzten möchte, sollte beim Fährmann die Fahrbereitschaft erfragen, da die Fähre tideabhängig ist und bei Niedrigwasser nicht verkehren kann.

Amdorf

Von der Pünte geht es auf der Fährstraße (K 18) durch die Wiesenlandschaft nach Amdorf. Beidseits der Straße sehen wir hier Gulfhöfe, nur ein, zwei Einfamilienhäuser verlieren sich in dem Bauerndorf. Die **Kirche Amdorf** (Fährstr. 5) wurde im 18. Jahrhundert anstelle eines Vorgängerbaues errichtet. Sie zeigt eine Kanzel und ein Altarbild aus dem 17. Jahrhundert (Mai–Okt. Mi–So 10–18 Uhr).

Jümmiger Hammrich

Von Amdorf auf dem Trappenweg (K 18), dann rechts ab über den Altfehnsweg,

▸ Karte S. 246

weiter geradeaus auf der Westernstraße und links auf den Mönkeweg geht es quer durch das Zweistromland an die Jümme. 80 Prozent der Flächen der Samtgemeinde Jümme werden landwirtschaftlich genutzt – eine dünn besiedelte Gegend. Die Dörfer Amdorf und Neuburg bringen es jeweils auf nur knapp über 100 Einwohner bei einer Fläche von 6,3 und 8,2 Quadratkilometern.

Den Jümmiger Hammrich fassen die schmalen Bänder der Flussmarschen an Leda und Jümme. Auf dem vollständig kultivierten Niedermoorgebiet dazwischen wuchs im Sommer reichlich Gras, das zur Weide oder zur Mahd genutzt wurde. Im Winter waren die Wiesen überflutet und wurden dabei mit dem Schlick der Flüsse Leda und Jümme gedüngt – ein Paradies für Wiesenbrüter, Insekten und auch Zugvögel wie Gänse. Dieser Kreislauf wurde mit dem Bau des Ledasperrwerks 1954 zerstört. In einzelnen Bereichen soll diese Entwicklung durch Wiedervernässung korrigiert werden.

Jümmesee und Stickhausen

Wer den über 600 Meter langen und fast 300 Meter breiten **Jümmesee** besuchen möchte, fährt auf dem Breiten Weg Richtung Süden. Hier erwartet den Besucher am Badesee ein Sandstrand mit Llegewiese. Während der Saison ist mittwochs und samstags die SUP-Station geöffnet, die neben dem Verleih der Boards auch Kurse anbietet.

Historisch Interessierte fahren über die Jümmebrücke nach Stickhausen. **Burg Stickhausen** wird seit Jahren von einem Burgverein zu einem Museum ausgebaut. Die Hansestadt Hamburg legte die Feste 1435 zur Sicherung des Handelsweges Oldenburg–Groningen an. Aber schon zwei Jahrzehnte später ging sie in den Besitz der ostfriesischen Grafen Cirksena

In der Burg Stickhausen

über. Erhalten sind von der Niederungsburg der um 1500 vom Grafen Edzard I. erbaute Rundturm aus Ziegelstein und Reste der Wallanlagen. Im Sommer finden auf dem Gelände, das der Gemeinde Jümme gehört, Open-Air-Veranstaltungen statt.

Detern

Detern südöstlich von Stickhausen war Grenzort zwischen Ostfriesland und dem Ammerland. Etwas wehmütig berichtet eine **Infotafel** in der Kirchstraße, dass Detern einst ein Zentrum für die weitere Region mit Amtsgericht, Advokaten, Ärzten, Handwerkern und einer chemischen Fabrik war. Davon ist nichts geblieben. Heute ist Detern ein Flecken, der auf den Tourismus setzt. Die **St.-Stephani- und Bartholomäi-Kirche** von 1806 hebt sich unter den Kirchen der Umgebung durch ihren klassizistischen Baustil ab. Die Wandflächen sind einfach durch rundbogig abgeschlossene Fenster gegliedert. Der Raumeindruck im Innern wird durch die grüne Decke bestimmt, die sich über das graue Gestühl der Saalkirche erhebt. Ungewöhnlicherweise ist die Orgel über dem Altar plaziert, sehr schön sind die Kronleuchter und die Kanzel aus dem 17. Jahrhundert. Der frei stehende **Glockenturm** stammt aus der Zeit um 1450.

Filsum

Nordwestlich von Stickhausen liegt der Ort Filsum, in dem sich in der **St.-Paulus-Kirche** (Westerende) ein Flügelaltar aus der zweiten Hälfte des 15. Jahrhunderts erhalten hat. Die Bauweise verweist auf eine nordniederländische Werkstatt. Links ist die Anbetung Jesu durch die Heiligen Drei Könige zu sehen, rechts die Anbetung des Jesuskinds durch Maria und die Engel. Der Mittelteil des Altars, vermutlich eine Mariendarstellung, wurde während der Reformation zerstört und durch eine Abendmahlszene ersetzt. Kanzel und Kastengestühl stammen aus der zweiten Hälfte des 17. Jahrhunderts.

Filsum hat mit dem **Rathaus** der Samtgemeinde Jümme die Mittelpunktfunktion von Detern übernommen. Bekanntester Bürger des Ortes ist der 2016 verstorbene XXL-Ostfriese Tamme Hanken, der auf seinem Hof als Tierchiropraktiker TV-Ruhm erlangte. Im Stile eines in Ostfriesland ›Knochenbrecher‹ genannten Heilkundigen fühlte er verspannte Muskeln und eingeklemmte Nerven und konnte so Tiere heilen. Seine Ehefrau Carmen Hanken führt den Hankenhof in Tammes Sinne weiter und bietet ganzheitliche Therapien für Pferde und Hunde.

Logabirum

Über **Nortmoor** und **Holtland**, in dem von Mai bis September das Mühlencafé im dreistöckigen **Galerieholländer** von 1864 auf Gäste wartet, geht es in das

Glockenturm (links) und Kirchenschiff der St.-Paulus-Kirche in Filsum

▸ Karte S. 246

Mit Café: die Windmühle in Holtland

auf einem Geestrücken angelegte Dorf Logabirum, das zur Herrlichkeit Loga gehörte und heute ein Ortsteil von Leer ist. Schon seit dem Ort Filsum begegnen uns die für die Geest typischen Wallhecken. Sie sollten den jeweiligen Landbesitz abgrenzen und zugleich die Verwehung des eher sandigen Bodens verhindern. Heute sind sie Rückzugsorte für allerlei Kleingetier.

Die **Kirche Logabirum** wurde um 1300 errichtet und zeigt eine Kanzel von 1639. An der Gemeindeempore entdecken wir das Wappen der Familie von Wedel. Obwohl sich die Gruft der lutherischen Adelsfamilie in der reformierten Kirche in Loga gleich gegenüber der Evenburg findet: geheiratet haben die von Wedel in Logabirum. Die Logabirumer Kirche wurde bis zum Bau der Lutherkirche in Leer 1675 auch von den Lutheranern in Leer genutzt.

Zwischen Leda und Jümme

Tourist-Information Jümme Rathausring 8–12, 26849 Jümme-Filsum, Tel. 04957/91 800; Mo–Fr 8–12, 14–16.30 Uhr. www.juemme-tourismus.de

Tourist-Information Detern, Alte Heerstr. 6, 26847 Jümme-Detern, Tel. 04957/711; Mo–Fr 8–12, Do 14–16.30 Uhr.

Pünte, Fähre über die Jümme, Amdorfer Str. 101, 26847 Leer, Mai–Sept. Mi–So 10–17.30 Uhr. Aktuelle Fährzeiten vorsichtshalber unter Tel. 0151/62427171 erfragen.

Campingplatz am Jümmersee, Zum See 2, 26847 Jümme-Detern, Tel. 04957/1808. www.juemme-tourismus.de

Landgaststätte Zur Jümme-Fähre, Amdorferstr. 101, 26789 Leer-Wiltshausen, Tel. 0491/71866; Mai–Sept Mi–Sa 12–14.30 und 17.30–21, So 12–21 Uhr, Okt.–April Do/Fr 18–21, Sa/So 12–14 und 18–21 Uhr. www.puente-leer.de

Café-Restaurant Zum Jümmersee, Zum See 2, 26847 Jümme-Detern, Tel. 04957/1679.

Schloss Evenburg, Am Schlosspark 25, 26789 Leer, Tel. 0491/99756000; im Sommer tgl. 10–18 Uhr, im Winter Nov.–10. Jan. tgl. 11–17 Uhr, 11. Jan.–Mitte März geschlossen.

Burg Stickhausen, Burgstr. 3, 26847 Jümme-Stickhausen; Mai–Sept. Di–Sa 14–16 Uhr, Turmbesichtigung So 14–17 Uhr. www.burgstickhausen.de

Holtlander Mühle, Mühlenstr. 1, 26835 Hesel-Holtland, Tel. 04950/465; Mühlencafé Mai–Sept. So 14–17 Uhr.

Hankenhof, Burgweg 2, 26849 Jümme-Filsum, Tel. 04957/657. Behandlungen nach Absprache unter Tel. 0171/6018858. www.hankenhof-xxl.de

Der östliche Teil Ostfrieslands zeigte bis auf die küstennahen Marschgebiete um Wittmund einstmals unwegsame Moore. Erst mit der Anlage des Nordgeorgsfehnkanals und der Stadt Wiesmoor wurde diese Teilregion urbar gemacht und besiedelt. Nur der Geestrücken, der sich von Remels bis Hesel–Leer erstreckt, gewährte früher Zugang zu Ostfriesland.

DER OSTEN

Hafen am Nordgeorgsfehnkanal

EXTRA

Ostfriesland und der Schmuggel

Häfen bieten sich in besonderer Weise für den Schmuggel an, das ist heute nicht anders als in alten Tagen. Und Ostfriesland hatte eine Menge Häfen. Die wurden plötzlich wichtig, als napoleonische Truppen Ostfriesland besetzten. Bis dahin hatten viele englische Schiffe in den Häfen der Nord- und Ostsee angelegt. Sie brachten die hier heiß begehrten Kolonialwaren wie Tee und Kaffee, aber auch Erzeugnisse der englischen Textil- und Eisenindustrie und nahmen Erzeugnisse wie Getreide und Holz wieder mit auf die britische Insel. Napoleon verbot im Dezember 1806 mit der Kontinentalsperre genau dieses Geschäft: »Jeder Handel mit englischen Waren ist verboten. Jede Ware, die einem Engländer gehört oder aus englischen Fabriken und Kolonien kommt, wird für ›gute Prise‹ erklärt. Kein Schiff, das aus England oder seinen Kolonien kommt, darf in einen Hafen des Festlandes einlaufen.«

Um diese Kontinentalsperre zu unterlaufen, eroberten die Engländer 1807 Helgoland. Die Insel wurde zu einem riesigen Warenlager, zeitweise lagen bis zu 100 englische Segler an der Reede, lagerten Waren im Wert von bis zu 10 Millionen Mark auf der Insel. Beim Transport dieser Waren auf den Kontinent kamen unter anderem die Ostfriesen ins Spiel. Da größere Segler auffielen und in den ostfriesischen Häfen sofort kontrolliert wurden, wagen die Ostfriesen mit den kleinen Fischerbooten und anderen Flachschiffen die Überfahrt auf die Hochseeinsel. Ausgelaufen wurde in der Nacht. Die Fahrt nach Helgoland im offenen Meer barg oftmals Gefahren, so waren Unwetter hier nicht selten. Bezahlt wurde die englische Schmuggelware in bar oder aber in Naturalien wie Fleisch, Butter, Käse oder Getreide, die durch die Kontinentalsperre auf der britischen Insel Mangelware waren. Im Schutz eines kleine englischen Kriegsschiffs ging es dann zurück zu den Ostfriesischen Inseln und, nun auf sich allein gestellt, in der Dunkelheit durch das Watt zu den Sielhäfen. Hier warteten schon Helfer, die die englischen Waren möglichst schnell zu Feldscheunen brachten. Denn in den Sielhäfen war die Lagerung viel zu gefährlich. Beim zweiten Teil des Warentransports, ihrer Verteilung über Land, kam es auch zu Überfällen durch die Bevölkerung. Und trotz dieser Gefahren gelangten die Waren in die Städte Ostfrieslands, bis ins Oldenburgische und sogar ins Münsterland.

Bis 1810 wurde die Strafe auf Schmuggel immer wieder verschärft, der Schmuggel aber wuchs und wuchs. So wurde Ostfriesland 1810 zu einem Teil Frankreichs erklärt, in dem Douanen (Zöllner) und auch Soldaten ganze Städte und die Bauernhäuser durchkämmten. Über 100 Waren standen auf Liste der verbotenen Güter. Und die wurden beschlagnahmt, egal ob sie aus holländischer oder gar aus deutscher Produktion stammten. Und trotzdem wurde immer noch geschmuggelt, sodass für Schmuggler zur Abschreckung die Todesstrafe eingeführt werden musste.

Das Schicksal der Kontinentalsperre und damit der ostfriesischen Schmuggler entschied sich in Russland. Mit der Niederlage Napoleons im Russlandfeldzug und dem Ende in der Vielvölkerschlacht bei Leipzig 1813 brach die Kontinentalsperre zusammen. Im gleichen Jahr hob Preußen offiziell die Kontinentalsperre auf – nicht ohne im gleichen Atemzug den Verbrauch und Handel aller französischen Weine zu verbieten. Aber den konnten die Ostfriesen nicht schmuggeln.

Am Nordgeorgsfehnkanal

Eine Tour am Nordgeorgsfehnkanal, der vom Fluss Jümme im Süden Ostfrieslands über den Geestort Remels nach Marcardsmoor am Ems-Jade-Kanal führt, ist eine gute Gelegenheit, den Südosten der Region zu erkunden.

Startpunkt der hier vorgeschlagenen Tour ist das Dorf Augustfehn mit Bahnanschluss. Von hier geht es an den Nordgeorgsfehnkanal, dessen Beginn bei Stickhausen schon in den 1820er Jahren in das Niedermoorgebiet bei Nordgeorgsfehn gegraben wurde. Wir besuchen aber auch Hollen, das auf der Geest liegt. Weiter geht es über den Geestort Remels und einen Abstecher nach Hesel in das Moorgebiet des Stapeler Moores mit dem Hochmoorsee Lengener Meer. Endpunkt der Tour ist Wiesmoor, die erst 1922 gegründete Stadt inmitten der Ostfriesischen Zentralmoore. Die Tour kann man mit dem Fahrrad machen, steht dann aber in Wiesmoor vor der Frage: ›Wie weiter?‹ Eine Möglichkeit bietet der Ems-Jade-Kanal, an dem ein Radweg bis nach Aurich führt. Aber hier gilt das gleiche wie in Wiesmoor – Bahnanschluss Fehlanzeige. Die Tour kann man aber auch per Pkw unternehmen.

Der Nordgeorgsfehnkanal

Rund 32 Kilometer lang ist der Nordgeorgsfehnkanal, der bis 1962 der Frachtschifffahrt diente und heute Freizeitkapitänen als Verbindung zwischen dem Emsgebiet im Westen und dem Jadegebiet im Nordosten der ostfriesischen Halbinsel offen steht.

Ab Anfang der 1820er Jahre wurde der Kanal, ausgehend von der Jümme, ins Land gegraben, in diesem Zusammenhang 1825 die Dörfer Nordgeorgsfehn und Südgeorgsfehn als Moorkolonien angelegt. Benannt wurden sie nach Georg IV., König von England und Hannover – Hinweis darauf, dass Ostfriesland seinerzeit zum Königreich Hannover gehörte. Das südliche Ende des Nordgeorgfehnka-

Am Nordgeorgsfehnkanal

Brockszetel
Brockzetel
Wiesedermeer
Kollrunger Moor
Brockzeteler Moor
Upschört
Hesel
Heseler Bäke
Sande
Ems-Jade-Kanal
Marcardsmoor
Etzel
436
Horsten
Friedeburg
Wiesede
Carl-Georgs Forst
Wiesmoor-Klinge
Marx
Wiesederfehn
Hopelser Forst
437
Ottermeer
Wiesmoor
Bohlenbergerfeld
Schweinebrucker Fuhrenkampe
Ruttel
Spetzerfehn
Rammsfehn
Voßbarg
Hinrichsfehn
Strackholt
Neudorfer Moor
Lengener Meer
Stapeler Moor und Umgebung
436
Ockenhausen
Bagband
Fiebing
Oldehaver Wald
Neufirrel
Neudorf
Holle Sand
Herrenmoor
Targbarg
Poghausen
Firrel
Großoldendorf
Stapel
Meinersfehn
Kleinoldendorf
Halsbek
Heseler Wald
Schwerindorf
Holtländer Ehe
Remels
Bühren
Hesel (1 km)
Selverde
Uplengen
Großsander
Hollriede
Kleinsander
Großsander Badesee
A 28
Moorburg
Felde
Nordgeorgsfehnkanal
Klein-Remels
Jübberde
Nord-georgsfehn
Hollener Ehe
Westerstede West
Oldenburg
72
Lammertsfehn
Klein-Hollen
Ihausen
Bargerfehn
Ihorst
Westerstede
Apen/Remels
Hollen
Filsum
Brückefehn
Leer
A 28
Haarfurth
Große Norderbäke
Südgeorgsfehn
Westerloy
Fikensolt
Stapeler Hauptvorfluter
Filsum
Lengenermoor
Bokelermoor
Deternerlehe
Mansie
Lindern
Augustfehn
Stickhausen
Apen
Holtgast
Südholt
Vreschen-Bokel
Detern
Aper Tief
Ocholt
Jümme
72
Godensholterweg
Ocholterfeld
Potshausen
Leda
Nordloh
Dreyschlot
Godensholt
Aue-Godensholter Tief
Loher Wald
Dänikhorster Moor
Idafehn-Nord
Sagter Ems
Soeste
Barßel
Loher Ostmark-Kanal
Holterfehn
Friesoythe
Elisabethfehn
Der Osten
0
2
4 km

nals ist von Deichen eingefasst, da hier Ebbe und Flut noch deutlich spürbar sind und eine Überflutung des Wiesenlandes bei Sturmfluten verhindert werden soll. Sehr hoch sind diese Deiche allerdings nicht, sieht man bei einer Fahrt entlang des Kanals doch die Köpfe der Jogger über der Deichkrone auf der gegenüberliegenden Kanalseite. Ansonsten durchzieht eine Stromtrasse das Wiesenland, zeichnet sich am Horizont die Autobahn 28 ab. Dazu kommt eine Herde Deichpfleger, sprich Schafe, die friedlich ihr Gras vom Deich rupfen und ihn dabei per Trippelschritt festigen.

Augustfehn

Augustfehn, das 3000-Einwohner-Dorf im Ammerland unmittelbar an der Grenze zu Ostfriesland, wurde samt Augustfehn-Kanal um 1850 angelegt, um das Lengener Moor für den Torfabbau zu nutzen. Erstaunlicherweise dient heute aber der **Wasserturm** einer Eisenhütte als Wahrzeichen des Ortes. Der wurde 1911 errichtet und ist neben einer Sheddachhalle der Rest der Eisenhütte (Stahlwerkstr. 17), die hier 1856 gegründet wurde. Neben dem Torf als Brennmaterial hatte der Unternehmer Julius Schultze den Raseneisenstein der Region als günstigen Rohstoff für die Eisenproduktion ausgemacht. Dessen Verhüttung erwies sich letztendlich als unrentabel, die Eisenhütte produzierte mit Roheisen aus England und aus Westfalen zum Beispiel Öfen. Auf dem Gelände lädt heute die **Eisenhütte** zu Ausstellungen, Musikevents und ins moderne Restaurant (www.eisenhuette.com) ein – Industriekultur im Fehndorf.

Der umtriebige Julius Schultze gründete 1872 auch ein Stahlwerk, das noch heute im Ort als Freiformschmiede Komponenten für Maschinen, Werkzeug- und Fahrzeugbau herstellt.

Von Augustfehn nach Brückenfehn

Über die Südgeorgsfehner Str. (L 827) gelangt man vom Bahnhof Augustfehn nach **Bokelermoor**. Dabei nähert man sich der früheren Grenze zwischen dem Großherzogtum Oldenburg und der Grafschaft Ostfriesland, die heute als Grenze zwischen den Landkreisen Ammerland und Leer weiter existiert.

Gleich hinter Bokelermoor geht es nach links auf die Straße Nordpol und dann gleich rechts auf den Schmuggelpadd. Hier führte einst ein nur Einheimischen bekannter Weg durch stark versumpftes Gelände und das Deternerleher Leegmoor. Auf diesem Weg schafften nach 1806 Schmuggler englische Waren vorbei an den französischen Grenzposten von Ostfriesland ins Oldenburger Land. Heute bewegt man sich hier auf einer gepflasterten Straße.

Zeugnisse einer Industriekultur wie in Augustfehn sind hier natürlich nicht zu finden. Stattdessen erstreckt sich links und rechts Wiesen- und Ackerland, das auf den abgetorften oder entwässerten Flächen der Niederung entwickelt wurde. Über den Leegmoorweg, die Friesenstraße, die Schulstraße und die Norderstraße in Deternlehe erreicht man den Südgeorgsfehnkanal, der Besucher nach knapp 1,5 Kilometern zum Nordgeorgsfehnkanal bringt. Der Südgeorgsfehnkanal wurde zur gleichen Zeit wie der Nordgeorgsfehnkanal als Abzweig Richtung Osten gegraben.

In **Brückenfehn** ist noch wie früher Brücke und Kneipe als Ensemble erhalten. Hier bietet es sich an, kurz den Fehnkanal zu verlassen, um dem Dorf Hollen einen Besuch abzustatten.

Hollen

Nähert man sich Hollen von Brückenfehn her, tauchen schon bald beidseits der Hollener Landstraße Wallhecken

In der Christuskirche

auf, die typisch sind für die sandigeren Flächen auf der Geest. Und tatsächlich liegt Hollen auf acht Meter Normalhöhennull, während Brückenfehn nur zwei Meter über dem Meeresspiegel liegt. Bei den Bauarbeiten an der nahen A 28 wurde im Ort sogar Sand entnommen. Das Loch in der Landschaft entwickelte man zum Dorfteich, den man gleich links bei der Einfahrt des Ortes bewundern kann. Wie zu erwarten in einem Sandabbaugebiet, ist das Wasser des Teiches sehr viel klarer als das dunkelbraune Wasser in den Moorgebieten. Am Rand des Teiches ist nicht nur ein Spielplatz für den örtlichen Kindergarten, sondern auch ein Rastplatz eingerichtet.

Entlang der Hauptstraße des Ortes finden sich einige **Gulfhäuser**, die zu Wohnzwecken umgebaut wurden. Auch die Pizzeria Bei Ronaldo ist in eines dieser alten Bauernhöfe eingezogen. Gleich gegenüber befindet sich die **Alte Schmiede** (Hollener Landstr. 13), die als Dorfgemeinschaftshaus samt Trauzimmer ausgebaut wurde.

▲ Karte S. 308

Die **Christuskirche** (An der Kirche) wurde 1896 im neugotischen Stil errichtet. Der Neubau wurde notwendig, da durch die neuen Gemeindemitglieder aus Nord- und Südgeorgsfehn ab 1855 der Platz in der alten Kirche aus dem 13. Jahrhundert nicht mehr ausreichte. Die Kanzel von 1655 stammt aus dem Vorgängerbau.

Ein Hinweis auf die Nutzung der Kirche in Hollen durch die Bewohner Nordgeorgsfehns ist der rund 700 Meter lange Kirchpfad, der mitten durch die hier wieder offene Wiesenlandschaft in der Niederung eben nach Nordgeorgsfehn führt und uns zurück an den Nordgeorgsfehnkanal bringt.

Nordgeorgsfehn

Schon 1829 wurde der Nordgeorgsfehnkanal bis zum Dorf **Nordgeorgsfehn** für die Schifffahrt freigegeben. Es sollte aber bis 1916 dauern, bis der Anschluss an den Ems-Jade-Kanal bei Wiesmoor fertiggestellt war.

Wie so oft in Ostfriesland ist hier am Nordgeorgsfehnkanal die Fahrbahn auf einer Kanalseite asphaltiert, auf der anderen dagegen gepflastert. Mit dem Auto

Die Klappbrücke in Nordgeorgsfehn

nimmt man die asphaltierte Strecke, die dem Durchgangsverkehr dient, auf der vom Anliegerverkehr genutzten Pflasterstraße lässt sich dagegen bestens radeln. Vorbei geht es an einer alten **Klappbrücke**, aber auch an festen Brücken, deren Durchfahrtshöhe für die Sportboote ausreicht. Acht **Schleusen** sorgen als Staustufen für die nötige Wassertiefe im Kanal. Die fünf südlichen Schleusen sind mit Pumpen ausgestattet, die das Wasser den Kanal hinaufpumpen, bis es vom Scheitelpunkt zum Ems-Jade-Kanal abläuft und dort die notwendige Fahrtiefe sicherstellt.

Der Kanal wird heute beidseits durch eine geschlossene Reihe von Wohnbauten gesäumt. Die alten Siedlerhäuser stehen mit der Traufseite längs zum Kanal, waren sie doch einst an drei Seiten von Wiesenland umgeben, das genügend Raum für eine solche Bauweise bot. Die neuen Wohnbauten auf den schmaleren Grundstücken wenden ihre Giebel dagegen dem Kanal zu. Landwirtschaftlich nutzbare Flächen wie Wiesen oder Äcker finden sich erst in der zweiten Reihe.

Remels

Remels kündigt sich mit einem Waldstück an, in dem aber immer wieder auch Wiesenflächen eingestreut sind – Zeichen dafür, dass wir auf dem Geestrücken fahren, dem Remels seine Existenz inmitten von Moorgebieten verdankt.

Remels ist heute der zentrale Ort der Gemeinde Uplengen und war früher Zentrum der historischen Landschaft Lengenerland. Noch heute erkennt man auf einer Karte den Kranz der Dörfer Selverde, Kleinoldendorf, Großoldendorf, Poghausen, Spols, Bühren, Groß- und Kleinsander sowie Jübberde, die Remels umschließen. Von jedem dieser Dörfer ging ein Weg zum Gotteshaus im zentralen Kirchen- und Rechtsort Remels.

Erinnerung an die alte Posthalterei in Hesel

Auch die erste steinerne Straße von Oldenburg über Hesel nach Leer wurde im Jahr 1841 über Remels geführt. Die heutige Landesstraße 24 entwickelte sich zur Hauptstraße des Ortes, an der ein Großteil der Geschäfte und Restaurants des Ortes liegen.

Die **St.-Martin-Kirche** wurde um 1200 als Wehrkirche errichtet, weil Remels nahe der Grenze zum Ammerland lag. Noch heute ist das unschwer an dem massiven Zugangstor zum Gottesacker aus dem 14. Jahrhundert zu erkennen. Zusammen mit der Friedhofsmauer und einem Wehrturm diente das Tor der Verteidigung. In den Langhauswänden der Kirche sind sauber bearbeitete Feldsteine aus der ersten Bauzeit zu sehen. Der Westteil und die Apsis des Gotteshauses wurden dagegen um 1300 in Backstein oder auch Tuffstein aufgebaut.

An der Nordwand der Kirche findet sich noch als Reste eines Prangers ein Podest und eine Kette mit einem Halseisen. Der Sarkophag neben der Eingangstür wird auf das 11. Jahrhundert datiert. Der **Kirchturm** wurde als Ersatz für einen frei stehenden Glockenturm 1898 angefügt. Den Raumeindruck im Innern des Gotteshauses bestimmen die vier steinernen Gewölbe, die sich über Langhaus und Chor erheben. Schmale, ziegelrote Rippen laufen die weiß getünchten Wänden des Gotteshauses hinauf, tragen die Gewölbe und dienen zugleich als Schmuck des Kirchenraums. Erhalten hat sich aus vorreformatorischer Zeit die Bemalung mit Akanthus- und Rankenfries sowie Ziegelmuster an der Ostwand und in den Gewölben. Der Altar von 1667 stammt vom Leeraner Bildschnitzer und Maler Tönnies Mahler oder aus dessen Werkstatt. Gezeigt wird im Zentrum eine Abendmahlszene, bei der das Brot als geschlachtetes Lamm Gottes dargestellt wird und so auf den Opfertod Jesu verweist. Der Taufstein wird auf die zweite Hälfte des 13. Jahrhunderts datiert.

Die **Mühle Remels** (Alter Postweg 111), ein Galerieholländer von 1803, nutzt die Gemeinde als Trauzimmer und als Ausstellungsort für historische landwirtschaftliche Gerätschaften; eine Besichtigung ist nach Terminabsprache unter Tel. 04956/912177 möglich.

Abstecher nach Hesel

Von Remels aus erreicht man über die L 24 nach elf Kilometern den Ort Hesel, der mit acht bis zehn Metern über Normalhöhennull (NHN) zu den höchstgelegenen Orten in Ostfriesland zählt. Bezeichnenderweise findet sich in dem Geestort das größte zusammenhängende Waldgebiet Ostfrieslands, der **Heseler Wald**. Von dem 500 Hektar großen Staatsforst sind 25 Hektar als Naturschutzgebiet ausgewiesen, in dem ein hoher Anteil an Buchen und Stieleichen steht.

▸ Karte S. 308

Wüstung Kloster Barthe

Im Heseler Wald finden sich mit der Wüstung Kloster Barthe die Spuren eines Nonnenklosters des Prämonstratenserordens, das um 1170 gegründet wurde. Die Klosteranlagen sind zerstört. Die Gemeinde Hesel hat aber 2012 die Grundrisse der Klostergebäude durch Heckenpflanzungen wieder sichtbar gemacht.

Schon um 1990 führte die Ostfriesische Landschaft in Kloster Barthe großflächige archäologische Grabungen durch. So wurde in einer Grube ein Schatz gefunden, der aus 58 Edelmetallteilen bestand, darunter Zierplättchen, Zierscheiben, eine Schmuckscheibe, verschiedene Knöpfe, ein Gehänge, zwei Fibeln sowie Gold- und zwei Silbermünzen. Eingewickelt waren die Metallteile in ein Tuch, das mit einem Faden umwickelt war. Da die Stücke auf das erste Viertel des 16. Jahrhunderts datiert werden, liegt die Vermutung nahe, dass es sich um Wertgegenstände handelt, die im Zug der Auflösung der Klöster nach der Reformation versteckt wurden. Graf Enno II. hatte 1529 die Abgabe aller Wertgegenstände aus Edelmetall angeordnet.

In der Nähe des Kloster Barthe wurde 1838 ein Münzschatz von mehr als 800 Silbermünzen mit einem Gewicht von rund einem Kilogramm gefunden. Die sogenannten Sceata wurden im frühen Mittelalter in Friesland und Jütland, ab Mitte des 7. Jahrhunderts auch von den Angelsachsen in England geschlagen und genutzt. Zudem wurden in Hesel die ältesten Siedlungsspuren überhaupt in Ostfriesland gefunden; sie stammen aus der Zeit um 18 000 vor Christus.

All das war für die Ostfriesische Landschaft Grund genug, in der **Villa Popken** in Hesel eine Ausstellung von archäologischen Funden in dem Geestort einzurichten. Die Villa Popken stammt aus dem Jahr 1915 und steht unter Denkmalschutz. Sie markiert die Kreuzung der L 24 mit der Bundesstraße Leer–Aurich, die Hesel schon in alter Zeit zum Verkehrsknotenpunkt hat werden lassen. Leider ist die **Alte Posthalterei** (Leeraner Str. 4) von 1853 seit 2015 geschlossen, sodass heute ein Imbiss und eine Bäckerei die Funktion dieses alten Gasthauses mehr schlecht als recht übernehmen.

Gut Stiekelkamp

Verwaltungstechnisch zu Hesel gehört das Gut Stikelkamp (Gutsweg 1), das inmitten eines 70 Hektar großen Mischwaldes liegt. Da das Gutshaus von einer Familie bewohnt wird, kann es nur nach vorheriger Anmeldung von Gruppen über fünf Personen besichtigt werden. Aber immerhin erhält man auch von jenseits des Wassergrabens einen Eindruck von dem ehemaligen Vorwerk des Klosters Hasselt, das auf die Zeit um 1600 datiert wird.

In unmittelbarer Nähe des Gutshauses findet sich ein Grillplatz mit einer alten Gattersäge, die der Fehntjer Bürgerverein am 1. und 3. Samstag im Monat von 14.30 bis 16.30 Uhr vorführt.

Abstecher nach Hollesand

Geest pur und für Ostfriesland eine absolute Ausnahme ist das Naturschutzgebiet Hollesand, das man von Remels Richtung Norden über die Kreisstraße 10 nach gut vier Kilometern erreicht. Hier wächst Nadelwald auf Sandboden. Der **Kugelberg**, eine bewaldete Düne, ist mit 18,6 Metern über Normalhöhennull die höchste Erhebung Ostfrieslands.

Freizeitanlage Großsander

Von Remels sind es über die Landesstraße 24 Richtung Osten rund zwei Kilometer bis zur Freizeitanlage Großsander. Sie liegt rund um einen Baggersee. Neben dem abgegrenzten, von Mai bis September beaufsichtigten Badebereich findet sich hier der Verleih von Tretbooten sowie Boards für Stand-up-Paddling und Surfen. Dazu kommt ein Imbiss und ein Getränkeautomat.

Moorerlebnispfad Stapeler Moor

Nordöstlich von Remels, über die Dörfer Bühren und Stapel schnell zu erreichen, erstreckt sich das **Naturschutzgebiet Stapeler Moor und Umgebung**. Auf dem

Gut Stiekelkamp

Bohlenweg durch das Stapeler Moor

rund 1,5 Kilometer langen Moorerlebnispfad Stapeler Moor erhält man noch einen Eindruck von der Hochmoorlandschaft, die einst einen großen Teil des zentralen Ostfrieslands bedeckte. Das Hochmoor ist weitgehend abgetorft. Im Bereich des Moorerlebnispfades aber wächst, nachdem Ende der 1990er Jahre mit dem Torfabbau Schluss war, durch Vernässung wieder Moor. So passiert man auf dem geschotterten Weg Wasserflächen, aus denen Torfmoose ragen. Dazu kommen Binsen, Wollgras und Glockenheide. Eine Besonderheit ist der Bohlenweg. Er wurde nach dem Vorbild eines um 1900 in der Nähe gefunden Moorweges angelegt, der auf das Jahr 713 vor unserer Zeitrechnung datiert wird. Solche Bohlenwege ermöglichten es in früher Zeit, die Hochmoore von einer Sandinsel zur nächsten zu durchqueren. Infotafeln erläutern die Bauweise dieser Bohlenwege und der noch wesentlich älteren Pfahlwege im Moor.

Fast unheimlich ist bei einem Moorspaziergang die Stille. Vögel sind in der lebensfeindlichen Welt der Moore nicht zu hören, sie finden hier kein Futter. Nur wenige angepasste Tiere und Pflanzen können an diesem Ort überhaupt existieren, Libellen zum Beispiel, deren Laven sich in den Mooraugen (offene Wasserstellen) entwickeln.

Ein solches Moorauge ist das **Lengener Meer**. Vom **Beobachtungsturm** schweift der Blick über das Pfeifengras am Gewässerrand auf die offene Wasserfläche. Der See bedeckt 22 Hektar und ist nicht einmal einen Meter tief. Obwohl schon 1940 unter Naturschutz gestellt, haben die Entwässerungsgräben dazu geführt, dass umliegende kleine Tümpel (Kolke) verlandeten und sich in der Folge um das Lengener Meer Pfeifengras und Gehölz ausbreiten konnte. Nur östlich der Wasserfläche ist die Weite früherer Moorflächen noch zu erahnen.

■ Neudorfer Moor

Zwischen Stapeler Moor und Wiesmoor liegt das Neudorfer Moor. Es kann nur von einem **Aussichtsturm** am Bentstreeker Weg am Rand der Fläche besichtigt werden.

Über **Rammsfehn**, angelegt in den 1930er Jahren, und **Hinrichsfehn**, das auf einer alten Moorkolonie nach dem Zweiten Weltkrieg aufgebaut wurde, gelangt man nach Wiesmoor.

■ Wiesmoor

Es ist schon merkwürdig: An der Hauptstraße, Ecke Oldenburger Straße, steht die Sparkasse und gleich daneben das 2008 fertiggestellte **Rathaus** der Stadt. Von dem Torfkraftwerk Wiesmoor aber, das an dieser Stelle 1909 in Betrieb ging und dem die Stadt seine Entstehung verdankt, ist nichts geblieben. Genauso wenig wie von dem Gasturbinenkraftwerk, das 1966 anstelle des Torfkraftwerks errichtet wurde, weil das Hochmoor der Gegend weitgehend abgetorft worden war. Wiesmoor: eine Stadt ohne Erinnerung?

▸ Karte S. 308

Ein bisschen versteckt – an der Rückseite des zu zwei Seiten offenen Pavillon auf der gegenüberliegenden Straßenseite – gedenkt die Stadt dann aber doch der Persönlichkeiten, die die Geschicke Wiesmoors maßgeblich mitbestimmt haben: Eberhard Ramm hatte die Idee, ein Torfkraftwerk zu bauen, um mit dem reichlich vorhandenen Rohstoff Energie zu erzeugen. Damit begann der Aufstieg Wiesmoors. Erster Direktor des Kraftwerks war Knud Nielsen, Jan Hinrichs war sein Nachfolger.

Die Inschrift ›Dem Arbeiter der Stirn und der Faust, der die schlummernde Kraft des Moores geweckt und das Leben erschließt‹ auf der Vorderseite macht klar, dass das **Ehrenmal** 1937, zur NS-Zeit, errichtet wurde.

Heute schwer verstellbar: Um 1900 gab es hier nichts außer dem Ems-Jade-Kanal und der Kolonistensiedlung Marcardsmoor. Ansonsten erstreckte sich hier unberührtes Hochmoor.

Ab 1906 wurde der Nordgeorgsfehnkanal, der heute das Rückgrat Wiesmoors bildet, bis zum Ems-Jade-Kanal gegraben und dort an die Wasserstraße angeschlossen. Aber erst mit dem Bau des Torfkraftwerks, in dem das zuvor mit Eimerkettenbaggern und Lokomobilen abgetragene Torf in Strom und Wärme umgewandelt wurde, entstand um die Bundesstraße 436 Wiesmoor.

Torf für den Gartenbau

Ab 1925 wurde auf Initiative von Jan Hinrichs die Abwärme, die im Betrieb des Torfkraftwerks anfiel, genutzt, um Treibhäuser zu heizen. In Wiesmoor entstand mit 30 Morgen unter Glas die größte Treibhausanlage Europas. Die Blumenstadt Wiesmoor war geboren. 1952 arbeiteten rund 1200 Arbeitnehmer im und für das Kraftwerk Wiesmoor. Rund 120 000 Tonnen Torf wurden jährlich abgebaut.

Moor wächst pro Jahr nur einen Millimeter in die Höhe, indem Torfmoose absterben und unter Luftabschluss Torf bilden. Für Hochmoor von einem Meter Mächtigkeit braucht es also 1000 Jahre. Abgetorft aber wurden die mehrere Meter mächtigen Hochmoore bei Wiesmoor innerhalb weniger Jahrzehnte. Schon 1964 waren die Moorflächen weitgehend abgetorft, das Torfkraftwerk wurde durch ein Gasturbinenwerk ersetzt. 1995 endete dann die Stromerzeugung in Wiesmoor.

Geblieben sind die Gewächshäuser und die Baumschulen des Ortes. Neben dem Gartenbau bilden heute die Landwirtschaft und der Tourismus die Säulen der Stadtwirtschaft. Dazu kommen in geringem Umfang auch industrielle Arbeitsplätze. Wie zum Trotz erhielt die 14 000-Einwohner-Stadt 2006 die Stadtrechte.

Eine städtische Struktur hat Wiesmoor nur in Ansätzen entwickelt. Um den **Marktplatz** unmittelbar am Nordgeorgsfehnkanal und entlang der Hauptstraße haben sich einige Geschäfte, Cafés und Restaurants angesiedelt.

In einem Kolonistenhaus im Torf- und Siedlungsmuseum

Sehenswert ist die **Blumenhalle mit Gartenpark**, der in einen großzügigen Landschaftspark übergeht. Sie ist heute eine Erinnerung an das alte Wiesmoor der Gewächshäuser.

Die Geschichte der Moorsiedlung zeigt das **Torf- und Siedlungsmuseum**, das seinen Schwerpunkt auf den industriellen Torfabbau legt und dementsprechend neben Fehnhaus, Dorfschule und Sägerei die Großmaschinen zeigt, mit denen in Wiesmoor abgetorft wurde.

Um den künstlich angelegten See **Ottermeer** mit einem großzügigen Sandstrand lädt eine **Freizeit- und Campinganlage** zu einem Besuch ein. Da der See in der Moorlandschaft angelegt wurde, zeigt das Wasser die typisch braune Färbung.

▶ Karte S. 308

Ems-Jade-Kanal

Von Wiesmoor über Marcardsmoor geht es zur Einmündung des Nordgeorgfehnkanals in den Ems-Jade-Kanal, an der sich Bootsliegeplätze und einige Ferienhäuser etabliert haben. Neben der Entwässerung der Mitte Ostfrieslands dient die 72 Kilometer lange Wasserstraße zwischen Emden und Wilhelmshaven und damit zwischen Ems und Jade heute vornehmlich der Freizeitschifffahrt.

Der Kanal wurde 1888 angelegt, um Wilhelmshaven und die dort stationierten Schiffe der Kriegsmarine über Emden mit Kohle aus dem Ruhrgebiet versorgen zu können. Heute findet sich auf der Nordseite des Kanals ein gut ausgebauter Fahrradweg, über den man mit dem Rad bis nach Aurich fahren kann.

Am Nordgeorgsfehnkanal

Touristik Information Uplengen, Alter Postweg 103 (im Schillbülthuus), 26670 Uplengen-Remels, Tel. 04956/912177; Mo, Mi, Fr 8–12, Di auch 14–16, Do 14–17.30 Uhr. www.touristik-uplengen.de

Tourist-Information Hesel, Leeraner Str. 1a, 26835 Hesel, Tel. 04950/937080; Mo–Do 9–12 und 14–17, Fr 9–12 Uhr. www.urlaubsregion-hesel.de

Tourist-Information Wiesmoor, Dahlienstr. 26, 26639 Wiesmoor, Tel. 04944/91980; Mo–Do 9–13 und 14–16, Fr. 9–13 Uhr. www.tourismus-wiesmoor.de

Moorerlebnispfad Stapeler Moor, Lange Straße, Ecke Hahnenmoorsweg, 26670 Uplengen, Tel. 04956/912177; jederzeit zugänglich.

Uplengener Hof, Ostertorstr. 57, 26670 Uplengen-Remels, Tel. 04956/1225; DZ ab 80 Euro. www.uplengener-hof.de

Hotel-Restaurant Friesengeist, Am Rathaus 1, 26639 Wiesmoor, Tel. 04944/92220; DZ ab 95 Euro. www.hotel-friesengeist.de

Camping- und Bungalowpark Ottermeer, Am Ottermeer 52, 26639 Wiesmoor, Tel. 04944/949893. Camping, Stellplätze, Mietwohnwagen und Bungalow am Moorsee. www.wiesmoor-camping.de

Eisenhütte, Stahlwerkstr. 17b, 26689 Apen-Augustfehn, Tel. 04489/9428190; Mi ab 17, Do–Sa ab 12, So ab 9 Uhr. www.eisenhuette.com

Bei Ronaldo, Hollener Landstr. 14, 26670 Uplengen-Hollen, Tel. 04489/1234; Di–Fr 17–22, Sa/So 14–22 Uhr. Pizzen, Nudelgerichte, aber auch Gerichte vom Drehspieß.

Big Ben, Marktstr. 2, 26639 Wiesmoor, Tel. 04944/990414; Mo–Fr 9.30–23, Sa/So 9.30–2 Uhr. Auch Frühstück. Restaurant, Café und Pub. www.bigben-wiesmoor.eatbu.com

Bistro Cappuccino, Ostertorstr. 79, 26670 Uplengen Remels, Tel. 04956/4038018; tgl. 11.30–24 Uhr. www.bistro-cappuccino.eatbu.com

Hoppmann, Bäckerei und Café, Ostertorstr. 94, 26670 Uplengen-Remels, Tel. 04956/4098237; Mo–Fr 6–18.30, Sa 6–17, So 8–17 Uhr. www.baeckerei-hoppmann.de

Bistro Cappuccino, Ostertorstr. 79, 26670 Uplengen-Remels; tgl. 11.30–24 Uhr. Cafè, aber auch mediterane Küche.

Villa Popken, Leeraner Str. 1, 26835 Hesel, Tel. 04950/3980; Mo–Fr 9–12, Mo–Do 14–17 Uhr; Eintritt frei. www.urlaubsregion-hesel.de

Torf- und Siedlungsmuseum, Resedaweg 18, 26639 Wiesmoor, Tel. 04944/912253; 10. März–Okt. Di–So 10–18 Uhr; bis 18 Jahre Eintritt frei. www.torf-und-siedlungsmuseum.de

Freizeitanlage Großsander, Voßbargweg 22, 26670 Uplengen-Großsander. Schwimmen und mehr.

Moorfreibad Ottermeer, Am Ottermeer 5, 26639 Wiesmoor, Tel. 04944/91980; ganzjährig, Badeaufsicht bis 3. Juli tgl. 14–18 Uhr, 3. Juli–29. Aug. Mo–Do 14–18, Fr–So 1–18 Uhr. Bei Badeaufsicht Tageskarte 1,50/1 Euro.

Blumenreich Blumenhalle und Gartenpark, Dahlienstr. 26, 26639 Wiesmoor, Tel. 04944/91980; tgl. 10–18 Uhr; April–Okt 8/3 Euro, Nov. und März 3/1,50 Euro.

Reisetipps von A bis Z

Anreise per Auto

Der überwiegende Teil der Touristen in Ostfriesland kommt mit dem PKW in die Region. Und das nicht ohne Grund. Man braucht in Ostfriesland einen PKW, will man Tagesfahrten unternehmen oder Einkäufe erledigen. Ansonsten bleibt nur der Bus, der auf den Dörfern relativ selten verkehrt. Die Bahnverbindungen sind nach Schließung der Kleinbahnstrecken in der Region eher schwach entwickelt.

Anreise per Bahn

Die Linie Oldenburg–Norddeich Mole mit den Haltepunkten Westerstede, Augustfehn, Leer, Emden, Marienhafe, Norden wird mittels Intercity- und Nahverkehrszügen von der Deutsche Bahn bedient. Auf der Strecke Münster–Norddeich Mole mit den Haltepunkten Papenburg, Leer, Emden, Norden fahren die Deutsche Bahn und die Westfalenbahn. Die Bahnstrecke Oldenburg–Wilhelmshaven mit Abzweig in Sande nach Esens wird im Nahverkehr von der NordWestBahn bedient.

Einzelne Intercityzüge von Oldenburg nach Norddeich oder Münster nach Norddeich sind in Ostfriesland für Nahverkehrstickets freigegeben, sodass eine stündliche Fahrmöglichkeit zum Nahverkehrstarif entlang dieser Hauptlinien gegeben ist. Aber Vorsicht: Für die Fahrradmitnahme ist ein reservierter Fahrradplatz notwendig, der in der Saison so gut wie nicht zu ergattern ist.
→ Niedersachsenticket

Anreise per Bahn und mit dem Fahrrad

Will man das Fahrrad mit in den Urlaub nehmen, muss man in einem der IC-Züge einen Fahrradstellplatz reservieren. Oder aber man nimmt ab Oldenburg eine Regionalbahn. Die fährt alle zwei Stunden Richtung Leer–Emden–Norden. Die Linie Oldenburg–Wilhelmshaven wird halbstündlich, die Strecke Oldenburg–Sande–Esens stündlich bedient. Bei Schienenersatzverkehr ist man aber aufgeschmissen, da keine Ausweichstrecken vorhanden sind und die Busse keine Fahrräder mitnehmen.

Anreise per Bus

Flixbus bietet Busverbindungen von Hamburg, Bremen und Köln nach Ostfriesland mit den Endbahnhöfen in Emden, Wilhelmshaven, Bensersiel. Weitere Haltestellen befinden sich in Esens, Jever, Leer, Norddeich, Norden, Uplengen, Wittmund. Fahrräder können bei Vorabbuchung in der Saison mitgenommen werden. www.flixbus.de.

Edzards Reisen bietet einen Ostfriesland-Express vom ZOB Bremen nach Harlesiel. Gehalten wird in Oldenburg, Esens, Bensersiel, Neuharlingersiel, Harlesiel.

App

Um in Ostfriesland Touren zu planen, kann man die App **Ostfriesland: Grenzenlos aktiv** nutzen. Die wird kostenfrei von der Ostfriesland Touristik auf den Portalen Google Play und Apple App Store angeboten. Als Webanwendung unter www.grenzenlos-aktiv.de.

Auskunft

Ostfriesland-Hotline, Tel. 0491/91969660; Mo–Fr 8–20, Sa/So/ Fei 10–18 Uhr.
Anfragen per E-Mail: urlaub@ostfriesland.travel

Busverkehr

Der Linienbusverkehr auf der Ostfriesischen Halbinsel in den vier Landkreisen Aurich, Friesland, Leer und Wittmund sowie den beiden Städten Emden und Wilhelmshaven ist im Verkehrsverbund Ems-Jade zusammengeschlossen. Die Website www.vej-bus.de bietet alle Informationen zu den Linien einschließlich Fahrplaner und Tarifauskunft. Bei Anfragen wird man auf den Fahrplaner des Verkehrsverbundes Bremen/Niedersachsen (www.vbn.de) weitergeleitet. Hier wird neben der Route auch der Fahrpreis angezeigt. → Urlauberbus.

Fahrrad

Für die Navigation mit dem Knotenpunktsystem bietet sich die App **Fietsknoop** an, eine niederländische App in deutscher Sprache.

Gästebeitrag

Ob man die Gebühr nun Kurtaxe, Gästebeitrag oder Nordsee-Servicecard nennt, das Ergebnis ist das Gleiche: Der Tourist bezahlt pro Übernachtung einen Betrag von rund 3 Euro als Beitrag zur Unterhaltung der touristischen Infrastruktur – Reinigung des Strandes, Reinigung der Toiletten am Strand etc. In Orten wie Ditzum oder auch in der Krummhörn ist der Gästebeitrag deutlich niedriger, auf den Ostfriesischen Inseln deutlich höher. Für Personen bis 16 Jahren gelten ermäßigte Tarife, außerhalb der Saison (November–15. März) ist in der Regel nur der halbe Satz fällig.

Kassiert wird der Gästebeitrag vom Vermieter der Ferienunterkunft, der im Gegenzug die Gästekarte oder auch die Nordsee-ServiceCard (Carolinensiel-Harlesiel, Esens-Bensersiel, Neuharlingersiel, Varel-Dangast, Werdum) ausstellt. Mit der Gästekarte oder der Nordsee-ServiceCard erhalten Sie Ermäßigung bei vielen Kureinrichtungen und können den Urlauberbus-Tarif nutzen.

Kinder

→ Unterwegs mit Kindern (→ S. 14).

Klima

Ostfriesland zeigt ein feucht-gemäßigtes Klima mit warmen Sommern. Entscheidender Klimafaktor ist das Meer, das sich langsamer erwärmt als die Luft und sich auch langsamer abkühlt. So sorgt das Wasser für milde Winter mit nur wenigen Schneetagen, selten sinkt das Thermometer unter Null Grad Celsius. Das Frühjahr ist etwas kühler als im Binnenland. Die Sommer sind zwar mit über 20 Grad Celsius warm, aber nur in Ausnahmefällen klettert das Thermometer über die 30-Grad-Marke. Auf den Ostfriesischen Inseln sind die Sommer etwas kühler als auf dem Festland. Dafür scheint hier aber häufiger die Sonne. Regen fällt über das ganze Jahr verteilt. Auf dem Festland sind die Monate Juni und Juli besonders regenreich. Auf den Inseln dagegen regnet es vermehrt im Herbst.

Der Wind trägt viel zum Kälteempfinden bei. Häufiger als im restlichen Deutschland weht es in Ostfriesland. Vor allem im Winterhalbjahr kann sich dieser Wind zu Stürmen steigern. Die vorherrschende Windrichtung ist West bis Nordwest. An der Küste weht es deutlich öfter und kräftiger als im südlichen Ostfriesland.

Niedersachsenticket

Das Niedersachsenticket ist eine gute Möglichkeit für Familien und kleinere Gruppen, günstig im öffentlichen Nahverkehr zu fahren. Es ist gültig für Bahn, Bus, Straßenbahn und U-Bahn. Es gilt von 0 Uhr bis 3 Uhr des Folgetages. Bezahlt wird vom 1. Fahrgast 27 Euro, vom 2. Fahrgast 7 Euro, der 3., 4. und 5. Fahrgast zahlt jeweils 6 Euro. Dazu können 3 Kinder von 6 bis 14 Jahren kostenlos mitfahren.

Radio

Der Sender **Radio Nordseewelle** sitzt in Norden und ist in Ostfriesland, Friesland, Wilhelmshaven und Oldenburg zu empfangen. Stündlich Nachrichten aus der Region. Dazu **Nordseewelle 2** mit Hits aus den 70er, 80er und 90er Jahren.

Radio Ostfriesland: Radio mit Bürgerbeteiligung mit Studios in Emden, Aurich und Leer. U. a. ›Klock 12‹ – ein Mittagsmagazin in plattdeutscher Sprache.

Reisezeit

Als klassische Reisezeit für Ostfriesland gilt wetterbedingt die Zeit von Mai bis September. Von Weihnachten bis Neujahr hat sich auf den Ostfriesischen Inseln schon länger, in den Küstenorten mit vielen Eigentumswohnungen mittlerweile eine zweite, kurze Hauptsaison entwickelt.

Im Frühjahr und Herbst teilt man sich die

Fußgängerzonen der Kleinstädte mit den Einheimischen, hat man die Natur auf den Insel und dem Deichen an der Küste oftmals für sich. Für manchen fängt damit die Erholung erst richtig an.

Unterkünfte

Hotels finden sich in der Regel nur in den etwas größeren Städten, Küstenorten und auf den Inseln. Ansonsten ist man auf Ferienwohnungen, Campingplätze oder Wohnmobil-Stellplätze angewiesen. Unterkünfte lassen sich einfach über die bekannten Portale wie booking.com, trivago.de oder fewo-direkt.de buchen. Dazu kommen die oben genannten regionalen Portale oder auch kommerzielle Websites wie www.ostfriesland-urlaubsportral.de.

Urlauberbus

Bei jedem Einstieg ist unabhängig von Strecke und Ziel lediglich ein Euro als Fahrpreis fällig. Voraussetzung ist allerdings, dass man sich mit Kur- oder Gästekarte als Urlauber ausweisen kann. Und gefahren werden darf erst ab 9 Uhr morgens. Fahrten im Kreis sind ausgeschlossen.
Weitere Informationen: **Verkehrsverbund Ems-Jade**, Tel. 04941/933.
https://www.vej-bus.de

Glossar

Apsis Mit einer Halbkuppel überwölbter Raum, der einen Hauptraum, meist einen Kirchenraum, abschließt.

Balje Bei Ebbe noch schiffbare Priele.

Boßeln Volkssport der Ostfriesen. Eine mit Blei gefüllte Holzkugel oder eine Kunststoffkugel wird aus vollem Lauf geworfen. Dort, wo sie liegen bleibt, erfolgt der nächste Wurf, bis eine vorher festgelegte Strecke zwischen vier und sechs Kilometern geschafft ist. Die Mannschaft mit den wenigsten Würfen hat gewonnen.

Fries Mit plastischen oder gemalten Elementen ausgestaltete Fläche als Schmuck einer Wand.

Geest Landschaftsform in Norddeutschland, die durch Sandablagerungen gebildet wurde.

Graft Wassergraben um eine Burg oder den Wohnteil eines Hofes.

Groden Von der See angeschwemmtes Neulandgebiet, das durch Eindeichung gesichert wurde. Auch also Koog oder Polder bezeichnet.

Groden Durch Deichbau und Entwässerung dem Meer abgerungenes flaches Marschland.

Gulfhaus Vor allem in Norddeutschland anzutreffende Form eines Bauernhauses, ein Holzgerüstbau in Ständerbauweise.

Hallenhäuser Fachwerkhaus, bei dem Wohnung, Ställe und Lager in einem Gebäude zusammengefasst sind; vor allem in Norddeutschland verbreitet.

Hammrich Vom friesischen Hammerke (Dorfgrenzgebiet). Heute als Wiesen- oder Weideflächen genutztes Niederungsgebiet.

Heller Salzwiese als Grenze zwischen See und Land.

Hooge Loogen Bezeichnung für höher gelegene Dörfer.

Lohne Kleine Gasse, schmaler Weg.

Langhaus Hauptteil einer christlichen Kirche, der ein oder mehrere Kirchenschiffe umfassen kann.

Lünette Halbkreisförmige Wandfelder, zumeist über Türen oder fenstern.

NN/NHN Gibt die Meter über Normalnull an. Höhenangabe, die sich auf den mittleren Meeresspiegel bezieht, definiert durch den Pegel am Amsterdamer Rathaus.

Polder Eingedeichtes, niedriges Gelände in der Nähe von Gewässern.

Portikus Säulengang oder Säulenhalle mit horizontal aufliegendem Gebälk.

Priel Natürliche, mäandernde Wasserläufe im Watt, die auch bei Ebbe noch Wasser führen.

Pünte Schiff ohne eigenen Antrieb, das von Pferden oder Menschen vom Ufer aus gezogen wird.

Pütt Ziehbrunnen.

Pütte Kleiner See, der durch Kleientnahme unmittelbar vor dem Deich entstanden ist.

Scharrdeich Deich ohne schützendes Vorland.

Schatthuus Ein Schatthaus (›Schatzhaus‹) bezeichnet ursprünglich sowohl einen Viehstall als auch eine Zehntscheuer zur Unterbringung von Abgaben.

Schlafdeich Ehemaliger Hauptdeich, der durch Vordeichung seine Funktion verloren hat und jetzt als zweite Deichverteidigungslinie dient.

Seegatt Schmale Strömungsrinne zwischen den Ostfriesischen Inseln, durch die das Wasser bei Ebbe und Flut fließt und die durch diese Strömung freigehalten wird.

Sommerdeich Deich vor dem Hauptdeich, der im Sommer das Deichvorland vor Überflutung schützt und so die Nutzung dieses Gebietes ermöglicht. Im Winter wird dieser Deich oftmals überflutet.

Tidenhub Gezeitenabhängige Hebung und Senkung des Wasserstandes. In Ostfriesland macht der Tidenhub rund drei Meter aus.

Vierung In Kirchen der Raum, der durch das Aufeinandertreffen von Haupt- und Querschiffen entsteht.

Warft Künstlich aufgeschütteter Hügel zum Schutz von Mensch und Tier vor Sturmfluten. Warften wurden sowohl für einzelne Gehöfte wie auch für ganze Dörfer angelegt. Auch als Warf oder Wurt bezeichnet.

Literaturhinweise

Behre, Karl-Ernst, Ostfriesland vom Dollart bis zur Jade. Die Geschichte der Landschaft und ihre Besiedlung, 2., erw. Aufl, Aurich 2023.

Behre, Karl-Ernst, van Lengen, Hajo, Ostfriesland. Geschichte und Gestalt einer Kulturlandschaft, Aurich 1996. Das Standardwerk zur Geschichte der Kulturlandschaft Ostfriesland. Nur noch antiquarisch erhältlich.

Schiefer, Hermann, Kiesow, Gottfried, Architekturführer Ostfriesland, 3 überarbeitete Auflage Bonn 2018. Das umfassende Nachschlagewerk zur Kunst- und Baugeschichte Ostfrieslands.

Wolf, Klaus-Peter, Mein Ostfriesland, 2. Auflage Frankfurt a. M. 2019 (Fischer Taschenbuch). Eine Liebeserklärung vom Autor der erfolgreichen Ostfriesen-Krimis um die Kommissarin Ann Kathrin Klaasen.

Video

Viet, Hans-Erich, Schnaps aus dem Wasserkessel. Liebevolles Portrait von alten Landarbeitern und Landarbeiterinnen im Rheiderland.

Ostfriesland im Internet

Fast jeder Ort, jeder Gemeinde und jede Insel betreibt eine eigene Internetseite. Darüber hinaus machen Städte, Gemeinden oder auch Teilregionen mit Websites wie **www.suedliches-ostfriesland.de** auf sich aufmerksam.

www.ostfriesland.de Seite der Ostfriesland Tourismus GmbH, Infos zur Region, zu Unterkünften, Sehenswürdigkeiten und Veranstaltungen.

ostfriesland.travel.de Ähnlicher Aufbau, Infos v.a. für Touristen.

www.ostfriesische-inseln.de Die Kurverwaltungen der sieben Ostfriesischen Inseln betreiben gemeinsam diese Website.

www.die-nordsee.de. Zwei Küstenstädte und sieben Küstenorte von Norden über Wilhelmshaven bis Bremerhaven habe sich in der Nordsee GmbH eine touristische Dachorganisation geschaffen. Diese betreibt diese Website.

Der Autor

Enno Wiese wurde 1953 in Leer geboren, genau gesagt im Dorf Loga bei Leer. Nach dem Abitur am Ubbo-Emmius-Gymnasium in Leer studierte er Deutsch und Politik in Göttingen. Sein Volontariat zum Zeitungsredakteur führte ihn nach Itzehoe. Danach lebte er in Hamburg und Berlin und schrieb diverse Reiseführer, u. a. zu Moskau, Prag, Hamburg und Berlin.

Enno Wiese lebt in Berlin und hat im Trescher Verlag den Titel ›Radtouren in Brandenburg‹ veröffentlicht.

Register

Kartenregister

Stadtpläne

Regionalkarten

Bildnachweis

Alle Fotos von Enno Wiese, außer:
Titel: Jürgen Wackenhut/shutterstock;
Klappe vorn: majonit/shutterstock;
Klappe hinten: FrankHH/shutterstock;
S. 18/19 sina ettmer photography/shutterstock;
S. 32: Marian de Jong/shutterstock;
S. 34: fotandy/shutterstock;
S. 35: Julia Faerber Summer 23/shutterstock;
S. 36: travelpeter/shutterstock;
S. 39: Fokko Johannes de Boer/LNV Rheiderländer Marsch e.V.;
S. 44: pixelfehler/wikimedia;
S. 50: Unukorno/wikimedia;
S. 52: Sebastian Bonk/wikimedia;
S. 63: Frank Vincentz/wikimedia;
S. 64: Oliver Hallmann/wikimedia;
S. 71: ur72/shutterstock;
S. 76: Friesia Orientalis/wikimedia;
S. 90: Marc Venema/shutterstock;
S. 92: Marc Venema/shutterstock;
S. 132: Jürgen Wackenhut/shutterstock;
S. 137: Wangerland Touristik;
S. 152: aagnverglaser/wikimedia;
S. 165: SSKH-Pictures/shutterstock;
S. 168: Heide Pinkall/shutterstock;
S. 171: Heike Pinkall/shutterstock;
S. 172: gg-foto/shutterstock;
S. 174: Marcel Hufschmidt/shutterstock;
S. 175: Heide Pinkall/shutterstock;
S. 176: Conny Pokorny/shutterstock;
S. 177: Alexander Kachkaev/wikimedia;
S. 182: JeDo_Foto/shutterstock;
S. 183: JadeWeserPort/Björn Lübbe;
S. 184: Marc Venema/shutterstock;
S. 186: Nonichi/shutterstock;
S. 187: Anja B. Schäfer/shutterstock;
S. 188: sergeklein/shutterstock;
S. 189: PRILL/shutterstock;
S. 204: Matthias Süßen/wikimedia;
S. 242/43: majonit/shutterstock;
S. 276: Hans-Jürgen Zietz/Landesentwicklung Weser-Ems;
S. 277: Hans-Jürgen Zietz/Landesentwicklung Weser-Ems.

Kartenlegende

Aquarium
Autofähre
Bahnhof
Bar
Brunnen
Burg/Festung
Burgruine
Busbahnhof
Café
Campingplatz
Fahrradweg, -verleih
Fährhafen
Flughafen
Freibad
Hafen
Hallenbad
Höhle
Hotel
Jüdischer Friedhof
Jugendherberge
Kino
Kloster
Klosterruine
Krankenhaus
Leuchtturm
Markt
Moschee
Museum

Naturschutzgebiet
Oper, Konzerthaus
Parken
Pension
Post
Restaurant
Ruine/Ausgrabungen
Segeln
Seilbahn
Strand
Supermarkt
Synagoge
Theater
Tor
Weinbar, Weinladen
Windsurfen
Wildgehege
Wohnmobilstellplatz
Zoo

Aussichtspunkt
Berggipfel
Burg
Denkmal
Friedhof
Kirche
Kirchenruine
Kloster
Sehenswürdigkeit
Seilbahn
Touristeninformation
Turm
Zeltplatz
Personenfähre

Hauptstadt
Stadt/Ortschaft
Grenzübergang
E 65 Europastraße
A 65 Autobahn
243 Bundesstraße
Autobahn
Schnellstraße
Bundesstraße
Hauptstraße
sonstige Straßen
Eisenbahn
Staatsgrenze

Kartenregister → S. 326

Zeichenlegende

Tourismusbüros
Naturschutzeinrichtungen
Übernachtungsmöglichkeiten
Camping- und Zeltplätze
Einkehrmöglichkeiten
Cafés
Bars
Museen, Ausstellungen, Sehenswürdigkeiten

Feste, Festivals
Fähren, Ausflugsdampfer
Spas, Hallenbäder
Strand
Sportmöglichkeiten allg.
Reiterhöfe, Pferdeverleih
Zoos, Tierparks
Botanische Gärten
Einkaufsmöglichkeiten